I0124010

3708

8634

LES IDÉES

DE LA

RÉVOLUTION

ET LES AFFAIRES D'ORIENT.

*E.

3708

CORBEIL, IMPRIMERIE DE CRETE.

LES IDÉES

DE LA

RÉVOLUTION

ET LES AFFAIRES D'ORIENT,

OU

DOUBLE TENDANCE DE LA CIVILISATION EUROPEENNE

PAR M. ANAGNOSTI.

BIBLIOTHEQUE ROYALE

I

PARIS,

JOUBERT, LIBRAIRE-ÉDITEUR,

Rue des Grès, près de l'école de Droit, 14.

—

1841

INTRODUCTION.

⟶⟶⟶⟶⟶⟨⟨⟨⟨⟵

DOUBLE TENDANCE DE LA CIVILISATION EUROPÉENNE.

La vie de l'humanité n'est qu'un vaste drame, une coordination d'événemens grands et petits, dont la fin et le but nous sont révélés par chaque péripétie antérieure ou contemporaine, mais dont le dénouement est un secret qui se dérobe, sous les voiles impénétrables de la Providence qui préside à nos destinées.

En effet, quand on jette un regard rapide sur les faits généraux qui ont signalé l'existence de l'espèce humaine depuis les temps les plus reculés jusqu'à nos jours, une conviction profonde se forme et grandit en nous; c'est que l'histoire des générations humaines n'est, en définitive, que l'histoire de l'amélioration de l'homme dans un lieu donné, d'une société particulière, ou bien de l'élargissement graduel du cercle de la civilisation générale.

Ce mouvement continu, cette tendance constante vers un avenir toujours meilleur, a subi plus d'une perturbation, a eu des crises désordonnées, nous voulons parler des guerres, des révolutions, des invasions; ce mouvement offre par compensation des phases de calme et de prospérité; nous entendons par là les inventions et les découvertes : ce sont des symptômes aussi divers qui caractérisent les âges de l'humanité.

L'Europe, qui depuis trois mille ans a commencé de jouer un rôle sur la scène du monde, et qui joue depuis vingt siècles le principal, a dû passer par de semblables vicissitudes. Pour ne pas remonter très-haut et pour ne partir que du point où commence sa véritable histoire, nous noterons d'abord la féodalité s'élevant sur les vestiges de l'invasion ; ensuite l'influence salutaire du pouvoir ecclésiastique sur la marche de la société encore dans l'enfance ; la lutte de la papauté avec l'Empire ; les croisades ; le mouvement imprimé au monde par l'invention de la boussole, par la découverte du cap de Bonne-Espérance et plus tard du Nouveau Monde ; la rennaissance des lettres et leurs progrès dus en partie à la découverte de l'imprimerie, en partie à l'émigration byzantine en Italie ; l'avénement de la Réforme ; l'affranchissement des communes, qui, de concert avec la royauté, sapèrent le pouvoir féodal par sa base, et mirent le pouvoir absolu en présence de la souveraineté populaire.

Une légère attention suffit pour faire voir que toutes ces époques, quoique se présentant sous des aspects divers, sous des couleurs particulières, avec leur nom propre et leur caractère distinctif, ne sont en définitive que les anneaux d'une même chaîne, que les accidens d'un même fait, le progrès de la civilisation. Ces événemens s'engendrent les uns des autres, non seulement dans l'ordre chronologique, mais encore dans l'ordre philosophique et rationnel ; ils sont le résultat logique de tous ceux qui les ont précédés.

Je dis *logique* et non pas *fatal*. En effet, il est incontestable qu'à chacune de ces époques, chaque génération a joué un rôle qui, selon les lieux et les temps, a dû être différent, mais qui toujours et partout a été revêtu du caractère de moralité qui s'attache aux actes d'êtres intelligens et libres ; rôle consigné dans les pages de l'inexorable histoire et transmis à la postérité, juge suprême du bien et du mal accompli par les générations éteintes.

Quel est le signe caractéristique de notre époque? Quelles sont les tendances manifestes du monde européen? Dans les conjonctures actuelles, quelle est la route où paraissent devoir s'engager l'humanité et l'Europe, et qu'une saine politique indique aux hommes placés à leur tête?

Un de ces hommes que la nature ne produit qu'à de longs intervalles, un de ces êtres que l'humanité éblouie croirait d'une nature supérieure à la sienne, si la main d'en-haut ne venait clore leur magique carrière, et si la faux du temps ne les emportait avec la tourbe des mortels, un de ces brillans météores, objet de terreur et d'admiration, a paru dans ces derniers temps, à une époque unique dans l'histoire, époque de transition du genre humain d'un âge à un autre. Son apparition s'est rencontrée avec un de ces événemens prodigieux qui, si j'ose dire, sont la résultante d'événemens accumulés par les siècles; fait capital recélant dans son sein un avenir dont le terme se perd dans l'immensité des âges futurs. La révolution française, l'homme mystérieux de Sainte-Hélène destiné à la transporter de Vienne à Cadix, d'Alexandrie à Moscou: voilà les deux événemens simultanés par lesquels la Providence a fermé un siècle et en a ouvert un autre.

Une époque aussi mémorable, un si grand homme en présence l'une de l'autre, adressons-nous à l'homme providentiel qui eut le plus d'occasions de pénétrer, soit dans les profondeurs les plus cachées des choses, soit dans les replis les plus tortueux du cœur humain ; adressons-nous à l'homme supérieur dont l'intelligence a long-temps dominé les problêmes les plus compliqués de la politique, et demandons-lui ce qu'il a pu lire dans le livre de nos destinées : « *Dans cinquante ans*, a-t-il dit, *l'Europe sera république ou cosaque !* » Cette prédiction est le résultat d'une existence si remplie, le résumé des réflexions de cette sublime intelligence, le dernier mot du testament politique du grand homme.

Jamais la parole humaine ne sut revêtir d'une formule aussi laconique une vérité aussi profonde, ne sut mieux exprimer une

situation aussi complexe, aussi critique que celle dans laquelle
l'Europe, je dis plus, le monde se trouve en ce moment. Il faudrait des *in-folios* pour expliquer avec tous ses développemens la
parole du génie, tâche tout-à-fait au-dessus de nous. Nous n'a-
vons guère d'autre prétention que celle de mettre sous les
yeux de nos lecteurs quelques aperçus inspirés par l'amour du
bien.

L'Europe, depuis qu'elle est acquise à la civilisation, dont
elle est en ce moment le foyer, soit à cause de son peu d'étendue,
soit à cause de l'identité d'origine de ses habitans, soit à cause
de l'uniformité d'existence qui leur fut imprimée par le christianisme, soit enfin par l'action combinée de toutes ces causes, n'a
jamais été préoccupée que d'une seule grande question à la fois,
n'a jamais été dominée que par un seul grand événement. C'est
cette question, cet événement qui a eu le privilége exclusif d'attirer à lui toutes les intelligences, de grouper autour de lui tous
les intérêts. En prenant pour exemple parmi ces grands événemens les croisades et la Réforme, événemens dont chacun a occupé le monde européen pendant des siècles, nous croyons qu'il
ne restera pas le moindre doute sur notre pensée.

Pour la première fois deux faits aussi puissans l'un que l'autre se présentent aujourd'hui en Europe et luttent l'un contre
l'autre, non par une incompatibilité naturelle, mais accidentelle-
ment, comme nous essaierons de le démontrer dans tout le cours
de ce travail. Ces deux événemens sont l'un le passage de l'Europe
de l'état *féodal* à un état *rationnel;* l'autre, c'est l'*épanchement* de
cette même Europe sur des contrées barbares et non civilisées.
L'un de ces événemens s'appelle *Révolution française;* l'autre a pour
nom *agrandissement de l'empire russe.* Là les hommes transforment
leur existence et courent du bien au mieux; ici ils initient d'autres hommes à la leur; là le progrès agissant *plutôt* dans le temps,
ici le progrès agissant *plutôt* dans l'espace. D'un côté la civilisation
gagnant en intensité, de l'autre la civilisation gagnant en étendue : en un mot, là la liberté s'emparant des peuples civilisés et

tendant à faire la loi à l'Europe; ici la civilisation fondée sur le christianisme s'emparant de peuples pour la plupart non chrétiens et barbares, et voulant imposer ses volontés au monde. Voilà deux ramifications du même mouvement, deux manifestations d'une même tendance, qui, rivales par occasion sans être ennemies par nature, sont deux progrès dans le cours de la civilisation, mais deux progrès de date morale différente, agissant dans des conditions différentes, avec des instrumens différens.

A travers la manifestation de ces deux grandes tendances parallèles, une foule d'intérêts inférieurs existent, une foule de prétentions différentes s'agitent, mais trop faibles pour agir seuls et pour se faire entendre, ils sont forcés de se ranger sous l'un ou l'autre étendard, de grossir l'un ou l'autre camp, selon les exigences du moment, plutôt que d'après un système préconçu. La division de l'Europe en deux zônes n'a pas une autre signification. Voilà, je crois, ce que Napoléon a clairement prévu, énergiquement exprimé.

Lequel de ces deux événemens l'emportera ? Il ne l'a pas dit : sa prophétie, quelque explicite qu'elle paraisse, renferme une réticence oraculaire et n'est qu'un nœud gordien susceptible d'être tranché de deux manières différentes; c'est que de deux côtés s'offraient à ses yeux, quoique sous des combinaisons différentes, les deux élémens nécessaires à tout succès, la force et l'intelligence. En pareille circonstance, les chances s'équilibrent, et à égalité de poids une seule paille emporte la balance. Ce génie, quelque grand qu'il fût, ne pouvait pas peut-être prévoir, à cette époque, dans lequel des deux plateaux elle pourrait être jetée. Peut-être aussi cette indécision n'est qu'apparente et provient de l'orgueil de l'homme, se complaisant à faire croire, que seul il était en état de faire pencher à son gré cette balance. Les expressions évidemment outrées de république et de cosaque, prennent encore leur force apparemment dans ce sentiment de l'homme qui veut se faire regretter comme seul capable d'avoir pu sauver le monde de deux déluges différens, dont

il lui lègue l'alternative. Cependant, lorsque à Tilsitt et à Erfurth, il traita avec Alexandre du partage du monde (1), lorsqu'a-
près le retour de l'île d'Elbe, il signait *l'acte additionnel*, il nous
paraît évident qu'il reconnaissait lui-même la nécessité de ces
deux mouvemens différens. Il nous est permis donc, après avoir
consulté le génie, de laisser de côté l'homme; après nous être
prosternés devant sa vive clairvoyance, de reconnaître les couleurs sombres que sa grande ambition enchaînée devait projeter
sur les faits et sur les idées; il nous est permis de croire que,
quand deux tendances de l'humanité sont également dans l'ordre
naturel des choses, comme nous espérons le prouver, elles doivent nécessairement offrir en elles des points de contact, de liai-
son, et par conséquent, des chances de conciliation. La raison
à priori nous force à le croire, et, en examinant les choses de
près, dans leur réalité, on finit par rectifier les perceptions de
la raison pure. C'est à cet examen que nous allons nous livrer :
c'est le but de ce travail.

---

(1) S'il n'a pas accédé aux propositions d'Alexandre, c'est parce que, selon
nous, il n'était pas sûr de la possession constante et tranquille du lot qu'on lui
faisait, comme son co-partageant l'aurait été du sien.

PREMIÈRE PARTIE.

CHAPITRE I".

Révolution française.

Quand on nous représente la révolution française comme un phénomène bizarre, un monstre sans pareil dans le monde, on oublie apparemment les événemens antérieurs qui ont donné à l'Europe une conformation toute nouvelle, et qui ont enfanté 89. Ainsi, on ne se souvient pas de la Réforme, des deux révolutions d'Angleterre, de celle des Pays-Bas, de la révolution américaine, et de cette suite d'événemens divers mais homogènes, qui datent de la dispersion de la civilisation byzantine, depuis la Renaissance, et qui sont nés les uns des autres, sans que nous puissions prévoir où s'arrêtera leur développement.

La révolution française, si grande, si terrible, si complète presque qu'elle fut, n'apparaît que comme un point important, il est vrai, mais d'une similitude parfaite avec tant d'autres, dans l'ensemble des événemens qui l'ont précédée. C'est une de ces réactions des idées contre les faits, de ce qui doit être contre ce qui est, dont trois siècles entiers nous ont donné plus d'un exemple.

1

Nous ne remonterons pas si haut, cela n'entre pas dans notre plan, l'histoire est ouverte à tout le monde. Nous nous arrêterons même fort peu sur l'état de choses en France qui a précédé la Révolution, et dont elle découle naturellement.

Les faits, les faits ! la vérité n'est que là, et pas ailleurs. Quand on s'est donné la peine d'examiner quel était l'état de la France avant 89, quels étaient ses antécédens, quel était alors l'état des choses et des esprits, tant dans son propre sein qu'en dehors d'elle, en Europe; quel était surtout le point de station de la marche ascendante de la civilisation européenne, tout devient clair, tout s'explique, tout se comprend.

Ce n'est pas ici le lieu, et nous n'avons pas la prétention, de traiter *ex professo,* d'embrasser dans toute son étendue et dans toutes ses ramifications cette époque unique de la vie européenne, de remonter à toutes ses causes, de l'examiner dans toutes ses conséquences; nous n'aspirons qu'à offrir un très-rapide aperçu sur quelques faits propres à jeter du jour sur le travail que nous avons entrepris.

Lorsqu'on fixe les yeux sur la France au moment où la Révolution éclata, deux faits frappent avant tout par leur étonnant contraste: d'un côté, un développement des esprits prodigieux; de l'autre, un état social extrêmement arriéré. La liberté de la pensée était telle, les investigations dans toutes les branches des connaissances humaines si nombreuses, le domaine surtout des idées sociales et politiques tellement exploré, les fruits des recherches si mûrs, que déjà l'Europe entière se trouvait envahie par les nouvelles idées françaises; un élan général fébrile avait saisi partout peuples et gouvernemens, tous travaillaient sans relâche sous les auspices de cette impulsion dont la France était le principe. Les princes de tous les pays, depuis le petit souverain de l'Italie qui avait confié l'éducation de son succes-

seur à Condillac, jusqu'à la Sémiramis du Nord, qui était
devenue la correspondante de Voltaire et des encyclopé-
distes, tous rendaient hommage à ce siècle dans la personne de ses plus illustres représentans. Qu'était donc le
siècle devant lequel s'inclinait toute la famille des européens? « C'était un siècle éminemment analytique, dit
un excellent peintre de cette époque, M. Mignet, qui, après
avoir agrandi les sciences mathématiques, étendu et renouvelé les sciences naturelles, refait les sciences physiques, aspira à fonder les sciences morales. Il eut la prétention de tout juger selon la raison et de tout arranger
selon la justice. Il recommença les théories philosophiques,
chercha le fondement terrestre de la morale, trouva les
principes de l'économie politique, remania hardiment la
société humaine, et plaça sur d'autres bases le droit de
l'individu, la puissance du souverain et l'organisation de
l'État (1). »

Voilà le portrait moral philosophique du dix-huitième
siècle parfaitement esquissé; changeons maintenant d'aspect et voyons son côté matériel et réel pour la France.
«Qu'on se figure, pendant un siècle entier, dit M. Thiers, les
usurpateurs (2) de tous les droits nationaux se disputant une
autorité usée, les parlemens poursuivant le clergé, le clergé
poursuivant les parlemens; ceux-ci contestant l'autorité
de la cour insouciante et tranquille au sein de cette lutte,
dévorant la substance des peuples au milieu des plus grands
désordres; la nation enrichie et éveillée, assistant à ces
divisions, s'armant des aveux des uns contre les autres,
privée de toute action politique, dogmatisant avec audace

---

(1) Notice biographique sur Roederer, lue par M. Mignet à l'Académie des
sciences morales et politiques, le 27 décembre 1837.

(2) Ce mot se ressent de l'époque où cette histoire a été écrite; si elle l'eût été
après 1830, à la place du mot *usurpateurs*, on aurait trouvé celui de *déposi-*
taires.

et ignorance parce qu'elle était réduite à des théories : tel fut le dix-huitième siècle (1). »

A la fin donc de ce siècle, la France, dont les enfans presque seuls, par leurs immortels écrits, avaient fait sa gloire, la France seule le méconnaissait; le pays qui avait produit Molière et Racine, Buffon et Voltaire, Montesquieu et Rousseau, vivait sous des institutions tout-à-fait usées, gémissait sous les abus les plus crians, sauf quelques traditions du droit privé des Romains religieusement conservées par cette magistrature, dépositaire unique encore aujourd'hui du savoir laborieux et de l'antique probité; ce corps qui a fait et qui fait encore l'honneur de la France et qui constitue l'institution que l'Europe a le plus à lui envier : sauf quelques points réglés par des ordonnances dues aux lumières de Sully et de Colbert et de quelques autres membres illustres de cette belle magistrature, tout le reste était livré à un désordre, à un arbitraire, à une insouciance dont on a peine à se faire une idée. Partout ailleurs des lois sages, des mesures progressives venaient payer tribut aux exigences du temps, la France seule ne voulait en tenir aucun compte. Et pour citer quelques exemples seulement, en Angleterre la liberté individuelle était déjà placée depuis long-temps sous la sauve-garde tutélaire de la loi de l'*habeas corpus*, et en France on était encore sous le régime des lettres de cachet; Frédéric II proclamait la liberté de la presse, et en France on brûlait les ouvrages de Rousseau; en Russie Catherine II consacrait plus que jamais la maxime fondamentale de la séparation du pouvoir spirituel d'avec le pouvoir temporel et celle de la liberté des cultes, et la France était harcelée par un clergé intolérant, tracassier, avide, despotique; Joseph II en Autriche réalisait des innovations plus ou moins heu-

---

(1) Histoire de la Révolution française, tome 1, chap. I.

reuses; un d'Aranda, un Campomanès en Espagne, un marquis de Pombal en Portugal, un marquis de Tanucci à Naples, secondés par leurs souverains, marquaient cette époque d'une foule de réformes, et la France persistait dans les pratiques les plus surannées. Beccaria avait donné en Italie le signal des améliorations de la justice pénale, et la France vivait sous une législation criminelle la plus ridiculement absurde. Ainsi, la France, qui était le tabernacle, le foyer où s'élaboraient la plupart des idées qui envahissaient l'Europe, voyait déjà ces idées converties en faits dans des pays plus arriérés qu'elle, comme les États du Nord, ou plus stationnaires, comme ceux du Midi, et n'en était pas moins le théâtre de la lutte entre les faits et les idées, entre l'état avancé des esprits et l'état arriéré des choses.

Évidemment cette situation ne pouvait pas durer, d'autant plus que l'on était arrivé à cette époque critique de la vie des peuples, dont l'histoire nous offre plus d'un exemple, où un grand amas d'abus accumulés, grossi jour par jour, formé par les siècles, met la patience des peuples tout-à-fait à bout, où l'exaspération est générale et profonde, car l'iniquité est à son comble : à quelques différences près, l'Italie, l'Espagne, la Turquie, nous offrent dans ce moment des exemples analogues.

Comment sortir de là? Voilà le grand problème. Quelques pays en Europe, comme l'Autriche, comme la Russie, grace à Joseph II, à Pierre Ier (1), eurent le bonheur de ré-

---

(1) Il peut paraître paradoxal que nous montrions le tzar Pierre comme mettant les faits au niveau des idées nationales, lorsqu'au contraire il força les esprits à admettre des innovations empruntées à l'étranger : oui, il est vrai qu'il fit beaucoup de choses qui dépassaient les idées actuelles de son pays, mais dans ce déluge de réformes, que d'abus invétérés furent engloutis, abus qui, sans doute, auraient subsisté et même grandi après lui, mais qui, au jour donné, auraient amené les plus violentes réactions.

Quant aux tentatives de Joseph II, si plusieurs furent hâtives et inconsidé-

soudre le nœud gordien; d'autres, moins favorisés par les circonstances, ne purent que le trancher. Ainsi le fit l'Angleterre, la France eut le même sort, et elle ne pouvait en avoir un autre : pourquoi ? Nous allons le voir.

Examinons quels étaient les élémens constitutifs de la société française à cette époque. D'un côté, il y avait la royauté, la noblesse et le clergé, qui étaient en possession du pouvoir; de l'autre le tiers-état composé de savans, de légistes et de commerçans, enfin le peuple, tous deux hors du pouvoir et ne prenant presque aucune part aux affaires sociales. L'amélioration de l'état des choses en France ne pouvait avoir lieu que par l'organe d'un ou de plusieurs de ces élémens sociaux. Nous ne voyons à aucune époque de l'histoire, dans aucun pays du monde, que le peuple proprement dit ait pu réaliser à lui seul des réformes, mener à bout un changement quelconque; en tout temps, en tout lieu, il n'a été qu'un instrument entre les mains des différentes forces sociales, et rien de plus; il a joué un rôle bon ou mauvais sous l'impulsion des volontés supérieures qui l'ont fait agir, il n'a jamais été rien par lui-même : n'exigeons pas de lui ce qui n'est pas en son pouvoir et passons outre. Le tiers-état certes, par ses lumières, par ses richesses, par sa position intermédiaire entre les diverses zônes de la société et par ses points de contact avec toutes les classes, était capable de servir le pays et de le tirer de la crise dans laquelle il se trouvait, non par lui-même, car en ce cas il est arrivé tout le contraire, comme tout homme de sens pouvait le prévoir, mais par son puissant *concours*. Mais le tiers-état se trouvait placé

---

rées, elles eurent au moins l'effet d'ouvrir la voie des innovations dans lesquelles l'Autriche a marché depuis avec tant de persévérance : il ôta ainsi tout prétexte aux révolutions. Dans les deux péninsules Italique et Ibérique, où cette marche salutaire ne put être tracée, il est arrivé, comme on sait, tout le contraire.

en dehors du cercle légal d'où partait la direction de la société, et pour y entrer, première condition pour qu'il pût agir, il lui a fallu une révolution, et toute la question consistait à éviter cette révolution. Le clergé était très-éclairé, rompu aux affaires par une longue participation à la gestion des intérêts temporels; mais ce corps, quoique exerçant une grande influence propre, n'était, pour ainsi dire, qu'une fraction de la noblesse, partageant toutes ses idées, dominé par les mêmes intérêts, et tout ce que nous allons dire de la noblesse lui sera applicable. Or, la noblesse était, du moins en grande partie, au niveau du siècle, en ce sens, que placée au sommet de la société, elle en connaissait, elle en comprenait même toutes les idées nouvelles, qui lui parvenaient en grains d'encens et sous forme de dédicaces; elle ne pouvait repousser des hôtes qui lui arrivaient de si bonne grace; la pensée s'offrait devant elle sous les couleurs les plus attrayantes : « Elle était devenue le plus piquant assaisonnement des soupers et des plaisirs.» La noblesse se trouvait entraînée, à son insu presque, par la marche de la société qui la portait sur sa tête : moitié par bon ton, moitié par instinct, elle devait accueillir les idées du temps. Les nobles de tous les pays de l'Europe ont offert et offrent encore l'exemple de ce laisser-aller provenant en partie de la vanité, en partie de l'amour du juste et du vrai inhérent à l'homme. Mais cette noblesse française vivait pour trois quarts de priviléges, c'est-à-dire d'inégalités, d'injustices, et lorsqu'il fut question de clore le règne de l'injustice, ce qu'elle-même avait naguère demandé, car elle aussi en était plus ou moins victime, elle s'arrêta. Elle vit clairement qu'en somme il y avait plus à perdre pour elle qu'à gagner, et elle recula, effrayée des pas aventureux qu'elle venait de faire. Quand ensuite arriva la nuit du 4 août, le monstre révolutionnaire était en pleine vie,

et par cet abandon tardif on n'avait fait qu'exciter sa voracité, on ne l'avait point satisfaite.

Reste la royauté, pouvoir tutélaire placé au-dessus de
tous pour échapper aux passions et aux préjugés de tous;
pouvoir neutre dont la mission principale consiste à surveiller d'un œil vigilant, à équilibrer d'une main ferme les
prétentions rivales qui se disputent les avantages sociaux;
pouvoir quelquefois impuissant pour le mal, mais qui
presque toujours est très-puissant pour le bien, pouvoir qui
alors, il faut le remarquer, était le plus solidement assis
en France, le plus entouré de cette auréole morale, de ce
respect populaire sans lequel toute institution, quelle que
soit sa valeur intrinsèque, est nulle. Aussi, selon nous, ce
pouvoir était, à cette époque, seul capable d'entrer dans la
voie périlleuse des innovations, seul en état de mener à
bon port le vaisseau de l'État. Pour le grand malheur de la
France, ce pouvoir fut Louis XVI, prince modèle de bonté
et de douceur, mais qui n'a jamais pu avoir une pensée ni
une volonté à lui. La royauté, qui seule pouvait concilier
l'expérience intéressée des hautes classes avec les lumières
inexpérimentées de la bourgeoisie, fit défaut à la France, et
la Révolution s'accomplit (1).

Nous reconnaissons volontiers tout ce qu'il y a eu de précaire et de déplorable pour une nation, que son salut dépen-
dît du plus ou moins de qualités de celui que le hasard de
la naissance a placé à sa tête; mais il ne s'agit pas de faire
en pareille occasion de la théorie mais de l'histoire, et,
en examinant toute l'histoire de la France et de l'Europe

---

(1) Voltaire écrivait à Turgot, le 13 mai 1776 : « Nous voyons naître le
siècle d'or; mais il est bien ridicule qu'il y ait tant de gens du siècle de fer à
Paris. On m'assure, pour ma consolation, que vous pouvez compter sur la fermeté de Sésostris (Louis XVI); *c'était là mon plus grand souci.* Je n'ose vous
supplier de me confirmer cette heureuse anecdote, *dont dépend la destinée de
toute une nation;* mais je vous avoue que je voudrais bien, avant de mourir, être
sûr de mon fait, etc. »

avant 89, on reste de plus en plus convaincu qu'il n'y avait que la royauté qui eût pu servir sans secousses et sans désastresla cause de la civilisation.

En France comme dans toute l'Europe, elle formait à cette époque le seul et unique pivot autour duquel roulait la société; elle était plus forte que l'aristocratie féodale, sur les débris de laquelle elle avait fondé sa puissance, plus forte que les classes nouvelles, qui étaient encore au berceau de leur éducation politique et de leur influence sociale; elle seule pouvait donc faire la part légitime aux idées et aux intérêts anciens comme aux idées et aux intérêts nouveaux. Les principales de ces idées nouvelles se résumaient en deux mots, *égalité civile*, *liberté civile*. Cette égalité et cette liberté n'auraient pas été immédiatement intronisées; mais leur empire une fois proclamé en principe, les conséquences n'auraient pas manqué de se réaliser peu à peu, ce que la France aurait perdu en attendant encore leur complète réalisation, elle l'aurait gagné au centuple en échappant à la plus terrible des catastrophes qui eût jamais ensanglanté elle-même et l'Europe. Nous sommes convaincus que si Louis XVI eût su se tenir fermement aux premiers plans de Turgot, et surtout à ceux que Necker avait proposés pendant son premier ministère, la France était sauvée.

On objectera peut-être que nous oublions qu'à côté des cris d'égalité et de liberté civile un troisième cri se faisait entendre, celui de *liberté politique*, de *gouvernement parlementaire*. L'histoire à la main, nous contestons que ce cri ait été le cri naïf, l'expression véritable des vœux de la France. Écoutons madame de Stael, historien contemporain et spectateur de ces grands événemens : ses idées anglaises, si ce n'était son noble caractère, suffiraient pour nous garantir la fidélité du récit qu'elle va nous faire : « Les magistrats demandaient à grands cris au ministère les états de recette et de dépense, lorsque l'abbé Sabatier, conseiller au

parlement, homme très-spirituel, s'écria : *Vous demandez,
Messieurs, les états de recette et de dépense, et ce sont les États-
généraux qu'il nous faut.* Cette parole, bien que rédigée en
calembourg, porta la lumière dans les désirs confus de
chacun.... Dès ce moment la Révolution fut faite, car il n'y
eut plus qu'un vœu dans tous les partis, celui d'obtenir la
convocation des États-généraux (1). »

Il faut remarquer que ceci se passait sous le ministère
de M. de Brienne, archevêque de Toulouse, et par conséquent après le ministère de Turgot, de Necker et de Ca-
lonne, tous appelés à écouter les vœux de la nation, à opérer les réformes exigées. Comment! pendant tout ce temps,
pendant l'intervalle de plusieurs années, où tant d'esprits
en travail avaient manifesté au dehors et leurs idées et leurs
plans, le gouvernement parlementaire, la constitution
anglaise, eût été un des premiers vœux du pays, et personne
n'en eût soufflé mot, pas même sous la forme déguisée de
l'appel des États-généraux ! et il était réservé *au spirituel
abbé Sabatier, avec un calembourg,* de réveiller les esprits jusqu'alors engourdis ! On rappelle sans cesse la terrible impression que fit sur la France la fameuse brochure de l'abbé
Sièyes, *Qu'est-ce que le tiers ?* Eh bien, c'est cette impression même, si soudaine, si générale, qui nous sert de
preuve que cet écrit ne renfermait que les idées d'un méta-
physicien politique, rêvant à loisir, en dehors des idées communes, et non pas les idées d'un homme d'État qui devine
et qui représente fidèlement les besoins de son époque,
d'une imagination créatrice, qui nous révéla plus tard sa
puissance dans la machine gouvernementale si compliquée
qu'il présenta à Bonaparte (2). Si la France avait été péné-

_____

(1) Considérations sur la Révolution française, par Mᵐᵉ de Staël, première
partie, chap. x.
(2) Histoire de M. Mignet, t. 2, xv.

trée des idées de l'abbé Sièyes, cette grande impression
n'aurait point eu lieu. Une impression pareille avait été
produite quelque temps auparavant en France par l'apparition du Contrat social : est-ce que le Contrat social était
l'écho des vœux, le représentant des besoins réels de la
nation? Par son étrangeté même en égard aux mœurs de
la France, il excita l'engoûment universel, l'engoûment
des Français, si épris de toute espèce de nouveautés (1).
Voilà tout.

Nous reconnaissons volontiers que le déficit dans les
finances ne fut qu'un prétexte de la Révolution, que le
mauvais état de l'administration, l'état arriéré de la législation n'en furent que l'occasion; que les nouveaux principes philosophiques ne furent que les prétentions exorbi-
tantes d'un avocat qui demande beaucoup pour obtenir peu,
et que derrière toutes les plaintes et toutes les exigences
se cachait quelque chose qui fut la cause essentielle de la
Révolution, je veux dire la volonté des classes moyennes de
participer désormais au pouvoir; mais nous maintenons
en même temps que l'avénement de ces classes pouvait
s'opérer indépendamment de l'introduction du gouvernement parlementaire, dont le temps, selon nous, n'était
point encore arrivé pour la France; nous croyons que par
l'institution des assemblées provinciales, par l'admissibi-
lité de toutes ces classes aux fonctions publiques, par l'assujettissement des classes privilégiées, en partie au moins,
au droit commun, et quelques autres mesures pareilles, les
exigences de la bourgeoisie eussent été amplement satis-
faites : selon nous, elle n'a pensé à se faire justice elle-même
que lorsque les espérances qu'elle avait fondées sur la royauté
furent entièrement déçues et qu'elle ne put plus se flatter

_____

(1) On peut en voir le plan dessiné dans l'Histoire de la Révolution par
M. Mignet, t. 2, chap. xv.

d'être secondée par elle dans ses justes réclamations. Aussi devons-nous remarquer que l'écrit de l'abbé Sièyes ne parut qu'à l'époque de la convocation des États-généraux.

Nous savons que la France était déjà lasse du despotisme machiavélique de Richelieu, lasse du despotisme fastueux, ruineux et à la fin bigot de Louis XIV, lasse du despotisme débauché de Louis XV, lasse enfin du despotisme vacillant et incoloré de Louis XVI; mais le bon sens qui la caractérise l'avertissait sans cesse, malgré ses mouvemens impétueux vers un avenir inconnu provoqués par le stimulant philosophique qui l'aiguillonnait, que le temps n'était point arrivé de traiter sérieusement avec la royauté : que d'un côté elle avait à compter avec des priviléges aristocratiques qui avaient encore des racines dans le sol; que d'un autre côté, elle devait se tenir en garde contre les prétentions mal définies des nouveaux venus sur la scène sociale, et qu'au sein des vagues aux prises et d'une mer agitée, la royauté devait lui servir encore de pilote. Le peu que cette royauté lui aurait accordé franchement et nettement, en fait de droits nouveaux, tant civils que politiques, aurait été accepté avec une gratitude infinie.

Les circonstances politiques donc, qui eussent pu, en satisfaisant la révolution des esprits, en allant au-devant d'eux, empêcher la révolution matérielle et les perturbations qu'elle entraîne nécessairement à sa suite, manquèrent à la France. Renfermait-elle au moins dans son sein des élémens moraux qui eussent pu en modérer le cours, en atténuer les conséquences? Tout au contraire.

Si l'on veut se rendre un compte exact de la nature des événemens dont nous parlons, il ne faut jamais perdre de vue que la révolution française a éclaté au milieu du plus triste alliage de la licence des esprits et de la dissolution des mœurs dont jamais société ait offert le repoussant exemple. La licence des esprits était le résultat de l'insurrection de la raison contre toute espèce d'autorité, et de la philosophie contre la religion ; l'autre était le produit de la corruption du sérail qui avait élu domicile à la cour du despotisme. De leur alliance naquit la pire des immoralités, l'immoralité sans pudeur et sans remords. La corruption systématique et dogmatique coulait à pleins bords sur cette nouvelle Capoue de l'Europe ; la dépravation de la pensée et la dépravation du cœur frappaient d'une espèce de torpeur léthargique toutes les classes éclairées de la nation, qui ne furent réveillées qu'au pied de l'échafaud : « La mort les saisit en habits de fête. »

Il faut se rappeler les bacchanales de cette noblesse efféminée et frivole qui, poudrée, musquée, enrubannée, passait tout son temps en génuflexions à la cour, en intrigues galantes, en réunions joyeuses, en duels et en danses ; il faut se rappeler ces philosophes restaurateurs de l'humanité étalant le plus monstrueux accouplement de l'orgie avec ce qu'ils appelaient leur philosophie ; sacrifiant ici le Christ et la religion, là Dieu et l'ame, ailleurs le gouvernement et l'autorité, entre la poire et le fromage, chez les actrices de l'Opéra où ils passaient la moitié de leur vie. La bourgeoisie, par nécessité de position et par prudence, offrait sans doute infiniment moins de relâchement dans ses mœurs ; mais la base de toute morale, les croyances religieuses, quelle valeur avaient-elles à ses yeux, depuis que les idées sceptiques du dix-huitième siècle s'étaient infiltrées dans tous les cœurs, entremêlées avec de grandes maximes morales, sociales et politiques, dont il était si difficile de les distinguer ? Et parmi ces maximes, combien n'y en avait-il pas de radicalement fausses et destructives de toute moralité et de toute société !

Pour bien comprendre en quoi la corruption des hautes classes différait de celle des autres, on n'a qu'à fixer les yeux sur le caractère distinctif des deux grands penseurs et rivaux de cette époque, sur Voltaire et sur Rousseau. Le premier, selon nous, est le meilleur interprète de la dépravation aristocratique, comme le second est le meilleur représentant de la dépravation bourgeoise, avec cette différence toutefois que celui-ci a formé son siècle plus qu'il ne l'a représenté, tandis que l'autre s'est occupé à le traduire plus qu'à le façonner. En effet, qu'était l'opulent habitant de Ferney, sinon le type du gentilhomme français de la Régence, la trompette de cette aristocratie débauchée dont les orgies feront époque dans les annales de l'histoire? qu'était-il, sinon un littérateur habile, exprimant dans une langue incomparable et avec la hardiesse du génie la plupart des idées de son temps? L'auteur de l'Émile et du Contrat social, s'il est tombé dans quelques-uns des vices de son époque, ne les a jamais professés, n'a jamais surtout composé avec eux publiquement : rempli au contraire d'une noble indignation contre une société licencieuse dont son antagoniste était le digne représentant, il a appelé de tous ses vœux la réforme de cette société. En homme sincère et convaincu, il a cru voir la possibilité de cette réforme dans la consécration de doctrines marquées au coin du génie, quoique poussées jusqu'à l'exagération du paradoxe. Il s'est trompé, mais de bonne foi et en grand homme dont les erreurs, après avoir précipité l'humanité dans des abîmes, illuminent les siècles à venir comme des phares placés devant sa marche sur le sommet de l'histoire.

Quant à la moralité du peuple en général, que devait-elle être dans un pays où l'immensité de la nation croupissait dans la misère la plus profonde, dans l'ignorance la plus abjecte, et n'avait pour toute instruction devant ses yeux que les mœurs éhontées des classes élevées? Lorsque l'attention respectueuse que les masses portent naturellement sur leurs chefs ne rencontre plus que déception et corruption, lorsque ceux qui doivent fortifier, encoura-

ger le peuple dans l'exercice du juste et de l'honnête, offrent les premiers l'exemple de la déviation des lois éternelles qui doivent nous régir, lorsque ceux qui en sont les
dépositaires et les gardiens, ont donné une fois le signal du
vice et du crime, et qu'une influence mutuellement funeste s'est établie entre gouvernés et gouvernans, qui
pourra sauver de cette atmosphère empoisonnée une nation dont tous les membres sont atteints par la gangrène ?
Qui pourra seulement se faire entendre par cette troupe
enivrée par le vice, par cette multitude enveloppée par les
voiles de l'erreur et offrant le terrible spectacle de millions
d'hommes agglomérés pour s'entre-détruire ?

Nous n'hésitons pas à le dire, le régime de la terreur
est le fils légitime de l'ancien régime. Sans doute la destruction de tout frein légal ramène à l'état de nature : toute
digue étant rompue, les passions basses apparaissent et
étalent leur horrible aspect, le feu de la licence fait monter l'écume à la surface ; mais l'état révolutionnaire a
précisément pour effet de constater l'intensité des passions
viles, il est la pierre de touche de la moralité d'un peuple, ce n'est que lorsque le frein légal disparaît que l'on
peut reconnaître la force du frein moral. Peut-on croire
que cette férocité de caractère, cette soif de vengeance
et de sang, cette avidité de persécution, tous ces sentimens forcenés qui débordèrent comme un torrent vaseux
du sein du peuple français, fussent l'œuvre d'un instant ? Il ne faut pas connaître l'homme pour croire qu'un
moment de licence eût pu seul faire éclore à la fois tous
ces hideux penchans. Nous sommes ce qu'on nous a déjà
faits. Il y a eu cette époque des révolutions dans d'autres
pays de l'Europe voisins de la France : nulle part on ne se
souilla de tant de crimes. La révolution française seule
restera comme un monument impérissable de la barbarie
de l'homme immoralement civilisé.

Il ne faut pas oublier en outre une circonstance dont on n'a pas tenu assez compte dans l'appréciation des événemens de cette époque, je veux parler du caractère français. Il nous paraît singulier que pour juger des actes d'une personne on prenne tant en considération le caractère de l'individu, et que lorsqu'il s'agit d'une nation on ne prenne pas garde au tempérament, pour ainsi dire, de la masse d'hommes que l'on veut juger.

La variabilité de sentimens, la mobilité d'idées, voilà un trait bien connu du caractère français : qu'il provienne du peu de vigueur et de persistance dans la réflexion, ou de la vivacité et de la rapidité des sensations, peu importe. Toujours est-il qu'il constitue un des élémens principaux du caractère de ce peuple. Mais à côté de cette mobilité qui frappe avant tout, on peut trouver et reconnaître deux autres qualités moins évidentes qui, selon nous, sont la véritable cause de l'inconstance notoire de ce peuple, qualités qui, réunies et élevées à un degré supérieur dans un seul individu ont toujours constitué les véritables hommes de génie, je veux dire une imagination brillante et un bon sens parfait. Son imagination ardente, son intelligence prompte le met au niveau des idées les plus élevées, les plus sublimes, son bon sens pratique, son esprit logique lui prescrit absolument la réalisation de tout ce qu'il a conçu ; la vivacité, la variabilité de son humeur, comme son manque de patience et de réflexion, pouvaient venir plus tard la distraire, et lui faire abandonner entièrement l'idée de cette réalisation, mais il n'est pas moins vrai qu'il commencera par la tenter, sauf à l'abandonner peut-être ensuite. De là les vicissitudes étonnantes que ce peuple a subies non seulement depuis cinquante ans, mais depuis l'époque la plus reculée de son histoire. Si cette histoire est plus riche que celle de tous les autres peuples en faits divers, variés, contradictoires, extraordinaires, c'est qu'aucune idée grande, belle, juste, utile, ne s'est présentée à la face du monde sans qu'elle fût immédiatement adoptée, embrassée, prônée, élevée jusqu'aux nues par ce peuple qui n'a ni repos ni cesse que lorsque cette idée a passé au crible de la pratique et de la réalisation (1). L'expérience lui prouve-t-elle qu'il s'est trompé, il ne s'entête pas dans ses erremens par un respect superstitieux pour sa première tentative, et sans se décourager, il revient immédiatement sur ses pas : déjà cette expérience lui a montré le bon et le mauvais côté de ce qu'il a essayé, il abandonne vite celui-ci, et il s'en tient fermement à l'autre. Mais de même qu'il ne peut marcher progressivement, qu'il ne sait pas diriger sa marche avec précaution; de même, au lieu de la ralentir doucement, quand elle est mal engagée, il s'arrête brusquement, il rétrograde même, pour se relancer encore. Ce n'est qu'après de nombreuses oscillations qu'il s'arrête enfin; mais alors on peut être sûr qu'il s'est arrêté juste, car la question a été épuisée, l'expérience est pour ainsi dire consommée. De sorte

---

(1) Ces lignes étaient écrites depuis plusieurs mois, lorsque nous avons lu exactement ces mêmes idées exprimées par un des esprits les plus éminens que possède la France en ce moment, dans le langage éloquent qui lui est propre.

« La France, a dit dernièrement M. Guizot, a toujours été un pays de grande activité intellectuelle : activité point rêveuse, point spéculative, rarement adonnée à la seule contemplation, presque toujours préoccupée de l'application des idées comme des idées mêmes, mais toujours élevée aussi bien qu'efficace, philosophique aussi bien que pratique. C'est même là le caractère original du développement de l'esprit humain en France. Il a poursuivi avec ardeur les idées générales, la science, la vérité pure; et cependant il n'a jamais perdu de vue l'application : il a toujours éprouvé le besoin de faire passer les idées dans les faits, de ne point livrer les idées à leur propre fantaisie, ni les faits à la seule routine, d'employer les idées et de régler les faits selon quelque haute vue d'ordre et de progrès. Ce caractère, qui est empreint dans toute notre histoire, surtout dans l'histoire de la magistrature et de l'administration française, a éclaté de notre temps avec toute son énergie. Quelle révolution a été, au même degré que la nôtre, l'œuvre de la pensée, la victoire des idées générales? Et quelle révolution a jamais pénétré si avant dans les faits sociaux, les a dominés et transformés avec tant d'empire? Vit-on jamais pareil mélange de hardiesse théorique et pratique?» (Discours de M. Guizot, tenu devant la société des antiquaires de Normandie, à Caen, le 27 août 1838.)

2

que s'il avance toujours, c'est en spirale, comme dit Goëthe.

Qui est-ce qui aurait pu reconnaître sous Louis XIV la France de la Fronde? qui est-ce qui aurait pu reconnaître sous la Constituante la France de Louis XIV? qui est-ce qui aurait pu reconnaître sous Napoléon la France de la Convention? qui est-ce qui peut reconnaître sous Louis-Philippe la France de l'Empire? Mais après ces étonnantes variations, il n'est pas difficile de retrouver sous le régime actuel tout ce qu'il y a eu de bon sous les régimes précédens : et pour donner quelques exemples, il est facile d'apercevoir aujourd'hui dans la vie privée des Français la recherche de ce goût exquis, la réapparition de ce charme de manières qui caractérisaient les relations sociales sous l'ancien régime, moins ce qu'on y trouvait de fadement outré et de niaisement guindé; il est facile de retrouver quelque austérité de mœurs, et surtout la sévérité de tenue qui fit prévaloir plus tard la bourgeoisie omnipotente, moins ces habitudes mesquines, ce ton rude que la réaction avait apporté; il est facile de découvrir comme mobile du gouvernement actuel toutes les idées saines proclamées par la Constituante, moins ses hallucinations philosophiques; la belle centralisation de l'Empire, moins le despotisme du sabre; l'impulsion donnée aux intérêts matériels par la restauration, moins ses invincibles répugnances contre ce qui avait été dit ou fait avant elle.

On ne saurait trouver ailleurs une preuve plus frappante du caractère français tel que nous venons de l'esquisser que dans ce qui a été fait dans les derniers temps à l'égard d'Alger. Il fut pris d'un coup de main aux acclamations de toute la nation, sa conservation fut décidée aussi promptement, aussi instantanément que sa prise : et cependant depuis, que d'incertitudes, que de tiraillemens, que de tâtonnemens, que d'entreprises hasardées, que de reculades irréfléchies. L'esprit le plus vigoureux se fatigue à suivre tous les systèmes, car le Français aime à tout réduire en système, que l'on y a essayés tour à tour : on a dépensé pour ce petit coin de terre plus de théories, plus de projets, plus de discussions, plus de discours, qu'il n'en faudrait pour régler les affaires de l'empire chinois. Mais après tant de tergiversations, on voit que l'on s'est arrêté à peu près au parti que la plus légère réflexion aurait suffi depuis long-temps pour conseiller. Qu'on ne s'étonne donc pas de ce chaos d'actes multipliés, étranges, contradictoires, qui forment ce que l'on appelle la révolution française.

Ce qui est vrai de la nation en général, l'est aussi nécessairement par rapport à chaque individu en particulier. On a vu maintes personnes très-distinguées et par la supériorité de leur esprit et par la noblesse de leurs caractères, après avoir été les apôtres fougueux de telle ou telle idée, de telle ou telle opinion, faire tout-à-coup volteface et virer de bord au point de devenir tout-à-fait méconnaissables. Par quelle cause? C'est qu'une circonstance quelconque les a placées en présence de quelque réalité qui les a complètement désorientées. Ainsi, on a vu récemment des partisans ardens du libéralisme, ce Protée indéfinissable mais toujours ardent de la nature, faire tout-à-fait peau neuve après un voyage en Allemagne, en Russie, voire même à Alger.

Ce que l'on appelle le cynisme des apostasies n'est, du moins très-couvert, qu'une prompte mais sincère conversion. Quand on veut apprécier les actes d'un homme, il faut bien les expliquer d'après la nature de l'homme en général, mais il ne faut pas oublier non plus dans cette appréciation son caractère propre, qui peut n'être souvent que celui de toute la nation à laquelle il appartient.

Le peuple français a été et sera le professeur de l'Europe, parce qu'il est le manipulateur constant, infatigable de toutes les théories, l'avant-coureur intrépide de toute

espèce d'innovation, le champion éternel de ce conquérant
du monde qu'on appelle la civilisation. Son activité ne se
contente pas de remuer, de refaire, de tenter toujours du
nouveau chez lui, elle court encore le monde pour chercher de l'inconnu, trouver quelque chose de bon à imiter.
Nous avons vu dans les derniers temps avec quelle merveilleuse promptitude il a emprunté à l'Angleterre ses
formes politiques, sa civilisation matérielle, ses perfec-
tionnemens industriels, ses salles d'asyle ; aux États-Unis
son système pénitentiaire ; à la Suisse ses caisses d'épar-
gnes ; à la Prusse son instruction primaire. Il s'est entendu
faire le reproche de négliger l'agriculture : aussitôt les
comices agricoles ont surgi comme par enchantement, les
livres d'agriculture, les encouragemens arrivent de toutes
parts (1). On lui a dit qu'il n'entendait rien à la musique ;
et il a résolu de se faire musicien : à côté de sa scène lyri-
que nationale, la première au monde pour sa magnificence, il en entretient à grands frais une seconde où l'on
entend les premiers chanteurs de l'Europe ; et voilà que
les concerts, les artistes, les méthodes apparaissent en
foule et surgissent comme de sous-terre. Célèbre par sa
philosophie, sa littérature, sa jurisprudence depuis long-
temps, il complète sa gloire, achève sa renommée par
ses institutions politiques, par la conquête de l'industrie,
par le culte des beaux-arts, par l'absorption en général de
tout ce qu'il y a de bon, de beau et d'utile qu'il prend partout où il le trouve, et le perfectionne toujours. Y a-t-il à
apprendre, se passe-t-il quelque fait, sur un point de
l'horizon, qui touche les intérêts de la science et de la

---

(1) « Il existe aujourd'hui en France cent vingt-trois sociétés d'agriculture,
et trois cent trois comices ; il y en avait à peine dix en 1830. » (Discours de
M. Martin (du Nord), ministre du commerce et des travaux publics, à l'ou-
verture des conseils généraux d'agriculture, de commerce et des manufactures,
le 14 décembre 1837).

civilisation, c'est lui qui se charge d'aller le connaître, l'apprécier, le divulguer au monde entier. Le premier il va porter la parole du Christ en Chine, et nous fait connaître ce pays qui était auparavant pour nous un pays presque fabuleux ; le premier il va fouiller dans les débris de l'empire de Sésostris pour y déterrer les faits qui se sont passés il y a deux ou trois mille ans ; la révolution de l'Angleterre était chose presque inconnue en Europe avant l'admirable ouvrage de M. Guizot ; l'état politique et économique des États-Unis de l'Amérique était aussi peu connu avant les excellens travaux de M. de Tocqueville et de M. Michel Chevalier.

D'où vient cette tendance d'imitation, et en même temps cet esprit de propagande, je ne me charge pas de l'expliquer : peut-être pourrait-on en attribuer la cause à la réunion et à la fusion des caractères des différens peuples qui composent le peuple français ; mais ce qui nous paraît évident, c'est qu'il renferme en lui toutes les qualités qui distinguent chacun des autres peuples de l'Europe : bon, généreux, penseur comme l'Allemand, souple, imitateur comme le Slave, brave et fier comme l'Espagnol, vif, spirituel et fin comme l'Italien ; actif, entreprenant comme l'Anglais, il réunit à toutes les bonnes qualités des autres, cette intelligence nette, cet air ouvert, cette gaieté de tempérament, cette délicatesse de procédés, ce charme dans les manières qui rendent le Français l'homme le plus aimable et le plus sociable de l'Europe. Il n'est pas difficile alors de comprendre comment ce peuple sympathise avec tous les autres, comment il se trouve à l'unisson avec tout le monde. Chacun trouve en lui un clavier dont il tire les sons qui lui sont les plus agréables, de même qu'il est un foyer qui réunit les lumières de tous les points du globe pour les refléter puissamment au dehors. Aussi Paris est non seulement le centre de la vitalité fran-

çaise, mais en même temps l'expression vivante de la civilisation européenne comme il est le rendez-vous des
quatre parties du monde.

Pour comprendre donc toutes les vicissitudes que ce
peuple a traversées, surtout dans les derniers temps, n'oublions pas qu'il s'agit d'un peuple qui est fait pour comprendre tout, pour essayer tout, pour pratiquer tout;
mais qu'aventureux comme il est, il s'élance souvent dans
des chemins inconnus ou à peine soupçonnés; il tombe dans
des précipices sauf à s'en relever aussitôt et à reprendre
son train accoutumé. Sa vie n'est qu'une longue épopée
bariolée d'actions grandes et détestables, sublimes et ridicules, utiles et pernicieuses, lesquelles portent, en définitive, la marque du génie de cette France surmontant
tous les obstacles, triomphant de tous les événemens, ex-
plorant toujours un monde nouveau. Avez-vous jamais vu
l'image représentant le jeune conquérant de l'Italie s'é-
lançant au pont d'Arcole un étendard en main, se pré-
cipitant en avant de tous, ouvrant de son propre corps la
marche à ses frères d'armes, et criant : *En avant, grena-
diers !....* Voilà la France !

Mais revenons à notre sujet, et disons : Le caractère de la
nation française a été une des causes les plus puissantes de
la révolution. Le principe de l'égalité devant la loi, l'avénement des classes éclairées et aisées aux situations élevées
où le hasard de la naissance avait conduit jusqu'alors,
étaient des conséquences nécessaires du progrès de la civilisation et devaient se réaliser tôt ou tard infailliblement.
L'un est la conséquence immédiate du dogme fondamental
de notre livre sacré, qui domine les consciences depuis
deux mille ans, je veux parler de l'égalité proclamée pour
la première fois dans le monde par Jésus. Ce dogme constitue la ligne de démarcation entre la civilisation païenne
et la civilisation chrétienne; il a rongé les fers de l'escla-

vage, grandi la dignité des familles, ennobli l'homme, il devait aussi relever le citoyen mieux que n'a jamais pu le faire la sagesse antique. L'autre est le résultat nécessaire du temps, qui a élevé le vaincu au même degré de puissance que le vainqueur, en mettant la fortune acquise et l'intelligence en face de la fortune transmise et de la naissance. Ces principes devaient donc triompher par eux-mêmes pour ainsi dire : le peuple français n'a pas voulu attendre, il a voulu devancer le temps, aussitôt qu'il a pressenti ce que la marche naturelle des choses devait amener un jour.

Pour terminer l'énumération des causes qui ont amené ou excité la révolution française, il faut noter les irritations que les attaques du dehors vinrent apporter au levain d'immoralité du dedans et au caractère susceptible de la nation. L'on comprendra après cela les scènes terribles qui ont accompagné cette révolution, et l'on s'étonnera comment, avec tant d'élémens de dissolution, la reconstruction a pu s'opérer en si peu de temps.

Résumons maintenant en quelques mots notre pensée sur cette révolution :

Selon nous, ses causes premières ont été :

1° Le besoin vivement et universellement senti d'améliorations et de réformes dans les finances, dans l'administration et dans la législation en général.

2° Le besoin plus vague quoiqu'impérieux d'égalité et de liberté civiles.

3° Le besoin beaucoup moins prononcé, et surtout moins généralement partagé, de liberté politique.

Sa cause principale a été :

L'absence de l'action de la royauté qui seule eût pu la prévenir en s'en emparant et en se mettant à sa tête.

Ses causes aggravantes ont été :

1° L'inexpérience du tiers-état appelé à lui seul à consommer cette révolution.

2° Le bouleversement qui devait arriver dans l'assiette de la société par l'annulation de la royauté.

3° La dissolution des mœurs privées et publiques.

4° Le caractère impétueux de la nation.

5° Enfin l'agression du dehors.

CHAPITRE II.

Idées consacrées par la Révolution.

Une révolution ne se transforme en faits, n'éclate au dehors, que lorsqu'elle existe déjà dans les idées ; la révolution française n'est que le mouvement accéléré d'une révolution morale latente, préparée par les siècles autant en France qu'en Europe. En France, pour trois quarts, cette révolution morale est déjà irrévocablement réduite en faits, mais il reste une foule de questions dont la solution n'est pas encore trouvée ; ensuite il y a beaucoup d'actes précipités amenés par la révolution matérielle, beaucoup d'idées exagérées accréditées par elle, sur lesquelles il faut revenir. Dans le reste de l'Europe la révolution des esprits a obtenu encore moins de résultats pratiques, d'abord parce qu'elle est moins achevée, moins mûre, en second lieu parce que les scènes hideuses de la révolution française l'ont refoulée dans tous les cœurs. Une grande partie donc de la révolution générale reste encore partout à accomplir, son travail moral comme son travail matériel est loin d'être achevé.

Or, il est indispensable, autant dans notre intérêt individuel que dans l'intérêt de la patrie dont nous sommes les enfans, que dans celui de la grande famille européenne à laquelle nous appartenons tous, que dans celui de l'humanité dont nous sommes membres, que chacun de nous tâche de se faire une idée nette, une opinion arrêtée sur ce grand changement qui s'opère sous nos yeux, sur ce mouvement irrésistible qui nous entraîne tous tant que nous sommes, bon gré, mal gré. Ce n'est qu'à cette condition que nous pourrons nous rendre un compte exact et de nos pensées et de nos actions; ce n'est qu'à cette condition que nous pourrions nous tracer une ligne de conduite. « Dans cet antagonisme des vieilles idées qui ont régi le monde, dit un spirituel écrivain(1), et des idées nouvelles qui veulent l'envahir, personne ne peut rester neutre, chacun s'y engage sciemment et à son insu. Le cœur le plus froid y porte ses craintes et ses espérances; l'esprit le plus faible, ses regrets ou ses vœux. Nul n'est assez obscur, assez isolé d'intérêts religieux, moraux, politiques, matériels; nul n'est assez étranger à l'honneur et à la prospérité de son pays, à l'avenir de sa famille, à son propre bien-être, pour n'y pas prendre une part militante. Nous sommes tous acteurs dans un grand drame qui se joue à la fois dans les palais et sous le chaume, sur la place publique et au milieu de la famille; nous y participons tous par des actes, par des écrits, par des paroles, par des pensées, par des sentimens : *Quand le champ de bataille est le monde, tout homme est soldat.* Si chacun osait prononcer tout haut l'éloge ou le blâme, la voix du genre humain aurait bientôt imposé silence à ce qu'il y a d'exagéré dans toutes les opinions, et dès long-temps la guerre serait finie. »

Une des premières affaires du jour, la plus urgente de

(1) Pagès (de l'Ariège). Introduction au Cours de pol. const. de Benjamin Constant, édition de 1836.

toutes, c'est que les hommes de tous les pays déterminent
une fois pour toutes le sens des mots qui ont cours dans la
nouvelle langue politique : c'est faute de s'entendre sur les
mots, c'est parce qu'ils revêtent pour chacun un sens différent, qu'ils servent souvent d'arme à deux tranchans et
blessent également et ceux qui s'en servent, et ceux contre
lesquels on s'en sert. Il ne faut pas attribuer à un autre motif un grand nombre de mésintelligences déplorables.

Deux mots ont surgi dans ce dernier temps et ont le privilége, depuis un demi-siècle, de dominer tous les esprits,
d'occuper toutes les plumes : ces deux mots sont *Liberté*,
Égalité : le premier connu par la civilisation ancienne, le
second tout-à-fait nouveau et appartenant en propre à la
civilisation moderne qui a pour base le christianisme.

Avant d'entamer l'explication de ces deux mots, il faut
faire observer que l'égalité comme la liberté impliquent
l'existence d'une société. Il faut donc préalablement nous
demander ce que c'est qu'une société.

SECTION I".

SOCIÉTÉ. — SOUVERAINETÉ.

Il est inutile d'entrer, soit dans l'examen de l'origine des
sociétés, origine à laquelle personne n'a jamais assisté,
pour nous en rendre compte, soit dans l'examen des clauses
expresses ou tacites sous lesquelles elles se sont formées,
clauses auxquelles personne n'a jamais pensé. Ce sont là
autant de considérations dont la conséquence pratique nous
paraît nulle, sinon dangereuse, car leur valeur philosophique est extrêmement controversable. Elles ont produit
le Contrat social de Rousseau, comme l'ouvrage de Nobles ;
elles se sont présentées comme le fondement de la souveraineté populaire et du despotisme, elles ont enfanté éga-

lement deux principes qui sont l'antipode l'un de l'autre.

Si ces considérations ont conduit à des conséquences si diamétralement opposées, c'est qu'elles présupposaient un principe qui n'était pas le même pour Nobles et pour Rousseau. C'est à la nature de l'homme qu'il faut toujours remonter pour expliquer tout ce qui concerne l'homme. Or, pour Nobles, l'homme est organisé de manière que ses intérêts soient constamment en lutte avec ceux de ses semblables; bien plus, ils sont diamétralement opposés, inconciliables; ce qui fait que la guerre est l'état normal de l'homme. D'où il suit que les hommes se trouvent dans cette alternative ou de s'entre-détruire ou de s'abandonner à la discrétion d'une force supérieure qui leur impose une paix à quelque condition que ce soit. A tout prendre, cette paix est préférable pour eux à l'état de guerre dans lequel ils se trouveraient perpétuellement s'il fallait qu'ils intervinssent par eux-mêmes, si peu que ce soit, dans la fixation de leurs rapports entre eux. Selon Nobles, les hommes, tout incapables qu'ils sont à cause du sentiment égoïste qui les domine de vivre en paix, sont en état de comprendre que cette paix leur est nécessaire; dès-lors ils doivent sentir que la force supérieure qui seule peut la leur imposer doit l'être aussi; cette force ne peut être que le despotisme, donc le despotisme constitue la loi suprême des hommes vivant en société. Dans ce système, s'il arrive à l'homme de faire usage de sa liberté, c'est pour une seule fois et pour la sacrifier à tout jamais; c'est le meilleur emploi qu'il puisse en faire, c'est le seul légitime.

Pour Rousseau au contraire, l'homme est organisé de manière qu'il puisse comprendre rapidement qu'il ne saurait trouver le bonheur que dans sa bonne intelligence avec ses semblables; il est fait pour voir que l'intérêt des autres est un et le même que le sien, que l'un ne peut se concevoir sans l'autre, ce qui est vrai : bien plus, selon lui, chaque

homme est en état de comprendre à quelle condition peut
se réaliser cette bonne intelligence, ce qui certainement,
nous le pensons, est faux. Cela étant, d'après lui, il est
évident que ce serait folie de prendre pour arbitres des tiers
lorsque les associés, les contractans peuvent s'entendre par
eux-mêmes sur les conditions de leur association. De là le
Contrat social, « œuvre de tous les membres d'une société,
par laquelle des engagemens réciproques se forment et constituent une association qui défend et protége de toute sa
force commune la personne et les biens de chaque associé,
et par laquelle chacun, s'unissant à tous, n'obéit pourtant
qu'à lui-même et reste aussi libre qu'auparavant.... Tant
que les sujets ne sont soumis qu'à de telles conventions,
ils n'obéissent à personne mais seulement à leur propre
volonté. » On voit que c'est là l'époque d'Abraham et d'I-
saac, où le bien et le juste se faisaient par inspiration ; c'est
l'âge d'or ramené sur la terre : époque où quelques troupes
de laboureurs se rassemblaient sous un chêne pour régler
les affaires communes, où tout allait comme de soi ; époque
qui a inspiré toutes les idylles et toutes les pastorales, et
je crains fort que le Contrat social de Rousseau n'en soit
une. Quand on n'envisage qu'une face de l'homme, quand
on ne prend qu'un côté de la question, on est logique, conséquent, éloquent, entraînant ; les déductions s'enchaînent,
le système s'élève sur une base unique : il est beau, admirable, il n'a qu'un petit inconvénient, celui d'être
un château en Espagne. On écrit pour des êtres qui se
trouvent peut-être dans la lune ou dans quelque autre pla-
nète, et nullement pour ceux qui habitent la terre ; on crée
le Citoyen de Nobles ou l'ouvrage de Rousseau, on a ajouté
un livre de plus à ceux qui inondent le monde, on n'a rien
fait pour l'humanité. Quand on ne voyage pas dans des
espaces imaginaires, que l'on ne vogue pas dans les cieux,
qu'on se traîne terre à terre, que l'on se laisse dominer

par le gros bon sens, après beaucoup d'observations, avec beaucoup d'efforts, on parvient à découvrir quelque parcelle de vérités; et encore pas 'de ces vérités qui embrassent le monde et finissent, par leur ampleur même, par ne s'adapter à rien, mais de ces vérités qui ressortent d'une situation, d'un lieu, d'un temps, d'une époque donnés, sur lesquelles les esprits spéculatifs jettent ensuite, s'ils les comprennent, ces grandioses maximes excellentes souvent pour faire méditer, impuissantes si elles veulent faire agir. Ceux qui ne croient pas que la nature de l'homme soit telle que nous la décrit Nobles, ou telle que la suppose Rousseau, qui ne la croient ni si perverse ni si angélique, sont obligés de partir d'un autre point de vue, qui nous paraît avoué par le bon sens universel du monde.

En arrêtant un instant ses regards sur l'homme, on trouve immédiatement et sans beaucoup de réflexions philosophiques que l'homme est né *sociable*, qu'un penchant irrésistible, aveugle, le pousse vers ses semblables. Un second coup d'œil suffit également pour faire voir que ce premier penchant instinctif et irréfléchi a un résultat utile, précieux pour l'homme, que ses intérêts matériels, comme ses intérêts moraux, trouvent également leur compte dans ce rapprochement; que 1° la sécurité de la vie, 2° son bien-être, 3° ses jouissances morales, 4° son perfectionnement, autant d'avantages qui constituent son bonheur ici-bas, ne peuvent se réaliser qu'à la seule et unique condition de vivre en société et au milieu de ses semblables. Son penchant se trouve en conformité avec les exigences de sa nature, avec ses besoins; et c'est pour qu'il pût satisfaire à ce besoin que le Créateur a mis en lui ce penchant.

L'existence donc de toute société est la conséquence *nécessaire* de l'organisation de l'homme, et son résultat est le bonheur. Le bonheur de qui? évidemment de *chaque* membre de la société, et en même temps de *tous*. Chacun de ces termes implique l'autre. Quand on dit *chaque*, le mot *tous* est sous-entendu nécessairement, et comme le tout comprend la partie, dans le mot *tous* on comprend nécessairement l'autre terme.

De même que l'on ne peut concevoir le bonheur de l'homme indépendamment de toute société, de même on ne peut concevoir l'existence normale d'une société qu'à la condition qu'elle réalise le bonheur de chacun et de tous à la fois. Il en résulte que si la société en masse souffre, chacun en particulier doit souffrir, car il fait partie intégrante de cette société; si quelqu'un souffre, la société s'en ressent, car elle ne peut être heureuse qu'à condition que chacun de ses membres prospère.

Le corps social peut être comparé à certains égards au corps humain. L'homme ne jouit de son existence que lorsqu'il trouve la santé dans chacun de ses membres, et chacun de ses membres en particulier ne se trouve dans un état parfait qu'à condition que le reste du corps le soit aussi. Mais l'organisation humaine, dans son admirable harmonie, est soumise aux lois de la nature nécessaires et immuables; tandis que celles qui gouvernent les sociétés peuvent se trouver conformes ou non à la nature morale et sociale de l'homme, selon que l'intelligence qui a présidé à leur institution a été ou n'a pas été assez éclairée pour les approprier à cette nature de l'homme, et selon que la volonté qui les soutient est ou n'est pas assez dénuée de passions pour s'y conformer.

Nous avons dit que le corps social peut être comparé au corps humain à certains égards. En effet, si la société est la *réunion* de plusieurs êtres distincts, on ne peut pas dire qu'elle est la *fusion* de tous ces êtres : pour se former, pour exister, elle distrait, qu'on nous passe cette expression, quelque chose de chacun de ceux qui concourent à sa formation, et en ce sens il est vrai de dire que l'intérêt social n'est que la somme des intérêts individuels; mais il ne faut pas perdre de vue qu'elle n'absorbe pas toute l'existence de l'homme; il y a beaucoup de besoins, beaucoup d'intérêts humains qu'elle ne comprend pas, ou pour mieux dire, qu'elle ne règle pas, qui ne peuvent, qui ne doivent pas entrer dans sa composition. Il entre dans la nature de l'homme que ce partage soit fait, la raison l'exige. Si la société absorbait tout, l'homme n'existerait plus. Il ne serait qu'une machine, un automate entre les mains de je ne sais quelle force, qui aurait son centre je ne sais où; car on ne peut concevoir l'existence d'une force sociale que comme la *résultante* des portions de force individuelle subordonnée uniquement au *libre arbitre* de chacun. De son côté, l'homme ne peut être considéré comme vivant en société, comme partie intégrante d'un corps social où il espère trouver le bonheur et hors duquel, malgré ses recherches, il ne le trouvera qu'à condition, non pas de sacrifier comme on l'a dit une partie de sa liberté et de ses intérêts pour conserver l'autre, car il n'y a pas sacrifice là où il y a avantage, mais à condition qu'il *coordonne* son intérêt avec l'intérêt général hors duquel le sien ne peut exister d'une manière *rationnelle*, et qu'il mette en *harmonie* sa liberté avec la liberté sociale qui n'est autre chose que la liberté de tous.

Une société doit donc être considérée sous deux points de vue : en tant qu'assemblage de plusieurs êtres, prospérant par la prospérité de chacun, recevant la vie de la vie de chacun, elle doit être considérée comme un être *collectif;* mais en tant que concours vers un but commun, en tant que résultante de différentes forces, elle doit être considérée comme un être *abstrait* et distinct. D'où il suit que si la société réunit en elle les intérêts de tous les membres qui la composent, elle a au-dessus, pour ne pas dire en dehors de ces intérêts, le sien propre. Cet intérêt une fois reconnu, satisfait, vient s'ajouter à ceux de tous; mais pour être reconnu et satisfait il doit être préalablement détaché de l'intérêt de chacun.

Comment déterminer cette séparation? comment faire cette juste part entre l'intérêt social et l'intérêt individuel? Comment établir cette connexité qui doit les tenir attachés l'un à l'autre? En d'autres termes, comment les diviser si bien, qu'au lieu de se détacher l'un de l'autre, ils ne fassent que s'équilibrer et se soutenir mutuellement?

Question difficile et complexe comme les penchans mêmes et les sentimens qui se disputent l'homme.

Si chacun de nous eût pu apporter avec lui l'intelligence de ses droits et de ses devoirs envers la société, la chose irait à merveille, l'existence de toute loi deviendrait superflue; mais l'homme, même dans ce qui le concerne immédiatement lui et sa famille, abstraction faite de ses rapports sociaux, est sujet constamment à des erreurs graves, à des fautes insignes. Comment, sur une scène aussi vaste que la société, au milieu de rapports si compliqués et si éloignés, saura-t-il toujours démêler le bien du mal, le juste de l'injuste? Il le saura d'autant moins, que les sentimens instinctifs qui lui servent de gouvernail dans la vie de famille lui feront ici défaut, et qu'il aura besoin constamment du flambeau de la raison pour se conduire; il le saura d'autant moins, que ses penchans, loin de venir ici à son secours, seront presque toujours en conflit avec les prescriptions de sa raison. Plus les rapports qui lient l'intérêt général au nôtre sont éloignés et divers, moins nous savons les apercevoir et les reconnaître, moins nous savons rendre à cet intérêt général ce qui lui est dû et maintenir le nôtre dans sa sphère légitime. « Chacun détachant son intérêt de l'intérêt commun, voit bien qu'il ne peut l'en séparer tout-à-fait, mais sa part du mal public ne lui paraît rien auprès du bien exclusif qu'il prétend s'approprier.

Ce bien particulier excepté, il veut le bien général pour son propre intérêt, tout aussi fortement qu'aucun autre(1). »
Notre intérêt particulier s'offre plus facilement à nos yeux; l'autre est plus difficile à distinguer, et cependant la satisfaction de chacun de ces intérêts dépend essentiellement de la satisfaction de l'autre.

Si l'on veut donc se borner à rechercher les fondemens des rapports entre le citoyen et la société, la chose est facile, nous trouvons aisément ces fondemens dans le bonheur commun. Mais lorsque, pour déterminer ce bonheur, on est obligé de rechercher l'étendue et les limites des droits et des devoirs respectifs de l'association envers l'associé, et de l'associé envers l'association, on rencontre d'immenses difficultés.

La première difficulté consiste en ce que l'homme étant composé, pour ainsi dire, de deux parties distinctes mais connexes, il faut savoir détacher l'une de l'autre sans les séparer, il faut reconnaître et distinguer les droits qui lui reviennent en tant qu'être distinct de tout autre, en tant qu'individualité propre et indépendante, et les droits qui lui échoient en tant qu'être sociable, en tant que membre d'une communauté; ou en d'autres termes, il faut reconnaître et distinguer ses devoirs envers lui-même et ses devoirs envers la société : toutes ces locutions n'expriment qu'une seule et même idée, le rapport qui doit exister entre l'intérêt individuel et l'intérêt social.

Une autre difficulté vient de ce que cette limite ne peut être la même pour tous les lieux et pour tous les temps; les besoins mêmes de l'homme exigent des différences à cet égard : ainsi, pour prendre un premier exemple, nul doute que la liberté de communiquer à ses semblables, par la parole et par l'écriture, les résultats des fonctions de la partie

---

(1) Contrat social , liv. IV, ch. I.

3

la plus noble de notre être, de notre intelligence, nul doute, dis-je, que l'exercice d'une pareille faculté ne constitue un droit et un intérêt des plus précieux pour chaque homme en particulier, comme pour la société en général; et cependant personne ne peut nier que si l'un et l'autre droit sont connexes, ils ne sont pas les mêmes; qu'ils ne sont pas identiques, et qu'ils ne peuvent se confondre qu'à condition que leur proportion, pour ainsi dire, ne soit pas toujours et partout la même. Ces droits donc existent, mais ils peuvent se heurter. Nous prendrons un second exemple. Dans l'antiquité, la société jugeait nécessaire d'intervenir dans l'éducation de la jeunesse et de prendre une large part à la direction de cette fraction d'elle-même; la volonté des parens était minime à cet égard, et tout-à-fait subordonnée aux prescriptions de la loi. Il en est autrement chez nous : la liberté des parens dans l'éducation de leurs enfans est infiniment plus large, presque absolue aujourd'hui. Nous n'avons pas à examiner ici lequel des deux systèmes est meilleur; ce que nous voulons montrer, c'est qu'à des époques de civilisation également avancée la délimitation des droits sociaux et individuels sur un point aussi capital, a pu être différente, leur conciliation a été différemment entendue.

Qui pourra faire la loi à une société? qui pourra posséder la rectitude d'esprit et d'impartialité suffisante pour établir les règles qui doivent régir une association d'hommes tant en elle-même que dans chacun de ses membres, fixer la ligne de démarcation entre la liberté individuelle et les exigences de l'ordre public?

« Pour découvrir, dit Rousseau, les meilleures règles de société qui conviennent aux nations, il faudrait une intelligence supérieure, qui vît toutes les passions et qui n'en éprouvât aucune, qui n'eût aucun rapport avec notre nature et qui la connût à fond ; dont le bonheur fût *in-*

dépendant de nous(1), et qui pourtant voulût bien s'occuper du nôtre ; enfin qui, dans le progrès du temps, se ménageant une gloire éloignée, pût travailler dans un siècle et jouir dans un autre..... Celui qui ose entreprendre d'instituer un peuple doit se sentir en état de changer, pour ainsi dire, la nature humaine, de transformer chaque individu, qui par lui-même est un tout parfait et solitaire, en partie d'un plus grand tout dont cet individu reçoive en quelque sorte sa vie et son être ; d'altérer la constitution de l'homme pour la renforcer. » (Contr. soc., liv. II, ch. vii.)

Où trouver le législateur d'une société ? Sera-ce dans la pensée et la volonté de tous les membres qui la composent, chacun d'eux se trouvant également intéressé à la juste fixation des droits et des devoirs sociaux et individuels ? dirons-nous que l'opinion de tous est toujours la meilleure ? Mais Rousseau nous apprend que « la volonté générale est toujours droite, mais qu'il ne s'ensuit pas que les délibérations du peuple aient toujours la même rectitude. *Qu'on veut* toujours son bien, mais *qu'on ne le voit pas* toujours ! (Contr. soc., liv. II, ch. iv.)

Cependant toute société renferme dans son sein un certain nombre d'individus qui, par leur âge, la supériorité de leur intelligence, l'élévation de leur caractère et autres circonstances favorables, se trouvent plus à même de reconnaître et de fixer les règles qui doivent présider à la marche de la société vers la fin à laquelle elle tend, le bonheur de chacun et celui de tous. C'est là une attribution qui leur incombe comme d'elle-même : la société a le droit de leur conférer cette mission, c'est un devoir pour eux d'accepter cette charge ; mais, représentans, interprètes des in-

---

(1) Nous verrons bientôt que c'est cette indépendance qui constitue les avantages de la royauté sur toutes les autre institutions.

(*Note de l'auteur.*)

térêts sociaux, ils ont en même temps le droit de la réclamer. Tout ce qui est naturel est légitime et constitue
simultanément un droit et un devoir; deux termes corré-
latifs qui expriment une seule et même idée. « C'est l'ordre
le meilleur, dit Rousseau, et le plus naturel que les plus
sages gouvernent la multitude, quand il est sûr qu'ils la
gouvernent pour son profit, et non pour le leur. Il ne faut
point multiplier en vain les ressorts, ni faire avec vingt
mille hommes ce que cent hommes choisis feront encore
mieux! » (Contr. soc., liv. III, ch. v.)

Quand dans les derniers temps on est venu proclamer le
droit de chacun de prendre part à la fixation de la règle
qui doit gouverner la société y compris lui-même, on a
mis en avant la plus grande aberration de l'esprit humain.
Nous ne nous arrêterons point à discuter toutes les fausses
données sur lesquelles cette doctrine repose, nous n'insiste-
rons point pour faire voir combien elle méconnaît la nature
de l'homme, combien elle met en oubli les faits et tourne
le dos au sens commun et à l'évidence. On n'a jamais
avancé cette doctrine que pour mémoire, et il serait inutile de la prendre sérieusement en considération; cependant
des systèmes qui n'ont rien de commun avec elle s'abritent
encore sous son nom; et c'est détruire son dernier prestige
que de faire voir l'inconséquence de ces systèmes.

Les partisans de cette doctrine, dite de la souveraineté du
peuple, n'ont pas tardé à s'apercevoir de tout ce qu'elle
renferme d'absurde en théorie, d'impraticable en fait; aussi
n'ont-ils manqué de faire une première reculade en lui
substituant la théorie du suffrage universel : d'après cette
théorie, si chacun n'est pas appelé à prendre part à la
création de la loi qui doit le gouverner, il nomme au
moins ceux qui sont chargés de la faire. Vaine inconséquence qui ne sauvera pas le principe. Que dit le grand
apôtre de la souveraineté populaire, J.-J. Rousseau ?

« La souveraineté, n'étant que l'exercice de la volonté générale, ne peut jamais s'aliéner, et le souverain, qui n'est qu'un être collectif, ne peut être représenté que par lui-même. »(Contr. soc., liv. II, ch. i.) —« Par la même raison que la souveraineté est inaliénable, elle est indivisible; car la volonté est générale, ou elle ne l'est pas; elle est celle du corps du peuple, ou seulement d'une partie. » (Contr. soc., liv. II, ch. ii.) — « La souveraineté ne peut être représentée par la même raison qu'elle ne peut être aliénée : elle consiste essentiellement dans la volonté générale, et la volonté ne se représente point ; elle est la même ou elle est autre : il n'y a point de milieu. » (Contr. soc., livre. III, ch. xv.) Dira-t-on que c'est une transaction que l'on veut amener, par le suffrage universel, entre le principe de la souveraineté populaire et celui de la capacité ? Il est facile de s'apercevoir que cette transaction ne peut pas avoir lieu : en effet, ou ceux qui prendront part au suffrage universel sont capables de discerner par eux-mêmes le vrai du faux, le juste de l'injuste, de faire la part de l'intérêt de la personne publique et de celui des individus, ou ils ne le sont pas. Dans le premier cas, il n'y a pas de raison pour que la multitude toute entière ne soit pas son propre souverain ; dans le second, il n'est pas à présumer que ceux qu'elle chargera *immédiatement* de ce soin le soient plus qu'elle.

Aux premiers temps de la Révolution, en France, on crut remédier à tout en instituant plusieurs degrés d'élection ; on pensa concilier le principe de la souveraineté populaire avec le principe du suffrage universel, et celui du suffrage universel avec le principe de la capacité, en faisant partir l'élection du plus bas possible et en l'échelonnant de manière qu'elle ne pût se concentrer en un petit nombre d'élus qu'après avoir traversé successivement plusieurs degrés intermédiaires. Le bon sens public fit justice de cette prétendue conciliation de principes : on déserta les élections, et on eut raison.

Quand le peuple tout entier est assemblé sur une place publique pour voter, quoiqu'il soit dans l'impossibilité de discuter, de s'éclairer, de voter en connaissance de cause ; quoique le *oui* ou le *non*, la seule chose qu'il puisse prononcer, lui soient pour la plupart aussi indifférens l'un que l'autre, il se fait illusion à lui-même ; il croit avoir fait quelque chose, parce qu'il a battu des mains, poussé des cris ; il s'est donné du mouvement, et pense avoir pris une large part à la décision : cela le satisfait. Enfin, il pourra mettre quelquefois de l'intérêt à la discussion, parvenir à influencer la décision ; cet intérêt sera un intérêt emprunté, factice ; ce sera celui des mineurs qui le lui auront imposé par des largesses, par des promesses, par des menaces, par mille déceptions diverses ; mais enfin il ne s'apercevra pas de tout cela, il aura agi et vu le résultat de son action : c'est tout ce qu'il lui faut. Mais quand son action se borne à une élection qui non seulement n'est pas définitive, mais qui est si éloignée du dernier élu, qu'il lui est impossible de prévoir quel sera l'effet de cette première opération, il n'y voit qu'une comédie fort ennuyeuse et tout-à-fait vaine, comme elle l'est en effet.

Les partisans de la doctrine de la souveraineté du peuple ne sont pas encore au bout de leurs inconséquences. Après lui avoir fait subir la transformation que nous avons indiquée, ils se trouvent obligés, pour la faire passer dans le domaine de la réalité, de lui associer le principe de la prépondérance des majorités sur les minorités. L'application de ce principe n'est raisonnable que dans le système qui circonscrit le droit de souveraineté dans un cercle resserré, lorsqu'il y a divergence entre un certain nombre de capacités appelées à donner une décision sur une affaire quelconque : alors l'idée des majorités est un excellent *expédient* pour amener une conclusion. Je dis un expédient et non pas un principe : en effet, dans ce système, c'est la *capacité* seule qui constitue le principe. C'est elle que l'on recherche avant tout, le nombre n'y figure qu'accessoirement : que ce soient trois cents ou deux cents personnes sur cinq cents qui décident, la chose est à peu près la même. Entre personnes choisies, le nombre, combiné avec la capacité, peut l'emporter sur la capacité seule ; mais c'est la capacité qui décide toujours. Aussi le nombre constitue ici un moyen de délibération et non pas un principe social. Dans le système qui confère *à tous* le droit de souveraineté, l'admission du principe des majorités constitue une véritable tyrannie ; c'est le despotisme du plus grand nombre exercé sur le plus petit ; ce principe détruit de fond en comble le système sur lequel on le greffe.

Établissons maintenant une comparaison :

Dans le système de la souveraineté du peuple par l'introduction successive de deux systèmes que l'on ente sur le premier celui du suffrage universel et sur celui des majorités, on arrive à renfermer le droit de souveraineté dans un certain nombre dont une grande partie des membres de la société est exclue. Sous ce rapport, le système qui ne place le droit de souveraineté que dans la capacité, ne fait pas plus. Mais la différence immense qui tiendra éternellement ces deux systèmes à distance l'un de l'autre, c'est que dans ce cercle plus ou moins étroit, l'un s'adresse au grand nombre, et croit qu'il peut légitimement commander aux minorités ; tandis que l'autre s'adresse au petit nombre et lui permet de commander à la masse : l'un ne tient compte que de la quantité, l'autre a égard à la qualité ; l'un s'adresse à la force, l'autre à l'intelligence. Ainsi l'un, de plus en plus inconséquent avec lui-même, aboutit encore à l'absurde ; l'autre, conséquent avec lui-même, conduit par une marche toute simple ou vraie; il s'incline devant la raison, qui seule doit présider à la vie de l'homme comme à celle de la société.

Nous ne nous étendrons pas davantage sur la plus monstrueuse des doctrines qui aient jamais passé par l'esprit des hommes, contre laquelle protestent l'histoire entière et le bon sens universel. D'autres ont rendu ce service à la vérité et à l'Europe avec une supériorité de raison et une force de logique reconnues; ils lui ont porté des coups dont elle ne se relèvera jamais.

La seule chose que nous ayons voulu indiquer ici, c'est que dans l'opinion même de ceux qui veulent étendre autant que possible le droit de souveraineté, ce droit est limité dans un certain cercle plus ou moins restreint. Aussi, si nous consultons l'histoire de tous les temps, le voyons-nous conféré ici à un homme, là à un corps, plus loin à deux; ailleurs à un individu et quelques assemblées en même temps. Cet homme, ces assemblées seront placés de telle ou telle manière à l'égard l'un de l'autre, seront soumis à la forme périodiquement élective, inamovible ou héréditaire; mais enfin, toujours, en tous temps, en tous lieux, ce droit sera circonscrit dans un certain espace dont l'immense majorité de la nation sera exclue, et formera le sommet de la pyramide sociale.

Avant d'aller plus loin, nous avons besoin de dire deux mots sur les différens passages que nous avons extraits du Contrat social pour les insérer ici, soit en faveur de l'opinion que nous repoussons, soit à l'appui de celle que nous tâchons d'établir. Pour expliquer ceci, qui peut paraître une anomalie, il faut rappeler une distinction que fait Rousseau entre le *souverain* et le *prince* : l'un est le peuple, l'autre est le gouvernement. Tout ce que nous avons rapporté de Rousseau en notre faveur a trait à cette dernière force publique, et nous l'avons appliqué à l'autre : voici pourquoi. L'on se tromperait singulièrement, si l'on attachait au mot gouvernement, dans le Contrat social, le sens qu'on lui donne aujourd'hui dans les pays constitutionnels. Subordonné au peuple quant à son existence, le gouvernement de Rousseau doit jouir d'attributions bien autrement larges. Il était trop clairvoyant pour ne pas s'apercevoir qu'après avoir placé l'origine et la source de tout pouvoir dans chacun et dans tous, il lui était impossible de faire faire un seul pas à la société qu'il constitue sur ces bases, s'il ne plaçait pas au-dessus d'elle un pouvoir muni de larges attributions, qu'il ne se donne pas la peine de définir ni d'expliquer dans son Contrat social, et pour cause; c'est qu'il serait arrivé à rien moins qu'à la dictature : il aurait été pris en flagrant délit de contradiction. Cependant, grace à ses autres ouvrages, il n'y échappera pas. En effet, que lit-on dans son court Traité de l'économie politique? « Comment connaître la volonté générale, dans le cas où elle ne s'est point expliquée? Faudrait-il assembler toute la nation à chaque événement imprévu? Il faudra d'autant moins l'assembler, *qu'il n'est pas sûr que sa décision fût l'expression de la volonté générale ;* que ce moyen est impraticable chez un grand peuple, et qu'il est rarement nécessaire, quand le gouvernement est bien intentionné; *car les chefs savent assez* que la volonté générale est toujours pour le parti le plus honorable à l'intérêt public, c'est-à-dire le plus équitable; de sorte qu'il ne faut qu'être juste pour s'assurer de suivre la volonté générale ! » Ainsi le gouvernement de Rousseau n'est pas chargé uniquement d'exécuter ce que le peuple, le souverain, a ordonné, il est chargé en outre de décider tout ce que le souverain n'a pas prévu : que devient alors toute la théorie que la volonté ne se présente pas, qu'elle est inaliénable, indivisible, etc., etc.? Dira-t-on qu'il ne s'agit là que de mesures de peu d'importance, de décisions minimes? Mais les mesures importantes, les lois fondamentales surtout, si, en droit, elles doivent émaner du peuple, en fait, cela est impossible ; c'est Rousseau qui le dit, laissons-le parler lui-même : « Les lois ne sont proprement que les conditions de l'association civile. Le peuple, soumis aux lois, en doit être l'auteur ; il n'appartient qu'à ceux qui s'associent de régler les conditions de la société. Mais comment les régleront-ils ? Sera-ce d'un commun accord, par une inspiration subite ? Le corps politique a-t-il un organe pour énoncer ses volontés ? Qui lui donnera la prévoyance nécessaire pour en former les actes et les publier d'avance ? Ou comment se prononcera-t-il au moment du besoin ? Comment une multitude aveugle, qui souvent ne sait ce qu'elle veut, *parce qu'elle sait rarement ce qui lui est bon,* exécuterait-elle d'elle-même une entreprise aussi grande, aussi difficile, qu'un système de législation ? De lui-même le peuple veut toujours le bien, *mais de lui-même il ne le voit pas toujours.* La volonté générale est toujours droite, *mais le jugement qui la guide n'est pas toujours éclairé.* Il faut lui faire voir les objets tels qu'ils sont, quelquefois tels qu'ils doivent paraître, lui montrer le bon chemin qu'elle cherche, la garantir des séductions de l'intérêt particulier, rapprocher de ses yeux les lieux et les temps, balancer l'attrait des avantages présens et sensibles par le danger des maux éloignés et cachés. Les particuliers voient le bien qu'ils rejettent, le public veut le bien qu'il ne voit pas. Tous ont également besoin de guides. Il faut obliger les uns à conformer leur volonté à la raison ; il faut apprendre à l'autre à connaître ce qu'il veut... Voilà d'où naît la nécessité des législateurs. » (Contr. soc., liv. II, ch. vi.) Ainsi le souverain de Rousseau, le peuple, n'est pas le gouvernement, il n'est pas non plus le législateur. A quoi donc se réduit le rôle qu'il lui confère ? Que d'autres le disent, car pour notre compte, nous nous en sentons tout-à-fait inca-

pables. Pensait-il, Rousseau, par hasard, lorsqu'il écrivait
son chapitre du Législateur, qu'il suffisait pour un pays
qu'un patron lui fût coupé par un philosophe, à l'instar
des anciennes villes de la Grèce, et que, ceci fait, la nation
s'emboîterait d'elle-même dans le moule du philosophe et
tout irait ensuite pour le mieux.

Le peu que nous avons dit sur l'existence des sociétés et
le droit de souveraineté, servira à nous faciliter l'explication
que nous voulions donner des mots *égalité* et *liberté*.

[SECTION II.

ÉGALITÉ CIVILE.

Il est incontestable que dans l'ordre physique comme
dans l'ordre moral l'inégalité de la création est flagrante :
c'est dans cette inégalité primitive que l'inégalité des conditions prend sa source, du moins en grande partie. Sous
l'idée expresse ou tacite du droit du plus fort, elle a servi
de fondement non seulement à toutes les institutions civiles et politiques, mais aussi à toutes les religions de l'antiquité ; elle a servi de piédestal au régime des castes, elle
a servi de sanction au régime de l'esclavage que les génies
les plus sublimes, les plus profonds que nous connaissions
parmi les anciens, Platon et Aristote, admettent comme légitime. Mais cette inégalité a été moralement détruite de
fond en comble par les préceptes de notre divin Rédemp-
teur. C'est là le point fondamental qui distingue notre religion de toutes celles qui l'ont précédée, et qui fait sa céleste
beauté. C'est cette religion qui, pour la première fois dans
le monde, a pu faire croire au fort qu'il ne doit pas s'estimer
supérieur au faible, a persuadé au riche qu'il ne doit pas
se mettre au-dessus du pauvre, a relevé les uns, a rabaissé
les autres pour les placer au même niveau. Considérant

toutes les ames vivantes comme les enfans du même Dieu, elle les a toutes soumises à la même loi ; en fixant le but de nos efforts et de nos vertus dans une récompense que nous devons rarement espérer ici-bas, elle a enseigné aux malheureux la résignation et l'espérance, aux fortunés l'humilité et la charité, aux uns et aux autres l'abnégation ; les a épurés, les a élevés tous au-dessus du monde matériel et sensible, les a réunis tous dans un même sentiment d'affection et d'amour entre eux et envers leur père commun (1).

L'homme, sa raison, ce rayon divin qui darde sur son front et fait sa noblesse, naguère impuissante et dégradée, n'ont relevé la tête, n'ont recouvré leurs titres qu'à partir de l'avénement de cette religion.

Une pareille révolution dans la vie morale de l'homme devait nécessairement en amener une dans sa vie sociale. Ainsi, dès les premiers siècles du christianisme, ses influences salutaires se manifestent avec éclat. Le despotisme marital et paternel de l'Orient, dont la civilisation grecque et romaine s'était très-bien accommodée, ce despotisme, source de tous les autres, s'affaisse et disparaît peu à peu ; la famille entière, ce premier groupe, élément de toute association, fut relevée dans tous ses membres sur un pied de dignité qu'elle n'avait jamais connue ; les différences d'âge et de sexe subsistent désormais moins pour attester une infériorité humiliante, que pour provoquer des sympathies mutuelles, moins pour établir des distinctions que pour opérer des rapprochemens. Une foule d'institutions consacrées au soulagement de l'humanité souffrante, élevées sur les lieux mêmes qui voyaient naguère des milliers d'êtres

---

(1) « Les chemins de l'Éternel seront aplanis, les sentiers deviendront droits, toute vallée s'élèvera, toute montagne et toute colline s'abaisseront, les choses déviées seront redressées, les aspérités disparaîtront, et la gloire par excellence se manifestera (*Isaïe*).

humains livrés à la voracité des bêtes féroces, pour le plaisir de leurs semblables, vinrent attester l'intronisation, pour la première fois dans le monde, du dogme sacré de la fraternité humaine. Déjà la plaie rongeuse de l'esclavage, cette dégradation de l'homme, par l'homme commençait à guérir, tout annonçait une destinée inconnue jusqu'alors au monde, tout présageait un avenir de bonheur que l'imagination de l'homme n'avait jamais rêvé, lorsque le monde civilisé et chrétien fut de nouveau livré au paganisme, et au paganisme le plus redoutable, le paganisme barbare, qui déborda du Nord en flots pressés et vint tout engloutir.

Mais les germes que le christianisme avait déposés au sein de l'humanité étaient trop puissans, trop vivaces, trop intimement liés à la nature même de l'homme, pour qu'un événement quelconque pût désormais les en arracher. L'inondation des barbares fut pour eux l'inondation bienfaisante et féconde du Nil. Ceux qui avaient décidé la perte de la civilisation et du christianisme dont elle était désormais inséparable, les rajeunirent de leur nature vierge et de leurs mâles vertus; ils furent subjugués par l'influence bienfaisante de cette religion, s'en proclamèrent les plus ardens et les plus zélés serviteurs et devinrent entre les mains de la Providence les meilleurs instrumens pour la rénovation du genre humain. Le fier Sicambre courba docilement sa tête à l'injonction de l'humble ministre du code divin. La doctrine fondamentale de notre sainte religion, l'amour et le respect de ses semblables, assit peu à peu son empire sur les nouveaux venus et suffit à elle seule, sans armes, sans soldats, à épargner des torrens de sang à l'humanité livrée au sabre vainqueur du barbare, tombée à la merci de sa férocité.

Toutefois, s'il a fallu peu de temps à cette religion pour apprivoiser le barbare, il lui a fallu des siècles pour soumettre le vainqueur et le mettre sur un pied d'égalité par-

faite avec le vaincu. Les habitudes traditionnelles à ces
hordes long-temps errantes, l'idée qu'elles attachaient au
fait de la conquête, étaient trop enracinées chez elles, je dis
plus, elles étaient trop généralement et trop anciennement
répandues dans tout le monde païen, pour qu'elles pussent
disparaître du jour au lendemain. La propriété territoriale,
considérée comme le lot légitime et exclusif du conquérant, fut pendant long-temps confondue avec la propriété
de ceux qui l'habitaient. Si l'esclavage, grace aux influences
du christianisme, disparut bientôt du sol européen, le
servage, qui en était la transformation, se perpétua pendant
des siècles. Mais un premier pas vers le bien devait tôt ou
tard en amener un second : aussi le servage à son tour disparut presque entièrement de la plus grande partie de
l'Europe; on ne le trouve plus aujourd'hui que vers ses
extrémités orientales, où le fléau des invasions exerça plus
long-temps ses ravages et où les lumières du christianisme
arrivèrent plus tard, ou furent moins efficaces à cause de
l'éloignement du centre ecclésiastique.

Quand la Révolution éclata en France et proclama la
doctrine de l'égalité, grace aux efforts séculaires de l'É-
glise, cette égalité était réalisée pour les neuf dixièmes :
à peine apercevait-on encore quelques faibles restes de
l'invasion et de la féodalité qui en fut la suite, tels que les
droits d'aînesse, l'exemption des charges sociales, les
droits exclusifs aux honneurs publics, et quelques autres
vestiges que l'on trouve encore dans le reste de l'Europe.
La présomptueuse philosophie, méconnaissant tout ce qui
avait été fait avant elle, vint frapper d'anathème ces inégalités au nom d'une doctrine qu'elle proclamait la sienne,
dont elle s'arrogeait le monopole, qui pourtant était aussi
ancienne que le christianisme et avait opéré au sein de
l'humanité une révolution dont elle avait été éternellement
incapable.

Quoi qu'il en soit, la révolution française vint effacer les dernières traces de la conquête ; elles se seraient évanouies tôt ou tard, d'elles-mêmes pour ainsi dire ; l'honneur de la France est d'avoir précédé, sur ce point comme sur tant d'autres, l'Europe entière : l'égalité civile, conséquence directe de l'égalité devant Dieu, devint un fait irrévocablement accompli, la pierre angulaire des sociétés modernes. Les hommes, considérés jusqu'ici comme égaux aux yeux de la religion, sont considérés désormais comme égaux aux yeux de la société et de la loi : elle assure à tous les mêmes avantages, impose les mêmes charges, sans distinction aucune de naissance, de rang ou de fortune.

Il faut remarquer que cette égalité n'a pour but de rien ôter à l'un, ni de rien donner à l'autre ; elle ne fait qu'établir une uniformité, ou plutôt une proportion constante pour chacun des charges et des bénéfices résultant de l'*organisation* sociale, qui est elle-même l'œuvre de la loi ; et c'est pour cela qu'on appelle cette égalité l'égalité *devant la loi ;* ainsi concourir au paiement de l'impôt, être admis sans considération de naissance aux fonctions publiques, c'est là une création *pure* de la loi, car s'il n'y avait pas de société, il n'y aurait ni impôt ni charges publiques. La loi intervient moins pour créer une égalité que pour empêcher une inégalité. L'inégalité entre les hommes subsiste, mais l'inégalité entre les citoyens est détruite. Il ne faut pas donc confondre l'égalité civile avec l'égalité des conditions dont la loi ne s'occupe point (1). Elle ne peut être prise non plus pour l'égalité politique ; ce que nous

(1) Une bonne législation ne doit cependant pas négliger d'amener autant que possible l'égalité des fortunes par des moyens *préventifs* et indirects. C'est un principe social de la plus haute importance, auquel on n'a pas pensé peut-être assez jusqu'à présent et dont l'étude et l'application sont devenues plus urgentes que jamais. Nous en dirons quelque chose plus loin en parlant du prolétariat. Parmi les nouveaux droits consacrés en France par le principe de l'égalité civile, le droit de succéder par parts égales peut être considéré, à certains égards, comme un de ces moyens préventifs.

avons dit précédemment sur le droit de souveraineté suffit pour faire voir que l'égalité politique n'est qu'une chimère.

Historiquement parlant, l'égalité devant la loi signifie la disparition complète et entière des priviléges féodaux et des distinctions que la conquête avait établies entre vainqueurs et vaincus. Théoriquement parlant, elle est la consécration de la doctrine fondamentale de notre divin livre, de l'égalité entre des êtres ayant la même origine et la même fin. Il nous semble que c'est là une maxime qui à bon droit est destinée à faire le tour de l'Europe et du monde. La révolution française ne l'a point inventée, elle n'a fait qu'en tirer hardiment les derniers résultats; c'est là un accident qui n'ôte rien ni à la généralité de la vérité qu'elle contient, ni à la légitimité des conséquences qu'elle amène. L'avenir lui réserve un empire universel à cause de sa valeur propre et permanente, et non pas à cause d'un avénement matériel et passager. Elle s'infiltrera à travers les pays démocratiques comme à travers les pays despotiques, à travers les monarchies comme à travers les républiques; car elle est tout-à-fait indépendante de telle ou telle forme de gouvernement; et pour preuve, c'est que dans les États-Unis de l'Amérique, où l'on trouve l'esclavage au *nec plus ultrà* de l'inégalité sociale, on égorge les *abolitionnistes;* tandis qu'en Russie, pays aussi à esclaves, les empereurs travaillent constamment pour l'amélioration de leur état et leur émancipation.

Quelques mots maintenant sur la liberté civile.

SECTION III.

LIBERTÉ CIVILE.

La liberté civile, comme l'égalité civile, est l'œuvre de la loi; c'est à ceux à qui le droit de légiférer compète qu'il appartient de déterminer l'une et l'autre ; mais si l'on ne peut concevoir une inégalité indépendamment de l'état social, on peut parfaitement trouver la liberté hors de toute existence sociale, car elle est inhérente à l'existence même de l'homme, qu'il se trouve en société ou non. Ainsi la liberté de parler, la liberté de conscience, la liberté locomotive, etc., existeraient pour l'homme en dehors de toute société ; elles existeraient même plus fortes, plus absolues, sinon plus rationnelles, plus conformes à sa nature morale et sociale : si donc la société intervient, ce n'est pas pour les créer, encore moins pour les détruire ; car ce serait détruire l'homme même, mais pour les *modifier*.

D'où il suit que, lorsqu'il s'agit d'établir l'égalité, le travail est simple et facile : par cela même que l'on devient membre d'une société, on a droit à une égalité des droits et des charges qui en découlent, l'égalité pour tous arrive comme d'elle-même ; personne n'ayant de titres à un droit différent de ceux des autres, la position reste la même pour tous. La loi, en pareil cas, se meut, pour ainsi dire, dans le vide : elle s'empare des hommes, leur impose une règle, et tout est fini.

Il n'en est pas de même en matière de liberté civile (1). Ici, comme nous l'avons dit plus haut, il s'agit de séparer, pour ainsi dire, l'homme en deux, de distinguer en lui l'intérêt particulier et l'intérêt social, de déterminer les droits de la société et les droits de l'individu ; il ne s'agit pas de déterminer les rapports de citoyen à citoyen, ce qui a lieu lorsqu'on fixe l'égalité, mais de prescrire ceux du citoyen envers la société, de régler les libertés individuelles chargées de la défense des intérêts individuels sans les blesser, de les diriger sans les étouffer, en un mot de *laisser chacun libre*

(1) On devrait dire mieux *publique*, nous en donnerons bientôt la raison.

4

en ce qu'il ne nuit pas aux autres. Ici le travail de la loi est bien autrement difficile.

Parmi les lois de Solon que nous connaissons, il y en avait une qui, pour empêcher les mariages par spéculation, défendait à toute femme d'apporter en dot autre chose que trois habits pour son usage. Une autre notait d'infamie l'homme qui aurait cohabité avec la femme après l'avoir surprise commettant un adultère. Une autre punissait sévèrement les individus qui auraient été convaincus de passer leur vie dans l'oisiveté et dans la mollesse. Ce législateur déclare infâmes ceux qui, voyant un de leurs concitoyens dans l'oppression, ne prendraient pas sa défense. Il considérait l'ivresse comme un grand crime.

D'après ces exemples, on voit que les Athéniens, un des peuples les plus libres de l'antiquité, se trouvaient sévèrement régentés par la loi, sur des points où les nations de l'Europe, censées essentiellement despotiques avant 89, jouissaient d'une liberté pleine et entière.

D'un autre côté, on peut remarquer que le principe de la liberté religieuse, si difficile à établir chez nous, se trouvait dans la législation du peuple le plus religieux, le plus austère de la terre, chez le peuple juif. Il y avait une loi de Moïse qui défendait de mal parler des Dieux que les autres nations révèrent et de piller leurs temples.

Ainsi rien de plus variable que la ligne de démarcation entre le domaine de la liberté de l'homme et celui de la loi ; elle change de peuple à peuple, d'époque à époque ; elle dépend de mille circonstances diverses. Le gouvernement le plus démocratique quant à la forme politique peut être excessivement rigoureux au sujet de la liberté civile. Telle est la république imaginaire de Platon, telles ont été les organisations réelles de Minos et de Lycurgue.

Il faut donc distinguer soigneusement la liberté civile de la liberté politique. Le *nec plus ultrà* de la liberté poli-

tique résulterait de l'application du Contrat social de
Rousseau, si cette application pouvait avoir lieu; et l'on
sait que le Contrat social implique le despotisme civil le
plus illimité, le sacrifice entier de l'homme à la société, si
telle est la volonté de celle-ci.

Toutefois, quand on vient demander des garanties au
pouvoir représentant des intérêts de chacun et de tous,
c'est avant tout pour s'assurer s'il est capable de poser et
de maintenir, et ensuite, s'il est porté à respecter cette
ligne de démarcation (1). Ces garanties, on les a placées
dans la jouissance d'une autre espèce de liberté que l'on
appelle *liberté politique,* dont nous aurons à fixer le sens
avec autant de précision que nous le pourrons.

SECTION IV.

LIBERTÉ POLITIQUE.

Nous avons reconnu l'incapacité des masses à bien apprécier leurs véritables intérêts, qui sont les mêmes que ceux
de la société; nous avons signalé la pente périlleuse dans
laquelle elles se trouvent, leur disposition constante à les
subordonner à des intérêts immédiats, qui, sous la forme
et l'aspect attrayant d'intérêts particuliers, les poussent,
presque à leur insu, à agir contre leurs intérêts réels, et
nous avons été nécessairement amenés à les enlever à leur
décision et à en placer l'examen et la fixation dans la
région la moins accessible possible aux idées et aux passions vulgaires; dans un certain cercle où l'intelligence soit
assez élevée, assez libre pour reconnaître et délimiter les

---

(1) Cependant ce n'est pas en cela que consiste tout le mérite d'un gouvernement, car ce n'est qu'un mérite négatif. Un bon gouvernement est en outre
celui qui travaille par des moyens divers à assurer et à développer la moralité
et la prospérité d'une société. On peut avoir un gouvernement libre qui n'ait
aucun souci de tout cela.

besoins et les droits de la personne publique envers les particuliers, comme ceux des particuliers entre eux, bien entendu *en tant* que la société s'y trouve intéressée : fixation des rapports des citoyens à l'État ou *lois publiques* (1), fixation des rapports des citoyens entre eux ou lois civiles, voilà la double attribution qui compète au pouvoir que nous confondrons désormais avec la société, et que nous avons placé dans une sphère supérieure où nous croyons trouver la manifestation de la *volonté générale;* car c'est là seulement que nous voyons le mobile infaillible qui doit la diriger, la *raison.*

Mais quelque élevée que soit cette sphère où nous cherchons à placer la direction sociale, c'est à des hommes que nous sommes obligés nécessairement de nous adresser; et qu'est-ce qui peut nous assurer que la volonté de ces hommes sera au niveau de leur intelligence? que la raison sera le mobile constant de la marche qu'ils imprimeront à la société, que la vue de leur intérêt individuel ne sera pas leur guide? « Dans une législation parfaite, dit Rousseau, la volonté particulière ou individuelle doit être nulle, la volonté du corps propre au gouvernement très-

_____

(1) Cette expression n'est pas en usage : on dit *droits publics*, mais on ne dit pas lois publiques : on se sert de l'expression *lois politiques.* C'est là, selon nous, une inconséquence de langage qui ne peut amener qu'erreur et confusion. Les lois politiques ne contiennent que les formes d'après lesquelles les droits tant publics que civils sont *reconnus.* Il faut avouer que la forme, en pareille circonstance est d'une très-grande importance. En effet, les lois formulaires en général ne font que régler, appliquer un droit *existant.* En matière politique, elles sont la filière qu'il faut suivre pour reconnaître et fixer même ce droit. C'est le cas de dire ici que la forme emporte le fond. Toutefois, de même que parmi les lois formulaires ordinaires, on assigne une supériorité aux lois d'instruction criminelle sur les lois de procédure civile, on peut de même assigner aux lois politiques une importance encore plus grande, sans qu'elles cessent pour cela d'être des lois formulaires rigoureusement parlant. Mais quoi qu'il en soit, les lois qui fixent purement les rapports du citoyen à la société, qui par conséquent sont tout autre chose, doivent être distinguées des précédentes; elles doivent être appelées lois publiques, et les libertés qu'elles confèrent doivent être appelées également *libertés publiques.* Ces libertés sont consignées dans la charte française, art. 4, 5, etc., jusqu'à l'art. 9 inclusivement, sous le titre de *Droit public.*

subordonnée; et par conséquent la volonté générale ou souveraine toujours dominante et la règle unique de tous les autres. » — « Dans l'ordre naturel au contraire, ces différentes volontés deviennent plus actives à mesure qu'elles se concentrent. Ainsi la volonté générale est toujours la plus faible, la volonté de corps a le second rang, et la volonté particulière a le premier de tous : de sorte que, dans le gouvernement, chaque membre est premièrement soi-même, et puis magistrat, et puis citoyen; gradation directement opposée à celle qu'exige l'ordre social.» (Contr. soc., liv. III, ch. II.)

Ce tableau du cœur humain est exactement vrai et fait d'après nature; il s'applique à tout homme en général, quel que soit le degré de son intelligence : il y a même une circonstance qui le rend encore plus vrai pour l'individu à qui on a confié le pouvoir.

Le simple particulier, dans la satisfaction qu'il cherche de ses intérêts égoïstes, trouve devant lui des intérêts vrais ou égoïstes comme les siens, qui lui sont autant d'obstacles dans la poursuite de ses vues, lui font de nécessité vertu, étouffent en lui le développement des mauvaises tendances. L'homme investi du pouvoir, au contraire, n'a pas d'obstacles devant lui, tout lui est facile. Cette facilité même excitera ses mauvais penchans, la latitude d'action qu'on lui aura accordée pour le bien public servira ses vues particulières; ce que son intelligence supérieure nous offrait de garanties sera contrebalancé par la surexcitation de ses vils penchans, qu'il trouvera dans sa position même.

Aussitôt donc que nous avons affaire à des hommes, les mêmes erreurs et les mêmes passions se rencontrent, à quelques différences près, et le petit nombre nous présente, sous une forme différente, les mêmes inconvéniens que nous avons rencontrés dans la multitude. Il saura sans doute mieux reconnaître la juste mesure des droits de la société et des individus ; mais comme il fait lui-même partie de cette société, rien ne nous garantit que la société qu'il représente ne sera pas sacrifiée à des intérêts individuels.

Dans le système qui s'appuie sur le principe de la souveraineté populaire, la chose n'est pas embarrassante : le peuple peut quand bon lui semble expulser du pouvoir ceux qu'il y a placés, de même que le mandant peut révoquer son mandataire ; le peuple est juge et partie à la fois. « Le gouvernement, dit Rousseau, n'est absolument qu'une commission, un emploi, ses membres de simples officiers du souverain ; ils exercent en son nom le pouvoir dont le peuple les a fait dépositaires, et qu'il peut limiter, modifier, et reprendre quand il lui plaît. » (Contr. soc., liv. III, ch. i.)

Rousseau est conséquent avec lui-même. Il n'y a pas de raison pour que le peuple ne révoquât pas un fonctionnaire, lorsqu'il peut anéantir la loi même en vertu de laquelle ce fonctionnaire agit. « En tout état de cause, dit-il, le peuple est toujours maître de changer ses lois, même les meilleures ; car s'il lui plaît de se faire du mal à lui-même, qu'est-ce qui a le droit de l'en empêcher ? » (Contr. soc., liv. II, ch. xii.) Et ailleurs : « Quand il arrive que le peuple institue un gouvernement héréditaire, soit monarchique dans une famille, soit aristocratique dans un ordre de citoyens, ce n'est point un engagement qu'il prend, c'est une forme provisionnelle qu'il donne à l'administration, jusqu'à ce qu'il lui plaise d'en ordonner autrement. » On voit que c'est le principe de la guerre civile qui est ici consacré, car l'unanimité, dont apparemment se berçait Rousseau, ne put jamais exister pour de pareilles décisions : c'est le droit de l'insurrection établi en permanence ; et Montesquieu nous apprend qu'il y a eu un peuple de la Grèce qui l'a exercé dans toute sa rigueur.

« Les Crétois, pour tenir les premiers magistrats dans la dépendance des lois, employaient un moyen bien singulier : c'était celui de l'insurrection. *Une partie des citoyens se soulevait, mettait en fuite les magistrats et les obligeait de rentrer dans la vie privée. Cela était censé fait en conséquence de la loi (1).* » Une partie des citoyens dit Montesquieu ; et si l'autre partie ne voulait pas qu'il y eût soulèvement, qu'arriverait-il ? Montesquieu ne nous le dit pas, mais il est facile de le deviner.

Heureusement pour l'humanité, tous les peuples ne pensèrent pas comme les Crétois, et réussirent tous, plus ou moins, à trouver quelques combinaisons plus assorties à la paix et à l'ordre sans lesquels toute société est impossible, et offrant en même temps des garanties de la moralité du pouvoir.

Une des premières qui se soient présentées à l'esprit des peuples, qui attira le plus leur confiance, c'est le gouvernement théocratique. Des hommes qui étaient ou étaient censés se trouver le plus en dehors des passions humaines s'offraient naturellement comme les régulateurs de ces passions. En outre, dans l'enfance des sociétés, lorsqu'on se trouvait encore exclusivement sous l'empire de l'instinct et de l'intérêt individuels, il n'a rien moins fallu que le langage du Ciel pour amener les hommes au sentiment du devoir : il a fallu le majestueux et sacré caractère de serviteurs de Dieu pour amener l'obéissance, imposer l'autorité.

Sans examiner comment ce gouvernement, qui paraissait offrir aux hommes le plus de garanties, de sainteté, de

---

(1) C'est apparemment pour connaître cette loi que Hérauld de Séchelles écrivait, le 8 juin 1793, au conservateur de la bibliothèque Richelieu : « Cher concitoyen, chargé avec quatre de mes collègues *de préparer pour lundi* un plan de constitution, je vous prie de vous procurer sur-le-champ *les lois de Minos*, qui doivent se trouver dans un recueil de lois grecques ; nous en avons *un besoin urgent*. Salut, amitié et fraternité au citoyen Desaulnav. »

justice, d'impartialité, fit place avec le temps à des gouvernemens plus pénétrés de sentimens et de pensées vulgaires, nous dirons qu'à partir de l'avénement de la religion du Christ le gouvernement théocratique est devenu
à tout jamais impossible. Les religions anciennes, pour
devenir politiques, se sont faites humaines, se sont maté-
rialisées. Les dieux qu'elles adoraient, c'étaient des dieux de
bourgades, de cités, de corporations, de familles; c'étaient
des dieux des fleuves et des forêts, de la paix et de la
guerre, animés de toutes les passions et de tous les vices
des hommes. La religion du Christ est la religion de tous
les hommes et de tous les peuples, de toutes les sociétés et
de tous les gouvernemens; universelle, invisible, planant
au-dessus du monde entier, elle est venue régénérer les
hommes et non pas les États; elle règne sur *un empire qui
n'est pas de ce monde;* elle exhorte tous les hommes à
rendre *à César ce qui appartient à César,* sans s'occuper à définir et à préciser ce qui appartient à César.

Il a été une époque en Europe où elle a eu une influence
immense sur la direction des sociétés; mais cette influence,
qui d'ailleurs, comme nous le ferons voir plus loin, ne
pouvait être que passagère, n'a jamais constitué chez
nous une véritable théocratie; son action était indirecte
et morale, plutôt que visible et matérielle. Le prêtre a imposé ses volontés aux gouvernemens, mais il n'a pas gouverné chez nous par lui-même. Quand il le faisait, c'est
en concours avec un grand nombre de laïques, avec lesquels
il se trouvait confondu, et presque en dehors de sa qualité
de prêtre.

Une autre institution apparaît avec l'existence même
des sociétés: à travers des vicissitudes séculaires, elle s'est
toujours maintenue ferme et inébranlable et couvre encore aujourd'hui le monde entier. Cette institution, c'est la
royauté. Le lecteur nous permettra, à cette occasion, de

mettre sous ses yeux une admirable page de M. Guizot.

« Partout nous trouvons la royauté occupant une grande place, apparaissant comme l'institution peut-être la plus générale, la plus permanente, comme la plus difficile à prévenir là où elle n'existe pas encore, à extirper là où elle a existé. De temps immémorial, elle possède l'Asie. A la découverte de l'Amérique, on y a trouvé tous les grands États, avec des combinaisons différentes, soumis au régime monarchique. Quand on pénètre dans l'intérieur de l'Afrique, là où se rencontrent des nations un peu étendues, c'est ce régime qui prévaut. Et non seulement la royauté a pénétré partout, mais elle s'est accommodée aux situations les plus diverses, à la civilisation et à la barbarie, aux mœurs les plus pacifiques, en Chine par exemple, et à celles où la guerre, où l'esprit militaire domine. Elle s'est établie tantôt au sein du régime des castes, dans les sociétés les plus rigoureusement classées, tantôt au milieu d'un régime d'égalité, dans les sociétés les plus étrangères à toute classification légale et permanente : souvent despotique et oppressive, ailleurs favorable aux progrès de la civilisation et même de la liberté, il semble que ce soit une tête qui se puisse placer sur une multitude de corps différens, un fruit qui puisse naître des germes les plus divers..... Il est impossible qu'un tel résultat soit le fruit du pur hasard, de la force et de l'usurpation seule ; il est impossible qu'il n'y ait pas entre la nature de la royauté considérée comme institution, et la nature, soit de l'homme individuel, soit de la société humaine, une profonde et puissante analogie. Sans doute la force est mêlée à l'origine des institutions, sans doute elle a eu beaucoup de part à ses progrès ; mais toutes les fois que vous voyez un grand événement se développer ou se reproduire pendant une longue série de siècles et au milieu de tant de situations différentes, ne l'attribuez jamais à la force. La

force joue un grand rôle, un rôle de tous les jours dans les
affaires humaines ; elle n'en est pas le principe, le mobile
supérieur : au-dessus de la force et du rôle qu'elle joue plane
toujours une cause morale qui décide de l'ensemble des
choses..... Nul doute que la force de la royauté, cette
puissance morale qui est son vrai principe, ne réside point
dans la volonté propre, personnelle, de l'homme momentanément roi ; nul doute que les peuples en l'acceptant
comme institution, les philosophes en la soutenant comme
système, n'ont point cru, n'ont point voulu accepter l'empire de la volonté d'un homme, essentiellement étroite, arbitraire, capricieuse, ignorante.

« La royauté est tout autre chose que la volonté d'un
homme, quoiqu'elle se présente sous cette forme. Elle est
la personnification de la souveraineté de droit, de cette
volonté essentiellement raisonnable, éclairée, juste, impartiale, étrangère et supérieure à toutes les volontés individuelles, et qui, à ce titre, a le droit de les gouverner. Tel
est le sens de la royauté dans l'esprit des peuples, tel est le
motif de leur adhésion..... Quels sont les caractères du
souverain droit, les caractères qui dérivent de sa nature
même ? D'abord il est unique : puisqu'il n'y a qu'une vérité, qu'une justice, il ne peut y avoir qu'un souverain
droit. Il est de plus permanent, toujours le même : la vérité
ne se partage point. Il est placé dans une situation supérieure, étrangère à toutes les vicissitudes, à toutes les
chances de ce monde ; il n'est du monde en quelque sorte
que comme spectateur et comme juge : c'est là son rôle.
Eh bien ! ces caractères rationnels, naturels au souverain
droit, c'est la royauté qui les reproduit extérieurement
sous la forme la plus sensible, qui en paraît la plus fidèle
image..... Sous quelque point de vue que vous considé-
riez l'institution, en la comparant au souverain droit,
vous trouverez que la ressemblance extérieure est grande

et qu'il est naturel qu'elle ait frappé l'esprit des hommes. Aussi, toutes les fois que leur réflexion ou leur imagination se sont tournées de préférence vers la contemplation, l'étude de la nature du souverain droit, de ses caractères essentiels, ils ont incliné vers la royauté. Ainsi, dans le temps de prépondérance des idées religieuses, la contemplation habituelle de la nature de Dieu a poussé les hommes vers le système monarchique; de même, quand les jurisconsultes ont dominé dans la société, l'habitude d'étudier, sous le nom de loi, la nature du souverain droit, a été favorable au dogme de sa personnification dans la royauté. » (Histoire de la civilisation en Europe.)

Tout être humain contient en lui une partie noble, élevée, cette partie pure qui apparaît en nous plus ou moins fréquemment, selon que nous sommes plus ou moins accessibles au choc des passions, dans ces momens de raison qui sillonnent notre existence qui n'est qu'une suite d'égaremens et de retours au droit chemin; cette partie enfin de nous-mêmes qui nous fait toujours reconnaître et blâmer le mal, quand même nous le pratiquons, et nous fait dire : *meliora video proboque, deteriora sequor;* c'est à cette partie pure, diverse de l'homme, que la société s'adresse; c'est en elle qu'elle se confie. Pour la maintenir dégagée, éloignée des vices communs, elle a placé l'individu ou les individus souverains dans une situation inaccessible aux tentations, aux besoins, aux intérêts auxquels nous sommes constamment en butte quand nous devons gagner notre existence à la sueur de notre front. C'est sur cette idée que sont fondées toutes les institutions, et particulièrement la royauté. Les résultats ont partout confirmé le principe. En parcourant l'histoire des gouvernemens les plus corrompus, des princes les plus pervers, on est frappé de cette considération, qu'à travers les mille maux dont ils ont accablé l'humanité, une grande quantité de bienfaits en sont encore pro-

venus. Les êtres couronnés les plus dégradés présentent à
l'attention de l'historien des traits de la plus haute sagesse,
des actes du cœur le plus bienfaisant. C'est pour ce motif
que les hommes, en obéissant à une autorité quelconque, ont
toujours reconnu ou cru reconnaître, non la volonté d'un
homme ou d'un corps, mais la prescription d'une loi supérieure, un droit qui n'est celui de personne, qui plane
au-dessus de tous, et qui par cela même est souverain. Nul
doute qu'aucune autre institution que l'institution monarchique ne peut ni mieux offrir l'image, ni mieux remplir les conditions de ce souverain droit que les efforts de
l'humanité ont toujours tenté de réaliser. La souveraineté
politique, expression la plus approximativement vraie des
intérêts réels du peuple, s'est toujours individualisée dans
un seul homme, président, consul, roi, dictateur, empereur. L'homme est dominé tour à tour par ses sens et par
son esprit : poussé par la réflexion, il reconnaît, il accepte
une souveraineté abstraite, mais il ne la conçoit bien que
lorsqu'il est placé dans une seule volonté dirigée par la raison d'un seul ; aiguillonné par ses sens, il a besoin de voir
cette souveraineté personnifiée, parlant et agissant : plus
cette personnification sera restreinte et isolée, plus elle lui
paraîtra forte, efficace, imposante, comme elle l'est en effet ; concentrée en un seul homme, elle atteint son *maximum* d'intensité.

Quand on voit un peuple grave, fier, jaloux de ses droits,
un des plus libres de l'Europe, le peuple anglais, se pro-
sterner devant une reine adolescente, témoigner à son aspect
tant de transports de joie et d'enthousiasme ; quand on se
rappelle un peuple livré à de cruelles dissensions, le plus
amoureux de son indépendance, le peuple grec, faisant trêve
à ses animosités à l'apparition de son jeune roi, et con-
fondant toutes ses pensées et tous ses sentimens dans
un sentiment de dévouement sans bornes à la personne du

monarque, et aujourd'hui, malgré les fureurs qui l'agitent, ne se départant jamais du plus profond respect pour la couronne ; quand on voit les peuples de la péninsule ibérique entourer de leurs hommages et de leur amour deux frêles créatures, les considérer comme le gage de leur félicité future, on peut reconnaître facilement que ce n'est ni la personne, ni la volonté, ni la capacité individuelle du monarque qui inspirent tous ces sentimens, mais l'institution même dont il est le symbole ; on voit dans la royauté non pas l'homme, mais quelque chose d'abstrait et d'élevé, ne tenant à la vie ordinaire que par la forme, ne vivant que pour les autres, n'agissant que dans leurs intérêts, n'aspirant qu'à leur bonheur et à leur prospérité : il faut donc nécessairement croire que c'est une institution naturelle, fondée sur les besoins vrais et profonds des nations.

Toutefois il ne faut point se le dissimuler, une institution créée par des mains d'hommes, quelque parfaite qu'elle soit, n'est pas la perfection même ; une institution qui pivote autour d'une force humaine, malgré toutes les précautions qu'on ait prises pour la laisser étrangère aux besoins qui tourmentent tous les autres hommes, doit toujours et infailliblement rencontrer la nature perverse de l'homme. On a beau comparer les rois aux pères de famille, ils devaient leur ressembler par leurs actes, ils ne peuvent pas leur ressembler par leur nature.

« Quoique les fonctions du père de famille, dit Rousseau, et du premier magistrat doivent tendre au même but, c'est par des voies si différentes, leurs devoirs et leurs droits sont tellement distingués, qu'on ne peut les confondre sans se former de fausses idées des lois fondamentales de la société, et sans tomber dans des erreurs fatales au genre humain. En effet, si la voix de la nature est le meilleur conseil que doive écouter un bon père pour bien accomplir ses devoirs, elle n'est pour le magistrat qu'un faux guide qui travaille sans cesse à l'écarter des règles, et qui l'entraîne tôt ou tard à sa perte ou à celle de l'État, s'il n'est retenu par la sublime vertu. La seule précaution nécessaire au père de famille est de se garantir de la dépravation et d'empêcher que les inclinations naturelles ne se corrompent en lui ; mais ce sont elles qui corrompent le magistrat. Pour bien faire, le premier n'a qu'à consulter son cœur ; l'autre devient un traître au moment où il écoute le sien. La raison doit même lui être suspecte, et il ne doit suivre d'autre règle que la raison publique, qui est la loi. Aussi la nature a-t-elle fait elle-même une multitude de bons pères de famille ; mais depuis l'existence du monde la sagesse a fait bien peu de bons magistrats. » (Écon. polit.)

Ce que Rousseau dit ici de tout magistrat en général, s'applique au magistrat roi moins qu'à tout autre. La royauté, c'est là un de ses avantages, est, de toutes les suprêmes magistratures, celle qui par sa position élevée se trouve le mieux en état d'échapper aux passions communes, de se vouer au bien public, de confondre le bonheur du peuple avec le sien propre, de trouver ses jouissances dans la jouissance des autres, de travailler dans un temps pour recueillir dans un autre, de s'occuper du présent pour une gloire future. Mais il arrivera encore souvent, et l'histoire est là pour le prouver, que la royauté cherchera, croira trouver sa satisfaction en dehors et au détriment de la chose publique.

« Il ne suffit pas, dit M. Simonde de Sismondi, que le despote ait dit : *l'État, c'est moi,* ou même qu'il agisse toujours d'après cette pensée, pour que l'État se trouve aussi bien que sa propre personne du soin qu'il prend de lui. Il y a dans le *moi* des passions nobles et des passions basses, des sentimens relevés et des appétits grossiers. Or, notre expérience nous enseigne qu'il faut une certaine contrainte

pour habituer l'homme à préférer les premiers aux derniers : en sorte que celui que l'on place en dehors et au-dessus de toute contrainte fera plus habituellement le choix
contraire. *L'État, c'est moi*, dit le despote ; mais je préfère la
volupté du jour aux espérances du lendemain ; et toutes
les garanties de prévoyance qu'on avait cru donner à ses
sujets leur échappent par ce seul choix, et la vertu fait place
à la licence, et un jour voit consommer par un seul homme
ce qui devait suffire à tous pour des années. *L'État, c'est
moi;* mais je suis las de voir que rien ne me résiste, j'ai
besoin d'émotions plus fortes, j'ai besoin de vaincre des volontés opposées aux miennes, que le chez-moi ne me présente plus ; j'ai besoin du grand jeu de la guerre ; il me
séduit d'autant plus que ses chances sont plus hasardeuses,
et qu'après tout cette souffrance que je risque dans mes
provinces ne dérange point mon sommeil. *L'État, c'est moi;*
mais il y a en dehors de moi des volontés qui me résistent
et qui m'offensent d'autant plus que je suis plus accoutumé
à ce que tout me cède : je donnerai mon sang comme je
donnerai celui de nos sujets pour me venger. Et les despo-
tes se sont montrés, en effet, luxurieux, prodigues, avides
de guerres, vindicatifs, cruels, non point comme le commun des hommes ; mais infiniment plus, parce qu'ils ont
infiniment plus d'excitation dans leurs passions, infiniment moins de retenue pour former leur vertu ou leur intelligence ! » (Étude des constitutions des peuples libres.)

Si le pouvoir d'un seul, malgré les avantages immenses
et incontestables qu'il a sur toute autre forme d'autorité,
abandonné à lui-même, est perpétuellement exposé à errer,
à méconnaître son origine, à oublier sa mission, à perdre de
vue le but de son existence et de sa force, le pouvoir om-
inpotent de *quelques-uns* offre encore plus de danger à cet
égard.

Tout pouvoir, par cela même qu'il est pouvoir, a le droit

d'imposer aux autres des obligations qu'il ne subit pas lui-même; aussitôt qu'il participe aux besoins communs, on n'a plus aucune garantie de son impartialité, et partant de sa droiture. Sa fonction consiste uniquement à rappeler les autres à leurs devoirs : c'est son seul devoir à lui. En dehors des intérêts individuels qui s'agitent autour de lui, environné de ses prérogatives, il n'a pour occupation que de les coordonner avec l'intérêt social. Cela posé, il est incontestable qu'aussitôt que le pouvoir, au lieu d'être concentré dans les mains d'un seul, est partagé par un certain nombre d'individus, quelque restreint que soit ce nombre, pour le mettre au-dessus des passions et des tentations auxquelles tous les membres d'une société sont exposés, on est obligé de tolérer à son égard une vie qui n'est pas la vie commune, un droit qui n'est pas le droit commun; l'intelligence du petit nombre, quelque haute, quelque puissante qu'elle soit, ne peut nullement servir de garantie de sa droiture, de son impartialité, si on lui offre en pâture le privilége. Ainsi l'histoire de tous les temps nous enseigne que les aristocraties gouvernant seules n'ont jamais été fortes et puissantes, condition indispensable pour toute autorité, qu'en se séquestrant du reste de la société et en se repliant, pour ainsi dire, sur elles-mêmes; mais alors si, par leur position élevée, indépendante, par leur plénitude d'action, elles ont pu jeter de l'éclat et de la gloire sur les nations à la tête desquelles elles se trouvaient placées, ce n'est qu'aux dépens d'une foule de droits individuels : les masses ont servi de piédestal à leur grandeur, qui se réfléchissait aussi sur la nation, ou du moins sur son nom ; mais le bonheur réel de la foule ne s'en est presque jamais suivi. C'est sous l'aristocratie que l'on a vu une partie de la société vivant pour entretenir l'autre, l'homme exploitant l'homme. Le despotisme a été presque toujours le pendant nécessaire des aristocraties souveraines, despotisme d'autant plus difficile à déraciner qu'il a pour partisans et pour fauteurs une partie même de la nation, la plus puissante en richesse, en instruction, en naissance, en influences diverses bien plus redoutables que celles qui peuvent s'attacher à l'arbitraire d'un monarque. L'égalité civile, le plus précieux à nos yeux des droits de l'homme en société, n'a pas de plus sérieux et de plus dangereux adversaire que le gouvernement aristocratique (1).

Plus le nombre des hommes auxquels le pouvoir suprême est confié va en augmentant, plus le despotisme devient multiple et insupportable, jusqu'à ce que, parvenu à un certain point, il devient le despotisme de la multitude, le pire de tous comme le plus inepte, le plus redoutable comme le plus subversif de l'ordre social.

« J'affirme, dit M. Guizot, et le plus simple bon sens le reconnaît, que la souveraineté de droit, complète et permanente, ne peut appartenir à personne ; que toute attribution de la souveraineté de droit à une force humaine quelconque est radicalement fausse et dangereuse. De là vient la nécessité de la limitation de tous les pouvoirs, quels que soient leurs noms ou leurs formes ; de là l'illégitimité radicale de tout pouvoir absolu, quelle que soit son origine, conquête hérédité ou élection. On peut différer sur les meilleurs moyens de chercher le souverain de droit, ils varient selon les lieux et les temps ; mais en aucun lieu, en aucun temps, aucun pouvoir ne saurait légitimement être possesseur indépendant de cette souveraineté... C'est le devoir et ce sera, je crois, le mérite particulier de notre temps de reconnaître que tout pouvoir humain, dis-je, porte en lui-même un vice naturel, un principe de faiblesse et d'abus

---

(1) « Puisqu'il est naturel, disait Bonaparte, que chaque chef fît pour lui et sa famille la plus grande fortune possible, il vaut mieux n'en avoir qu'un à satisfaire. » (Mémoires du général La Fayette.)

qui doit lui faire assigner une limite ! » (Histoire de la civilisation en Europe.)

Il appartenait à la sociabilité européenne de trouver cette pierre philosophale de toutes les civilisations anciennes, l'alliance de l'ordre avec la liberté. La civilisation orientale n'a jamais pu connaître que l'absolutisme d'un seul; les civilisations grecque et romaine n'ont jamais pu s'affranchir du despotisme multiplié, plus ou moins oligarchique, plus ou moins polycratique. Le fond des mœurs orientales n'a été et n'est encore qu'une soumission aveugle du faible au fort, une perpétuelle servilité sociale et politique, une longue protestation gouvernementale interrompue de temps à autre par de sanglantes catastrophes. Les Grecs et les Romains, les premiers surtout, possédés par un sentiment exagéré de leur individualité, par un orgueil démesuré, jaloux à l'excès de leur indépendance, sentiment dont leurs descendans dégénérés nous offrent encore aujourd'hui l'exemple, ne présentent que l'histoire d'une longue anarchie et de la licence organisée à travers lesquelles percent des faits immortels, fruits du génie de ces esprits privilégiés, de ces peuples comblés des dons de la nature. Ce sont les barbares du Nord, aidés, il faut le dire, admirablement par l'esprit du christianisme, qui les premiers devaient faire connaître au monde cette fierté modeste et cette déférence superbe, ce mélange de sentimens d'indépendance et de soumission, de dignité personnelle et d'égards dus aux supériorités légitimes; cette combinaison délicate et difficile de deux extrêmes qui se sent plus qu'elle ne se comprend, qui se voit plus qu'elle ne se décrit, et qui fait le fort des mœurs de la plupart des peuples qui couvrent l'Europe : la véritable liberté est sortie des forêts de la Germanie pour prendre possession de tout le continent.

Deux causes, selon nous, ont produit ce phénomène, une cause physique et une cause morale, le climat et le chris-

tianisme. Le Midi de l'Europe est considéré géographiquement comme étant sous une température moyenne : eu
égard à la température du pôle et de la zône torride, sa température mérite cette qualification. Mais sous le rapport de
l'influence favorable que le climat peut exercer sur le moral
de l'homme, nous ne considérons comme température
moyenne que celle de l'Europe centrale ; c'est là que l'on
ne trouve ni l'engourdissement d'esprit des hommes du Nord,
ni l'exaltation fébrile des hommes du Midi. Quant au
christianisme, ayant élevé la dignité de l'homme, ayant
prêché le dogme de la charité, ayant prescrit comme un devoir sacré la soumission aux autorités, c'est-à-dire à la loi,
c'est-à-dire aux vœux de la société, il a déposé dans tous
les cœurs le respect et l'amour de son semblable, il a rendu
l'homme plus moral et plus social ; il a porté de grands
coups à l'égoïsme qui se résout, dans le supérieur, en despotisme, dans le subordonné, en anarchie. Nous voyons
tant d'affinité entre le dogme chrétien et la liberté, que nous
appellerons mieux la dignité de l'homme, que nous espérons que l'Orient même, cette terre classique du despotisme,
va jouir de cette liberté : la religion de Mahomet, fondée sur
le sensualisme qui ravale l'homme et sur le despotisme
qui le dégrade, ne pouvait lui faire connaître cette liberté.

Tous les despotismes qui ont essayé de se fixer et de s'é-
tablir en Europe, ont été successivement renversés. Le despotisme féodal, le plus fort comme le plus intimement lié
au principe et à l'origine des nouveaux États européens, à
la conquête ; celui qui a servi de type à tous ceux qui ont
voulu le remplacer dans la suite et en recueillir la succession,
ce despotisme a été de bonne heure attaqué par le pouvoir
spirituel d'abord, par le pouvoir municipal ensuite, frappé
dans son existence par le pouvoir monarchique, ruiné entièrement aujourd'hui par l'esprit philosophique. A peine
si l'on peut découvrir encore quelques vestiges de son im-

mense force et de sa grandeur d'autrefois. Le despotisme plus éphémère de l'Église, qui réapparaît plus tard, ne vécut qu'un jour et passa comme l'ombre ; le despotisme plus imposant et plus rationnel de la royauté, dont les élémens primordiaux apparaissent avec la conquête même, qui s'élève sur les débris de tous les autres despotismes, n'a joui de son omnipotence qu'autant que cette omnipotence a servi d'instrument à la destruction des despotismes qui l'ont précédé : aussitôt qu'il s'oublia dans la contemplation enivrante de son œuvre et qu'il voulut se décerner à cœur-joie par lui-même ses récompenses, il perdit son prestige et sa puissance, il fut ruiné dans l'opinion : l'opinion lui ayant fait défaut, il a été obligé de s'amender et de revenir à son rôle légitime, dont il n'eût jamais dû sortir.

Étant le dernier de tous ceux qui ont vécu en Europe, c'est lui qui s'est trouvé dans les derniers temps le point de mire de toutes les attaques ; c'est contre lui que les peuples de l'Europe ont paru prendre le plus de précautions. Ce serait une erreur de le croire. Ce n'est pas contre le despotisme monarchique que l'on lutte aujourd'hui en Angleterre, mais contre l'arrière-garde du pouvoir féodal qui s'en va. En Espagne, c'est plutôt contre le despotisme monacal que contre le despotisme monarchique que l'on combat.

Instruits par l'expérience, éclairés par le flambeau du christianisme, les peuples de l'Europe cherchent depuis longtemps à trouver et à fixer les bases d'un édifice politique qui puisse servir de digue contre toute espèce d'arbitraire, à former, avec les différentes forces sociales, une force qui soit celle de la société tout entière et non de telle ou telle fraction seulement. Parvenus aujourd'hui à un degré supérieur de lumières et de civilisation, ils s'efforcent plus que jamais de trouver les *garanties* des libertés individuelles et en même temps des droits de la société, d'arrêter le code des *libertés politiques* qui doivent régir les sociétés modernes.

SECTION V.

GOUVERNEMENT REPRÉSENTATIF.

Comment les peuples s'y sont-ils pris jusqu'ici pour arriver à la solution de l'important problème que nous avons posé ci-dessus? Se sont-ils concertés, à un jour donné, pour organiser le pouvoir de telle ou telle manière, pour lui donner telle ou telle forme? Nullement : c'est par des tâtonnements, des essais successifs, des expériences diverses, que l'on parvient à tout; les sociétés de l'Europe, comme toutes les sociétés, quand elles ont voulu mettre un frein à l'absolutisme, ce n'est pas en un jour qu'elles le firent, ni par des théories qui ne viennent jamais que long-temps après les faits, mais peu à peu, après avoir reçu les leçons des siècles.

Le pouvoir unitaire apparaît à toutes les époques de l'histoire, dans toutes les sociétés. Ce fait seul suffit pour prouver sa légitimité, son utilité, indépendamment de toute réflexion philosophique : tout ce qui est légitime dans l'ordre naturel des choses existe de soi-même et avant d'être décrété. Dire donc qu'il s'est toujours imposé, ou qu'il a été toujours accepté par le peuple, c'est se servir d'expressions équivalentes. Nous remarquons en même temps que ce pouvoir n'a jamais existé sans le secours des lumières, des conseils d'un certain nombre de personnes d'élite, dépositaires de la sagesse et de l'expérience des peuples, que nous voyons figurer éternellement dans l'histoire sous le nom de *gérontes,* de *prêtres,* d'*anciens,* de *sénateurs,* etc. Le pouvoir aristocratique s'est donc trouvé légalement, comme par lui-même, à la tête des sociétés, presque toujours à côté du pouvoir monarchique. Il est arrivé que ces deux pouvoirs, au lieu de concourir à réaliser le bien public, se sont souvent coalisés pour opprimer le reste de la nation ; il n'y a rien

d'extraordinaire dans ce fait : ce que nous avons dit précédemment devrait le faire conjecturer, si l'histoire n'était
là pour l'attester. Alors on voit surgir du sein de la société
de nouveaux venus qui, d'une manière désordonnée où régulière, viennent mettre un frein au débordement de ces
pouvoirs ; souvent aussi l'un d'entre ces pouvoirs a eu recours à ce supplément de force pour lutter contre les em-
piètemens ou contre l'oppression de l'autre ; souvent enfin
tous les deux ont dû recourir à ce troisième élément dans
des circonstances graves, comme dans des guerres générales, d'extraordinaires levées d'impôts, etc. : toutes mesures
qui pourraient être efficaces réclament l'assentiment immédiat de la plus grande partie possible de la nation. Voilà
donc une nouvelle espèce de pouvoir qui apparaît encore
de lui-même et par la force des choses à la surface des sociétés. On l'a appelé pouvoir démocratique non parce qu'il
comprenait le peuple entier, cela n'a presque jamais eu
lieu, mais soit parce qu'il renfermait un plus grand nombre de personnes que celui qui se trouve constamment à
la tête de la société, soit parce que ceux qui le compo-
saient offraient une importance individuelle sous quelque
rapport inférieure à celle du petit nombre aristocratique,
soit enfin à cause de l'exercice passager de ses fonctions,
après lequel il rentrait dans le sein du peuple.

Dans les temps anciens, son intervention dans les affaires publiques a presque toujours été marquée du sceau de
l'anarchie. Dans les temps modernes, grace à l'idée de la *représentation,* phénomène politique de notre Europe inconnu
des anciens, ce troisième élément apparaît dès la première
formation des sociétés régulières et disciplinées (1). *Diètes,*

---

(1) Le principe de la représentation devait nécessairement apparaître avec la
formation des grands États européens. Mais il devait surtout naître après l'abolition de l'esclavage. Chez les anciens les masses étaient en servitude ; le nombre
des personnes libres n'était pas considérable ; il pouvait prétendre avec quelque

parlemens, États-généraux, cortès, assemblées, partout on trouve les traces de son existence dès les temps les plus reculés de l'histoire de l'Europe.

Puisque ces trois élémens de pouvoirs se montrent plus ou moins développés chez toutes les nations, à toutes les époques presque de l'histoire, ils doivent être tous nécessaires à la vie des sociétés et par conséquent légitimes.

Quand les peuples en Europe ont voulu se soustraire au despotisme de l'un de ces deux pouvoirs ou de tous les trois, l'idée de les limiter l'un par l'autre dut s'offrir naturellement à leur esprit : aussi voyons-nous en Angleterre de bonne heure le peuple et l'aristocratie coalisés contre la royauté pour la renfermer dans un cercle infranchissable ; quand plus tard on y a vu que les limites imposées à la royauté ne suffisaient pas, et qu'en dehors d'elle se trouvait une autre force d'autant plus redoutable que l'enchaînement de la royauté lui laissait une plus libre action, les esprits ont dû nécessairement se tourner vers ce nouveau besoin. C'est ce que l'on voit aujourd'hui dans le mouvement dirigé dans la Grande-Bretagne contre l'aristocratie. Enfin on peut s'apercevoir qu'il ne suffit pas d'imposer des bornes au pouvoir de l'aristocratie et à la royauté, et qu'en dehors d'elles il y a une troisième force qui peut grandir aux dépens et au détriment des deux autres, ce dont on s'aperçut, en France, après les deux révolutions de 89 et de 1830, surtout après la première : alors on pense nécessairement à resserrer encore cette force dans des limites fixes et précises.

L'idée de la limitation du pouvoir en général dut se présenter la première, et comme pour limiter il faut une barrière, on dut insensiblement, en la cherchant, la trouver

---

apparence de raison à l'exercice du pouvoir politique, d'autant plus que sa situation morale et matérielle n'offrait rien de pareil à ce que l'on nomme aujourd'hui le petit peuple, et qu'en grande partie au moins, il jouissait d'une certaine aisance et d'une certaine culture d'esprit.

dans chacun des élémens qui concourent ordinairement à
la formation du pouvoir; mais cette idée a dû venir en second lieu, elle n'est que la conséquence de la première :
d'où il suit que si par des circonstances quelconques le pouvoir existant satisfait les intérêts publics quoique étant non
limité, le besoin de sa limitation ne se faisait pas sentir,
il se peut qu'il résidât dans un ou deux seulement des
trois élémens que nous avons indiqués. Ainsi il se peut
que la royauté seule, ou bien la royauté escortée d'une assemblée, remplît parfaitement les besoins sociaux, du moins
pendant une période quelconque de temps. Il ne faut pas
oublier que l'introduction de l'élément démocratique (1)
dut se faire sentir vivement en Europe, à une époque où
elle se trouvait encore tout-à-fait sous le régime féodal qui
scindait la nation en deux fractions, les vainqueurs, les
privilégiés, et les vaincus, les non privilégiés. Alors ce qu'on
appelait l'aristocratie ne formait presque pas partie du reste
de la nation ; elle constituait une société à part, dont les intérêts se trouvaient constamment en lutte avec ceux du peuple. Celui-ci avait un besoin pressant d'élever la voix par
ses représentans pour défendre les siens.

Quoi qu'il en soit, la limitation du pouvoir en général
étant la seule garantie de sa bonté et sa division en trois
branches étant considérée comme la plus naturelle et la
meilleure en général des délimitations, les gouvernemens
tripartites sont censés les meilleurs des gouvernemens, ceux
qui offrent à la société le plus de garanties, d'intelligence
et de moralité.

Toute délimitation suppose une règle, une loi : par conséquent il a fallu une loi pour fixer les attributions de cha-

---

(1) Nous ferons voir bientôt qu'après la disparition du régime féodal les dénominations d'aristocratie et de démocratie n'offrent plus qu'un non-sens, à
moins qu'on n'y attache des idées tout-à-fait nouvelles.

cun des trois élémens qui entrent dans la composition du pouvoir.

La détermination de la loi, comme nous l'avons dit cent fois, et nous avons besoin de le répéter, n'est pas l'apanage de la multitude. C'est le petit nombre qui a dû être appelé à fixer la loi qui a pour but la délimitation du pouvoir. On a voulu cependant la représenter comme l'expression de la volonté du peuple. Cela est si peu vrai que l'on voit les mêmes personnes et le même nombre qui ont voté aujourd'hui la loi constitutionnelle siéger demain comme pouvoir émanant de cette loi.

Cette loi ne met pas de bornes à l'action du pouvoir en général : les deux chambres et la royauté, si elles se trouvent d'accord, sont maîtresses absolues de la société ; elle ne pose des bornes qu'à l'action de chacun des élémens qui le composent : le droit absolu existe , son exercice pour chacun d'eux est limité.

Cette loi, on l'appelle *fondamentale,* d'abord parce que le pouvoir seul chargé de faire des lois est son émanation, par conséquent toutes les lois sans exception puisent leur source dans cette loi primitive ; en second lieu parce qu'elle renferme quelques principes de législation (1) auxquels on touche le moins possible, non parce que cette faculté est interdite au pouvoir (2), mais parce qu'ils paraissent hors de

---

(1) L'on trouve parmi ces principes, dans toutes les constitutions nouvelles, un grand nombre de dispositions ayant trait aux droits publics : en droit, ces dispositions devraient émaner du pouvoir ordinaire et non pas du pouvoir constituant. C'est par des raisons historiques que l'on peut expliquer ce qui théoriquement peut paraître une anomalie. Il a fallu tant de luttes, des combats si longs, pour obtenir ces droits ; on croit leur acquisition si précieuse , on craint tant de la perdre qu'on a voulu en faire une partie intégrante de la constitution même et une obligation morale de leur observation pour les nouveaux gouvernemens. Je dis une obligation morale , car légalement parlant, le pouvoir existant en vertu d'une constitution peut modifier et même anéantir, s'il le juge à propos, quelques-uns de ces droits. Ainsi voyons-nous beaucoup de droits tels que ceux qui sont relatifs à la liberté des cultes ou à la liberté de la presse qui sont modifiés par des lois postérieures.

(2) La possibilité de la modification de la loi fondamentale par le pouvoir qui

contestation et qu'on les considère comme des bases de l'organisation sociale sur laquelle s'élève l'organisation politique.

La délimitation du pouvoir, au moyen d'une loi précise, et la surveillance que les trois élémens qui le composent exercent l'un sur l'autre constituent ce que l'on appelle la *liberté politique*. C'est une garantie que le pouvoir investi de la gestion de la chose publique n'abusera pas de la confiance que l'on a placée en lui et n'agira pas contre les intérêts de la nation (1).

---

en émane nous paraît un principe qui ne souffre pas de discussion, le principe contraire est insoutenable; il interdirait à la société le pouvoir de marcher, de subvenir à des besoins nouveaux: ce serait lui murer l'avenir. Le principe de révision n'est pas introduit formellement dans la charte française; on a eu raison de s'en abstenir, car quoiqu'il n'existât aucun article de loi formel à cet égard, l'esprit versatile du peuple français ne réclame pas moins tous les jours une modification des lois existantes : que serait-ce , si cette tentative était autorisée par une loi authentique? Mais ce silence qui est une mesure de prudence n'empêche pas le principe d'exister par lui-même : en Amérique, le principe de la révision de la constitution fait partie de la constitution même. En Angleterre encore il est hors de contestation, mais une autre idée qui n'est pas moins consacrée et stéréotypée pour ainsi dire, dans les meilleures des lois, dans les mœurs anglaises, c'est que la modification ne peut avoir lieu que par le pouvoir existant. C'est à cette idée fortement enracinée chez le peuple anglais et qui forme une partie des plus saillantes et des plus recommandables de ses mœurs politiques où l'on peut facilement reconnaître la stabilité germaine; c'est à cette idée, dis-je, qu'il faut attribuer la sécurité constante de ce pays, la jouissance paisible d'institutions qui ailleurs amèneraient une conflagration générale. Nulle part le droit d'association n'est plus complet, plus absolu; des milliers d'hommes viennent se réunir dans un endroit quelconque pour y débattre tant bien que mal les questions les plus élevées de l'ordre social et politique, les intérêts les plus palpitans d'actualité. Une discussion vive, prolongée s'engage, les discours les plus véhémens sont prononcés, et tout finit là. D'où vient ce phénomène? de cette maxime fondamentale gravée dans tous les esprits : que la *délibération* est le droit de tout le monde , car tout le monde a une pensée, et que priver quelqu'un de la manifestation de sa pensée, c'est le tuer dans sa prérogative la plus vitale ; mais que dans une société organisée *la décision* n'appartient qu'aux pouvoirs constitués.

(1) Une garantie n'est souvent qu'un bien négatif, et nous faisons voir ci-après que les garanties constitutionnelles sont de ce genre.

Il y a des cas où ces garanties peuvent exister indépendamment de la limitation du pouvoir ; elles peuvent provenir des mœurs , par exemple, ou d'autres causes, ce que nous nous proposons aussi de démontrer : alors le même but est atteint par des moyens différens.

Enfin une garantie offre l'idée de quelque chose d'accessoire, et l'on peut concevoir des cas où elle soit impossible, sans que le pouvoir soit impossible, des cas où elle constituât une superfétation dangereuse ou embarrassante.

Les gouvernemens qui ont pour base des lois fondamentales ou *Chartes,* on les appelle *constitutionnels* comme émanant d'une loi formelle; *mixtes* parce qu'ils sont partagés, composés de trois élémens différens; *pondérés* parce qu'ils préviennent l'action et l'influence exclusive de l'un de ces élémens, au moyen du contrepoids que lui font les autres; *représentatifs,* soit parce que le pouvoir démocratique y est introduit sous la forme représentative, soit parce qu'ils sont censés représenter tous les besoins et toutes les forces de la société.

Telle est très-sommairement l'économie de ce gouvernement qu'on appelle *libre* et dans lequel on croit n'avoir plus à craindre de retrouver soit l'écho désordonné et stupide de la multitude, soit le représentant égoïste de quelques intérêts de caste, soit l'instrument servile des caprices d'un monarque.

Nous n'avons point ici à entrer dans l'examen détaillé de son organisation. L'esprit d'un homme, quelque puissant qu'il soit, est trop faible pour concevoir, je dirai plus, l'expérience même d'un peuple est trop minime pour déterminer un système parfait de gouvernement. Il nous a fallu des siècles pour arriver au point où nous en sommes. Le plus grand mérite du gouvernement représentatif, c'est que, renfermant dans son sein des élémens divers, il met constamment au grand jour les avantages et les inconvéniens de chacun d'eux, il en provoque l'expérience simultanée; et ses bases sont si larges, que si le progrès des esprits veut y apporter des modifications, elles peuvent s'accomplir sans bouleversement, sans que la constitution soit renversée. C'est à cette circonstance qu'il faut attribuer les progrès qu'il fait chaque jour et à vue d'œil. Il n'a pas encore atteint sa dernière forme, tant s'en faut. Nous croyons que le temps élaguera un grand nombre des conditions qui paraissent en ce moment essentielles à ce gouvernement et qui lui sont tout-à-fait étrangères et même contraires. C'est à la France que reviendra un jour l'honneur de l'avoir inventé, tant elle l'aura perfectionné.

Mais si nous ne croyons pas devoir présenter une analyse détaillée de son mécanisme, nous croyons devoir émettre quelques considérations sur la tournure définitive que la nature immuable des choses nous paraît devoir lui imprimer tôt ou tard. Ce coup d'œil nous servira à montrer si c'est à la république ou à la monarchie qu'il conduit l'Europe. C'est le motif qui nous a fait parcourir rapidement les différentes questions politiques qui ont précédé.

SECTION VI.

QUELQUES CONSIDÉRATIONS SUR LE GOUVERNEMENT REPRÉSENTATIF.

Le but de toute société est incontestablement le plus grand bien de chacun et de tous. Deux obstacles se sont toujours trouvés à l'encontre de cette fin commune des sociétés : l'un c'est le défaut de lumières nécessaires pour le reconnaître; l'autre, c'est l'intérêt particulier qui s'oppose à son accomplissement. Pour obvier au premier inconvénient, l'on a pensé de tout temps avec raison, que comme parmi les membres qui constituent la société, il s'en trouve quelques-uns qui, par leur éducation, leurs talens, leur fortune, leur position élevée, sont plus à même que les autres de voir clair dans les affaires sociales, la direction leur en revient de droit. Il est incontestable que plus cette espèce d'hommes est nombreuse, que plus la société compte dans son sein d'hommes capables et éclairés, plus elle acquiert de garantie d'une bonne direction. Mais cette garantie seule ne suffit pas : les lumières, la capacité, une position sociale élevée, tout cela est un excellent guide pour reconnaître les intérêts généraux, mais tout cela ne met pas à l'abri des séductions de l'amour-propre, des tentations de l'intérêt individuel.

Pour éviter ce second inconvénient, on a pensé que plus la direction sociale sera concentrée dans un petit nombre de mains, moins les vues égoïstes auront de chances de se produire ; moins l'opposition et le conflit des intérêts particuliers éclateront, plus il y aura moyen de trouver l'impartialité. Le timon des affaires confié à un seul homme offrira le plus de garanties à cet égard. Ainsi, par exemple, on trouve de tous temps la distribution de la justice abandonnée à un fort petit nombre d'hommes, à un seul même ; la nécessité de cette distribution constitue une des causes les plus anciennes et les plus puissantes de la monarchie (1).

Aussi voyons-nous partout et toujours deux espèces de pouvoirs assis au sommet de la société et fonctionnant côte à côte ; un pouvoir multiple des assemblées, et un pouvoir simple, unitaire, résidant presque toujours en une seule personne.

Ces deux pouvoirs tendent au même but, le bien public ; mais leur organisation est si différente que si une seule et même idée préside à leur existence, il est facile de s'apercevoir que l'esprit qui les anime ne peut pas être le même : ils représentent bien une même pensée, une même intention, le bonheur de la société ; mais par leur composition et leurs moyens d'action, ils sont les deux extrêmes d'un même mécanisme, et il est de toute impossibilité qu'ils puissent s'acheminer simultanément vers le but qui leur est commun, si une machine intermédiaire ne vient joindre ces deux machines si diverses dans leur construction et leur mouvement.

Tout l'art du législateur nous paraît consister dans l'invention de cette machine intermédiaire. D'abord, elle ne peut

---

(1) L'existence du pouvoir monarchique, comme de toute institution en général, peut s'expliquer par différentes raisons. Mais parmi ces raisons il y en a toujours une qui prime toutes les autres et qu'il ne faut jamais perdre de vue. Pour nous, l'impartialité, une espèce de neutralité, nous paraît constituer la principale base de la monarchie.

pas être la même pour tous les pays et dans toutes les circonstances, théoriquement même elle n'est point encore universellement reconnue. Le gouvernement représentatif en général en offre une, la division du pouvoir entier en trois branches. Mais, en dehors du gouvernement représentatif, combien de systèmes n'y a-t-il pas? Ensuite ce gouvernement a donné naissance à une foule de théories qui ne s'accordent guère entre elles.

Comme nous avons en vue ici le gouvernement représentatif, nous nous en occuperons exclusivement, et nous essaierons d'exposer en deux mots celle qui nous paraît, parmi ces théories, la plus avouée par le bon sens et la plus conforme à la nature des choses.

Le gouvernement représentatif, dont l'Angleterre nous a offert le premier modèle, est un résultat historique. L'histoire de l'Angleterre, comme celle de tous les États modernes, n'est que l'histoire de la féodalité, fille elle-même de la conquête. Or la féodalité n'est pas l'état normal des sociétés : donc tout ce qui a pu être inventé à une époque féodale peut bien contenir en soi un élément rationnel, il le doit même, puisqu'il a été la conséquence des progrès; mais il faut nécessairement qu'il soit empreint d'une forte dose féodale qu'il faut savoir reconnaître aujourd'hui et distinguer. Nous le faisons succinctement plus loin, pour combattre quelques préjugés; en ce moment nous ne voulons faire que de la théorie. Or, au point de vue de la raison, la machine qui pourra servir le mieux d'intermédiaire entre le pouvoir multiple et le pouvoir unitaire, se compose, selon nous, de deux ressorts.

1° De la fixation convenable des attributions de chacun des deux élémens principaux qui constituent le pouvoir.

2° Du fractionnement du pouvoir délibérant en différens groupes, et de leur échelonnement graduel d'après leur capacité respective.

Commençons par l'explication de la première idée.

§ 1er.

ATTRIBUTIONS DU POUVOIR UNITAIRE ET DU POUVOIR DÉLIBÉRANT.

Quelles sont les attributions que l'on assigne dans les pays constitutionnels aux deux agens principaux de la direction du char politique? *L'action* est attribuée exclusivement au pouvoir unitaire ou royauté; quant à celles que l'on confère au pouvoir multiple, aux chambres, elles peuvent se classer, je crois, sous quatre chefs : *éclairer* (1), *contrôler* (2), *diriger* (3), *décider* définitivement et sans appel (4).

Nous n'avons rien à dire sur l'attribution conférée exclusivement à la couronne, elle est simple et claire; et peut-être son défaut est d'être trop simple, trop nue. On lui accorde bien aussi le droit de la délibération par ses ministres, la loi est formelle à cet égard; mais ses droits sur ce point sont peu définis et arrêtés dans les esprits, et les attributions que le pouvoir délibérant paraît vouloir s'approprier le réduit presque à rien. Nous devons donc nous arrêter dans l'examen de chacune des attributions que l'on confère au pouvoir des chambres, pour examiner si chacune d'elles est conforme à la nature des choses, et par conséquent légitime. Cet examen servira en même temps à nous faire voir si le partage des attributions entre les deux pouvoirs est fait avec intelligence.

Je commence par l'examen des deux dernières attributions, celles de diriger et de décider, qui sont les plus controversées et les plus controversables.

---

(1) Par la délibération.

(2) Par le vote du budget et de l'adresse, et par le droit d'interpellation.

(3) Par le droit d'initiative.

(4) Par le rejet des lois: ce qui constitue une action négative; ou bien par un vote positif provoqué par les assemblées mêmes, en vertu de ce qu'on appelle la prépondérance de la volonté des chambres sur celle de la royauté.

Déclarons de suite qu'une assemblée tant soit peu nombreuse et variable, soit dans sa composition, soit dans sa durée, et dirigeant elle-même à la fois les affaires du pays, est chose impossible. Une assemblée offrira toujours les inconvéniens du *forum* et de l'ἀγορὰ. Les membres d'une assemblée, quelque intelligens, quelque vertueux qu'ils soient, ne se dépouilleront jamais ni de leur égoïsme, ni de l'indifférence qu'on apporte aux affaires où l'on ne sent pas sa responsabilité directement engagée. Dans toutes les occasions où leur intérêt privé sera en jeu, ils l'écouteront avant l'intérêt public : eux, leurs affaires, les intérêts de ceux qui les touchent de plus près, voilà les préoccupations qui ne les quitteront pas un seul instant, au moment même où ils paraîtront saisis par les plus sublimes mouvemens d'abnégation. Est-il question d'une affaire où leurs intérêts propres n'y seront absolument pour rien, ils y mettent cette insouciance, cette légèreté, cette inconséquence qui sont les attributs essentiels de toute réunion nombreuse où les individualités viennent se perdre et s'effacer. Si en pareil cas ils paraissent se mêler sérieusement de la chose publique, on peut être sûr d'avance que leur vanité, leur ambition seront les principaux moteurs de leur détermination. A tout cela, je le sais, on trouve des exceptions ; mais à prendre la chose en général, nous nous adressons à la conscience de tous ceux qui ont fait partie d'une assemblée, et nous leur demandons si ce que nous disons ici n'est pas la vérité même.

A travers ces tendances diverses et ces centres d'actions aussi nombreux, aussi différens que l'assemblée compte de membres dans son sein, un système général parfaitement conçu pourra-t-il naître ? Y aura-t-il un but fixé, constamment poursuivi ? Certainement non. D'ailleurs, pour que toute une assemblée pût se soumettre à un plan d'action, ses membres fussent-ils remplis du zèle le plus ardent pour la chose publique et les plus désintéressés individuellement, cela ne suffirait pas, il faudrait qu'ils y eussent tous sérieusement et longuement pensé ; un grand nombre d'esprits pourront-ils parcourir une longue série d'idées qui composent un système gouvernemental avec un accord parfait , une même persévérance ? Cela est impossible : quelques hommes supérieurs parmi eux pourront seuls soumettre à la délibération un ensemble d'idées , ce qu'on appelle un plan, un système, et ou ils seront approuvés, et alors ce sera un ou deux hommes qui auront tout fait , ou ils seront contrariés, et alors tout restera dans le *statu quo,* c'est-à-dire dans l'inaction.

Mais lorsque l'attention d'une assemblée a été appelée sur un sujet particulier, alors la question à résoudre venant pour ainsi dire d'elle-même se placer devant elle, l'intelligence de tous est excitée , chacun tient à honneur d'offrir sa quote-part dans une délibération qui est nécessaire : on profite de l'occasion pour briller si l'on peut, on secoue son insouciance ; si la discussion est grave, solennelle, une espèce de pudeur civique vient refouler, pour un instant au moins, les calculs égoïstes dans tous les cœurs : la vérité manquera rarement de jaillir du sein d'une assemblée composée d'hommes d'élite. Mais pour cela, nous le répétons, il faut qu'une force étrangère vienne concentrer toutes les intelligences sur un point quelconque, et cette force ne peut être que le pouvoir qui se trouve à côté d'elle, le pouvoir unitaire chargé de la direction journalière de la société, averti par ses besoins de tous les momens, seul capable enfin , par sa nature, de concevoir un plan d'action , de se tracer une marche.

Si l'on a vu quelquefois des assemblées agir par elles-mêmes avec une certaine suite, une certaine vigueur, c'est qu'elles se sont trouvées , par l'effet des circonstances ou par la force des traditions, sous l'empire d'une idée universellement admise, d'un besoin universellement senti, qui leur servaient de guide et leur indiquaient d'avance le chemin qu'elles avaient à parcourir. Le sénat romain, toutes les fois qu'il s'agissait de la grandeur de la république romaine, n'avait qu'une seule décision à prendre, l'opinion qu'il devait avoir à cet égard était toujours une et la même, transmise de père en fils : le *Delenda Carthago* sert à nous faire comprendre quel était le cri qui se faisait entendre perpétuellement à l'oreille d'un sénateur romain, chaque fois qu'il s'agissait de l'agrandissement de la république romaine. Mais dans les questions intérieures quelle variété, quelle éternelle anarchie! Aussi Rome a-t-elle commencé par la royauté et a-t-elle fini par la royauté.

En Angleterre, un membre du parlement, quant à la politique extérieure de son pays, ne peut avoir qu'une seule idée, sa prépondérance commerciale; toutes les autres idées sont subordonnées à celle-là : quant aux affaires du dedans, en entrant dans la carrière des affaires, il n'a qu'une détermination à prendre, d'être whig ou tory; cette détermination une fois prise, tout est fini; on s'enrôle sous l'une ou l'autre bannière, le chemin est tracé d'avance, on n'a qu'à marcher. Mais si cette double tendance a pu être nettement suivie jusqu'à présent, c'est qu'elle a été circonscrite dans le cercle d'une aristocratie héréditaire toute-puissante, dont ce que l'on y appelle l'élément populaire n'a été jusqu'ici que l'émanation et le reflet, la chambre des communes n'a été jusqu'à présent qu'une succursale de celle des lords. Une assemblée telle que la chambre des lords de l'Angleterre, c'est-à-dire d'autant de petits souverains héréditaires, peut offrir, j'en conviens, une marche systématique; mais je pense que personne en Europe ne voudrait jamais d'une chambre des lords.

Du jour où la fixité politique, l'esprit de suite de la pairie héréditaire, fera place à la mobilité de l'élection populaire,

en Angleterre, nous verrons si cette double tendance tradi-
tionnelle de ces assemblées se maintiendra, et si, malgré le
goût de stabilité et le respect pour les traditions qui distinguent ce pays, une variété infinie de tendances ne
viendra pas mettre le chaos dans la marche politique du
parlement. S'il en sort, ce ne sera pas, je crois, par lui-
même, mais par l'intervention de la royauté. L'histoire de
l'Angleterre présentera, je pense, les phases de celle de Rome.
Rome, après avoir débuté dans sa carrière par la royauté,
tomba sous la tutelle d'une forte et compacte aristocratie,
qui fut constamment aux prises avec les exigences de la
plèbe; elle n'y échappait que par la diversion des guerres
et des conquêtes. Les iniquités criantes qui signalent le
règne de toutes les aristocraties, on ne les dissimule qu'en
détournant sans cesse l'attention du peuple vers le dehors.
Le moyen réussit pendant long-temps au patriciat romain.
La pairie anglaise également, après avoir enchaîné la royauté
avec le secours du peuple et s'être débarrassée de ses Tar-
quin, pour se débarrasser ensuite des prétentions de son
compagnon d'armes, le peuple, trouva pour lui une diversion dans l'extension du commerce et dans les colonisations.
De cette manière elle a pu jouir tranquillement et exclusivement des dépouilles opimes de la royauté, et en même
temps d'une foule de droits féodaux et oppressifs prolongés
jusqu'aujourd'hui grace à l'omnipotence qu'elle s'était acquise. A Rome, dès que les conquêtes eurent cessé, la démocratie l'emporta sur les autres classes; mais son triomphe
ne dura qu'un jour : elle fit bientôt place au triumvirat, qui
ne fut que le court prélude de la toute-puissance impériale;
nous pensons également qu'en Angleterre, les exigences populaires vont s'accroître avec la décadence du commerce de
ce pays, décadence qu'accélèrent chaque jour la révolution
industrielle de l'Europe et la marche des affaires d'Orient.
La dernière heure de son aristocratie approche. Mais en

définitive, ce ne seront pas les masses déguenillées de ses prolétaires qui en garderont le sceptre; c'est la royauté qui en recueillera la succession politique.

Si nous nous transportons en France, l'histoire des assemblées délibérantes de ce pays viendra à l'appui de notre assertion. L'Assemblée constituante a été forte parce qu'elle s'est trouvée sous l'empire d'une idée qui résumait toutes les autres : faire table rase, renverser tout l'ancien régime, en fonder un nouveau, tel était sont but. L'ancien régime, elle l'a abattu en effet; quant à la reconstruction d'un nouveau, elle l'a tentée : y a-t-elle réussi? Oui, elle en a arrêté un... sur le papier. La Convention, malgré ses actes horribles, ses orgies sanglantes, a été forte, parce qu'en définitive elle était mue par une idée qui dominait toutes les déterminations, celle de sauver la France de l'invasion étrangère dont elle était menacée. Ces deux assemblées n'agissaient pas presque par elles-mêmes, elles étaient poussées par une voix qui leur criait toujours : Marche! marche!

Avec le Directoire, des idées moins exclusives, moins violentes, apparaissent, l'esprit de conciliation vient remplacer les cris de fureur et de destruction, le besoin de reconstruction se fait universellement sentir. Pour agir, il faut désormais une intelligence réfléchie, de l'habileté gouvernementale, avant tout, l'unité de vues. Ces qualités, le Directoire sut-il les réunir? Nullement : car il était atteint du vice inhérent à toutes les assemblées, l'incohérence de vues, qui le fit tomber sous le poids de son incapacité et du ridicule, pour faire place au pouvoir unitaire et fort du Consulat et de l'Empire.

Toutes ces assemblées ont su parfaitement ce qu'elles ne voulaient pas : tant qu'il fut question de tarir le mal dans sa source par la destruction de ce qui existait, ou même de prévenir sa réapparition en prenant des précautions à cet effet, elles agirent avec une parfaite unité de vues; mais

dès qu'il fut question de faire le bien et de reconstruire,
leur incapacité fut mise en évidence : c'est que dans le premier cas le sentiment seul suffisait pour les guider, tandis
que dans l'autre une haute raison était nécessaire, et la
haute raison n'est pas l'apanage des assemblées.

Sous la Restauration, les chambres françaises, la chambre
élective surtout, montrèrent une persistance de vues, une
habileté de lutte admirables ; pourquoi ? parce qu'elles
avaient à combattre des intérêts détrônés, des vues hostiles,
des prétentions ennemies du nouvel ordre de choses, qui
assiégaient la royauté et qui finirent par y trouver secours et protection.

Après la Révolution de juillet, les chambres agirent pendant quelque temps avec une persévérance dans les idées,
une uniformité de tendances auxquelles peu de gens s'attendaient le lendemain d'une révolution. D'où vient ce phénomène? C'est qu'elle se trouvait sous l'empire du terrible
sentiment de la peur, peur de la république, peur d'une
guerre européenne, deux fléaux auxquels la France ne faisait que d'échapper. Voilà le mobile puissant qui les fit
manœuvrer comme un seul homme. Cette double inquiétude une fois calmée, à quels faits curieux nous assistons!
quel spectacle instructif se passe sous nos yeux dans le sein
de ces chambres!

Après cette révolution, les ministres d'une royauté issue
au moins immédiatement du sein de ces chambres, ou
plutôt de la chambre des députés, vinrent leur annoncer,
à cette dernière particulièrement, que leur volonté sera
désormais la volonté suprême, que devant elle toute autre
volonté disparaîtra ; et pour preuve de cette déférence de
la royauté au pouvoir des chambres, le droit d'initiative
après lequel elles avaient tant soupiré, leur est accordé
ou plutôt humblement offert et consacré dans un article
formel de la Charte. On se promettait des merveilles de l'ac-

quisition de ce droit; et en effet, s'il pouvait être exercé avec efficacité, il mettrait le pouvoir entier dans l'enceinte des chambres, mais son exercice efficace est contre la nature des assemblées. Aussi, sauf quelques lois qui furent le résultat immédiat de cette révolution, qui par elle furent dictées, pour ainsi dire, aucune loi d'une certaine valeur n'émane exclusivement du sein d'une de ces assemblées. Je me trompe, la chambre des députés essaya de son droit dans une pure question d'argent, question que l'on croyait la plus inoffensive et comme appartenant le plus à sa prérogative, celle relative à la conversion des rentes; mais la chambre eut la main on ne peut plus malheureuse : elle a amené un terrible ébranlement du pouvoir, des révolutions ministérielles, et la question se trouve encore sans solution après cinq ans d'attente.

Mais, pour qui sait observer, la malencontreuse proposition de la conversion, tout en manifestant avec l'éclat l'impuissance radicale du droit d'initiative, n'est qu'une circonstance concomitante du désordre et du chaos qui règnent depuis trois ans dans le sein de la chambre élective en France : ce désordre prend sa source dans un mal plus profond qui travaille cette assemblée, mal si sensible que nous avons vu récemment tous les coryphées de cette chambre venir étaler leurs souffrances à la tribune avec une touchante mélancolie et demander à tout le monde un remède qu'ils ne voient nulle part, parce qu'ils n'ont pas une conscience nette de la nature du mal qui les ronge. Ne sachant pas le reconnaître, ils s'en prennent, en désespoir de cause, au gouvernement, auquel il est convenu depuis quelque temps d'attribuer tous les maux dont la Providence afflige la terre. Le mal est dans le sein même de cette assemblée, et pas ailleurs : on a beau l'attribuer aux prétentions de la royauté, à sa prépondérance sur la volonté des chambres, le mal provient précisément de la prépondérance qu'elles se sont donnée. On plaisante, je crois, quand on dit que la couronne veut se soustraire aux volontés de la majorité, qu'elle est en désaccord avec elle. Mais où voit-on cette majorité? qu'a-t-elle voulu, cette majorité, que la couronne lui ait refusé? Quelle est la personne honorée de sa confiance qu'elle ait présentée au choix du monarque et que le monarque ait écartée?

Sait-on où est la cause de toutes les souffrances dont on se plaint? C'est dans l'idée que celui qui aura pour lui la majorité de la chambre a pour lui la France entière. Qu'en est-il résulté? C'est que quatre ou cinq ambitions se mirent, chacune de son côté, à se faire une majorité à soi. Quatre cent cinquante membres ne peuvent jamais présenter, sur toutes les questions, une uniformité complète d'opinions. Ils doivent offrir une disparité de vues infinie sur toutes les questions qui ne sont pas capitales, qui ne saisissent pas une assemblée de manière à la fractionner en deux ou trois groupes qui se forment spontanément dans les grandes occasions. Dans toutes les autres questions secondaires, où les intérêts ne parlent pas haut, la différence de caractères, d'humeurs, la sympathie des personnes, etc., se font jour à travers ces questions et les dominent plus qu'elles n'en sont dominées. Que font nos quêteurs de majorités? Ils s'aperçoivent de cette divergence, la couvent, l'excitent et parviennent à former des groupes à leur guise au nom d'une idée insensible : on croit avoir divisé la chambre à sa volonté, s'y être fait une majorité, lorsqu'en réalité on n'a fait qu'y déterminer, après grand'peine, une classification provisoire, qui, un moment après, n'existera plus. Mais il n'importe, avec cette majorité qui n'est qu'une fantasmagorie, on bat son adversaire sur un point quelconque; celui-ci, à l'aide des mêmes procédés, vient prendre sa revanche dans une autre occasion, au nom d'une autre idée élaborée au scalpel : car il est bien entendu que ce sont tou-

jours les principes qui se trouvent aux prises ; les hommes
sont d'un désintéressement sublime, ils n'en sont que les
humbles serviteurs. L'acharnement du combat exagère
l'importance de la divergence, ceux mêmes qui tiennent
le fil du drame entre leurs mains finissent par se faire illusion : ils se croient déjà chefs de parti, lorsqu'ils ne sont
que des fauteurs de misérables coteries. Mais qu'il souffle
le moindre événement imprévu, et la prétendue majorité,
qui ne tenait qu'à un fil imperceptible, est dissoute en un
clin-d'œil ; des dissidences éclatent, de nouvelles alliances
se contractent, de nouveaux groupes se forment et se refor-
ment, toujours de la même manière, au nom de quelques
nuances d'idées sans valeur et au profit de quelques ambitions rivales, de quelques amours-propres blessés. On s'at-
trape, on s'embrasse, on se disperse, on se coalise avec
une vélocité effrayante ; on se discrédite, on se rend mutuellement *impossible* ; et dans ce pêle-mêle de combats, ce
tohu-bohu des débats, les affaires souffrent, les travaux
manquent de direction, le pays s'indigne, les amis du gouvernement constitutionnel haussent les épaules, ses ennemis
éclatent de rire.

Mais n'insistons pas là-dessus ; nous avons confiance
dans le bon sens de la France : nous l'avons dit et nous le
répétons, c'est elle qui mettra la dernière main au gouvernement représentatif, elle ne se lassera pas de l'épurer et de
le rendre conforme à l'ordre naturel des choses. On voit avec
quelle rapidité elle a senti déjà l'état anormal dans lequel
elle se trouve, les meilleurs esprits s'en plaignent publiquement ; une fois qu'elle a senti le mal, ne doutons pas qu'elle
n'y trouve de remède. Que de remèdes n'a-t-elle pas trouvés
depuis cinquante ans ! de combien de maux ne s'est-elle pas
guérie ! Nulle part l'abus, quel qu'il soit, ne s'use plus vite
que dans ce pays : fions-nous à son infaillible bon sens.

Tant il est vrai que le mouvement des affaires, la direction de toute chose en général a besoin d'unité; que lorsque cette unité devient matériellement impossible, on a besoin d'y suppléer par l'unité morale. Le droit de déclarer la guerre et le commandement des armées, c'est à la royauté qu'ils appartiennent même dans les pays constitutionnels. Un autre besoin social impérieux, la distribution de la justice, c'est au nom du roi qu'elle se fait dans tous les pays. Certes, pour la plupart, ce ne sont pas les rois qui dirigent les meilleures manœuvres, les plus habiles expéditions; ce ne sont pas eux qui, dans les pays constitutionnels, interviennent dans le cours de la justice, mais il est bon, il est utile pour tous les pouvoirs quels qu'ils soient, d'avoir la conscience qu'ils ne sont pas indépendans (1), que, quoique investis d'attributions plus ou moins larges, ils relèvent d'un centre unique, vers lequel tous les sentimens de respect et de dévouement à la patrie doivent converger, qui maintienne le niveau de tous, au-dessus duquel personne ne puisse s'élever. La puissance, quoique souvent idéale à force d'être étendue, n'en est pas moins efficace dans son influence. Quand on examine toute la portée et tout le sens du pouvoir monarchique, plutôt que ses actions immédiates, on trouve qu'il doit presque toute sa puissance morale à son influence : ainsi l'on voit, dans des pays où cette institution a pris racine, des enfans, des petites filles, gouverner des nations fortes et intelligentes : en pareil cas elles se gouvernent plutôt par elles-mêmes; mais néanmoins elles sont dominées par un prestige qui les conduit à leur insu, comme un ressort invisible auquel obéirait une machine compliquée.

Toutes les assemblées du monde ne remplaceront pas un czar Pierre, un Frédéric II, un Napoléon, fussent-elles composées entièrement d'hommes tels que Frédéric, Pierre

---

(1) A la Cour de cassation, qui est la cour suprême, on voit la ligne des conseillers coupée en deux par un trône royal monté sur une estrade, au-dessus duquel pend le portrait en pied du roi qui a l'air de présider toute l'assemblée.

et Napoléon. Ces hommes et tant d'autres ont été grands
et ont fait de grandes choses, non seulement parce qu'ils
étaient des génies, mais aussi parce qu'ils ont pu agir avec
l'indépendance souveraine du génie, c'est-à-dire en planant
sur toutes choses des hautes régions de leur intelligence et
en donnant à tout une impulsion unique et féconde. Supposez que l'étoile de Napoléon l'eût envoyé à la Convention
comme membre de cette assemblée : il eût brillé peut-être
d'un éclat momentané, comme Vergniaud et tant d'autres;
et il eût disparu dans la tempête comme ces infortunés.
Supposez-le membre de la chambre des députés actuelle : il
aurait peut-être figuré parmi les cinq ou six grands orateurs
actuels; voilà tout. Ceci ne veut pas dire que ces messieurs
aient quelque chose de commun avec Napoléon : ils peuvent
valoir plus, ils peuvent valoir moins, c'est ce que nous
ne nous chargerons pas de décider; la facilité de parole,
l'habileté de tribune ne s'allient pas toujours à une grande
intelligence des hommes et des choses; il arrive souvent
tout le contraire, et les exemples n'en sont pas rares; mais
en général le don de la parole révèle de hautes facultés in-
tellectuelles. Si l'on pouvait donc les réunir dans un ministère qui eût son chef avoué et incontestable, on se ferait fort
de faire avec eux de grandes choses; dans la position où
ils se trouvent, à peine si chacun d'entre eux peut gouverner, entre quatre murs, quelques amis de circonstance,
quelques fidélités douteuses, quelques commensaux com-
plaisans; à peine s'ils parviennent à grouper autour d'eux,
dans un moment donné, trente ou quarante de leurs honorables confrères, qui tiennent trop à l'honneur pour se dé-
vouer entièrement à eux. S'ils étaient à la tête au moins de
deux camps bien tranchés, on aurait pu utiliser les talens
de la moitié d'entre eux : on aurait tantôt Pitt avec son parti,
tantôt Fox avec le sien; mais cela n'est pas, il y a autant
de chefs presque que de soldats : le moyen d'avancer!

Si la raison et les faits concourent pour démontrer que la direction suprême est chose impossible dans les assemblées, et surtout dans les assemblées nombreuses et fréquemment renouvelées, il n'est pas difficile de reconnaître à qui doit rester *la décision*, en cas de divergence entre le pouvoir unitaire et le pouvoir multiple, entre le pouvoir permanent et le pouvoir périodique, entre le pouvoir qui, par sa composition simple, offre l'esprit de suite, l'unité de vues, comme, par sa position élevée, il offre le plus d'impartialité et de lumières, et le pouvoir qui, par son fractionnement, par son renouvellement, offre moins de vérité dans ses idées, comme, par sa position terre à terre, il offre plus de prise aux petites passions, moins de perspicacité, moins d'étendue de vues.

Mais, peut-on dire, la majorité d'une assemblée composée d'hommes d'élite, qui réunit les plus hautes intelligences du pays, quand elle se prononce formellement sur un point quelconque, doit être présumée représenter les vœux et les besoins du pays, avec lequel elle se trouve journellement en contact, plus fidèlement que le pouvoir exécutif, qui, par sa position trop élevée elle-même, court risque de les perdre de vue.

On se trompe : les assemblées, j'en conviens, offrent beaucoup de lumières en ce sens qu'elles fournissent une grande somme d'idées plus ou moins justes, dont le choc produit de grandes clartés sur les questions débattues ; mais pour que cette lumière tourne à l'avantage de la chose publique, il faut qu'un pouvoir neutre assiste, pour ainsi dire les bras croisés, pour saisir au passage le bon résultat de la discussion, qu'il sache garder assez de calme dans l'esprit pour faire le triage de toutes les idées émises, les concentrer en une seule : ce dont une assemblée, malgré son apparente majorité, est incapable. Elle offrira un certain concours de voix sur une question débattue ; mais il n'est pas sûr que ce concours s'effectue en tout point avec intelligence et que la décision prise par l'assemblée soit la meilleure. Le concours a lieu souvent après des discussions plus ou moins générales, qui très-souvent se trouvent en dehors des faits. Quoiqu'on dise que les représentans du pays connaissent mieux que tout autre l'état du pays, la chose n'est pas vraie : ils connaissent, et encore fort légèrement, l'état de leurs départemens respectifs ; le gouvernement, qui tient tous les fils de l'administration entre ses mains, connaît mieux l'ensemble des besoins du pays ; bien plus, il se trouve constamment dans une relation si intime, par les liens de son administration , avec chacune de ses parties, qu'il connaît encore les besoins de chaque localité, souvent même mieux que son représentant. L'assemblée ne se trouvant pas suffisamment en possession de la connaissance des faits, son opinion, c'est-à-dire l'opinion *formée* par la discussion de la plupart de ses membres, peut être d'un grand secours pour le gouvernement, seulement en ce qu'elle lui fournit des idées générales, des notions étendues : c'est en ce sens que les assemblées *éclairent* le gouvernement ; mais nous le répétons, c'est à lui qu'il appartient de tirer parti de ces notions, et non pas à elles de les lui imposer.

Nous ne pouvons pas comprendre comment on a pu avancer que le gouvernement n'est qu'un instrument dépourvu d'intelligence, un simple organe des assemblées, le serviteur de la délibération, cela est faux non seulement théoriquement, mais encore légalement. Les faiseurs de chartes se sont bien défendus d'une pareille erreur, d'abord en faisant participer le pouvoir royal à la confection de la loi par les ministres qui prennent part à la délibération, d'ailleurs, en fait, la présentation de tous les projets de lois vient d'eux, et on peut dire que les lois sont presque toujours leur ouvrage ; ensuite, en subordonnant l'existence de la loi à la sanction royale, en confiant à la couronne toute la direction des rapports internationaux et le soin de les régler par la paix ou par la guerre ; en s'en rapportant à sa sagesse pour l'appréciation de tous les hommes appelés à gérer la chose publique et pour leur nomination à différens postes ; en en faisant la source d'où découlent tous les honneurs, toutes les distinctions, toutes les récompenses ; enfin, en plaçant l'administration entière de l'État entre ses mains : cette dernière attribution tient du pouvoir exécutif, peut-on dire ; cela est vrai, mais il y a des cas où je défie le plus habile juriste de ne pas voir une véritable loi dans un règlement d'administration publique.

Nous ne nous dissimulons point qu'il peut se présenter des circonstances où l'unanimité constante, réitérée des *deux* chambres sur une question, doit faire présumer qu'elles expriment une opinion qui a pris racine dans le pays, et qu'en l'exprimant avec persévérance, elles ne font que se rendre les interprètes de ses vœux et de ses besoins. Alors cette persévérance doit être prise en considération : si les assemblées sont incapables de la direction et de la décision de tous les instans, elles sont admirables pour refléter l'opinion générale, quand elles se trouvent sous l'impulsion d'un besoin vivement senti, sous l'empire d'une idée généralement partagée. Le don de l'infaillibilité n'appartient à personne, et la persistance de tant d'hommes éclairés, différens de position, de lumières, de caractères, dans une seule et même idée, doit faire présumer que le droit est de leur côté.

Mais ces cas sont rares à l'époque éclairée où nous vivons, où les communications entre gouvernans et gouvernés sont si multipliées et si faciles ; des conflits et des divergences ne peuvent éclater entre eux désormais que bien rarement. Un des grands avantages du gouvernement représentatif est d'instituer auprès du pouvoir des corps qui puissent l'avertir au besoin, attirer son attention sur des mesures réclamées par l'intérêt public, qui, en cas de nécessité, peuvent en prendre eux-mêmes l'initiative : de cette manière on a prévenu de déplorables dissidences entre les vœux du pays et la volonté gouvernementale. On a placé à côté du pouvoir un aiguillon perpétuel, on a imaginé l'émulation ; le stimulant moral spontané qui doit agir constamment sur tout gouvernement a été combiné avec un stimulant régulier, légal : je dis légal faute d'autre expression, il y a des idées qui ne trouvent pas de mots dans la langue ; car ce stimulant, s'il a été introduit dans la loi par le droit d'initiative, sans être exercé, par cela seulement qu'il peut être exercé par les assemblées, il produit tout son effet, qui est celui de ne pas laisser le pouvoir s'endormir sur ses devoirs ; de sorte que l'on peut dire qu'il est moral encore plutôt que légal (1).

---

(1) On aura remarqué que dans cette discussion nous nous servons constamment du pluriel *assemblées*. Nous l'avons dit en commençant, nous n'avons pas besoin d'entrer ici dans l'examen du mécanisme représentatif ; nous n'avons pas donc à nous faire la question si l'existence des deux chambres est nécessaire. Cette nécessité d'ailleurs est aujourd'hui hors de toute contestation. Mais nous voulons faire observer que quand on parle quelquefois en France de la *chambre*, de la volonté de la chambre, c'est par un étrange oubli de tout un chapitre de la Charte. Il est naturel qu'après un bouleversement politique qui nécessita la dictature du pouvoir qui resta seul debout sur les débris, et qui donna l'existence à tous les autres ; on conçoit, dis-je, qu'après un tel événement la chambre des pairs doit occuper peu de place dans les esprits. Frappée d'ostracisme dans une grande partie de ses membres, ceux qui étaient nommés par Charles X , atteinte ensuite dans la prérogative qu'on a toujours considérée comme l'élément indispensable de son existence, l'hérédité, par la volonté unique de l'autre chambre, quelle que soit sa force intrinsèque, elle a dû souffrir immensément dans son influence morale. La force des institutions réside tout entière dans le respect dont on les entoure. Mais quelques années de vie encore, et il ne restera trace de ses blessures : déjà il n'est pas un des fiers tribuns de l'autre chambre qui ne se réserve d'avance une place dans cette enceinte qu'on affecte d'appeler le palais des invalides politiques. S'il y a quelqu'un d'entre eux qui refuserait l'honneur d'y siéger, c'est quelque chef de parti qui ne voudrait pas quitter le théâtre de ses manœuvres et qui craindrait, dans sa nomination, l'absorption des siéges.

Indépendamment de la considération qui reviendra à cette chambre nécessairement avec le temps, elle acquerra une vigueur intérieure qu'elle ne peut déployer, il faut l'avouer, en ce moment, faute du principe de cohésion dans ses membres. Cet inconvénient naturel à toute l'assemblée, on ne le comprendrait pas assez dans une chambre inamovible et composée d'hommes formés par l'expérience, si l'on ne se rappelait qu'en ce moment elle est la réunion d'hommes appartenant à différens régimes par lesquels la France a passé. Tous ces vété-

Un autre caractère enfin du gouvernement représentatif et qui constitue son principal avantage, c'est la garantie du contrôle. Tous les trois pouvoirs qui le composent l'exercent mutuellement l'un sur l'autre; mais c'est la royauté, investie à la fois des attributions du pouvoir exécutif et d'une portion du pouvoir législatif, qui s'y trouve particulièrement soumise. Disons immédiatement que ce contrôle doit être moral encore plutôt que fixé par la constitution, et que, comme le droit d'initiative, il doit se montrer en perspective plutôt qu'en exercice. Le contrôle réel, minutieux, de tous les actes du gouvernement ne peut être qu'une entrave perpétuelle à la marche des affaires. On ne saurait trop le répéter, le gouvernement n'est pas le fait des assemblées, elles ne peuvent que surveiller : c'est leur unique mission ; mais cette surveillance devient gouvernement, et le pire de tous, si elle veut s'ingérer dans l'examen de chaque acte du pouvoir. Un gouvernement ne peut tout expliquer, une assemblée ne peut tout voir : il résulte de là qu'on ne s'entend jamais et qu'on se heurte à chaque instant, si l'on veut tout expliquer et tout voir. Mieux vaut alors qu'une assemblée gouverne elle-même, par une commission.

---

rans, quelle que soit leur illustration et la modération de leurs idées, sont plus ou moins les représentans de chacun de ces régimes; leur modération empêchera que cette incohérence éclate au dehors, les vicissitudes qu'ils ont traversées leur font vivement sentir à tous le besoin d'un pouvoir fort et refoulent dans leur cœur toute tendance d'opposition. Mais c'est précisément cette absence d'action, cette modération muette, qui voile l'importance de cette chambre. L'on s'y tait moins par faiblesse que parce qu'on craint de se compromettre. Mais cet inconvénient n'est que passager, et le jour n'est pas loin, où des serviteurs d'un même régime politique, blanchis dans les mêmes idées fondamentales, auront leurs places désignées d'avance par l'opinion publique dans cette enceinte élevée, qui sera un des plus précieux dépôts de la sagesse et de l'expérience nationale.

D'ailleurs il ne faut jamais s'attendre de la part de cette chambre à la fougue et à l'éclat des discussions de l'autre. Par sa position même elle est appelée moins à discuter qu'à réparer des discussions mal faites, et dans ses courtes délibérations, elle doit présenter moins le brillant de la parole que la profondeur de la pensée, moins l'abondance du langage que la solidité des idées. Elle doit offrir l'image de Nestor parlant peu mais parlant toujours juste, dont chaque parole a une portée et un sens.

Le contrôle réel ne peut, ne doit s'exercer que dans des cas graves et rares par une assemblée.

C'est une déplorable idée que celle qui tend à voir dans le pouvoir suprême l'ennemi né de la nation qu'il faut continuellement combattre et harceler. Le problème politique consiste à rendre le gouvernement impuissant pour le mal, mais tout-puissant pour le bien. Pour cela, souhaitons à une nation le plus grand nombre possible d'hommes éclairés, dont l'esprit, éveillé sur la marche du pouvoir, puisse l'avertir à temps quand il s'engage dans des voies mauvaises; dont la masse soit telle que leur opinion seule puisse servir de frein et de digue aux écarts des dépositaires du sort du peuple. Félicitons les nations où les saines idées sont assez avancées pour leur faire sentir que la raison et la justice, quand elles ont pour soutien les masses, doivent infailliblement triompher avec le temps; qu'en politique, la meilleure des vertus, c'est la patience; que bouleverser le gouvernement pour le redresser, c'est renverser la société de fond en comble; que vouloir le corriger à chaque instant, c'est marcher éternellement dans le chaos.

Dieu nous préserve de préconiser le despotisme, loin de nous l'intention d'enseigner l'adoration aveugle de tout idiot, de tout fou furieux que le hasard peut infliger aux nations en les plaçant à leur tête pour les gouverner : on n'a pas banni le fanatisme de notre religion pour que nous l'adoptions en politique. Nous savons ce qu'il en coûte à l'humanité, lorsqu'on sait que l'on peut se jouer d'elle impunément. Hélas! à l'âge si avancé de l'histoire où nous nous trouvons, pouvons-nous ignorer les extravagances dont la royauté est capable? Mais sachons accepter le bien avec ses mauvais côtés, sachons discerner le général du particulier, le fondamental de l'accessoire; apprenons une fois pour toutes que le pouvoir qui a les pieds et les poings liés n'est pas un pouvoir, que limiter toutes ses facultés, les traîner à la remorque, c'est imiter ce maître de danse qui, pour faire danser son élève le mieux possible, commence par lui garrotter tous les membres. Malheur à la société dont le gouvernement se trouve ainsi enchaîné! Il faut une grande liberté dans un pouvoir, mais aussi la perspective devant lui que ses égaremens ne passeront pas inaperçus.

Le plus sûr garant de la droiture du pouvoir, c'est l'opinion publique ; tout autre contrôle n'est la plupart du temps qu'un obstacle au développement et au bien-être de la société même. Mais comment former l'opinion publique? Par l'éducation domestique, par l'apprentissage laborieux et constant des vertus publiques (1).

Les lumières dont un gouvernement a besoin, la garantie du contrôle, le stimulant moral, tout cela peut se trouver en dehors même d'une assemblée; pourvu que tous les intérêts aient la faculté de se faire entendre. Quand chacun a parlé, l'opinion publique est déjà formée, et la décision ne peut tarder à arriver de la part du pouvoir. La raison finit toujours par avoir raison. On a dit de la presse qu'elle constitue un quatrième pouvoir : nous n'en savons rien ; mais, à notre avis, elle est le véritable organe du pouvoir populaire proprement dit, de ce pouvoir agissant en dehors des corps constitués, planant sur eux tous par la seule force de la raison pour les rappeler à leurs devoirs sociaux, comme la religion agit au-dessus de tous pour les rappeler à leurs devoirs moraux. Sa force est toute spirituelle, son rôle est de redresser les esprits et de les convaincre; aussi cette force est immense ; mais plus cette force est grande, plus son action matérielle doit être nulle : les limites de son action lui sont tracées par sa nature même; sa mission est d'avertir, de se plaindre même, d'éclairer enfin, si elle en est capable. La voix du peuple a toujours été reconnue comme la voix de

---

(1) Nous expliquerons mieux cette idée en parlant ci-après des municipalités.

Dieu ; elle doit toujours être entendue. Mais là s'arrêtent ses droits : lorsque les injures remplacent les critiques, lorsque les attaques remplacent les avertissemens, lorsque les provocations remplacent les conseils, le pouvoir reprend de son côté ses droits; les pouvoirs constitués, quels qu'ils soient, par cela seul qu'ils existent, ont le droit de défendre leur existence ; ils ont également le droit de défendre la considération et le respect qui leur sont dus et sans lesquels il n'y a pas d'existence possible, moralement parlant, ni pour le particulier, ni pour le magistrat.

Tout ce que nous disons ici sur la presse suppose, dans notre esprit, une presse qui soit entre les mains d'hommes intéressés directement à la chose publique; qui, par leur fortune, leur position sociale, soient en état de connaître les véritables besoins de leur pays. La question change entièrement, si vous la supposez entre les mains de quelques vendeurs de colonnes à tant la ligne, de quelques échappés de collége, de quelques désœuvrés d'estaminet, de quelques trafiquans de patriotisme, de quelques Momus vieillis dans la médisance de la plume. Aussitôt que la profession de l'écrivain est devenue métier, elle est perdue; ce n'est plus la raison qui parle, c'est la passion et l'intérêt qui guident la plume; et quelle passion ! quel intérêt ! que celui de l'homme sans position sociale fixe et déterminée. Ce n'est qu'à condition que la société offre une existence sérieuse, sûre à tous ses enfans, que la liberté de la presse peut devenir une faculté précieuse pour elle; alors on peut renouveler sans inconvénient la loi de Solon, qui punissait tout citoyen qui restait neutre dans les contestations publiques. Avant cela la liberté de la presse, sous le rapport politique, ne sera qu'une véritable déception (1).

_____

(1) Ce que nous disons ici d'une manière générale ne peut nullement s'appliquer à de nombreuses et fort honorables exceptions. Nous savons que toutes les opinions comptent dans la presse des représentans qui savent apprécier le

C'est en formant les hommes, et non en multipliant les lois, que l'on fonde des garanties entre gouvernans et gouvernés. Vainement on a agrandi l'arsenal des lois, il faudra toujours laisser une latitude discrétionnelle au pouvoir. « Mettre la loi au-dessus de l'homme est un problème en politique, que je compare à la quadrature du cercle en géométrie (1), » dit Rousseau ; et plus bas : « A moins que le chef d'une nation ne soit tout-à-fait nul, et par conséquent inutile, il faut bien qu'il fasse quelque chose, et si peu qu'il fasse, il faut nécessairement que ce soit du bien ou du mal (2). »—« Les meilleures des lois sont celles qui sont écrites dans le cœur de tous ; qui, lorsque les autres vieillissent ou s'éteignent, les raniment ou les suppléent, conservent un peuple dans l'esprit de ses institutions et substituent invinciblement la force de l'habitude à celle de l'autorité (3). »

L'amour de la loi vaut son précepte, l'attachement à son devoir vaut la loi même : malheur à la société dont tous les mouvemens sont encadrés dans des lois ! malheur à la famille qui est obligée de tout mettre sous des verroux ! Les lois des Douze-Tables étaient-elles nombreuses ? Non ; et cependant elles ont gouverné Rome pendant douze siècles. Pourquoi ? parce qu'elles n'étaient qu'un simple écriteau placé sur les mœurs romaines. La loi avait pour piédestal l'homme. Le Digeste et le Code n'ont paru que lorsque l'aigle romain, atteint par la foudre des cieux, se précipitait agonisant et demi-mort sur la terre. La Charte anglaise, ce code politique de l'Europe moderne, où est-elle écrite ? Dans les mœurs anglaises plus profondément que sur un chiffon de papier : elle y vit, elle y prospère cependant de-

---

sacerdoce intellectuel dont ils sont revêtus. Il serait seulement à souhaiter que leur nombre devînt plus considérable.

(1) Rousseau, Gouvern. de Pologne, ch. i
(2) *Idem*, ch. viii.
(3) Contr. soc., liv. II, ch. xii.

puis des siècles. Les vertus sociales et politiques ne se décrè-
tent pas plus que l'Être suprême de Robespierre. Ce n'est pas
l'Estatuto reale ou *la Constitucion de* 1812, ou quelque chose
de pareil, qui rendront l'Espagne heureuse et libre. Ce n'est
pas une nouvelle contrefaçon de la Charte anglaise qui ap-
portera la prospérité, la paix intérieure et l'union en Grèce,
comme quelques cerveaux creux le croient. Non : c'est un
noviciat dans la vie publique, un effort constant et perpétuel de chacun et de tous vers un meilleur avenir; c'est la
culture successive de l'intelligence et de la moralité de tous.
Les lois ont une grande influence sur la formation des
mœurs, cela est vrai ; mais elles ne peuvent jamais les suppléer, tandis que les mœurs peuvent remplacer les lois.

Si les lois sans les mœurs sont une lettre morte, un gouvernement qui ne jouit pas de la confiance du peuple, non
vénéré, sans auréole, sans prestige, est un polichinelle qu'on
fait manœuvrer pour l'intérêt du moment, que l'on fait dé-
capiter pour le plaisir du lendemain ; une confiance absolue, un abandon sans réserve mènent au despotisme, cela
est vrai ; mais ce qui n'est pas moins vrai, c'est que chez
une nation vertueuse, qui sait se respecter elle-même en res-
pectant ses chefs, la tyrannie ne pourrait pas pousser des
racines profondes, et qu'une nation corrompue a beau resserrer par des lois l'action du gouvernement, il finira toujours par briser les entraves qu'on lui offre. Certes l'on fait
bien, il est prudent de prendre des précautions contre les
excès du pouvoir, et l'on a raison de planter des jalons,
soit par des lois fondamentales, soit autrement, qui puissent guider sa marche. Que la connaissance du cœur humain ait engagé le législateur sage à placer quelques bornes aux tentatives inconsidérées, cela est souvent juste et
nécessaire; mais il n'y aura jamais de véritable harmonie,
de véritable bonheur dans une société, qu'autant que les
esprits s'accoutumeront à n'y porter les yeux qu'aux cas

extrêmes et rares où il devient nécessaire de jeter un voile sur les statues de la Paix et de la Concorde, où un mouvement électrique, universel, spontané, fait pousser par mille voix un seul et même cri d'alarme et d'épouvante. A part les différens ressorts que les progrès de la science politique ont pu introduire dans le mécanisme des constitutions modernes, le pouvoir n'est pouvoir, la société ne s'appartient à elle-même, elle ne peut être fière de son existence, qu'autant que son gouvernement est considéré comme le représentant de la volonté générale, l'organe de la raison nationale, l'ame de la vie publique, et que la nation entière s'estime, s'aime, s'admire constamment, perpétuellement dans ceux qui président à ses destinées.

D'un autre côté, il n'y a de véritable autorité que celle qui est en possession d'une vénération universelle due à ses hautes lumières, à sa probité, à son zèle pour la chose publique ; aucun autre pouvoir ne peut subjuguer mieux que celui qui inspire l'amour et le respect, qui s'adresse aux sentimens les plus élevés de l'homme. Ce pouvoir ne se marchande pas, il s'impose : toute autorité qui ne l'a pas pour base est chancelante et éphémère.

Nous rappellerons ici les impressions de ceux qui ont visité des communautés religieuses ; les individus qui les composent ne se sont dépouillés, à la porte du couvent, ni de tous les besoins, ni de toutes les passions de l'homme, un chef a dû être appelé à les régler ; ses attributions, si bornées, si enveloppées qu'elles soient sous le froc et la haire, n'en sont pas moins semblables à celles d'un chef laïque ; mais quelles sont ses lois ? quels sont ses gendarmes ? Ses lois, c'est sa volonté ; ses gendarmes, c'est la soumission absolue de ses commettans à ses ordres. Et cependant, quelle intelligence impartiale et calme dans le commandement ! quel respect dans l'obéissance, quel amour mutuel, quelle tendresse, quel ordre parfait ! quelle dou-

cœur dans les relations du supérieur avec ceux qu'il appelle
ses frères ou ses fils ! Qu'est-ce qui a pu opérer ce prodige
de subordination filiale ? le sentiment du devoir parlant à
tous, à toute heure, à tout instant, sous l'idée imposante
de la Divinité.

Sans doute, il ne faut jamais s'attendre à rien de pareil
dans nos sociétés civiles, sans doute les gouvernés, avec les
sentimens égoïstes du moi, de la famille, du corps, contre
lesquels ils ont à combattre comme citoyens, avec les appétits grossiers, les passions basses dont ils sont assiégés
comme hommes ; sans doute les gouvernans, avec les tentations d'arbitraire que le pouvoir leur offre toujours,
quelque habilement qu'il soit construit, avec les vices inhé-
rens à l'homme, auxquels il est si difficile d'échapper, ne
présenteront jamais ce sublime spectacle d'abnégation,
d'impartialité réciproque, de tendresse mutuelle : cependant on a vu et l'on voit encore des sociétés, des États qui
approchent, comme des sociétés et des États qui sont loin
de ce beau type d'harmonie sociale.

Il nous reste maintenant à dire quelque chose du second
élément qui peut servir de lien entre le pouvoir multiple
et le pouvoir unitaire ; ce lien, nous l'avons déjà dit, consiste dans le fractionnement du pouvoir délibérant en différens groupes *graduellement* échelonnés.

§ II.

POUVOIR MUNICIPAL.

C'est une grande erreur que de croire que le chef-
d'œuvre d'une législation consiste à diviser un peuple en
différens compartimens pour les mettre en face les uns des
autres dans le but d'un prétendu équilibre politique : si le
besoin de la science exige des classifications, seul moyen
pour le législateur savant de se rendre un compte exact de

son travail, l'art politique consiste à ménager, à pratiquer des transitions habiles, qui puissent servir de ciment et d'engraissement entre les parties importantes de l'édifice social; les limites absolues sont une création de notre intelligence, un soulagement de la faiblesse de notre esprit. La nature prise sur le fait offre beaucoup plus de nuances que de couleurs. Lorsqu'il s'agit d'organiser et non pas de théoriser, on commet une faute capitale, soit en ne tenant pas compte de ces nuances pour leur faire une place à part, soit en les parquant dans des cases arbitraires. Autant il est important et utile d'assigner aux différentes forces sociales les attributions les mieux appropriées à leur nature, autant il est essentiel que la distribution de ces attributions soit telle que chacune de ces forces puisse avoir en elle-même la conscience non d'un être distinct et à prétentions rivales, à idées dominatrices, mais d'une partie importante, nécessaire dans l'ordre social avec le concours de toutes les autres, impuissante et nulle sans ce concours.

Ces réflexions nous ont été inspirées par la manie assez commune, dans les pays où le gouvernement représentatif est établi, de déchiqueter la nation en pouvoir aristocratique, démocratique, ce qui là où l'égalité existe, comme en France, n'est qu'un anachronisme comme nous le ferons voir bientôt, et surtout, après avoir fait cette division, de vouloir considérer la chambre des représentans comme le pouvoir populaire de l'État. D'abord cette chambre n'est ni un pouvoir populaire, ni un pouvoir impopulaire : elle constitue une partie d'un vaste mécanisme politique, et rien de plus ; elle aurait bien tort de se considérer comme l'ame du peuple par excellence : le peuple, c'est la totalité des citoyens, et toutes les institutions fondamentales sont l'ame de la nation ; ensuite ce pouvoir, qui n'est qu'une fraction du pouvoir qui *légifère,* n'est, avec l'autre chambre, que le

dernier échelon du pouvoir *délibérant,* dont l'autre extrême
est le conseil municipal ; elle seule n'est pas le dernier échelon
du pouvoir *électif,* elle ne le constitue pas tout entier.

Ce fractionnement du pouvoir délibérant là où ce pouvoir existe en différens degrés hiérarchiquement échelonnés,
non seulement est réclamé par la nature des choses, qui
veut que chaque échelon du pouvoir proprement dit, du
pouvoir exécutif, soit escorté d'un degré correspondant de
l'autre pouvoir, mais il sert en même temps à réduire à
leur juste valeur les fonctions de la chambre des représentans et à rabaisser les prétentions souvent affichées par
cette chambre à l'omnipotence, en tant qu'elle se croit le
centre et l'expression unique des volontés du peuple.

Une assemblée haut placée ne peut, ne doit s'occuper
que d'intérêts généraux : sauf la garantie de contrôle et de
surveillance qu'elle exerce, elle fait presque toujours double
office avec le gouvernement qui est plus à même qu'elle
d'apprécier ces intérêts. Tous les intérêts secondaires locaux
lui échappent, elle ne peut les atteindre ; et si un des
avantages du gouvernement représentatif consiste dans l'introduction de l'élément populaire, qui vient périodiquement
avertir le pouvoir des besoins et des vœux de la nation,
nulle part l'élément électif et représentatif ne nous paraît
mieux placé que dans la commune : nous prenons ici le
mot *lato sensu.* La nation ne peut être convenablement représentée que par une intelligente organisation hiérarchi-
que du pouvoir délibérant. Plus les intérêts que le pouvoir
a à satisfaire sont minimes, plus il doit descendre à leur
source pour les trouver : dès qu'il y a des besoins qui ne
peuvent être ni reconnus, ni étudiés par le pouvoir central,
soit exécutif, soit délibérant, il est absolument nécessaire
d'en abandonner l'examen à l'autorité locale. « Supposez
une nation d'un million d'individus, dit Benjamin Constant, répartis dans un nombre quelconque de communes.

Dans chaque commune, chaque individu aura des intérêts qui ne regarderont que lui, et qui par conséquent ne doivent pas être soumis à la juridiction de la commune; il y en aura d'autres qui intéresseront les autres habitans de la commune, et ces intérêts seront de la compétence communale. Ces communes, à leur tour, auront des intérêts qui ne regarderont que leur intérieur et d'autres qui s'étendront à l'arrondissement, et ainsi de suite, jusqu'aux intérêts généraux communs à chacun des individus formant le million qui compose la peuplade. Il est évident que ce n'est que sur les intérêts de ce dernier genre que la peuplade entière ou ses représentans ont une juridiction légitime, et que s'ils s'immisçaient dans les intérêts d'arrondissement, de commune ou d'individus, ils excéderaient leur compétence. Il en serait de même de l'arrondissement qui s'immiscerait dans les intérêts particuliers d'une commune ou de la commune, qui attenterait à l'intérêt purement individuel d'un de ses membres..... On parle sans cesse de l'unité du royaume et de la nation entière : mais le royaume n'est rien, quand on le conçoit à part les provinces; la nation entière n'est rien, quand on la sépare des fractions qui la composent. C'est en défendant les droits des fractions qu'on défend les droits de l'entier; car il se trouve réparti dans chacune de ces fractions..... C'est avec un vif plaisir que je me trouve d'accord, sur le contenu de ce chapitre, avec un homme dont les lumières sont aussi étendues que son caractère est estimable, M. de Gérando! « On craint, dit-il dans les lettres manuscrites qu'il a bien voulu nous communiquer, on craint ce qu'on appelle l'esprit de localité. Nous avons aussi nos craintes : nous craignons ce qui est vague, indéfini, à force d'être général. Nous ne croyons point, comme les scolastiques, *à la réalité des universaux* en eux-mêmes. Nous ne pensons pas qu'il y ait dans un État d'autres intérêts réels que les intérêts locaux, réunis lorsqu'ils sont les mêmes, balancés lorsqu'ils sont divers, mais connus et sentis dans tous les cas..... Les liens particuliers fortifient le lien général, au lieu de l'affaiblir. Dans la gradation des sentimens et des idées, on tient d'abord à sa famille, puis à sa cité, puis à sa province, puis à l'État. Brisez les intermédiaires, vous n'aurez pas raccourci la chaîne; vous l'aurez détruite. Le soldat porte dans son cœur l'honneur de sa compagnie, de son bataillon, de son régiment; et c'est ainsi qu'il concourt à la gloire de l'armée entière. Multipliez les faisceaux qui unissent les hommes; personnifiez la patrie sur tous les points, dans vos institutions locales comme dans autant de miroirs fidèles (1). »

Le problème d'une bonne organisation, appelez-la politique, administrative, peu importe, l'on sait qu'il y a mille points où la politique et l'administration se touchent et se confondent; le problème, dis-je, est de savoir concilier les intérêts des individus avec ceux des différens groupes qu'ils forment ainsi que ceux des différens groupes, dont le moindre est la commune, et le plus grand, l'État.

Il y a en outre à considérer que c'est dans la vie communale que la plus grande partie de la nation acquiert les idées pratiques de droit : c'est là que l'on comprend l'art difficile de commander et en même temps le devoir impérieux de l'obéissance; c'est là que l'on apprend à craindre de commander et à se faire un honneur d'obéir. C'est là que l'on reconnaît toute l'importance des supériorités sociales, et qu'en même temps on acquiert la conscience de son importance personnelle, qu'on apprend à respecter les autres, et en même temps à se respecter soi-même. Ce sont les petites vertus qui forment les grandes, les petits ruisseaux alimentent les grands fleuves. De même que l'on ne

_____

(1) Benj. Const., Cours de pol. const., tome 1, 1re partie, ch. x.

peut être honnête homme, si l'on n'est pas bon père, bon fils, bon époux; de même l'on ne peut être un vertueux citoyen, si l'on ne sait pas remplir scrupuleusement le devoir que nous impose la commune.

Cet avantage des institutions communales de faire l'éducation civique des individus doit être aujourd'hui pris en considération et apprécié plus que jamais; car c'est une excellente préparation à la vie constitutionnelle. Ce n'est pas de plein saut qu'un peuple peut passer du régime de l'esclavage au régime de la liberté.

L'Angleterre depuis, le moment où elle obtint sa Grande-Charte du roi Jean, en 1215, jusqu'au bill de réforme, par combien de gradations n'a-t-elle pas passé pour arriver au degré de liberté dont elle jouit en ce moment. Nous ne voulons pas dire que les autres nations doivent aussi mettre six siècles pour arriver à ce point, l'invention est difficile, l'imitation est facile; mais c'est contre cette facilité même qu'il faut se tenir en garde et consacrer un certain délai, pour que la transition puisse s'opérer sans secousse et sans violence. Le malheur de la France et des autres pays qui ont voulu l'imiter, l'Espagne et le Portugal, est d'avoir méconnu cette vérité.

De tous les gouvernemens de l'Europe, un seul nous paraît avoir compris le fond des exigences du siècle et y avoir pourvu avec discernement, mesure et intelligence. C'est le gouvernement prussien. En effet, que commande la raison? qu'exige l'humanité? Est-ce la faculté d'ôter aux personnes bien nées leur nom, aux capables leur influence, aux riches leur fortune, aux services rendus leur récompense, à toute supériorité sa prééminence? Est-ce là l'égalité? S'agit-il de pouvoir mentir, calomnier, injurier, tromper par des feuilles publiques timbrées du sceau de l'État? Est-ce là la liberté? Est-ce un pareil but que poursuivent les peuples de leurs vœux? Certainement non. Ce qu'ils

veulent, c'est l'aisance, l'instruction, la sécurité de leurs
biens et de leurs personnes, et il est facile pour eux de s'a-
percevoir qu'une initiation partielle des notables de chaque
localité à la connaissance de la direction des intérêts communs leur suffit amplement pour s'assurer si ceux qui
sont investis de la confiance de la nation et chargés de
pourvoir à ce besoin s'acquittent convenablement de leur
tâche.

Quand le peuple verra de près d'où vient la cherté des
subsistances, quels sont les motifs qui nécessitent l'impôt,
comment il faut faire face à la distribution de la justice, de
l'instruction, etc., dès ce jour, le crédit des charlatans politiques est anéanti : il n'appartiendra plus au premier jongleur
du libéralisme de promettre la disparition de l'impôt du sel
avec l'avénement des deux chambres, de l'abolition de la
conscription avec la proclamation de la responsabilité des
ministres, la poule aux œufs d'or avec la liberté illimitée
de la presse. Le peuple saura à quoi s'en tenir sur tous ces
grossiers piéges, car il s'y est laissé prendre bien souvent ;
il saura faire la part des difficultés du gouvernement, il
saura mieux endurer des sacrifices inévitables, et en même
temps les distinguer de ceux qui sont illégitimement exigés. Initié aux affaires publiques autant qu'il lui faut
pour en comprendre la marche et la direction, il exercera
une influence *morale* suffisante pour maintenir le gouvernement dans la bonne voie, influence d'autant plus efficace qu'elle sera générale. L'obligation pour le gouvernement de soumettre successivement ses actes à la surveillance
intéressée de ceux qu'ils touchent de plus près sert parfaitement et à l'éclairer et à le maintenir dans le droit chemin, tandis que les grands débats, les larges discussions
qui atteignent ou n'atteignent point le fait, se résolvent le
plus souvent en controverses stériles et en embarras pour
la marche des affaires.

N'en déplaise aux chambres des députés et des pairs de France réunies, l'humble conseil d'État rend plus de services au pays que leur grandeur. Cela peut être dur pour leur amour-propre; mais cela est vrai. Loin d'ajouter à ses travaux, très-souvent elles les gâtent ou les ruinent entièrement. Le laborieux conseil travaille pendant des mois entiers à la préparation d'une loi universellement réclamée; et voilà qu'un seul jour suffit pour anéantir son travail, quelquefois uniquement pour faire voir leur force, comme les enfans qui démontrent leur activité par la destruction de ce qu'ils rencontrent, ou bien uniquement pour faire pièce au ministère. D'autres fois on s'amuse à y introduire le désordre et la confusion sur le passeport du droit d'amendement. On y prononce de beaux discours, c'est très-vrai; mais nous demandons un peu, sauf la gloriole littéraire, quel est l'avantage que le pays retire de toutes ces belles harangues qui se perdent au milieu de discours tous plus vides et plus insipides les uns que les autres. On s'extasie, on se pâme de joie dans l'enceinte aux harangues; et à ces sensations près que la joute oratoire excite à quelques centaines de lieues, les autres conséquences s'y réduisent, quatre-vingt-dix fois sur cent, à zéro.

Faut-il pour cela anéantir le régime représentatif là où il existe? Faut-il le proscrire à tout jamais de là où il n'est pas encore introduit? Ni l'un ni l'autre. Il est utile, souvent nécessaire; mais il faut le considérer d'une manière calme et froide, sans engouement aucun, pour pouvoir reconnaître, sans se les exagérer, les services qu'il peut rendre et les attributions que sa nature comporte.

Nous reconnaissons volontiers qu'au-dessus des intérêts de canton, de district et de province, il y a des affaires plus générales, plus étendues, qui embrassent des intérêts d'une plus haute importance, pour lesquelles un pouvoir, quelque fort, quelque éclairé qu'il soit, a souvent besoin des lumières et de l'appui des hommes d'élite de la nation, par l'intermédiaire desquels la nation, de son côté, a besoin de s'assurer si ses intérêts sont satisfaits, si ses besoins sont consultés.

Ce que nous avons voulu dire ici, c'est que le gouvernement représentatif ne doit pas être considéré comme le rapprochement de différens élémens dans le but d'une surveillance jalouse, d'un prétendu équilibre politique, qui n'est rien moins qu'un combat perpétuel, si on l'envisage comme la réunion de différentes forces animées chacune d'une vie propre.

C'est là un préjugé qu'il faut détruire.

Le gouvernement représentatif que l'on reconnaît comme le gouvernement libre par excellence, est un résultat historique. Il est né sous le régime et du régime de la féodalité. La conquête amena l'esclavage; l'esclavage fut suivi de l'affranchissement, affranchissement large, étendu, grace au christianisme, tel que n'en avait jamais connu l'antiquité, et d'où naquit tout d'une pièce la bourgeoisie, le tiers-état, le peuple, comme vous voulez l'appeler (1). Cette classe immense d'hommes se trouva face à face avec les races nobles. Bourgeois et nobles faisant partie d'une même société, d'autres liens que ceux qui attachaient l'esclave au maître devaient s'établir entre eux; mais ces liens ne pouvaient être moralement ceux qui s'établissent

---

(1) L'on voit que de quelque côté que l'on se tourne, soit pour trouver le principe de l'égalité, soit pour trouver le principe de la liberté civile ou politique, on rencontre toujours le christianisme comme point de départ de toutes les institutions modernes, la source de notre civilisation.

Les meilleures institutions humaines sont celles qui se trouvent en conformité avec la nature de l'homme. La nature de l'homme étant méconnue par la religion et la philosophie anciennes, les institutions qui les régissaient devaient être absurdes. L'immense partie de l'humanité se trouvait dans une dégradation complète par le régime de l'esclavage, considéré comme légitime; ce régime enfanta l'inégalité sociale, et celle-ci perpétua le régime des castes qui a été l'état normal de l'antiquité, même à ce qu'on appelle ses grandes époques de liberté, et qui s'est prolongé jusqu'à nos jours par l'effet de l'invasion. On vient aujourd'hui s'élever au-dessus de la doctrine du Christ qui a changé la face du monde! Elle survivra à toutes les philosophies anciennes et modernes.

entre hommes qui se considèrent comme égaux. Les souvenirs de la différence de leur origine étaient trop récens
pour qu'un rapprochement sincère, cordial, pût s'opérer : « Les esclaves et les maîtres ne seront jamais amis, »
disait Platon. Aussi leurs descendans, les bourgeois et
les nobles, ne le sont pas encore aujourd'hui. Les uns
aiment encore à se retrancher derrière leurs franchises
populaires, les autres derrière leurs priviléges aristocratiques. De là la rivalité hostile des assemblées qui se
croient encore représentans du vieux tiers-état et de l'aristocratie féodale. C'est un anachronisme, et rien de plus.
Il faudrait leur répéter sans cesse, dans un pays surtout
où les révolutions ont bouleversé entièrement le sol qui con-
servait encore à sa surface les traces de l'ancien régime,
qu'aujourd'hui elles ne constituent que les faces diverses
d'une même force, la force sociale, comme leurs fonctions
constituent les phases diverses d'un même fait, l'exercice
du pouvoir délibérant.

Il faut leur dire en outre que les deux assemblées où ils
siégent ne constituent que le dernier échelon de ce pouvoir
délibérant dont l'autre extrême est le conseil communal;
qu'elles ne sont pas une force distincte, indépendante, mais
tout simplement un degré supérieur de cet autre pouvoir
que l'on a cru nécessaire de placer à côté du pouvoir véritable, du pouvoir proprement dit, dont il est l'auxiliaire, et
que tous les deux pouvoirs sont deux branches collatérales
ayant un point de départ commun, la royauté, qui réunit
et résume en elle l'un et l'autre.

Quant à l'existence des deux chambres, elle ne constitue
en réalité qu'une véritable subdivision, une fraction de
fraction, le dernier anneau du pouvoir délibérant. Le pouvoir législatif étant le degré suprême, devant porter des
décisions sans appel sur des affaires importantes, pour prévenir toute précipitation, toute mesure hâtive et inconsidé-

rée, pour ralentir son mouvement, on l'a subdivisé. Il y a
quelque chose d'analogue dans l'institution de la cour de
cassation, qui est également le dernier degré de juridiction
pour les affaires privées. La première fois qu'une affaire lui
est présentée, elle est jugée par une seule section ; si elle se
présente pour la seconde fois, pour plus de garantie d'un
bon arrêt, elle est jugée par les trois sections réunies. Les
différences de ceci avec ce qui se passe en matière législa-
tive sont nombreuses ; mais on y trouve ceci de commun,
c'est qu'après une première épreuve, à la seconde la même
institution se détend, se double, se multiplie, pour ainsi
dire, pour offrir la garantie d'une délibération mûre et
d'une décision sage. Disons enfin que le fractionnement du
corps législatif a pour but en outre d'adoucir le contact du
pouvoir délibérant avec le pouvoir exécutif, de ménager
une espèce de transition avant leur fusion en un pouvoir
qui est le symbole vivant de tous deux, le monarque.

CHAPITRE III.

Résumé.

Pour résumer une discussion qui, malgré nous, a dé-
passé les bornes qu'elle devait trouver ici, nous dirons :
Tous les membres d'une même société, sans exception aucune, ont un droit égal de réclamer de leur mère-patrie
la sécurité pour les personnes et les choses, la paisible jouissance de leurs croyances religieuses, une protection constante contre les maux qui leur viennent de la nature ou des
hommes, leur subsistance, leur instruction, leur moralité,
leur perfectionnement, enfin les moyens d'accroître tous

ces biens incessamment. Mais tant que l'humanité sera composée d'une foule de créatures qui, pour subsister, sont forcées par la loi dure de la nécessité de se livrer à des travaux corporels accablans qui paralysent l'intelligence, occupent tout leur temps, ne leur laissant pas un instant de loisir, de réflexion, d'existence intellectuelle (et malheureusement le nombre de ces hommes, loin de diminuer en Europe, ne fait que s'accroître, comme nous allons le voir bientôt) il leur en coûterait trop d'être arrachés à leurs travaux pour qu'ils fassent distribuer les avantages susmentionnés, et il serait périlleux pour la société entière de faire intervenir dans des décisions qui l'intéressent des masses ignorantes et brutales, dont l'esprit étroit, les passions basses, l'âpreté de caractère, la violence d'action compromettraient toute existence sociale, anéantirait tout espoir de progrès. Le pouvoir, entre leurs mains, ne serait qu'un terrible instrument qui commencerait par tuer ceux même à qui on en aurait confié imprudemment l'usage. « Il est un degré d'abrutissement qui ôte la vie à l'âme, et la voix intérieure ne sait point se faire entendre à celui qui ne songe qu'à se nourrir (1). » C'est l'auteur du Contrat social qui a dit cela !

Immédiatement après cette classe malheureuse que les efforts de toutes les ames généreuses, de toutes les législations, devaient tendre à diminuer, en arrive une autre, très-considérable, composée d'hommes qui, soit en recueillant une fortune déjà acquise, soit en se la formant eux-mêmes, par leur patience, par leur travail, par leurs talens, jouissent d'une certaine aisance qui leur procure un certain loisir qu'ils peuvent consacrer à des jouissances morales ; leur laisse la faculté de porter leur esprit et leur attention sur le sort de leurs semblables, de leurs concitoyens ; leur

---

(1) Émile, liv. IV.

permet d'étendre leurs pensées au-delà d'eux-mêmes et de leur famille. Tout gouvernement, quel que soit son principe, toute constitution, quelle que soit son économie, doivent absolument enfermer cette classe d'hommes en eux, se les absorber en leur créant une position politique *proportionnée* à leur position sociale, une situation qui leur rappelle à chaque instant leur qualité de *citoyens*.

Vient enfin un ordre d'affaires qui ne sont ni celles de la commune, ni celles de la province, mais de l'État, qui ne touchent pas les intérêts de tel ou tel homme, de tel ou tel corps, mais ceux de la patrie; qui ne concernent pas les intérêts de la veille ou ceux du lendemain, mais de tout le passé d'un pays et de tout son avenir : ceux-là ne sauraient être confiés à des intelligences assez élevées, à des ames assez pures, à des caractères assez éprouvés.

Encore ce petit nombre d'hommes d'élite capables de s'élever à la conception des grands intérêts de leur pays, de manier cette machine compliquée qu'on appelle le pouvoir suprême, on l'a vu et on le verra toujours, ne saura la manœuvrer qu'en en abandonnant la direction à deux, trois individus, à un seul. L'intensité d'attention, et de résolution, la garantie entière de la responsabilité morale ne se trouvent que dans l'homme qui prend seul sa décision; lui seul peut répondre d'un secret absolu, à lui seul appartient la centralisation de tous les aspects dans une seule pensée, la promptitude des résolutions, l'habileté de choix, lorsqu'elle dépend de la finesse des aperçus, pour trouver l'homme propre à chaque fonction; l'enthousiasme enfin a besoin de se personnifier, et ce n'est qu'un homme seul qui saura, dans un danger pressant, entraîner les masses à braver de grands hasards, à se soumettre à des sacrifices (1).

_____

(1) Études des constitutions de peuples libres, par Simonde de Sismondi, page 29.

Je compare le gouvernement à un grand toit ayant pour base les mœurs publiques, composé de plusieurs compartimens emboîtés les uns dans les autres, dont le dernier contient le noyau précieux qui leur donne une valeur à tous en la recevant à son tour de l'opinion publique. Il n'y a d'édifice politique solide que celui qui a tout pour fondement, qui a pour couronnement les mœurs.

Tels sont les faits, je pense, que nous enseigne l'histoire; telles sont les vérités politiques qui nous paraissent immuables et éternelles comme la nature même des choses; en leur présence, il nous paraît que maintes classifications d'hommes en aristocraties, bourgeoisies, démocraties disparaissent, maintes maximes comme celles-ci, *Tout pour le peuple et rien par le peuple,* ou bien, *Tout pour le peuple et par le peuple,* deviennent incompréhensibles. Nous nous sommes servis et nous nous servirons encore de ces nomenclatures, parce que, pour se faire comprendre, il faut bien employer le langage de tout le monde; mais nous n'hésitons pas à déclarer toutes ces dénominations *théoriquement* fausses et dangereuses, fausses parce qu'elles ne représentent que l'excès d'un principe, la prépondérance d'une classe sur une autre, l'extension abusive d'une forme de gouvernement; dangereuses, car elles tendraient à accréditer l'idée qu'une société ne saurait vivre que sous une de ces formes également vicieuses ou bien sous leur prétendu rapprochement et leur organisation équilibrée. Les mots d'*aristocratie,* de *classes moyennes,* de *légitimité,* de *démocratie* n'ont qu'un sens historique qui perd chaque jour d'actualité. Deux mots sur chacune de ces dénominations, pour clore le chapitre de nomenclatures politiques dont nous avons entrepris la courte explication.

CHAPITRE IV.

<------>

SECTION Iʳᵉ.

ARISTOCRATIE.

L'aristocratie, αριστοκρατία, le sens étymologique du mot l'indique, c'est le pouvoir κράτος des meilleurs αριστῶν. Différentes circonstances, qui peuvent se réduire aux quatre suivantes, peuvent constituer un homme dans un état de supériorité à l'égard d'un autre, la fortune, l'éducation, le talent, et quelquefois la naissance. Or l'assemblée la plus nombreuse, élective ou non, qu'elle soit nommée par le plus grand nombre d'électeurs possible, si elle renferme ces différens élémens de distinction, constitue à vrai dire une aristocratie et même la seule véritable.

D'après cette définition, les deux assemblées politiques de France sont également aristocratiques : il se peut que chacune d'elles, par le mode de sa formation et de son existence, offre quelque caractère différent; il se peut que l'une, par l'âge avancé de ses membres, par leur expérience des affaires, par leur inamovibilité, soit plus animée que l'autre de l'esprit de corps, offre plus d'unité, de suite dans ses déterminations, présente *plus* de garantie de *conservation*, et que l'autre, par la forme de sa nomination, son renouvellement périodique, par la mobilité des impressions, la fougue de sentimens qui doivent être la suite du jeune âge de ses membres, offre *plus* de garantie de *progrès;* mais je ne vois, en définitive, dans ce fractionnement qu'une combinaison organique ayant pour but d'assurer la maturité des délibérations, de préserver des dangers de l'entraînement, de mesures irréfléchies. Toutes ces deux assemblées sont essentiellement aristocratiques dans le sens propre et naturel du mot, toutes les deux renferment non-seulement les supériorités sociales, mais l'élite même de ces supériorités (1).

Il est vrai que cette aristocratie ne tient plus ses distinctions de ces priviléges humilians pour la nation, et qu'on a crus long-temps, par un reste de préjugé féodal, essentiels à toute existence aristocratique; il est vrai que cette aristocratie ne fait pas bande à part, ne constitue pas une nation au milieu d'une nation au moyen de la transmission héréditaire de toute espèce d'iniquités soutenues et protégées par quelques illustrations plébéiennes, tirées par un calcul adroit du sein de la nation pour leur prêter l'éclat de leurs talens et de leurs vertus. La colonne du torysme en Angleterre, n'est-ce pas le fils du marchand de coton Peel? Le porte-drapeau éloquent des pleureurs du privilége en France, fardés pour la plupart du nom de légitimistes, n'est-ce pas le fils du bourgeois Berryer?

On n'est pas meilleur qu'un autre parce qu'on a un père qui était meilleur; presque toujours il arrive tout le con-

(1) Ceux qui pleurent vivement en France la perte de l'aristocratie comme le meilleur soutien du trône, ne pleurent que les priviléges et les inégalités sociales dont cette aristocratie se repaissait, car la Révolution n'a fait qu'appeler le mérite non blasonné aux affaires d'où il était proscrit par les préjugés féodaux. Le chiffre des influences sociales reste le même. M. Edouard Alletz fait remarquer, dans son ouvrage de la Démocratie nouvelle, que le nombre des personnes jouissant de droits politiques en France, en ce moment, ne dépasse point le nombre des anciens nobles. « Si on limitait, dit-il, les classes moyennes par en bas, en prenant pour borne le cens électoral, on égalerait le chiffre des membres de la classe moyenne à celui des électeurs jurés. On compte tout au plus cent soixante mille électeurs. Si on adoptait cette base, on voit que le chiffre de la bourgeoisie ne serait pas très-élevé. L'abbé Sièyes évaluait, dans sa fameuse brochure sur le Tiers-état, le nombre total des ecclésiastiques, en 1789, à quatre-vingt-un mille quatre cents, et celui des nobles à quarante mille. Ainsi les deux ordres privilégiés s'élevaient en tout, d'après ce calcul, à cent vingt-un mille personnes. Mais la population de la France est augmentée d'un tiers depuis cette époque : les ecclésiastiques et les nobles réunis se trouveraient donc avec la population du royaume dans le même rapport qu'aujourd'hui la classe moyenne avec la population de la France. En effet 120,000 est à 24,000,000 comme 160,000 est à 32,000,000. (Démocratie nouvelle, liv. X, ch. xi.)

traire. Mais de même qu'un homme d'esprit peut avoir pour fils un sot, de même un imbécile peut produire un homme de génie! Admirez, s'il vous plaît, le raisonnement d'après lequel le monde devrait être peuplé d'autant de génies au moins que d'idiots.

Le sénat romain, le maître du monde, la gloire éternelle de toutes les aristocraties anciennes et futures, n'était point héréditaire, il se recrûtait bien parmi des nobles de la classe patricienne, mais il s'adjoignait ceux qu'il lui convenait et apparemment ceux à qui leurs talens désignaient d'avance une place dans cette enceinte; les images de leurs ancêtres seuls ne suffisaient pas pour leur en ouvrir la porte. C'est à cette circonstance qu'il faut attribuer peut-être en grande partie la grandeur et la puissance de cette superbe assemblée.

L'âge, source d'une foule de mérites, le meilleur précepteur de l'homme, l'âge ne peut se trouver dans toute aristocratie héréditaire.

L'éclat d'origine, l'antiquité de race est souvent, il est vrai, un excellent stimulant aux actions belles et nobles : si on se sent fier d'une bonne action, on l'est encore davantage, lorsqu'on pense qu'elle est le tribut payé à ceux dont on porte le nom et dont on devient par là le digne successeur. La maxime « Noblesse oblige » est souvent vraie; une naissance distinguée est, dans bien des cas, une garantie de noblesse d'ame, d'élévation de caractère; mais elle ne l'est pas toujours, elle doit être prise en considération, mais elle ne doit pas être admise comme un signe infaillible de hautes ou bonnes qualités, car le meilleur moyen de n'être rien du tout, c'est de savoir qu'il a suffi de naître pour être beaucoup. Dans une position égale, l'homme qui aura pour lui une naissance illustre sera toujours, bon gré, mal gré, préféré à celui qui n'aura que son mérite personnel; c'est une inégalité, oui; mais il y en a bien d'autres que nous subissons et qui ne sont pas l'œuvre de la société, celles de l'esprit, d'un extérieur avantageux, et tant d'autres. Qui d'entre nous ne s'est pas senti vivement ému à la première vue du fils d'un grand homme, ne s'est pas trouvé les yeux mouillés de larmes à la nouvelle de la mort du jeune Napoléon? Et cependant personne ne savait s'il héritait du dixième des talens qui ont fait la fortune et la gloire de son père. Pauvres et chétives créatures que nous sommes, le sentiment de notre néant nous poursuit sans cesse, et nous faisons des efforts prodigieux pour nous le dissimuler : de même que nous aimons à nous perpétuer dans des êtres qui ne sont pas nous-mêmes, de même les autres nous cherchent encore lorsque nous n'existons plus !

La noblesse d'aujourd'hui ne peut plus être la noblesse des manoirs et des châteaux forts, relevant de Dieu et de son épée; ceux qui, en Europe, portent encore un nom ont beau s'enorgueillir de leurs parchemins, se pavaner sous leurs titres, étaler leurs armoiries, tout cela peut exciter encore la curiosité des antiquaires et des amateurs de la science héraldique, pour les hommes du jour, le prestige est passé. Les bannières plébéiennes des Visconti et des Médicis ont terni l'éclat de leurs étendards blasonnés; l'épée du cardinal Richelieu, les cages de fer de Louis XI, dans la vieille Europe, la hache d'Iwan IV, du czar Pierre, dans l'Europe moderne, les ont complètement décimés; la philosophie du dix-huitième siècle leur a porté le dernier coup. La nuit du 4 août, en France, n'a fait que témoigner d'un fait déjà accompli, ce n'a été qu'un simple luxe de funérailles, une pompe d'enterrement, leur mort était déjà bien ancienne. Ce qui était accompli en France allait s'accomplir aussi en Europe, lorsque 89 vint au secours de cette noblesse européenne : elle la pressa en foule autour du trône dont elle confondit la cause avec la sienne pour se défendre des coups de l'opinion; mais l'épouvantail révo-

lutionnaire commence, Dieu merci ! à s'éloigner des trônes,
la tempête disparaît, on commence à voir clair. Les rejetons de ces races déchues ont beau s'escrimer contre des
faits accomplis, ont beau se cabrer contre les événemens ;
les événemens passent et ne reviennent plus. La noblesse
aujourd'hui, en France et ailleurs, n'a qu'une option à
faire, ou se mettre de niveau avec les événemens, réclamer
sa part, large et légitime, dans le mouvement naturel des
choses, se constituer auteurs et premiers serviteurs de la
loi, citoyens illustres de leur pays ; remplacer sur leurs
écussons, s'ils y tiennent, l'épée de marquis et la couronne
de prince *in partibus* par la plume et la couronne civique ;
ou bien, pour sauver quelques anachronismes dont le bon
sens public a fait justice depuis long-temps, se former en
légions serrées de valets d'antichambre, en cohortes d'instrumens serviles du premier sot couronné. C'est sa seule
alternative, hors de là elle n'a rien à espérer.

Nous savons parfaitement qu'à une époque où c'étaient
les droits des couronnes qui se trouvaient plus en danger
que ceux des peuples, les aristocraties de tous les pays,
d'après la loi de la conservation, ont dû prêter main-forte
aux *trônes* qui se trouvaient menacés. Un cri s'est fait dernièrement entendre : *Les rois s'en vont ;* comme elles voient
très-bien que les rois doivent rester, il est naturel qu'elles
se jettent à travers le chemin qu'on veut bien leur ouvrir.
Ce n'est pas ce mouvement qui est à critiquer, c'est son
simulacre qui doit être hautement blâmé. Qu'en un moment
critique elles fassent pencher la balance du côté qui est le
plus menacé, rien de mieux, pourvu que l'appui prêté soit
conseillé par une sagesse impartiale, par un haut discernement, par une vue éclairée de l'avenir, pourvu qu'en voulant sauver la monarchie, elles ne veuillent pas sauver leurs
propres priviléges, et que l'on ne se trouve pas l'avoir compromise au lieu de l'avoir servie. Pour la défendre efficace-

ment, elles doivent faire mieux que de l'entraîner dans des alliances dangereuses ; elles doivent s'interposer entre elle et les exigences du siècle, servir d'interprète aux idées du temps, de balancier et de régulateur entre le passé et le présent, d'intermédiaire entre les peuples et leurs rois.

SECTION II.

CLASSES MOYENNES.

Si le mot aristocratie perd chaque jour le sens qu'on y a attaché jusqu'à présent, la dénomination de *classes moyennes* ou de *bourgeoisie* ne peut non plus avoir qu'un sens historique. Elle a été parfaitement exacte pour désigner un fait ancien, elle est tout-à-fait impropre dans la langue politique de nos jours.

Lorsqu'à la suite des siècles l'affranchissement, le travail et l'industrie créèrent une foule d'existences qui n'appartenaient pas à la partie dominante de la nation, parce qu'elles n'en avaient ni les immenses propriétés immobilières ni l'éclat d'origine, et qui ne pouvaient pas non plus se confondre avec la foule attachée encore à la glèbe dont elles se distinguaient par leur fortune, leur indépendance et l'influence que ces deux élémens procurent, alors, pour désigner ce résultat nouveau du temps et de la civilisation, on n'a pas pu mieux faire que d'inventer le mot de *classes moyennes* qui exprimait parfaitement l'état réel des choses ; il désignait cette classe nouvelle d'hommes, intermédiaire entre deux classes anciennes bien distinctes, bien tranchées, tenant à l'une par son bien-être et ses lumières, à l'autre par son origine. Mais aujourd'hui, dans les pays où cette nouvelle démarcation s'est trouvée anéantie par l'effet du temps, comme le premier fractionnement qui coupait toute une nation en deux, ainsi que cela se voit encore dans quelques pays de l'Europe, aujourd'hui que les barrières fictives qui parquaient ces prétendues classes, sont tombées avec fracas sous les coups redoublés de l'opinion, aujourd'hui le terme de classes moyennes ne sert qu'à prolonger des illusions, à rappeler de tristes souvenirs, à perpétuer des animosités; ce terme, s'il signifie encore quelque chose d'actuel, doit s'appliquer à toute la masse d'hommes, de citoyens divisés et subdivisés à l'infini par leurs talens, leur fortune, leur influence sociale relative, dont le premier anneau part des degrés du trône et dont le dernier touche à l'humble chaumière qui abrite la famille modeste dont le chef cultive le champ, paie l'impôt, commence à choisir son conseil municipal, pour apprendre à élire le député politique, en attendant qu'il le devienne lui-même.

Deux forces, en tout temps, en tout lieu, ont été les élémens de toute existence politique, la fortune et l'intelligence; ces deux sœurs jumelles qui s'entr'aident si amicalement. A une époque où toute richesse consistait dans les produits du sol, le propriétaire foncier seul pouvait aspirer à jouer un rôle politique; aujourd'hui que les richesses proviennent aussi du travail de l'homme (1), que le bon ordre intérieur, que la paix et les relations multiples et amicales entre peuples, qu'enfin des besoins nouveaux, créés par la civilisation, en ont facilité la production et en même temps augmenté la valeur; aujourd'hui, dis-je, toutes ces richesses ont dû aspirer légitimement à jouer le même rôle que les richesses territoriales.

En Angleterre, où le commerce et l'industrie se sont développés plutôt qu'ailleurs, l'existence des classes moyennes

---

(1) L'agriculteur sans travail ne peut rien obtenir, et le manufacturier sans matière première ne peut rien produire; toute la différence consiste en ce que le produit fabriqué reçoit la plus grande valeur de la main de l'homme, tandis que le produit agricole le reçoit de la terre.

a fait son apparition aussi plus tôt qu'ailleurs ; si, malgré cela, les classes aristocratiques y ont exercé et y exercent encore une grande influence, c'est à cause de la concentration du sol entre un petit nombre de mains, qui leur assure des richesses colossales augmentées de plus en plus par le commerce de la nation. En outre, cette oligarchie terrienne, perpétuant ses grandes possessions au moyen du droit d'aînesse, comme son influence politique au moyen de l'hérédité, dut se trouver plus forte qu'une aristocratie fondée sur des richesses mobilières variables et précaires de leur nature. Enfin, il faut attribuer sa grande prépondérance aux services qu'elle avait rendus à la nation entière, en luttant contre l'absolutisme. Les services, l'ascendant moral et la force réelle que cette lutte lui valut ne pouvaient pas être de sitôt effacés de l'esprit de la nation (1). En France, où l'hérédité politique (2) et les substitutions

(1) S'il faut en croire le récit que nous avons lu dans des feuilles publiques, lorsque le feu prit, il y a deux ans, je crois, à Westminster-House où siégeait le parlement, le premier objet qui fut sauvé par le peuple fut le portrait de lord Wellington, l'adversaire déclaré du bill de réforme. De pareils traits donnent à réfléchir, ils peignent d'un seul coup tout l'état moral d'un peuple.

(2) Ç'a a été une étrange gaucherie que l'introduction du principe de l'hérédité de la pairie dans la charte de 1814. On a voulu tout simplement faire, avec un article de loi, ce que six siècles ont travaillé à fonder et six autres détruit en Angleterre. Sur quoi est établie l'hérédité de la pairie dans la Grande-Bretagne? Sur le droit de légitimité des anciens seigneurs féodaux. La chambre des lords n'est qu'une fédération d'autant de petits souverains quasi-indépendans, ne relevant que d'eux-mêmes, votant en leur propre nom, *jure proprio*, plutôt que comme représentans de la société. C'est pour cela qu'un pair peut voter pour tous les autres, s'il en a reçu la procuration. Dans le récit du couronnement de la reine Victoria, on aura remarqué qu'au moment où l'évêque de Cantorbéry posait la couronne sur la tête royale, les pairs et les pairesses en mettaient aussi sur les leurs. C'est pour cela que chaque pair peut protester contre la décision prise par la majorité. C'est cet état de choses anormal, l'œuvre d'un passé de plus de mille ans, qui disparaît et disparaîtra un jour entièrement chez un peuple de race teutonique qui ne se presse jamais en rien, qu'on a voulu décréter en France ! L'hérédité de la pairie en France, tant pleurée dernièrement, fut décrétée comme un article de foi politique pour la première fois pendant les cent jours, sur les instances de M. Benjamin Constant qui avait étudié la France en Angleterre, Napoléon ne l'accepta qu'à son corps défendant. En 1814, c'est M. de Talleyrand, le vieux membre de l'Assemblée constituante, qui, au terme de la carrière de ses illusions, la fit prévaloir contre Louis XVIII.

n'existent plus, où la loi sur les émigrés a éparpillé la propriété territoriale, où la loi sur les successions est fondée sur le principe de l'égalité, où l'industrie agricole tend chaque jour à se confondre avec l'industrie manufacturière, où le pouvoir monarchique a prévalu depuis long-temps sur le pouvoir aristocratique, les classes moyennes n'existent plus, ne peuvent plus exister. Que l'harmonie politique, la régularité des affaires, ait dicté l'établissement de corps séparés, de réunions partielles ; ce sont là autant de mesures réclamées par la nature des choses, dans l'ordre politique comme dans l'ordre administratif et judiciaire ; mais ces classemens et subdivisions ne peuvent plus exprimer aucun fait politico-social, qu'on nous passe cette expression, aucune prépondérance d'une classe sur une autre. A une époque où la transition d'un ancien état de choses à un état nouveau, si elle s'est opérée politiquement, ne s'est pas encore accomplie moralement, à une époque où les idées ne sont pas parfaitement dessinées et où les mots exercent un si grand empire, il est du devoir de chacun d'éviter autant que possible la confusion des termes, qui a été la cause de tant de maux.

SECTION III.

LÉGITIMITÉ. — DROIT DIVIN.

L'idée de la *légitimité*, aussi bien que les autres auxquelles se cramponnent les stationnaires ou les rétrogrades de notre siècle, n'est pas davantage inventée à *priori* : elle a son explication dans les faits historiques qui ont formé les élémens des antiques constitutions européennes, œuvre de la conquête que le temps devait user.

On sait que le roi féodal n'était que le premier parmi ses égaux ; il était le premier, pour la plupart, parce qu'il était plus riche qu'eux, parce qu'il réunissait dans son domaine des possessions plus vastes, plus importantes que celles de ses vassaux. Comme eux il en jouissait en toute propriété, hommes et choses, tout lui appartenait : il pouvait les aliéner, les partager, en faire ce que bon lui semblait ; s'il différait d'eux, c'est qu'étant leur suzerain à tous, il ne relevait de personne ; tandis qu'eux, quoique en partie indépendans, relevaient cependant les uns des autres, et tous ensemble de lui. Quand la puissance qui le plaçait au-dessus d'eux lui servait à les dépouiller de leurs domaines et à les incorporer aux siens, ces nouveaux domaines étaient assimilés à ceux qu'il possédait déjà et se trouvaient confondus dans ses propriétés antérieures ; ils ne faisaient que changer de maître ; le roi devenait un plus grand propriétaire ; au lieu d'un district, il avait sous sa domination une province ; au lieu d'une province, il avait un grand État, dont les différentes parties, naguère propriété de plusieurs seigneurs, se trouvaient concentrées entre les mains d'un seul. Ces propriétés, transmises de père en fils en vertu des droits de succession par un comte ou par un duc, le furent également par le roi ; seulement, au lieu du partage égal qui régna pendant quelque temps, on préféra, quant à la succession au royaume, le droit d'aînesse, le plus généralement en usage.

Voilà l'histoire de la légitimité : ce *mot*, dans son sens véritable, n'exprime que celui de propriété. L'Église, dépositaire des dogmes religieux, imbue peut-être aussi des principes théocratiques de l'Orient, y greffa le principe du droit divin, qu'elle fondait sur ces paroles de saint Paul : « Que toute personne soit soumise aux puissances supérieures ; car il n'y a point de puissance qui ne vienne de Dieu, et celles qui subsistent ont été établies par Dieu. C'est pourquoi celui qui s'oppose aux puissances s'oppose à un ordre que Dieu a établi ; et ceux qui s'y opposeront attireront sur eux la condamnation. » L'idée de la légitimité et celle du droit divin doivent être soigneusement distinguées : elles sont concomitantes,.mais elles ne sont pas identiques ; elles sont différentes en elles-mêmes, et dès lors dans leurs conséquences : l'une implique la soumission et l'asservissement, l'autre n'exige que l'ordre et l'obéissance ; l'une est l'expression d'un fait qui ne pouvait être que transitoire dans la marche de la sociabilité européenne, l'autre ne prescrit que la déférence aux autorités, ce que la philosophie la plus ombrageuse est forcée d'admettre ; celle-ci a pour base un principe de justice sociale, l'autre est subversive de toute notion de vraie morale.

Donc l'idée du droit divin doit être admise en principe ; mais qu'elle soit tant soit peu mal entendue, et elle dégénère de suite en fatalisme oriental. Les rois relèvent de Dieu ! Les Néron et les Caligula relèvent-ils aussi de Dieu ? Le bras de l'assassin qui me saisit au coin d'une borne est-il conduit par la main de Dieu ? La volonté de Dieu est la source de tout pouvoir ; et la liberté de l'homme, que devient-elle, s'il vous plaît ?

Sans doute la vie des nations, comme celle des individus, l'existence d'une autorité, comme tout événement quelconque, est entre les mains du Très-Haut : ceci est vrai pour une forme de gouvernement comme pour une autre ; car les souverains électifs et les présidens de républiques, je ne crois pas qu'on veuille les abandonner à la protection du diable ; mais cette vérité n'enchaîne point la liberté de l'homme au point d'ôter toute spontanéité, toute responsabilité morale dans l'individu qui commande, toute faculté d'examen, toute liberté de réflexion dans l'individu qui obéit (1).

_____

1) Ce que nous avons dit plus haut suffit, je crois, pour fixer le véritable sens de nos paroles et pour que nous ne soyons pas soupçonné de vouloir consacrer le principe de la désobéissance et de l'insurrection.

On pense généralement que la meilleure légitimité d'un pouvoir quelconque, et par conséquent de la royauté, est son utilité. Nous allons plus loin, et nous reconnaissons avec les meilleurs esprits un principe plus élevé comme fondement de toute société, et nécessairement de l'autorité qui n'est que l'expression de ses besoins : c'est l'obéissance à l'*ordre universel* qui exige que tout homme aille à sa fin. La société étant le seul moyen pour l'homme d'atteindre cette fin, l'autorité suprême étant la cheville ouvrière de toute société, cette autorité se personnifiant souvent dans un seul individu, c'est s'incliner devant le devoir et rendre hommage à l'ordre universel.

A une époque de croyances religieuses où la société est composée d'autant de Mallebranches qui voient tout en Dieu, ce sentiment de l'ordre universel, c'est sous les auspices de la foi qu'il agit et commande. Long-temps chez les Égyptiens, aux premiers âges héroïques des Grecs et des Romains, les gouvernans, avant et après leur mort, furent adorés comme des dieux et des demi-dieux (1). Quand le feu sacré de la foi commence à s'éteindre dans les cœurs comme de nos jours, quand Dieu est oublié dans le foyer domestique, il ne sera jamais rappelé, quoi qu'on fasse, sur la place publique ou dans le palais des rois : vouloir faire de la foi le pivot des mœurs publiques quand elle est bannie des mœurs privées, c'est vouloir bâtir sur du sable avec du sable. Lorsque les croyances religieuses seront ravivées, leur influence salutaire se fera sentir simultanément dans la vie privée comme dans la vie publique, sera le lien le plus sûr et le plus solide d'homme à homme, de citoyen à citoyen, de gouvernans à gouvernés.

---

(1) Nous ne parlons pas des empereurs romains, dont l'apothéose n'était que l'œuvre de la plus monstrueuse servilité. Les extrêmes se touchent. La plus sublime vertu et le crime le plus détestable produisent souvent le même résultat.

SECTION IV.

DÉMOCRATIE (1).

Que dirons-nous encore de la *démocratie?* C'est un qui-proquo dans lequel on est tombé par un malentendu , et dont tout le monde revient en ce moment. « A prendre le terme dans la rigueur de l'acception, il n'a jamais existé de véritable démocratie , il n'en existera jamais..... S'il y avait un peuple de Dieu , il se gouvernerait démocratiquement : un gouvernement si parfait ne convient pas à des hommes. » (Contr. soc., liv. III, ch. IV.) En attendant donc que les hommes deviennent des dieux, il faut bien qu'ils se résignent à être gouvernés par quelques-uns. Ces quelques-uns sont à la masse du peuple comme un est à mille , ou comme deux est à mille : ils rempliront leurs fonctions pendant deux ou trois ans, ou bien pendant sept, huit, voilà toute la différence.

CHAPITRE V.

Conclusion.

Il ne faut point le dissimuler, des idées que nous venons de toucher et de tant d'autres dont le temps fera justice, les unes ont pour elles le mérite de la vieillesse, on a donc encore à compter avec leurs prétentions pendant leurs derniers jours ; d'autres, jeunes par leur jeunesse même et leur

---

(1) Voir le chapitre III.

étrangeté, ont attiré l'attention générale. Ayant pris les esprits à l'improviste, elles en ont séduit plusieurs ; à force d'être répétées et criées à haute voix, elles ont assourdi le monde, elles ont fait des dupes, elles ont gagné des partisans. « Calomniez, calomniez sans cesse, il en restera toujours quelque chose, » disait un philosophe du dix-huitième siècle. Le meilleur moyen de répandre la vérité et d'étouffer l'erreur, c'est d'appeler le grand jour sur elle ; ce n'est pas en se voilant la tête et en lui tournant le dos qu'on l'évitera, c'est en l'attaquant de front, à face découverte et en plein jour. « Il n'y a que les fripons, disait Mirabeau, qui craignent les réverbères. » C'est avec des idées qu'on lutte contre des idées.

« Lorsque des théories fausses ont égaré les hommes, dit Benjamin Constant, ils prêtent l'oreille aux lieux communs contre les théories, les uns par fatigue, d'autres par intérêt, le plus grand nombre par imitation. Mais lorsqu'ils sont reposés de leur lassitude ou revenus de leur terreur, ils se rappellent que la théorie n'est pas une chose mauvaise en elle-même, que tout a sa théorie, que la théorie n'est autre chose que la pratique réduite en règle par l'expérience, et que la pratique n'est que la théorie appliquée. Ils sentent que la nature ne leur a pas donné la raison pour qu'elle fût muette et stérile ; ils rougissent d'avoir abdiqué ce qui constituait la dignité de leur être, ils reprennent les théories, et si on ne les a pas rectifiées, si l'on n'a fait que les dédaigner, ils les reprennent avec tous leurs vices et sont entraînés de nouveau par elles dans tous les écueils qui les en avaient détachés auparavant. Prétendre que parce que des théories fausses ont de grands dangers, il faut renoncer à toutes les théories, c'est enlever aux hommes le remède le plus sûr contre ces théories mêmes ; c'est dire : « Parce que l'erreur est funeste, il faut se refuser à jamais de chercher la vérité. »

9

« Il est donc utile, je le pense, de combattre par des raisonnemens justes des raisonnemens défectueux. Il est utile d'opposer à la métaphysique fausse la métaphysique vraie, en agissant ainsi, l'on sert mieux l'espèce humaine que ne font ceux qui, commandant le silence, lèguent à l'avenir des questions indécises, et dans leur étroite et soupçonneuse prudence, aggravent les inconvéniens des idées erronées, par cela même qu'ils n'en permettent pas l'examen (1). »

Il faut le reconnaître, depuis la chute de l'empire romain, l'Europe ne s'est jamais trouvée dans une situation assez normale pour qu'elle puisse avoir conscience d'elle-même, pour qu'elle puisse raisonner sur son existence et sur les lois éternelles qui président à la fondation et à la vie des sociétés. L'invasion d'abord, la féodalité qui en est la fille, ensuite la lutte contre de véritables pouvoirs sociaux qui naissent, et ce développement désigné successivement, ici sous le nom de peuple ou de commune, là sous le nom de roi ; la chute enfin et la transformation en aristocratie adulatrice de la royauté, son plus fort antagoniste triomphant ; les courts excès du despotisme livré à l'ivresse de sa victoire : voilà les phases sociales principales que l'Europe a traversées. Elle est arrivée à une époque où elle doit jouir de la destruction de la féodalité en se constituant le plus fortement possible, sur des bases larges et rationnelles, dans la vue du plus grand bien public et particulier, seul but de toute société. « La société, en avançant, dit M. de Châteaubriand, accomplit certaines transformations, et nous sommes arrivés à un de ces grands changemens de l'espèce humaine. » (Préface des Etudes historiques.) Ceci est aussi clair que le soleil : tant pis pour ceux qui ne le voient pas. Ce n'est donc pas en tournant le dos aux faits et aux idées

---

(1) Cours de polit. const.

que l'on échappera aux événemens désastreux, mais en
travaillant à leur donner une issue convenable. L'Europe
doit rechercher avec avidité toutes les discussions qui peuvent l'éclairer, la guider dans le chemin inconnu qui s'ouvre devant elle et dans lequel, bon gré, mal gré, il faut
qu'elle marche. C'est en s'appuyant d'un côté sur les faits,
sur l'histoire, de l'autre sur les idées et le mouvement du
siècle, en tendant une main au passé et une autre à l'avenir,
qu'elle marchera d'une manière ferme et constante, comme
le sage pilote qui, profitant et de la résistance des eaux et
de l'impétuosité des vents, louvoie avec dextérité et conduit
son vaisseau à bon port. « L'état actuel du monde, dit
M. Guizot, nous impose la loi d'accepter franchement cette
inévitable alliance de la philosophie et de l'histoire. Elle
est précisément l'un des caractères, peut-être le caractère essentiel de notre époque. Nous sommes appelés à
considérer, à faire marcher ensemble la science et la réalité, la théorie et la pratique, le droit et le fait. Jusqu'à
notre temps ces deux puissances ont vécu séparées, le
le monde a été accoutumé à voir la science et la pratique
suivre des routes diverses sans se connaître, sans se rencontrer du moins. Et quand les doctrines, quand les idées générales ont voulu entrer dans les événemens, agir sur le
monde, elles n'y sont parvenues que sous la forme et par
le bras du fanatisme. L'empire des sociétés humaines, la direction de leurs affaires ont été jusqu'ici partagés entre
deux sortes d'influences : d'une part, les croyans, les hommes à idées générales, à principes, les fanatiques; de
l'autre, les hommes étrangers à tout principe rationnel, qui
se gouvernent uniquement en raison des circonstances, les
praticiens, les libertins, comme les appelait le dix-septième
siècle. C'est là l'état qui cesse aujourd'hui : ni les fanatiques, ni les libertins ne sauraient plus dominer. Pour gouverner, pour prévaloir parmi les hommes, il faut mainte-

nant comprendre les idées générales et les circonstances; il
faut savoir tenir compte des principes et des faits, respecter
la vérité et la nécessité, se préserver de l'aveugle orgueil des
fanatiques et du non moins aveugle orgueil des libertins.
Là nous a conduits le développement de l'esprit humain et
de l'état social : d'une part l'esprit humain élevé et affran-
chi comprend mieux l'ensemble des choses, sait porter de
tous côtés ses regards et faire entrer dans ses combinaisons
tout ce qui est ; d'autre part, la société s'est perfectionnée à
ce point qu'elle peut être mise en regard de la vérité, que
les faits peuvent être approchés des principes, et, malgré
leur immense imperfection, ne pas inspirer, par cette comparaison, un découragement ou un dégoût universel. »
(Hist. de la civilis. en Europe.)

La science la plus compliquée, la plus difficile, est celle
qui s'occupe de la vie de l'homme en société ; compliquée,
parce qu'elle embrasse toutes celles qui ont trait aux besoins
moraux, religieux, physiques de l'homme, toutes celles qui
ont pour but de découvrir les antécédens historiques, les
mille circonstances diverses qui ont contribué à la formation d'une nation, tous les rapports qui la lient dans son
intérieur et avec l'extérieur, qui constituent sa vie propre et
individuelle, son originalité, son caractère; difficile, parce
qu'il s'agit de résoudre cet éternel problème, la conciliation de la liberté individuelle avec l'unité sociale, de l'intérêt particulier avec l'intérêt général, de l'indépendance
et de la dignité personnelle avec la sociabilité et l'obéissance. Ce sont là deux principes que l'auteur des choses a
également mis dans nos cœurs, qui nous dominent toute
notre vie, et dont la politique constitutive est appelée à
trouver, dans un cas, dans un lieu donnés, le véritable point
d'engraissement et de jonction : à chaque pierre qu'elle
veut poser pour élever l'édifice social, elle doit absolument
trouver ce point d'intersection, sous peine de tomber dans

un des excès également funestes. Quand deux principes sont également vrais, quand deux sentimens sont également naturels, la vérité ne peut se trouver que dans leur juste coordination : il s'agit seulement de la rencontrer. Un homme seul, fût-il un Aristote, un J.-J. Rousseau, un Montesquieu, ne saurait la découvrir; ce ne serait pas assez des siècles qui nous ont précédés pour les consulter à cet égard; nous ne saurions trop profiter de l'expérience de nos devanciers et de nos contemporains.

La prudence d'une nation comme celle d'un individu consiste, non pas à le condamner à l'inaction, mais à soumettre ses recherches et son mouvement à de certaines règles qui peuvent varier de pays à pays, d'une époque à une autre. La seule règle suprême, qui convient à toutes nations et toujours, c'est qu'aucune d'elles ne s'endorme dans une apathie orientale et que chacune cherche devant elle ce qui peut la conduire du bien au mieux. Chacune emploiera à cet effet les moyens les plus convenables à son tempérament, aux circonstances dans lesquelles elle se trouve : les plus grands penseurs, les intelligences les plus solides, tout en donnant cours quelquefois à leur imagination et en indiquant les règles qui leur paraissaient les meilleures, n'ont pas manqué de s'exprimer fort catégoriquement à cet égard : « Les objets généraux de toute bonne institution, dit Rousseau, doivent être modifiés en chaque pays par les rapports qui naissent tant de la situation locale que du caractère des habitans, et c'est sur ces rapports qu'il faut assigner à chaque peuple un système particulier d'institutions, qui soit le meilleur, non peut-être en lui-même, mais pour l'État auquel il est destiné. » (Contr. soc., liv. II, ch. xi.)

« Il vaut mieux dire, dit Montesquieu, que le gouvernement le plus conforme à la nature est celui dont la disposition particulière se rapporte le mieux à la disposition du peuple par lequel il est établi.

« La loi en général est la raison humaine, en tant qu'elle gouverne tous les peuples de la terre, et les lois politiques et civiles de chaque nation ne doivent être que les cas particuliers où s'applique cette raison humaine.

« Elles doivent être tellement propres au peuple pour lequel elles sont faites, que c'est d'un très-grand hasard si celles d'une nation peuvent convenir à une autre. » (Esprit des lois, liv. II, ch. III.) Aristote nous apprend que de son temps, dans la Petite-Grèce, qui renfermait des hommes parlant à peu près la même langue, adorant les mêmes dieux, pénétrés des mêmes sentimens, descendant de la même origine, ayant passé par les mêmes vicissitudes historiques, on comptait plus de deux cents constitutions différentes : fait désolant pour les faiseurs d'aujourd'hui, grands admirateurs, comme on sait, des principes.

Notre Europe, Dieu merci, offre plus d'uniformité que la Grèce éternellement anarchique, morcelée et disloquée, quoiqu'infiniment plus grande qu'elle ; mais elle ne présente pas moins, dans les différens États qui la composent, des besoins différens, qui nécessitent pour chacun d'eux, pendant plus ou moins long-temps, un système de législation, une vie politique appropriée à leurs intérêts particuliers.

Ainsi, pour donner quelques exemples, voudrait-on établir un gouvernement représentatif en Russie ? Mais, sans entrer dans d'autres considérations, ce gouvernement demande, avant tout, à s'appuyer sur une classe moyenne nombreuse; et où trouver en ce moment cette classe moyenne en Russie ? D'ailleurs, qu'est-ce qu'une constitution entée sur l'esclavage ? Nous avons bien assez d'une pareille monstruosité dans les États-Unis de l'Amérique ! Voudrait-on y rendre l'aristocratie prépondérante ; mais ce serait y éterniser l'esclavage : on sait les efforts que les empereurs font pour guérir la Russie de cette plaie, et quels obstacles ils rencontrent dans la noblesse. Ensuite un grand État non confédéré exige un gouvernement concentré : « Un grand État, dit Montesquieu, suppose une autorité despotique dans celui ¡qui gouverne. Il faut que la promptitude des résolutions supplée à la distance des lieux où elles sont envoyées ; que la crainte empêche la négligence du gouvernement ou du magistrat éloigné ; que la loi soit dans une seule tête, et qu'elle change sans cesse, comme les accidens qui se multiplient toujours dans l'État à proportion de sa grandeur. » (Esprit des lois, liv. VIII, ch. xvi.)

« Plus le peuple est nombreux, dit Rousseau, plus la force réprimante doit augmenter.... plus l'État agrandit, plus le gouvernement doit se resserrer. » (Contr. soc., liv. III, ch. iii.) Souvenons-nous enfin que la Russie n'est qu'un vaste camp, que ses habitans ne sont que des soldats ne vivant que dans un seul but, celui de la conquête, n'aspirant pour le moment à d'autre gloire qu'à celle des armes ; l'on peut donc se demander comment la discipline d'une armée peut se concilier avec les habitudes du *forum*.

Ce que nous dirons en dernier lieu de la Russie, s'applique aussi en grande partie à la Prusse et à l'Autriche : la Prusse, comme la Russie, en fait de possessions territoriales, est loin d'avoir atteint la dernière limite de sa grandeur. Géographiquement, cette puissance n'est en ce moment qu'une façade sans fond, entrecoupée d'enclaves ; il lui manque un corps, il faut qu'elle l'acquière. Telle qu'elle est et si jeune encore dans son existence, elle est parvenue à réaliser un des grands vœux de notre époque, une large unité nationale, l'unité allemande : cette unité doit rece-

voir avec le temps une immense extension, et c'est la
Prusse qui paraît appelée à lui donner le développement
qu'elle exige : elle englobera peut-être un jour toute la race
allemande ; mais pour cela il faut du temps, et en attendant, un gouvernement fort et concentré lui est absolument nécessaire ; c'est le seul moyen qui puisse l'amener
à ce but.

Qu'on ne nous oppose pas l'exemple de l'Angleterre, qui
s'est élevée au plus haut degré de grandeur, a étendu sa
domination sur toutes les parties du monde sous un gouvernement représentatif. Les mots trompent : sous ce gouvernement se cachait une forte et compacte aristocratie, et personne ne doute qu'un gouvernement aristocratique, en fait
de force extérieure et d'éclat, ne soit capable de faire beaucoup et peut-être plus qu'un gouvernement monarchique ;
mais il faut se souvenir sans cesse que la révolution s'est
faite en Europe moins contre l'arbitraire des rois que contre
les priviléges des nobles, et personne au monde ne voudra
de notre temps une aristocratie anglaise. Maintenant que
l'aristocratie britannique commence à baisser, nous verrons si la bourgeoisie sera en état de soutenir l'ancien éclat
de l'Angleterre : pour notre compte, nous en doutons fort.

Quant à l'Autriche, état mosaïque, composite d'une foule
de nationalités différentes, par quel moyen pourrait-elle
les retenir réunies solidement, sinon par les liens resserrés
d'un gouvernement sans contrôle ? L'Autriche jouit d'une
grande latitude à cet égard ; et cependant elle ne peut
marcher qu'avec une lenteur extrême, il lui faut une habileté infinie pour conduire d'un pas égal tant de peuples
différens et pour mener d'une manière sûre l'œuvre de la
civilisation qu'elle a entreprise, il faut le dire à son honneur, à l'égard de ces peuples. C'est là tout le secret des
temporisations de la politique autrichienne.

Il se passera bien du temps avant que ces pays que nous

venons de mentionner aient besoin d'un changement de leur existence politique. Aussi se trouvent-ils fort contens de la forme actuelle de leur gouvernement. Il est universellement accepté sans contestation aucune, et « du seul fait de durée, dit M. Guizot, on peut conclure qu'une société n'est pas complètement absurde, insensée, inique ; qu'elle n'est pas absolument dépourvue de cet élément de raison, de vérité, de justice qui seul peut faire vivre les sociétés. Si de plus la société se développe, si elle devient plus forte, plus puissante ; si l'état social est de jour en jour accepté par un plus grand nombre d'hommes, c'est qu'il y introduit par l'action du temps plus de raison, plus de justice, plus de droit ; c'est que les faits se règlent peu à peu suivant la véritable légitimité. » (Hist. de la civilis. en Europe.) Il faut l'avouer, ces pays sont gouvernés avec beaucoup de sagesse, de sollicitude, leur prospérité ainsi que leur développement moral vont toujours en croissant, à chaque instant ils font un pas dans la voie des progrès ; n'oublions pas de plus que les différentes garanties politiques ne sont qu'un épouvantail contre les méchans, un attirail fort embarrassant pour gouvernés et gouvernans, et qu'on est fort heureux si l'on peut s'en passer. Tant que les peuples n'auront pas à se plaindre sérieusement de l'autorité, ils ne les réclameront pas.

La plupart des rois actuels de l'Europe se sont trouvés contemporains et victimes de la révolution française, cette terrible réaction contre le privilége et l'arbitraire, et ils se sont tous formés à l'école du malheur, ils n'oublieront pas de si tôt les leçons qu'ils en ont reçues : s'ils étaient tentés parfois de méconnaître tant soit peu les intérêts de leurs peuples, ceux-ci, à la moindre lésion qu'ils éprouveraient, ne manqueraient pas de pousser aussitôt le cri *la constitution*, talisman auquel on attribue toute espèce de vertus, panacée universelle de tous les maux. Nous ne savons pas ce qui arrivera plus tard, mais pour le moment,

nous croyons que la France fait à l'égard des autres gouvernemens de l'Europe le même office que remplissent
pour elle ses institutions. Elle est un perpétuel épouvantail
qui les préserve des écarts; de sorte que nous voyons bien
des vertus dans ces gouvernemens qui ne sont peut-être pas
tout-à-fait spontanées chez eux.

Cependant il ne faut point se le dissimuler, les peuples
de l'Europe manifestent une forte tendance vers l'uniformité, ils en approchent de plus en plus, et aucun grand
changement ne peut s'opérer chez l'un d'entre eux sans que
tôt ou tard et successivement, il ne soit embrassé par tous
les autres.

Si nous sortons de l'Europe et que nous nous transpor-
tions dans l'autre hémisphère, nous voyons encore des institutions déterminées par les circonstances dans lesquelles
se sont trouvés les peuples qui y obéissent.

L'Amérique du Nord, peuplée dès le principe de puri-
tains fuyant le joug de l'intolérance et du despotisme religieux de l'Angleterre, formée par des peuples séparés, qui
vinrent spontanément et bénévolement s'ajouter les uns aux
autres, ayant acquis son existence indépendante par un
acte d'émancipation, réalisant ses conquêtes uniquement
avec le soc de la charrue, livrée uniquement au commerce
et à l'industrie, ne pouvait nullement échapper aux formes
démocratiques; la vie démocratique lui était nécessairement imposée par toutes les circonstances qui présidèrent à
sa naissance, par tous les élémens qui constituent son existence; elle y prospère grace à l'étendue et à la fécondité de son
territoire, grace à la prospérité de tous ses habitans, grace
enfin à leur activité et à leur moralité privée et publique.

Les populations de l'Amérique du Sud, placées, à quelques différences près, dans les mêmes circonstances, adop-
tèrent les mêmes formes, et y échouèrent complètement, et
en voici la raison. C'est que l'élément indispensable de la

vie d'un peuple et spécialement d'un peuple démocratique, l'aisance et la moralité, leur a fait faute. L'Espagne a répandu sur leur sol la contagion qui la dévore elle-même, l'oisiveté et la corruption. Il se passera long-temps avant qu'elles soient guéries de ces plaies. Si au loin ces vices ont pu arrêter la formation, tuer la prospérité d'un gouvernement libre, que sera-ce donc sur la terre de la mère patrie où ils vivent depuis des siècles?

Les hommes sont partout des hommes, et, sous ce rapport, on peut concevoir *in abstracto* une espèce de gouvernement qui soit le meilleur; mais vouloir les encadrer tous, tels qu'ils sont en réalité, dans une forme quelconque qui concorde le mieux avec la science abstraite, ce n'est rien moins qu'une véritable folie, quoique nous voyions tous les jours des personnes qui passent pour très-sages ne pas hésiter à la soutenir. La véritable science est celle qui est la fille de l'expérience; les règles, en toute chose, n'apparaissent qu'après les faits, les savans n'arrivent qu'après les hommes d'État. L'histoire ne nous montre pas, que je sache, un savant proprement dit qui ait jamais fondé ou organisé un État; quand il l'a fait, c'est qu'il était avant tout homme d'État, comme le sage Solon, qui disait n'avoir pas donné à Athènes les meilleures lois possible, mais celles qui lui étaient les plus convenables. Quand l'auteur du Contrat social fut chargé de la rédaction d'un plan de constitution pour la Pologne, on sait combien il s'écarta des principes posés dans son fameux livre : le philosophe s'inclina de bonne grace devant le législateur. Je ne crois pas que Moïse, Lycurgue, Numa aient calqué leurs lois sur les préceptes d'une science quelconque; ils s'inspirèrent sans doute, le premier de la législation égyptienne, le second des législations grecque et égyptienne, le troisième apparemment des législations étrusque et grecque. On ne naît pas législateur, il faut imiter jusqu'à un certain point; mais ce qui est sûr, c'est qu'ils ne copièrent pas servilement. Quand Platon, quand Aristote, quand Cicéron arrivèrent, ce ne furent que d'habiles historiens qui, sous forme de doctrines, ne donnaient que les récits de faits bien anciens. La République de Platon, qu'on appelle *imaginaire,* n'est qu'une copie revue et corrigée de la république de Lycurgue : « Les lois de Crète étaient l'origine de celles de Lacédémone; celles de Platon en étaient la correction. » (Esprit des lois, liv. IV, ch. vi.) La Politique d'Aristote n'est que la théorisation de centaines de formes de gouvernement que le philosophe de Stagyre avait sous les yeux, comme il nous l'apprend lui-même. Je ne crois pas que les Anglais aient appris de qui que ce soit la nature de leur gouvernement. Le livre de Montesquieu, qu'est-il, sinon le résumé hardi de toutes les formes politiques qui existaient de son temps et de quelques autres plus anciennes qu'il a pu connaître dans les livres? Mais un pareil résumé, combien devient-il trompeur, quand on veut y voir un système complet, un corps de doctrines gouvernementales? Quand il parle du despotisme, il n'a en vue que le despotisme de la Perse, tel que Chardin le lui a décrit; quand il parle des républiques démocratiques, il ne pense qu'aux républiques anciennes, dont le mécanisme était si différent de tout ce qui se passe sous nos yeux; quand il parle de monarchie, son esprit n'est préoccupé que de celle sous laquelle il vivait; et cependant à côté de ces trois types qui font les bases de son livre, combien d'autres formes, que d'organisations diverses! combien il est dangereux de considérer ces trois formes comme des modèles de tout gouvernement! Ainsi, quand il parle de l'honneur comme moteur unique de la vie sociale dans une monarchie, il devient tout-à-fait incompréhensible dès qu'il est hors de France, surtout dès que l'on veut sortir de l'époque du moyen âge, époque à laquelle toutes les vertus privées et publiques étaient réduites en sentimens chevaleresques, en une digne soumission du subordonné au supérieur, en une bienveillante protection du fort envers le faible; époque d'où nous viennent les préceptes du point d'honneur, ce sentiment indéfinissable, parce qu'il n'est que la forme du véritable honneur, qui s'arrête aux apparences, examine l'extérieur, s'inquiète du *qu'en dira-t-on?* plutôt que de sonder le fond, examiner l'intention, s'en rapporter à la conscience. La grande vérité qui ressort du livre, d'ailleurs admirable, de Montesquieu, de ce tableau à larges traits des différentes vies sociales, c'est que l'homme est capable à peu près de trois formes de gouvernemens, dont le démocratique et le despotique, pris tous deux dans un sens vigoureux, forment les deux extrêmes. L'un suppose un peuple de philosophes ou de saints ; l'autre un peuple de barbares, de scélérats, d'idiots ou de lâches, et comme en général, du moins sur notre continent, l'on n'est ni l'un ni l'autre ; que d'un côté il est fort difficile que l'homme se conduise d'un bout de la vie à l'autre par le sentiment du devoir, et que de l'autre un peuple ne peut rester éternellement à l'état barbare, et que la corruption ne peut être l'état perpétuel d'une société, il s'ensuit que l'homme, pour la plupart, se maintient dans un juste milieu et se conduit d'après le sentiment de son intérêt plus ou moins *bien entendu* (1). Il s'ensuit que la plupart des gouvernemens ont été, sont et seront aristocratiques et monarchiques, et que ces deux élémens régneront toujours ensemble, se dominant plus ou moins l'un l'autre. Aussi voyons-nous en Europe tous les États, depuis la Russie jusqu'à la Suisse, vivre dans ce sage milieu.

Répétons-le donc, ce n'est pas dans les livres ou dans des copies serviles que se trouve le progrès, mais dans une

---

(1) Je crois qu'en traduisant philosophiquement *l'honneur* de Montesquieu, on peut lui donner cette signification.

juste combinaison, dans une parfaite conciliation des principes et des exemples d'abord, et dans leur transaction
ensuite avec l'état particulier d'un peuple à qui on veut
les appliquer.

Le grand malheur de la France est d'avoir voulu, dans
la première époque de la Révolution, traduire entièrement
en faits le livre de Rousseau, sans penser que Rousseau,
comme il le dit lui-même cent fois, n'entendait comme
possible l'application de ses principes qu'à un très-petit
peuple, une espèce de commune dont les habitans auraient
pu être rassemblés au son d'une trompette et contenus dans
une place publique, enfin sans s'enquérir des conseils que
ce génie écrivait à son adresse, dans son jugement sur la
Polysynodie de l'abbé de Saint-Pierre. « Ce n'est rien, dit-il,
qu'une révolution dans la polysynodie, et il ne faut pas
croire, parce qu'on voit actuellement des conseils dans les
cours des princes, que ce sont des conseils qu'on propose,
qu'il y ait peu de différence d'un système à l'autre. La
différence est telle, qu'il faudrait commencer par détruire
tout ce qui existe pour donner au gouvernement la forme
imaginée par l'abbé de Saint-Pierre ; et nul n'ignore combien est dangereux dans un grand État le moment d'anarchie et de crise qui précède nécessairement un établissement nouveau. La seule introduction du scrutin devait
faire un renversement épouvantable, et donner plutôt un
mouvement convulsif et continuel à chaque partie qu'une
nouvelle vigueur au corps. Qu'on juge du danger d'émouvoir une fois les masses énormes qui composent la monarchie française. Qui pourra retenir l'ébranlement donné, ou
prévoir tous les effets qu'il peut produire ? Quand tous les
avantages du nouveau plan seraient incontestables, quel
homme de sens oserait entreprendre d'abolir les vieilles
coutumes, de changer les vieilles maximes, et de donner
à l'État une autre forme que celle où l'a successivement

amené une durée de treize cents ans? Que le gouvernement actuel soit encore celui d'autrefois, ou que, durant tant de siècles, il ait changé de nature insensiblement, il est également imprudent d'y toucher. Si c'est le même, il faut le respecter; s'il a dégénéré, c'est par la force du temps et des choses, et la sagesse humaine n'y peut rien. Il ne suffit pas de considérer les moyens qu'on veut employer, si l'on ne regarde encore les hommes dont on veut se servir. Or, quand une nation ne sait plus s'occuper que de niaiseries, quelle attention peut-elle donner aux grandes choses? Et dans un pays où la musique est devenue une affaire d'État, que seront les affaires d'État sinon des chansons? Quand on voit tout Paris en fermentation pour une place de baladin ou de bel-esprit, et les affaires de l'Académie ou de l'Opéra faire oublier l'intérêt du prince et la gloire de la nation, que doit-on espérer des affaires publiques rapprochées d'un tel peuple et transportées de la cour à la ville? Quelle confiance peut-on avoir au scrutin des conseils quand on voit celui de l'Académie au pouvoir des femmes? Seront-elles moins empressées à placer des ministres que des savans, ou se connaîtront-elles mieux en politique qu'en éloquence? Il est bien à craindre que de tels établissemens, dans un pays où les mœurs sont en dérision, ne se fissent pas tranquillement, ne se maintinssent guère sans trouble et ne donnassent pas de meilleurs sujets. »

Depuis 89 jusqu'au Consulat, on voulut se servir des idées de Rousseau, malgré les avertissemens de Rousseau : à partir de cette époque, on fit volte-face et on eut recours à l'imitation servile de la constitution anglaise, tant prônée par Montesquieu. Cette bonne vieille charte qu'un bras de mer séparait depuis des siècles de la France ne se doutait pas le moins du monde qu'un jour elle devait gouverner les éternels ennemis de son pays, lorsque tout-à-coup elle

se vit transportée en France au son des trompes et des fan-
fares, pour servir de *palladium* aux libertés françaises.
C'était bien la peine de se ruer sur le monde pendant
quinze ans, de couvrir son pays d'échafauds, de faire
couler des torrens de sang d'un bout de l'Europe à l'autre, pour arriver à un pareil résultat! En examinant attentivement chacune des institutions transplantées d'outre-
Manche en France, on peut reconnaître que peu d'entre
elles ont été bien comprises ; que, nées en Angleterre, sous
l'empire des besoins particuliers dans lesquels le pays s'est
trouvé, elles sont excellentes pour le pays où elles furent
fabriquées; mais que si on veut les théoriser pour les appliquer rigoureusement ailleurs elles perdent de sens et
d'utilité. Sans nous livrer à cet examen qui n'entre point
dans notre cadre, nous dirons en deux mots que la constitution anglaise ou plutôt les usages qui régissent la
Grande-Bretagne, découlent de la prépondérance que
l'aristocratie y possède; qu'en France, où l'aristocratie
n'existe plus et où l'élément monarchique est appelé à dominer, on ne doit rien en adopter sans de grandes modifications, et qu'il y a beaucoup de choses qu'il faut rejeter.
Là où la stabilité aristocratique n'existe pas, il faut nécessairement augmenter les prérogatives du pouvoir royal;
sans cela on peut être sûr de tomber dans une anarchie
complète, de vivre dans un désordre perpétuel (1).

---

(1) Le roi règne, mais ne gouverne pas, dit-on, dans la Grande-Bretagne. Pure
chicane de mots, bonne pour nourrir les conversations de la salle des Pas-
perdus. Nous croyons que le chef du Royaume-Uni gouverne plus qu'on ne le
pense ordinairement: il n'a qu'à opposer habilement l'une à l'autre les deux
grandes parties de la chambre pour avoir raison de toutes deux. Admettons qu'il
soit réduit au rôle dont l'homme du 18 brumaire nous a donné la parfaite définition, et qu'un écrivain de la presse, sous la restauration, depuis ministre, a
commenté en termes si élégans; nous concevons à la rigueur ce rôle de roi
fainéant dans un pays qui possède une pépinière de petits souverains héréditaires qui lui donnent les Chatham, les Pitt, les Fox, les Grey. Mais avec.....
nous ne voulons pas citer des noms propres..... qu'on le dise, dites-le consciencieu-
sement, croit-on gouverner un royaume avec ces messieurs qu'un billet blanc

Au reste, sachons bien que la révolution française n'est qu'une grande expérience faite par l'humanité dans la voie du progrès où notre nature nous pousse sans cesse : elle a eu ses erreurs, ses excès, ses crimes, et quelle est la tentative humaine qui n'en est pas plus ou moins accompagnée? Ce qu'elle a eu de bon et de juste restera, ce qu'elle a eu d'erroné et de mauvais disparaîtra. La vérité ne se trouve pas du premier bond : l'homme est homme et non pas Dieu ; c'est après des tâtonnemens, des égaremens, des malheurs, qu'il rencontre le droit chemin. Tout ce qui est nouveau ne constitue pas le progrès, comme on l'a dit ; mais la série, la moyenne pour ainsi dire, d'un certain nombre d'événemens inconnus de nos ancêtres constitue le progrès.

Deux faits nouveaux dans le monde, s'il n'y en avait pas d'autres, suffiraient à nous rendre aujourd'hui infiniment plus confians que nos prédécesseurs dans l'avenir : jamais la civilisation n'a régné à la fois sur une plus grande portion du monde, et jamais, chez elle, peuplade ne se connut mieux, ne se communiqua plus facilement ses idées et sa vie de tous les instans, que ne se connaissent et ne communiquent aujourd'hui entre elles les nations diverses qui habitent le globe. Grace aux merveilles de la presse, grace aux relations commerciales, nous connaissons aujourd'hui, à peu près aussi bien que nous connaissons notre gouvernement, les misérables républiques de l'Amérique du Sud, la prospère et magnifique Union de l'Amérique du Nord ; nous connaissons le despotisme féroce et barbare de l'Asie et de l'Afrique, le despotisme patriarcal de la Chine ; nous connaissons en Europe le despotisme obscurantiste et monacal de l'Espagne, le despotisme ignorant et stationnaire

jeté dans l'urne du collége électoral peut renvoyer d'un moment à l'autre à leur domicile, les exclure en un clin-d'œil de l'enceinte où se fabriquent les ministres, ou plutôt le chef de l'Etat, selon les partisans de la maxime que l'on dit anglaise.

10

de l'Italie, le despotisme rude mais progressif de la Russie, le despotisme doux et paternel de l'Autriche, le despotisme éclairé de la Prusse; nous connaissons des républiques, des confédérations, des États représentatifs de toutes les couleurs, de toutes les nuances, plus ou moins aristocratiques, plus ou moins bourgeois, plus ou moins démocratiques; nous connaissons les avantages et les inconvéniens des grands et des petits États, car nous en avons de toutes les dimensions, depuis l'empire russe jusqu'à la république de Saint-Marin. Dans ce vaste panorama des diverses formes de la vie des peuples, l'humanité saura distinguer le général du particulier, l'accessoire du principal; elle saura démêler et extraire ce qui peut convenir à tout peuple, à tout gouvernement, quel qu'il soit. Une année de vie aujourd'hui, pour un homme, vaut dix années d'autrefois, tant les impressions sont rapides, les expériences rapprochées, les leçons fréquentes; dix années de vie, pour une nation, aujourd'hui valent un siècle de la vie du bon vieux temps. Ne nous effrayons donc ni des mots ronflans, ni des événemens sautillans : le vent de l'expérience les emporte chaque jour un à un, la paille s'en va, le grain reste.

Nous sommes entré dans toute cette discussion pendant laquelle nous avons insisté particulièrement sur la France, dans l'unique but de faire voir que les questions, les idées dont la France est spécialement le théâtre, tiennent à l'existence de toute société en général, et qu'elles se rattachent surtout à la sociabilité européenne à laquelle la civilisation romaine, l'invasion des barbares et le christianisme ont créé les mêmes intérêts, une même marche, le même avenir : que si plusieurs États européens se trouvent dans quelques différences de conditions qui réclament pour chacun d'eux une vie tant soit peu différente, ces États se touchent de si près, se trouvent tellement sous l'empire des mêmes besoins généraux, qu'une uniformité de plus en plus compacte tend à les englober, et que sous ce rapport tout ce qui se fait en France doit les intéresser au plus haut degré. La France, plus vieille en civilisation que toutes les autres contrées de l'Europe, a ressenti la première (1) le mouvement imprimé par la marche inflexible des choses sur notre continent : fidèle en outre à sa manière ordinaire de procéder, elle a poussé ce mouvement, elle a précipité les événemens ; par ces deux causes réunies, elle a devancé l'Europe dans une voie qu'elle aura aussi à parcourir, lentement ou brusquement, peu importe. Aussi voyons-nous que de toutes les idées que la révolution de 89 a mises en avant, et qui couvaient depuis long-temps dans les entrailles historiques de l'Europe, les unes ont pris possession des sociétés définitivement, d'autres sont en train de s'en emparer. La tolérance religieuse, la suprématie de l'intelligence et son influence sur la direction des sociétés, l'unité politique et administrative, une assiduité constante à la recherche de tout ce qui peut assurer la vie, la propriété et l'honneur des individus, une vive sollicitude pour tout ce qui peut contribuer à l'amélioration morale et matérielle des États, voilà des principes qui se sont transformés en faits irrévocables dans presque tous les pays de l'Europe. Peuples et gouvernemens rivalisent de zèle et d'efforts pour en augmenter le développement, en consolider la jouissance. L'égalité devant la loi doit s'établir nécessairement sur les ruines des mœurs féodales dont elle est l'héritière immédiate et inévitable. Quant à la participation entière des peuples aux affaires de leur pays, c'est une fantasmagorie que les lumières du bon sens universel relèguent dans la région des visions.

---

(1) L'on se trompe, si l'on voit en Europe une révolution véritable avant la révolution française ; la révolution anglaise n'a été qu'une révolution politique, la Réforme en Allemagne n'a été qu'une révolution ecclésiastique ; la révolution française est tout cela et plus que tout cela : elle est sociale et elle est religieuse.

L'Europe agit donc avec sagesse si elle laisse la France parler et faire, si elle attend les résultats; car tout ce qui sera décidé en France tournera à son profit. C'est pour avoir méconnu ces conseils de la prudence qu'elle s'est attiré vingt années de fléaux sur elle-même et a plongé la France dans tant de douleurs. Une circonstance qui a produit beaucoup d'idées fausses sur ce qui se passe en France depuis sa grande révolution; c'est que cette révolution, ayant frappé tous les esprits à l'improviste par sa nouveauté, les a éblouis, les a déconcertés, ne leur a pas laissé le temps nécessaire pour attribuer à chaque effet sa véritable cause. Dans l'appréciation que l'on a voulu faire de cette révolution, on a mis sur le compte des principes ce qui n'était en grande partie, comme nous l'avons dit, que l'effet du caractère de la nation où elle venait d'éclater : tous les excès, toutes les conséquences exagérées, toutes les mesures précipitées et violentes ont été jugées comme conséquence des idées nouvelles, lorsqu'elles n'étaient la plupart que le résultat de l'impétuosité de ce peuple (*furia francese*). Lisez l'histoire de la Ligue et de la Fronde, effacez les dates et les noms propres, et vous vous croiriez transporté aux beaux temps de la Révolution. Aujourd'hui encore, on aime à attribuer l'effervescence continuelle qui règne en France à la nature de son gouvernement. Sans doute cette forme de gouvernement est une oscillation perpétuelle entre des idées et des intérêts divers dont la manifestation est provoquée par la liberté de parole et d'action ; nous croyons que ce gouvernement, nouveau dans l'histoire des nations, n'a pas encore atteint toute la perfection dont il est capable, et qu'auparavant beaucoup de tâtonnemens, beaucoup d'essais seront encore nécessaires ; mais il ne faut pas oublier que tous les mouvemens bizarres qu'il provoque et qui peut-être ne sont en réalité qu'autant d'expériences, ne doivent pas étonner lorsqu'ils se passent chez le peuple le plus mobile et le plus capricieux de la terre. Jetez les yeux sur l'Allemagne, vous y trouverez depuis le pouvoir absolu de la Russie exercé en Autriche jusqu'aux formes représentatives de la France implantées à Bade, à Wurtemberg, etc. ; et cependant partout l'on y rencontre le même ordre, la même régularité, la même harmonie entre gouvernans et gouvernés, le même accord entre les différentes branches du pouvoir.

Lorsqu'on observe un instant la France actuelle, on peut facilement remarquer que, honteuse de se trouver, malgré sa gloire militaire et ses triomphes littéraires, à la suite d'autres nations pour ce qui tient au bien-être matériel, à la moralité de ses enfans, au bonheur vrai et solide, elle fait trève autant que possible aux discussions boursoufflées, au bavardage creux, aux luttes stériles qui ont pour terrain des théories politiques. Elle voit clairement qu'en fait de garanties à l'égard du pouvoir, elle a tout ce qu'elle a désiré et même au-delà ; que s'il lui manque quelque chose, ce sont les biens que ces garanties doivent protéger, et que ces biens, elle ne peut les trouver que dans le perfectionnement calme et paisible de sa moralité, de son agriculture, de son industrie, de son administration. Qui ne s'est pas aperçu, en franchissant la frontière de France de son infériorité relative à l'égard de ses voisins d'outre-Rhin ? On est stupéfait, en passant d'une rive à l'autre, de l'immense différence qui distingue la vie allemande de la vie française pour tout ce qui touche au bien-être, à l'ordre, à la propreté, à la gaieté des habitations intérieures et des villes ; à la régularité des mœurs, à la paix domestique, à l'instruction des masses, à la culture des champs : tous les désavantages sont pour la nation à la presse libre, aux mille tribunes, à la grande renommée. Il ne faut pas cependant en accuser ces conquêtes dues à la liberté ; elles n'en sont pas la cause pre-

mière, mais elles ont contribué jusqu'ici à la prolongation
de cet état de choses déplorable qui date d'une époque antérieure et qui vient de ce monarchisme que ses adora-
teurs posthumes nous dépeignent aujourd'hui en lettres
d'or et qui ne planait florissant que sur la boue et la misère
de ce peuple actif et intelligent, dont les souffrances, aggra-
vées, agglomérées, et non pas créées par la Révolution, se
sont perpétuées jusqu'à nos jours.

Les jeunes royautés du Nord, si simples dans leur vie,
si modestes dans leurs goûts, qu'elles ont reçu à juste titre
la qualification de royautés bourgeoises, oublient, sous la
préoccupation d'idées politiques, le faste et la corruption
qui entouraient les monarchies du Midi ; c'est là cependant
qu'elles doivent chercher en grande partie la cause de
l'antipathie et de la défiance qu'elles ont laissées dans le
cœur de leurs sujets. Il est vrai que cette corruption était
aussi partagée par les nations qu'elles gouvernaient, ou du
moins par les classes aisées qui se trouvent à la tête de la
société. Aussi dirons-nous sans détour que les peuples qui
habitent les deux péninsules, après lesquels on ne peut le
méconnaître, la France tient la première place, sont des
peuples qui ont besoin d'une régénération morale avant
tout.

Quand on porte successivement ses yeux sur l'Europe
et qu'on remarque à quel point ici l'irréligion est une
tendance d'émancipation manifeste de tout frein moral, là
la soif ardente de l'or, ailleurs la corruption des cours et
d'une aristocratie oisive ont altéré les mœurs de ses habitans, on se sent le cœur soulagé en arrêtant ses yeux sur
le bon peuple de la grande Allemagne, si simple, si patriarcal, qui, au milieu de ce déluge de dépravations civilisées,
conserve intact le dépôt des mœurs de la vieille société,
moins ses erreurs. La Providence paraît avoir placé à
dessein l'Allemagne au centre de l'Europe pour communi-

quer de ses vertus à ses voisins et tempérer par son exemple les vices privés et sociaux qui souillent ses différentes extrémités.

Le gouvernement actuel en France a pour mission, et il la connaît, de réparer tous les maux qui lui ont été légués et par l'absolutisme prodigue et ruineux, et par une licence dévergondée et desséchante. Il a assez d'occupations chez lui pour n'aller point s'immiscer dans les affaires des autres nations, dont il reçoit des leçons de plusieurs espèces comme la France leur en donne de son côté.

Dans ce mouvement universel de régénération qui travaille l'Europe, dans cette marche ascendante que cette contrée privilégiée poursuit depuis des siècles, gardons-nous avec soin que, sous l'empire de la peur ou des préjugés, nous mettions sur le compte des passions et des erreurs momentanées ce qui est l'œuvre d'idées saines et fortes, ayant leur raison dans des besoins profonds et réels. La révolution française, comme grand événement, a été la cause de plusieurs événemens postérieurs bons et mauvais comme elle; mais il y a des événemens qui n'en sont pas l'effet nécessaire, maint et maint changemens peuvent être réclamés par les besoins actuels de différens peuples, sans qu'ils doivent être considérés comme la conséquence directe et immédiate de cette révolution française; ils peuvent être exigés par les dogmes sortis de cette révolution, excités, encouragés même jusqu'à un certain point par cet événement colossal; mais ils n'en sont pas toujours la création factice : si on ne sait pas le voir, on tombe dans une confusion perpétuelle, on calomnie souvent des intentions droites, on méconnaît des intérêts véritables, par cela même qu'ils se présentent sous le masque d'une révolution.

En présence des utopies dites progressives, au lieu de s'occuper à en extraire le vrai (toute utopie ayant son côté

vrai), on met d'autres utopies dites conservatrices ; on veut
faire de l'actualité, d'un côté avec ce qui ne peut nullement
exister, de l'autre, avec ce qui n'a pu exister qu'autrefois :
on tombe également dans l'idéologie, on se livre des combats à outrance avec des mots vides de sens, qui malheureusement n'en font pas moins couler le sang.

Cette distinction des faux et des vrais intérêts, commandée par le plus gros bon sens dans l'intérêt des États, est
également indispensable dans les rapports qui existent entre
eux. L'ombre fatale qui plane aujourd'hui sur toutes les
questions internationales, qui obscurcit toutes les vues,
rend impossibles les résolutions fermes ; c'est l'habitude
malheureuse de raisonner politique le cœur gros de passions
et de l'esprit de parti, de mêler des affaires d'intérêts avec
des affaires de sentimens, de confondre des choses que l'on
doit soigneusement séparer sous peine de commettre des
fautes irréparables. C'est ainsi que l'on est arrivé au système que, dans l'argot du jour, on désigne sous le nom de
système d'alliances de principes. Les alliances de principes !
ce mot n'a pas de sens ; mais, comme l'observe la spirituelle madame de Staël, « il y a des phrases pour tout, particulièrement pour les Français, qui ont tant servi, pour
tant de buts divers et momentanés. » Si les principes pouvaient s'allier par eux-mêmes comme dans un livre, abstraction faite des États, on concevrait cette alliance par com-
patibilité d'humeurs ; mais entre peuples ayant des intérêts
divers ou contraires, comment concevoir cette alliance sym-
pathique ? C'est là de la politique romantique qui ne cadre
guère avec les faits et que chaque page de l'histoire se charge
de démentir. Que m'importe à moi, république de Venise,
que vous, France royaliste, vous soyez devenue aussi république, si un beau jour vous envoyez le général Bonaparte
me renverser d'un coup de sabre, et puis me livrer, mains et
poings liés, par le traité de Campo-Formio, à la despotique

Autriche ! Que m'importe à moi la Grande-Bretagne, le pays
de la Grande-Charte, qu'il y ait ou non des ministres responsables à Vienne, ou deux chambres à Saint-Pétersbourg,
si je puis en avoir quelques milliers de baïonnettes belles
et luisantes qui me font obtenir un Waterloo ? Que m'importe à moi, royaume constitutionnel des Pays-Bas, qu'il y
ait un gouvernement représentatif en France, si elle m'enlève la moitié de moi-même pour en faire son satellite sous
le nom de royaume de Belgique ? De pareils exemples pul-
lulent sous notre plume ; nous n'avons que l'embarras du
choix.

On ne saurait trop le répéter, pour agir en parfaite connaissance de cause, il faut voir clair dans les événemens,
et jamais on ne parviendra à les mettre en lumière, si on ne
se dégage de la fantasmagorie révolutionnaire. Un changement de dynastie a eu lieu dernièrement en France ; l'histoire impartiale témoignera éternellement de tout ce que
la France doit à la famille des Bourbons : l'élément le plus
essentiel de sa grandeur, sa magnifique unité nationale,
est l'œuvre tout entier d'une politique habile et persé-
vérante, d'une série de zélés et sages monarques, quoique
la Révolution se soit attribué le mérite de sa création,
comme celui de la fondation de l'égalité civile. Encore une
fois, les révolutions ne créent pas les événemens, elles ne
font que les précipiter et les achever. Cette tendance vers
la concentration du pouvoir se manifesta simultanément
dans toute l'Europe : elle tient à des causes générales et
éloignées, mais après la Russie, nulle part elle ne réussit
autant qu'en France. Il est possible que dans les efforts prolongés des rois de France il entrait plus de calculs d'intérêts princiers et de gloire personnelle que de vues d'utilité
publique et d'avenir national ; mais toujours est-il que ces
princes surent au moins confondre leurs vues personnelles
avec les intérêts du pays, qu'ils surent se pénétrer de pas-

sions largement égoïstes, de ces passions presque sans personnalité, tant elles embrassent d'intérêts généraux et de gloire nationale. Les hommes individuellement sont incapables de s'élever à la prévoyance de ces grands résultats qu'une longue succession d'années et de travaux peut seule amener : instrumens aveugles entre les mains de la Providence, ils ne peuvent jamais s'élever à la hauteur, à la juste appréciation de l'œuvre à laquelle ils concourent ; leur mérite, le seul qu'ils puissent revendiquer, et il est grand, c'est d'avoir employé leurs efforts et leur temps à l'accomplissement de ce qui leur paraît immédiatement bon et nécessaire. La France, sous ce rapport, nous le répétons, est redevable de grands bienfaits à la maison des Bourbons. Malheureusement, comme il arrive assez souvent, ce qui a fait leur gloire et leur a créé les plus grands titres à la reconnaissance nationale, a produit leur ruine ; la concentration du pouvoir a fait leur fortune et celle de la nation, le despotisme a amené leur malheur et celui de leurs sujets. Dans les derniers temps ils étaient devenus tellement antipathiques à la nation, que dès les premiers jours de la Révolution, même sous le règne de l'excellent Louis XVI, si on lit les annalistes du temps, on voit qu'une idée assez répandue, plus ou moins enracinée dans les consciences, c'était que la nation ne pourrait sortir du cercle des malheurs qui l'environnaient que par un changement de dynastie. Que cette idée fût juste ou fausse, peu importe, toujours est-il que quarante années d'événemens n'ont fait que la transformer de simple idée en croyance, de croyance en vœu national. C'est un vœu subversif, dira-t-on, d'un principe salutaire ; d'accord. Tous ceux qui le soutiendront, s'ils le font de bonne foi et uniquement pour l'amour du principe, seront universellement considérés comme les honorables défenseurs d'un des plus grands principes politiques, et l'estime de tous les gens de bien leur est acquise ;

mais cela n'empêchera pas des personnes qui se trouvent en dehors de toute préoccupation locale, de reconnaître que les faits ne s'accordent pas toujours avec les principes, qu'il y en a, comme celui-ci, qui s'appuient sur des généralités, qui comme telles laissent en dehors des faits qui, quoique exceptionnels, n'en sont pas moins légitimes, si ce n'est aux yeux de la science pure, abstraite et métaphysique, du moins aux yeux du bon sens et de la raison. L'histoire de tous les temps vient à l'appui de ce que nous avançons. La France change pour la troisième fois de dynastie; la maison d'Orléans est la quatrième qui monte sur le trône de Clovis. L'Angleterre, l'Espagne, le Portugal, l'empire d'Allemagne, la Suède, la Russie, ont eu leurs rois détrônés et leurs changemens de dynastie, sans que cela fût toujours l'œuvre d'une révolution dans le sens que l'on donne aujourd'hui à ce mot et sans que ces pays cessassent d'être monarchiques. Nous ne reprendrons pas l'histoire de chacun d'eux; mais nous nous arrêterons un instant sur le changement de dynastie qui eut lieu en Russie.

On peut dire du peuple russe plus que de tout autre que ce qu'il est il l'est par ses princes : c'est à eux et à eux seuls qu'il doit sa religion, ses lois, la destruction de la féodalité des princes apanagers, la gloire éternelle de ses triomphes sur les Tartares, ses vastes possessions, sa civilisation, en un mot, sa grandeur. Ceci est aussi vrai pour les princes de la dynastie de Romanow que pour ceux de la dynastie de Rurick : c'est cette première dynastie qui lui a fourni cette succession de grandes figures historiques d'O-leg (1), d'Olga, de Wladimir *le Chrétien*, de Jaroslaf *le Législateur*, de Wladimir *le Monarque*, d'Alexandre Newsky, d'Iwan Ier, de Dunotry Donskoy, etc. ; et cependant il est arrivé un moment où la nation entière se trouva tellement

---

(1) Quoique simple tuteur du jeune Igor, il était de la même famille.

dégoûtée de cette dynastie, que son respect superstitieux pour les descendans de Rurick se changea en une animadversion universelle : elle s'affaissa comme d'elle-même sous le poids de l'animosité nationale et fit place à la dynastie de Romanow qui fut élevée sur le pavois aux acclamations générales, sans obstacle aucun, avec une promptitude et une facilité merveilleuses. Que le dégoût pour cette dynastie vînt des monstruosités d'Iwan IV ou d'une autre cause, peu importe : ce qui est constant, c'est que la nation se leva comme un seul homme pour briser le fil de la légitimité qui avait fait toute sa grandeur passée, en s'empressant toutefois de le renouer immédiatement et de lui vouer depuis ce respect religieux qui a amené sa grandeur nouvelle et lui a fourni jusqu'à ce moment cette admirable et brillante série de glorieux princes. La politique du jour peut blâmer ces faits; mais l'histoire doit les enregistrer avec soin, pour les mettre au service de cette politique plus élevée qui est la fille des siècles et de l'expérience.

Nous ne pouvons pas lire dans les décrets de la Providence, nous ne pouvons pas savoir quel sort elle destine à l'Europe; mais à voir le progrès toujours croissant que la royauté n'a cessé d'y faire, depuis le premier établissement des peuples barbares, à travers mille et mille obstacles, à travers des époques si différentes; à voir le culte universel plus ou moins raisonné dont elle jouit partout sans exception sur notre continent, on ne peut que lui prédire un long avenir.

Le pouvoir féodal a péri, le pouvoir ecclésiastique a péri, le pouvoir municipal a péri; elle seule a vécu, elle seule a grandi; et de nos jours, en France, le pouvoir aristocratique est renversé, le pouvoir spirituel anéanti, le pouvoir démocratique à son déclin; elle seule se soutient, elle seule est debout : c'est elle qui est en ce moment le *palladium* de toutes les libertés publiques si chèrement acquises;

c'est elle qui sert de digue salutaire entre les prétentions rivales, entre les vieux partis, les vieux préjugés, les vieux intérêts et les nouveaux partis, les nouvelles exagérations, les nouveaux intérêts; c'est elle enfin qui sert de point de ralliement autour duquel se rangent, se groupent, s'organisent à l'heure qu'il est toutes les nouvelles forces sociales, forces encore inconnues en Europe, dont le nom ne se trouve point dans le vieux vocabulaire politique. C'est autour d'elle, sous son aile tutélaire, que se forme, se développe chaque jour cette aristocratie qui n'est ni l'aristocratie des castes orientales, ni l'aristocratie patricienne de Rome, ni l'aristocratie ténébreuse de Venise, ni l'aristocratie courtisanesque de l'ancien régime. C'est sous ses auspices qu'apparaît une démocratie qui n'est ni l'orthocratie turbulente d'Athènes, ni la plèbe exigeante de Rome, ni la Jacquerie du moyen âge, ni la tourbe fangeuse de la République. C'est sous son abri que commence à poindre une aurore spirituelle qui n'est ni l'omnipotence sacerdotale de la cour de Rome, ni la toute-puissance inquisitoriale monacale de l'Espagne, ni la mystérieuse influence des disciples de Loyola. Là s'élève, pour qui observe, des forces nouvelles renfermant dans leur sein les élémens indispensables à toute existence sociale, purs, dégagés d'élémens hétérogènes, dans leur nature vraie, légitime et rationnelle. En effet, qui ne peut apercevoir que chaque jour vient ajouter une nouvelle pierre à la construction d'une aristocratie véritable fondée sur le talent, les vertus, les services rendus : aristocratie proclamée par la conscience publique, consacrée par la loi, honorée spontanément par la patrie, dont elle est en même temps l'honneur ? Qui ne peut remarquer cette démocratie d'élite composée d'une multitude d'électeurs et d'éligibles de toute espèce, enrôlée sous la bannière de la loi, disciplinée par elle, appelée à s'occuper plus ou moins des affaires de la commune patrie, s'identifiant avec elle politiquement comme elle l'est déjà moralement ? Qui ne peut découvrir la réapparition de cet éternel et indestructible flambeau, de cette colonne lumineuse qui a pour base dans notre cœur ce sentiment qui a fait donner de l'homme la meilleure des définitions, celle d'*animal religieux,* et pour consécration cette religion céleste qui, seule parmi toutes les religions connues , a su répondre à cette triple question que chacun de nous s'est faite en arrivant ici-bas : *D'où viens-tu? où es-tu? où vas-tu?*

CHAPITRE VI.

Révolution religieuse.

Nous sommes amené à aborder et à discuter très-rapidement, comme nous l'avons fait pour tout le reste , une nouvelle matière : je veux parler de l'absence de foi des temps actuels , cette terrible plaie de notre époque dont on a fait peser encore la responsabilité exclusivement sur la France. Quand on a dit : C'est la faute de Voltaire et de Rousseau, on a cru tout dire, on croit être quitte avec sa conscience. L'indifférence d'un si grand nombre d'esprits, tant en France qu'au dehors, à l'égard d'une croyance qui depuis deux mille ans a fait marcher à sa voix, a dirigé souverainement une grande partie de l'humanité, qui a été le soutien et le guide du monde civilisé, ne peut être l'œuvre ni d'un jour, ni d'un homme, ni d'un peuple, ni d'un siècle. On n'ébranle pas du jour au lendemain l'empire d'un dogme que les siècles ont fondé, et une nation, quelle qu'elle soit, ne peut détruire la puissance d'une doctrine dont le trône est assis sur une grande portion du genre humain. La France, comme la plus vieille des nations européennes, en a ressenti le premier ébranlement fort qui se manifeste dans tout le continent et s'étend d'une extrémité à l'autre.

Pour prouver cette assertion, nous n'avons pas besoin de rappeler la grande révolution amenée dans le domaine de la religion par l'avénement de la Réforme, qui n'a pas éclaté en France et n'a pas triomphé en France. Quelle que soit cette révolution, les principes sur lesquels elle s'appuie, nous paraissent revêtir un caractère si différent de ceux que consacra plus tard la philosophie du dix-huitième siècle, que nous n'hésitons pas à voir dans la Réforme une ébauche d'insurrection, une tentative de révolte avortée. Elle est si faible, si timide, qu'au lieu de proclamer son nom, elle le cache : fille de la philosophie, dont le redoutable empire apparaissait, elle nie de son mieux son origine : c'est la religion qu'elle reconnaît pour véritable mère, c'est en son nom qu'elle lutte, c'est avec ses armes qu'elle combat : elle n'en veut point aux croyances; c'est aux hommes qu'elle s'en prend, dit-elle, elle n'attaque pas les dogmes, elle ne vient que les purger, réparer les altérations qu'ils ont subies : qu'est-il résulté de cette forme d'attaque déguisée? C'est que, quel que fût l'ébranlement qu'en reçût l'Église, quelle que fût la modification que reçût le dogme chrétien, malgré la conflagration générale qui fut amenée en Europe, les effets de la Réforme furent plutôt matériels qu'intellectuels : il y eut du sang versé, des guerres terribles, le monde chrétien en émoi pendant des siècles, des schismes, des sectes formés avec des mots et des passions plutôt qu'avec des doctrines; le fond de la foi chrétienne resta intact, les dogmes principaux restèrent inébranlables. Bien plus, et chose digne de re-

marque, l'ardeur, l'animosité des combats, au lieu d'attié-
dir la foi, ne firent que la raffermir dans le cœur de ceux
qui se séparaient du catholicisme : de sorte que les néo-
phytes du protestantisme, quelque divisés ou subdivisés
qu'ils soient dans leurs rites, présentent en ce moment
plus de conviction, plus de fermeté dans leurs croyances
chrétiennes que les autres adhérens du christianisme qui
persistèrent dans les pratiques religieuses, dans le culte
de leurs pères.

Il nous est permis donc de croire que la Réforme ne fut
qu'une révolte prématurée, un essai d'émancipation. La
révolution spirituelle n'était pas mûre; des circonstances
fortuites la firent éclater au dehors avant le temps; elle
devait dévier de son chemin naturel et logique et s'égarer
dans des détours. Cependant elle ne put déguiser entièrement le principe philosophique qui lui servait de moteur
et fut le précurseur de la grande crise qui s'annonçait :
elle arriva.

Le grand drapeau de l'insurrection de la raison ne fut
levé que par la philosophie du dix-huitième siècle. Il fut
levé en France, celui-là. C'est en France que la religion,
pour la seconde fois depuis deux mille ans, se trouva en
face de la philosophie, que, pour la seconde fois, elle se vit
demander la production de ses titres à l'empire de l'humanité. C'est au dix-huitième siècle seulement qu'était
réservée au christianisme la même épreuve par laquelle il
avait été obligé de passer dès son début. Quand il parut
sur la terre, la foi païenne était agonisante et demi-morte :
c'est dans la philosophie qu'il rencontra son premier et sérieux adversaire. Il en triompha; mais bientôt il eut à
lutter contre ses propres enfans, contre les différentes
sectes sorties de son sein. C'est tout le contraire qui lui
arriva dans les derniers temps; ce sont les schismes qui
vinrent les premiers l'assaillir. La guerre sérieuse vint

après. A son apparition dans le monde, il s'agissait de sa fondation, il était question de son existence même, et alors les armes les plus redoutables, les armes philosophiques, devaient être employées contre lui ; quand une fois son empire fut établi, il n'y avait que des insurrections partielles qui pouvaient encore venir le harceler. Dernièrement, son pouvoir étant encore généralement affermi, ce sont des révoltes partielles qui devaient commencer par le miner et préparer contre lui l'explosion universelle qui éclata bientôt après. On voit que c'est la même épreuve dont il a triomphé à son début qu'il rencontre aujourd'hui, seulement cette épreuve est renversée dans ses élémens par des raisons que nous venons d'indiquer ; mais au fond, elle est toujours la même, elle a toujours pour base cette mutinerie de l'esprit humain essentielle, il faut le dire, à sa nature ; ce besoin de la liberté spirituelle qui fait sa plus belle prérogative, sans laquelle il n'y aurait pour lui ni mérite ni démérite. Si l'homme sacrifie cette liberté en matière de foi, comme il doit le faire, c'est encore parce qu'il le veut bien et en tant qu'homme libre.

Or, ce besoin d'investigation ne pouvait manquer d'apparaître non seulement en France, mais dans toute l'Europe avec l'introduction des lettres et le développement de l'esprit humain ; il devait même se manifester d'autant plus exigeant et tumultueux que des événemens malheureux l'avaient long-temps retardé, que de longs siècles d'une nuit profonde avaient passé sur l'Europe, et que toutes les habitudes de liberté spirituelle comme de toute espèce de liberté avaient depuis long-temps disparu de ce sol en proie à toutes les désolations, livré à toute espèce de despotismes.

La foi ne laissant pas de place à la contradiction dans l'ame des fidèles, ceux qui tenaient le gouvernail des consciences s'endormirent dans une sécurité parfaite, la science sublime, les vertus des premiers fondateurs du

christianisme disparurent entièrement chez leurs successeurs; bien plus, ils exploitèrent avec une perfidie indigne
de leur sainte mission la trop facile crédulité des peuples,
ils abusèrent de leur confiance illimitée et exploitèrent leur
foi au profit de leur cupidité. Loin de leur offrir l'exemple
de l'accomplissement des préceptes dont ils tenaient le sacré dépôt, ils étalèrent des souillures d'autant plus scanda-
leuses, que les esprits des croyans commençaient à se réveiller et que la foi faisait place au libre examen. Au
milieu d'un siècle déjà envahi par le doute, où la vérité
de notre religion était déjà mise en suspicion, des ministres
indignes de cette religion en salissaient impudemment le
céleste manteau de leurs tristes et impurs quolifichets mon-
dains, entouraient son flambeau, obstruaient sa lumière
de leurs passions profanes; leur avidité révoltante, leurs
ambitions terrestres, leurs intrigues subalternes, leurs
rivalités, leurs vengeances, ont accéléré en France particulièrement la révolution religieuse que l'on y subit en ce
moment, comme la révolution politique fut hâtée par ces
illustres rejetons de glorieux ancêtres, qui avaient compromis leur position sociale et mis en suspicion toute supériorité légitime par leurs immoralités, leurs débauches,
leurs frivolités, leur insouciance.

Mettre une trève aux abus crians des serviteurs de l'Église,
en les excluant entièrement des affaires mondaines, demander compte à la religion, lui demander à quel titre elle prétend à l'empire des consciences, voilà le double mobile qui
pousse la révolution religieuse dont le terme est loin d'être
atteint en Europe. La tentative du seizième siècle n'eut pas
d'autre cause; seulement la partie du mouvement qui
s'attaquait à la religion dévia entièrement et fit fausse
route, tandis que celle qui frappait le prêtre, quoique
aussi prématurée que l'autre, obtint, après un long travail
et beaucoup de difficultés, de grandes conséquences, grace

aux secours et à l'appui qu'elle trouva dans les chefs des
nations. Le principe de la liberté philosophique n'étant pas
assez enraciné dans les esprits, il fut loin de s'attaquer,
comme dernièrement, à tout ce qui existait; les institutions politiques et sociales furent entièrement épargnées,
dès-lors les gouvernemens, un grand nombre d'entre eux
au moins, en parfaite sécurité sur leur existence, ne purent
que favoriser une entreprise qui les délivrait de l'onéreuse
tutelle de la cour de Rome, des abus et des prétentions de ses
officiers. Il en fut autrement dans les derniers temps : la
révolte de l'esprit humain étant générale contre tout ce qui
existait, les attaques dirigées contre les prêtres perdirent
leur caractère spécial et furent comme noyées dans cette
lutte universelle; la cause du clergé fut regardée comme la
cause de la religion, de même que la cause de la religion
fut considérée comme la cause de la société.

Quelques mots maintenant sur chacun de ces deux élémens moteurs de l'insurrection spirituelle.

Il fut une époque, dans notre histoire, où une multitude
infinie d'êtres, dont un grand nombre n'avaient de l'homme
que la figure humaine, vinrent se précipiter sur un espace si
étendu de notre globe, avec une telle impétuosité, que les
sciences, les arts, les inventions, tout ce que la civilisation asiatique avait légué à la Grèce, tout ce que celle-ci avait
transmis au monde romain, paraissait devoir être à jamais
anéanti, partout où un germe de civilisation existait, partout les flots de l'inondation barbare avaient pénétré et
avaient tout englouti; l'espèce humaine semblait devoir
revenir à son état primitif et sauvage et recommencer alors
le travail de ses premiers pères. Dans ce cataclysme universel, les lois, les institutions, les traditions de l'ancienne civilisation ne furent sauvées que par une seule
arche de salut, une nouvelle arche de Noé : cette arche fut
l'Église. A peine les orages de la persécution païenne, des

poursuites de la philosophie, des attaques d'une multitude
de schismes, auxquels elle fut long-temps en butte, commençaient à se calmer; à peine son dôme brillant commençait à luire de tout son éclat sur l'horizon, qu'une nouvelle
tempête, la tempête barbare, vint l'assaillir et la mettre à
la merci des vents et des flots. Long-temps ballotée, long-
temps livrée à de violentes secousses, elle dompte enfin les
nouveaux ennemis que la Providence avait déchaînés contre
elle, bien plus, elle s'en empare, elle en fait ses serviteurs
et ses fidèles. Seule dépositaire de la civilisation antique,
seule gardienne de la nouvelle doctrine de Jésus, qui devait
désormais servir de base à cette civilisation, elle instruit,
elle catéchise les nouveaux-venus; elle les place au banquet
des jouissances spirituelles; elle les conduit, elle les gouverne dans tous les momens de leur vie, depuis l'enfance
jusqu'à la mort. Ses préceptes, ses conseils entrent dans la
chaumière comme dans le palais, s'introduisent dans le
foyer domestique comme sur la place publique; ils apparaissent dans les camps des combattans comme sur les
champs du laboureur: l'homme, la société, le gouvernement, tout est son œuvre. Elle enseigne dans les colléges,
elle cultive la terre, elle dicte la loi, elle dirige les mains
armées; tout lui est soumis, tout se prosterne devant ses
lumières et ses bienfaits.

Cette Église a son sanctuaire dans la ville des Césars, la
capitale de la civilisation romaine est le siége, la métropole de l'empire chrétien : c'est de là que son chef, représentant de Jésus-Christ, la tête ceinte de la triple couronne,
enveloppé de la pourpre romaine, la crosse du commandement sacré à la main, du haut de sa chaire pontifi-
cale, anime de ses inspirations la troupe immense de ses
dévoués missionnaires qui couvrent l'Europe, dirige leurs
travaux et bénit leurs efforts. Long-temps l'Europe entière
obéit à sa voix comme un seul homme; les États, les

circonscriptions politiques ne sont que des diocèses, des fractions de son vaste empire, les rois ne sont que ses délégués.

Il faut l'avouer, la supériorité de notre continent, qui consiste dans son unité morale qui se transforme de jour en jour en une vaste unité politique, est l'œuvre de cette admirable unité ecclésiastique qui l'a gouverné pendant des siècles. Le clergé catholique a rendu d'immenses services à la cause de la civilisation, non seulement en éclairant les ames, non seulement en instruisant des barbares, en gouvernant des sociétés qui étaient dans l'enfance, mais encore en imprimant à une grande partie de l'humanité cette belle et magnifique uniformité qui est un des traits principaux et caractéristiques de la civilisation chrétienne, et qui, comme l'égalité civile, est un des corollaires de la doctrine de la fraternité des hommes et de leur dépendance d'un seul père et auteur commun. « Il n'y a, écrivait saint Paul aux Galates, ni Juifs, ni Grecs, ni esclaves, ni libres, ni mâles, ni femelles, car vous êtes tous une même chose en Jésus-Christ. »

Telle fut la mission du christianisme après l'invasion, après cette submersion du monde romain dans le monde barbare : elle fut grande, elle fut belle, elle dura pendant des siècles, mais elle devait cesser ; c'était une tutelle qui devait avoir son terme. Tant que la direction des ames lui était impossible sans le gouvernement des hommes, tant que les sociétés humaines et leurs chefs se trouvaient complètement étrangers aux saines maximes qui doivent présider à l'existence de toute société, l'intervention de la religion dans la vie politique des peuples était une nécessité pour les fidèles, un devoir rigoureux pour les ministres de l'autel.

Dès que les hommes furent remis sur le chemin des lumières et du progrès, dès que les sociétés eurent une conscience nette de leur existence et du but qu'elles doivent poursuivre ici-bas, dès que le monde chrétien fut assujetti à une même loi, à une même marche, l'action laïque de l'Église devait cesser ; ses officiers devaient rentrer dans le sanctuaire, le christianisme devait s'envoler vers la sphère immatérielle et céleste d'où l'invasion barbare l'avait fait momentanément descendre. Son empire sur les hommes cessait, mais son empire sur les ames continuait ; son empire en Europe se transformait, mais son empire sur le monde commençait.

Tel nous paraît être le sens d'un des élémens de la révolution religieuse qui s'accomplit dans la société chrétienne : victorieux déjà en Allemagne, en Angleterre, en France, il se déclaro déjà dans la péninsule ibérique ; la domination cléricale devait s'y maintenir plus long-temps, après les services éclatans qu'elle avait rendus en Espagne, dans un de ses événemens les plus grandioses et qui n'est pas très-ancien, l'expulsion des Maures. Il réussira un peu plus difficilement en Italie, centre jadis si lumineux de la puissance épiscopale, et dont le sort politique est et sera entre les mains d'une puissance catholique et stationnaire, l'Autriche. Mais il poursuivra son cours partout, et le dernier jour de sa victoire complète n'est pas, je crois, bien loin.

Quant à la Russie, héritière des traditions de l'Église d'Orient, dont l'action fut maintenue toujours dans le domaine spirituel, elle peut être citée, contre les prétentions du clergé catholique, comme un exemple et une preuve accablante de la grande et puissante influence du prêtre, même en dehors de toute participation aux affaires du monde.

A côté de cette révolution, que j'appellerai cléricale ou ecclésiastique, il en est une autre avec laquelle il ne faut pas la confondre, qui est terrible, qui durera plus long-temps, qui aura, nous l'espérons du moins, une fin toute contraire, et qui constitue, à l'heure qu'il est, la crise mo-

rale la plus redoutable que l'humanité ait jamais traversée.
Celle-là ne s'attaque pas au prêtre, mais à la loi même
dont il est le ministre, ne s'attaque pas à l'Église, mais à
la doctrine dont elle est dépositaire ; c'est à cette doctrine
même qu'elle s'adresse pour lui demander d'où elle vient,
ce qu'elle veut ; quels sont ses droits à l'obéissance des
ames, à l'empire des consciences ; à quel titre elle ordonne
ceci et défend cela ; à quel titre elle s'appelle religion et
exige la foi ?

Il y a deux mille ans que les mêmes questions lui furent
faites, et d'une manière bien plus pressante, bien plus universelle : quelles que fussent l'atonie et la décadence des
croyances anciennes, elles n'avaient pas disparu ; l'empire
de Jésus ne pouvait s'élever que sur les débris de l'empire
d'une foule de dieux encore debout : il les renversa tous
les uns après les autres ; ils passèrent comme l'ombre,
leurs autels vermoulus tombaient au seul souffle de la parole du Christ. La doctrine seule, abandonnée, sans l'appui
des grands, sans le secours des peuples, répondit aisément,
simplement, clairement à toutes les philosophies ameutées ;
deux mots lui suffirent pour mettre au néant et leurs doctrines fallacieuses, et leurs systèmes éternellement incom-
plets et contradictoires. Chaque obstacle qui lui était suscité ne servit qu'à lui faire déployer sa grandeur, à assurer
davantage son triomphe ; le jour vint où peuples et rois,
hordes barbares et nations civilisées se prosternèrent devant elle et la reconnurent comme le flambeau d'en-haut,
comme leur guide éternel.

Quand Jésus parut sur la terre, le monde civilisé tout
entier était parvenu au dernier degré de lassitude morale,
d'abrutissement intellectuel, de dégradation sociale : il
était dévoré par le doute, miné par l'immoralité et usé par
le despotisme. Au fond de la Judée, quelques paroles furent
prononcées, et leur écho se fit entendre jusqu'aux extré-

mités du monde connu alors; le doute s'évanouit, la morale s'élève sur une base désormais indestructible, et peu à peu le despotisme s'efface et s'éclipse de lui-même.

Nous sommes bien oublieux! La philosophie d'aujourd'hui ne se souvient plus de ses défaites d'autrefois; elle revient à la charge, elle revendique ses titres au nom de la raison humaine, elle accable la doctrine chrétienne des mêmes interpellations, elle doute de sa véracité; ou bien elle croit pouvoir facilement se passer de son appui; elle se confie à elle-même, elle pense pouvoir suffire seule aux exigences de la nature humaine : matière d'un être imparfait, elle se croit parfaite; œuvre d'un être borné, elle croit pouvoir étancher la soif de l'infini qui est un des attributs fondamentaux de notre nature.

L'homme de notre Europe, long-temps courbé sous le joug de l'ignorance, se sent déjà maître de lui-même; il essaie ses forces, il a déjà brisé tous les liens qui le tenaient garrotté, ingrat qu'il est, il s'en prend maintenant à la religion qui l'a conduit là où il est. Mais n'importe, cette révolte, elle atteste sa noble origine, elle témoigne de sa liberté; mais atteste-t-elle aussi sa sagesse? prouve-t-elle la connaissance de lui-même et de sa nature? Voyons-le.

Et d'abord qu'il entre un instant en lui-même, qu'il examine ce qui se passe dans son intérieur, qu'il interroge tant soit peu son cœur; et il trouvera, dans ses plus profonds replis, ce sentiment sublime qui d'un seul bond place l'être humain au-dessus de la nature, qui l'entoure, dresse son front vers le ciel, le met en communication avec la source de toutes choses; sentiment qui prend mille couleurs, revêt mille formes, se manifeste dans tous les instans de la vie, constant, indélébile, indéfinissable. « Et comment définirait-on cette impression que produit sur vous une nuit obscure, une antique forêt, le vent qui gémit à travers les ruines ou sur des tombeaux, l'Océan qui se prolonge au-delà des regards? Comment définirez-vous l'émotion que vous causent les chants d'Ossian, l'église de Saint-Pierre, la méditation de la mort, l'harmonie des sons ou celle des formes? Comment définirez-vous la rêverie, ce frémissement intérieur de l'ame où viennent se rassembler, et comme se perdre dans une confusion mystérieuse, les puissances des sens et de la pensée? Comment définirez-vous ce centre commun où se réunissent, au-dessus de l'action du temps et de la portée du vice, toutes les idées de justice, d'amour, de liberté, de pitié qui, dans ce monde d'un jour, composent la dignité de l'espèce humaine; cette tradition permanente de tout ce qui est beau, grand et bon à travers l'avilissement et l'iniquité des siècles, la voix éternelle qui répond à la vertu dans la langue, l'appel du présent à l'avenir, de la terre au ciel, le recours solennel de tous les opprimés dans toutes les situations, la dernière espérance de l'innocence qu'on immole et de la faiblesse qu'on foule aux pieds? » (Benj. Constant, Polit. const., tom. 1er, 2e partie, ch. xxiii.)

Oui, tous tant que nous sommes, nous portons dans notre sein ces liens mystérieux qui enlacent notre nature, l'attachent à tout ce qui nous entoure, hommes et choses. La majesté de la création nous anéantit, sa beauté nous émerveille et nous charme, nos semblables nous attirent, leurs actions, leurs sentimens, leurs pensées viennent se refléter perpétuellement dans notre ame toujours épanouie, toujours prête à les recevoir. L'homme, lancé au milieu d'un monde si grand, si beau, si varié, si harmonique, sent qu'il n'est pas l'unique objet de la création; il porte sa pensée et son cœur sur tout ce qui l'environne; il craint, il aime, il espère, il adore, il pense, il veut, et dans tous ses désirs, dans tous ses mouvemens, il se sent sous l'empire d'une force supérieure constante, invincible, où viennent aboutir et se perdre toutes les idées, tous les sentimens; dont l'aspect sublime, la présence mystérieuse a arraché à l'incrédule Voltaire ces vers admirables :

> D'un Dieu tout-puissant tout annonce l'existence,
> On ne peut le comprendre, on ne peut l'ignorer ;
> La voix de l'univers atteste sa puissance,
> Et la voix de nos cœurs dit qu'il faut l'adorer.

Mais ce sentiment vague, confus, est commun au chrétien catéchisé comme à l'habitant de la Nouvelle-Hollande : c'est le fond des croyances du sauvage errant comme de l'homme civilisé, parce qu'il est inséparable de notre nature. Mais est-ce là la religion ? A la fin d'une époque monstrueuse, où des tigres à face humaine crurent devoir décréter la reconnaissance du sentiment religieux, tant il avait été étouffé par le flot tumultueux des passions bourbeuses, tant sa disparition momentanée avait répandu des ténèbres affreuses, sa réapparition spontanée dans les cœurs a pu être considérée comme une merveille ; elle était cependant bien naturelle ; mais de là à une croyance, c'est-à-dire à une foi complète, à une doctrine qui vienne résoudre les grands problèmes de notre existence et de notre fin, de ce monde et de ceux qui l'entourent ; qui vienne nous expliquer les notions du bien et du mal, du juste et de l'injuste qui inquiètent l'homme depuis son premier âge jusqu'à sa mort, quelle distance, quel abîme ! « Ou je m'abuse étrangement, dit M. Guizot, ou ce sentiment religieux n'est point l'expression complète de la nature religieuse de l'homme ; la religion est tout autre chose et beaucoup plus.

« Il y a dans la nature humaine, dans la destinée humaine, des problèmes dont la solution est hors de ce monde, qui se rattachent à un ordre de choses étranger au monde visible et qui tourmentent invinciblement l'homme, qu'elle veut absolument résoudre. La solution de ces problèmes, les croyances, les dogmes qui la contiennent,

qui s'en flattent du moins : tels sont le premier objet et la
première source de la religion. »

Une autre route y conduit les hommes. Pour ceux qui
ont fait des études philosophiques un peu étendues, il est,
je crois, évident aujourd'hui que la morale existe indépendamment des idées religieuses, que la distinction du bien
et du mal moral, l'obligation de fuir le mal et celle de faire
le bien sont des lois que l'homme reconnaît dans sa propre
nature aussi bien que les lois de la logique, et qui ont en lui
leur principe, comme dans la vie actuelle leur application.
Mais ces faits constatés, la morale rendue à son indépendance, une question s'élève dans l'esprit humain : d'où
vient la morale? où mène-t-elle? cette obligation de faire
le bien, qui subsiste par elle-même, est-elle un fait isolé,
sans auteur, sans but? ne cache-t-elle pas plutôt, ne ré-
vèle-t-elle pas à l'homme une origine, une destinée qui
dépasse ce monde? Question spontanée, inévitable, et par
laquelle la morale, à son tour, mène l'homme à la porte
de la religion et lui ouvre une sphère dont il ne l'a point
empruntée.

« Ainsi, d'une part les problèmes de notre nature, de
l'autre la nécessité de chercher à la morale une action,
une origine, un but, voilà pour la religion des sources
fécondes et assurées : ainsi, elle se présente sous de bien
autres aspects que celui d'un pur sentiment tel qu'on l'a
décrit; elle se présente comme un ensemble 1° des doctrines suscitées par les problèmes que l'homme porte en
lui-même; 2° des préceptes qui correspondent à ces doctrines et donnent à la morale naturelle un sens et une
sanction; 3° de promesses infinies, qui s'adressent aux
espérances d'avenir de l'humanité. Voilà ce qui constitue
vraiment la religion, voilà ce qu'elle est au fond, et non
une forme de sensibilité, un élan d'imagination, une variété de poésie. » (Hist. de la civilis. en Europe.)

« L'esprit humain a cherché de tout temps à résoudre ces
éternelles questions, à expliquer et l'homme et le monde. Depuis l'époque de la plus haute antiquité jusqu'à la philosophie grecque, qui est la plus connue, que de trésors de sciences, que d'efforts d'intelligence que nous soupçonnons plus,
que nous ne connaissons pas, et qui faisaient dire au prêtre
Saïs parlant à Solon : « Athéniens, vous n'êtes que des enfans !! » Et depuis Thalès jusqu'à l'école d'Alexandrie, que
d'essais prodigieux, que d'admirables systèmes élevés, bouleversés, remplacés ! Où sont-ils ? en voit-on seulement la
trace? Depuis l'apparition du christianisme, le travail de
l'esprit humain n'a pas cessé, la philosophie n'a jamais manqué d'apôtres : quelles sont ses doctrines avouées, reconnues,
adoptées par l'humanité? où est le code de vérité qu'elle
a découvert, qui puisse servir de guide au genre humain
dans cette vie laborieuse, douloureuse, qu'il traverse ici-
bas ? Et cependant cette philosophie a vécu déjà deux
mille ans ; et après deux mille ans, elle n'est pas arrivée à
un seul résultat accepté ou convenu ! » (Préface de M. Jouffroy aux œuvres philosophiques de Reid.)

« Je consultai les philosophes, dit Rousseau, je feuil-
letai leurs livres, j'examinai leurs diverses opinions; je
les trouvai tous fiers, affirmatifs, dogmatiques même,
dans leur scepticisme prétendu; n'ignorant rien, ne prou-
vant rien, se moquant les uns des autres, et ce point,
commun à tous, me paraît le seul sur lequel ils ont raison:
triomphans quand ils attaquent, ils sont sans vigueur en
se défendant; si vous pesez les raisons, ils n'en ont que
pour détruire; si vous comptez les voix, chacun est réduit
à la sienne : ils ne s'accordent que pour disputer. Les
écouter n'était pas le moyen de sortir de mon incertitude.

« Je conçus que *l'insuffisance de l'esprit humain* est la première cause de cette prodigieuse diversité, et que *l'orgueil*

est la seconde. Nous n'avons point la mesure de cette machine immense, nous n'en pouvons calculer les rapports, nous n'en connaissons ni les premières lois, ni la cause finale, nous nous ignorons nous-mêmes, nous ne connaissons ni notre nature, ni notre principe actif, à peine savons-nous si l'homme est un être simple ou composé; des mystères impénétrables nous environnent de toutes parts et sont au-dessus de la région sensible : *pour les percer, nous croyons avoir de l'intelligence et nous n'avons que de l'imagination.* Chacun se fraie à travers ce monde imaginaire une route qu'il croit la bonne; nul ne peut savoir si la sienne mène au but. Cependant nous voulons tout pénétrer, tout connaître. *La seule chose que nous ne savons point, c'est d'ignorer ce que nous ne pouvons savoir.* Nous aimons mieux nous déterminer au hasard et croire ce qui n'est pas, que d'avancer qu'aucun de nous ne peut voir ce qui est. Petite partie d'un grand tout, dont les bornes nous échappent et que son auteur livre à nos folles disputes, nous sommes assez vains pour vouloir décider ce qu'est ce tout lui-même et ce que nous sommes par rapport à lui. » (Émile, liv. IV.)

Voilà ce que nous apprend, si nous ne le savions pas nous-mêmes, un célèbre champion de l'intelligence révoltée, ce fameux porte-drapeau de l'émancipation de la raison, cet apôtre du doute. Son génie a percé le présent comme le passé, il a interrogé le monde ancien et les générations contemporaines; après s'être adressé tour à tour à lui-même et aux autres, il finit par s'écrier : « Être des êtres, je suis parce que tu es; c'est m'élever à ma source que de méditer sans cesse; *le plus digne usage de ma raison, c'est de m'anéantir devant toi;* c'est mon ravissement d'esprit, c'est le charme de ma faiblesse, de me sentir accablé de ta grandeur. » (Émile, liv. IV.) Prenons acte de l'aveu. Rousseau proclame la légitimité de la commission de la raison, et conclut, lui le philosophe novateur du dix-huitième siècle comme Pascal, l'écrivain religieux du dix-septième.» La dernière démarche de la raison, dit ce dernier auteur, c'est de reconnaître qu'il y a une infinité de choses qui la surpassent: elle est bien faible si elle ne va pas jusque-là. » Reconnaissons-le; si nous sommes grands par nos tendances, ce qui atteste notre divine origine, nous sommes petits et faibles dans nos moyens, ce qui prouve l'imperfection de notre nature. Un désir ardent, infini de connaître, nous tourmente sans relâche, une inaltérable soif de bonheur nous accompagne sans cesse, et ce double but se dérobe constamment à notre poursuite. Si notre ame en approche, c'est par le sentiment de son impuissance à l'atteindre; notre intelligence ne s'élève jamais plus haut que lorsque, plongeant son regard dans l'espace parcouru par l'humanité, elle le compare avec l'infini qui se présente devant elle, s'humilie profondément, et s'écrie par la bouche de Socrate : ἓν οἶδα, ὅτι οὐδὲν οἶδα, *je ne sais qu'une chose, que je ne sais rien.* » Et par celle de Platon : « Hélas ! je ne suis qu'une ame en débris, une ruine de moi-même. »

> Que celui qui l'a fait explique l'univers:
> Plus je sonde l'abîme, hélas ! plus je m'y perds,
> Ici-bas la douleur à la douleur s'enchaîne,
> Le jour succède au jour et la peine à la peine ;
> Borné dans sa misère, infini dans ses vœux,
> L'homme est un Dieu tombé qui se souvient des cieux.
>
> (LAMARTINE.)

C'est cette faiblesse de l'homme, cette impuissance de sa nature qui sert de base à la foi; quand l'homme cesse de comprendre, la religion arrive, et avec elle ce baume consolateur qui calme notre esprit, adoucit nos souffrances, éclaire notre marche : deux mots de sa part, et tous les orages de notre ame dévastée par le doute, dévorée par l'inquiétude, disparaissent. » Il y a un petit livre, dit M. Jouffroy, qu'on fait apprendre aux enfans et sur lequel on les interroge à l'église ; lisez ce petit livre, qui est le catéchisme, vous y trouverez une solution de toutes les questions que j'ai posées, de toutes sans exception. Demandez au chrétien d'où vient l'espèce humaine, il le sait ; où elle va, il le sait. Demandez à ce pauvre enfant, qui de la vie n'y a songé, pourquoi il est ici-bas et ce qu'il deviendra après sa mort ; il vous fera une réponse sublime qu'il ne comprend pas, mais qui n'en est pas moins admirable. Demandez-lui comment le monde a été créé et à quelle fin ; pourquoi Dieu y a mis des animaux, des plantes ; comment la terre a été peuplée, si c'est par une seule famille ou par plusieurs ; pourquoi les hommes parlent plusieurs langues, pourquoi ils souffrent, pourquoi ils se battent et comment tout cela finira ; il le sait. Origine du monde, origine de l'espèce, question des races, destinée de l'homme dans cette vie et en l'autre, rapport de l'homme à Dieu, devoirs de l'homme envers ses semblables, droit de l'homme sur la création, il n'ignore rien ; et quand il sera grand, il n'hésitera pas davantage sur le droit naturel, sur le droit politique, sur le droit des gens, car tout cela sort, tout cela découle avec clarté et comme de soi-même du christianisme. » (Mélanges philosophiques, section *Morale*, fragment III.)

Il n'y a aucun système philosophique qui ait su répondre d'une manière nette, complète, incontestable, à toutes ces questions ; il n'y en a aucun qui ait pu satisfaire aux besoins impérieux de notre nature : nous le répétons, les plus sublimes d'entre eux sont ceux qui ont proclamé la supériorité de la religion et se sont inclinés devant elle. « Peu de philosophies éloignent de la religion, a dit Bacon ; beaucoup de philosophies y amènent nécessairement. » — « Le dernier mot de la philosophie, a dit Hegel, c'est le christianisme ayant conscience de lui-même. » — « Il faut comprendre, a dit Fichte, ce qui est incompréhensible comme tel. »—« Un penseur allemand, dit madame de Staël, a déclaré qu'il n'y avait de philosophie que la religion chrétienne ; et ce n'est pas certainement pour exclure la philosophie qu'il s'est exprimé ainsi, c'est parce qu'il était convaincu que les idées les plus hautes et les plus profondes conduisent à découvrir l'accord singulier de cette religion avec la nature de l'homme. »—« C'est le même Dieu, dit M. Édouard Alletz, qui a fait la vraie religion et la raison humaine, la lumière révélée n'est qu'un complément de nos clartés naturelles ; une raison superbe qui résiste à la foi, est celle qui ne s'aperçoit pas de ce qui lui manque ; et quand nous reconnaissons la vérité du christianisme, c'est aux lueurs même de ce premier rayon qui va se rejoindre au soleil.

« Sans doute l'ignorant que la grace a touché n'a pas médité sur les preuves de ses croyances, mais il a le sentiment profond d'un accord merveilleux entre sa foi et son esprit : les vides se sont comblés, il n'y a plus d'ombre nulle part, son cœur est rempli et illuminé, et sa raison s'est perdue dans le Dieu qui la lui avait donnée.

« L'homme dont la foi est plus éclairée a éprouvé le besoin de la religion avant d'y croire, il a trouvé dans son ame un je ne sais quoi d'incohérent et d'inachevé ; sa raison lui a paru le reste ou le commencement d'une sagesse plus complète ; la morale naturelle n'a servi qu'à faire mieux reluire à ses yeux la beauté de l'Évangile, et plus il s'étudie lui-même, mieux il se persuade que le christianisme est d'origine céleste. D'autre part, le déiste qui approfondit les lois de la conscience, n'est pas loin de découvrir que le Dieu qui les a gravées dans son cœur a révélé dans le monde une loi plus parfaite.

« Si le christianisme est vrai, son empire sur les intelligences ne peut donc que gagner à l'étude de la loi naturelle. » (De la Démocratie nouvelle, tom. 1er, liv. V, ch. viii.)

« Je ne sais pas, dit Rousseau, pourquoi l'on veut attribuer aux progrès de la philosophie la belle morale de nos livres. Cette morale, tirée de l'Évangile, était chrétienne avant d'être philosophique. Les chrétiens l'enseignent sans la pratiquer, je l'avoue; mais que font de plus les philosophes, si ce n'est de se donner à eux-mêmes beaucoup de louanges qui, n'étant répétées par personne autre, ne prouvent pas grand'chose, à mon avis? Les préceptes de Platon sont souvent très-sublimes; mais combien n'erre-t-il pas quelquefois, et jusqu'où ne vont pas ses erreurs! Quant à Cicéron, peut-on croire que, sans Platon, ce rhéteur eût trouvé ses Offices? L'Évangile est, quant à la morale, toujours sûr, toujours vrai, toujours unique et toujours semblable à lui-même. » (IIIme lettre de la Montagne.)

Maintenant cet immortel auteur et tant d'autres que nous avons cités et que nous n'avons pas cités, parce qu'ils ont vu plus clair que les autres hommes dans leurs doutes, s'ensuit-il qu'ils puissent nous servir de guide et de flambeau? Mais leurs ouvrages sont parsemés d'inégalités choquantes, de contradictions évidentes : ce même Rousseau, après avoir placé l'Évangile au-dessus de toutes les conceptions humaines, au-dessus de tout ce qui a été dit et enseigné par la philosophie; après avoir prêché au monde « de respecter en silence ce qu'on ne saurait ni rejeter ni comprendre, et de s'humilier devant le grand Être qui seul sait la vérité (Émile, liv. IV), » ne vient-il pas, dans le même livre, quelques pages plus bas, nous dire imperturbablement : « Quelle pureté de morale, quels dogmes utiles à l'homme et honorables à son auteur puis-je tirer d'une doctrine positive? Que ne puis-je tirer, sans elle, du bon usage de mes facultés? » Peut-on ne pas rester stupéfait devant de pa-

reilles inconséquences? Il est donc, lui Rousseau, le seul,
le premier dans le monde, depuis que le monde existe, qui
ne craint pas l'*insuffisance de son esprit*, que l'*orgueil* n'a-
veugle pas, qui *n'a pas besoin de savoir ignorer ce qu'on ne
peut savoir*, lui qui pendant sa vie n'a fait que douter : génie sublime que la Providence paraît avoir choisi à une
époque de grande puissance intellectuelle, pour montrer au
monde les égaremens dont l'esprit humain est capable
quand il est abandonné, comme dit l'apôtre à tout vent de
doctrine. Ne lit-on pas dans l'Émile ces lignes étonnantes :
« Les devoirs de la morale sont les seuls essentiels; » et
puis : «Sans la religion, nulle véritable vertu n'existe!!«—
« Il y a des dogmes que tout homme est obligé de croire.»

Faut-il brûler tous les livres des philosophes et les déclarer inutiles, d'après les idées du calife Omar? Ils sont très-
utiles à l'humanité quand même on ne les considérerait que
comme des exercices de l'esprit humain, comme font la plupart, des travaux de la jeunesse, qui n'ont de valeur que par
le développement qu'ils procurent à leur intelligence. On
l'a dit, les hommes ne sont que de grands enfans. Mais ces
livres offrent en outre un autre avantage qui est immense;
c'est qu'ils prouvent tout le néant des ouvrages de l'homme
à côté des ouvrages de Dieu. « C'est la marche de l'esprit
humain, dit l'abbé Raynal, de ne rentrer dans le bon chemin que lorsqu'il s'est épuisé dans les fausses routes.....
Tel homme avide et curieux qui s'expatrie, las de courir le
monde, revient vivre et mourir sous le toit de sa naissance. »
Admirable vérité que l'on croirait écrite au dix-neuvième
siècle plutôt qu'au dix-huitième.

Hors de nos deux livres sacrés, nous ne voyons point
de base d'existence morale possible ni pour l'homme, ni
pour la société. L'un nous trace la limite du domaine des
investigations où notre intelligence peut s'émouvoir et hors
duquel elle ne rencontre que ténèbres et obscurité; l'autre

nous sert de guide et de soutien dans le champ laborieux
que nous avons à parcourir ici-bas : l'un met des bornes à
notre orgueil et supplée à notre intelligence, l'autre vient
au secours de notre liberté et dirige notre amour. Tous les
deux nous rendent à notre véritable nature.

On a voulu dépasser ces bornes, on a voulu manger du
fruit défendu : qu'a-t-on trouvé ? qu'a-t-on découvert ? le
néant ! Hommes, croyez-vous au néant ? Non, votre esprit
s'y refuse, il est organisé pour chercher, il est fait pour
voir en tout une cause, et quand il ne la trouve plus, il
s'arrête, se prosterne comme Newton, et dit : Dieu.....;
ou bien, tourmenté par le démon de la curiosité, il saute
par-dessus les limites tracées autour de la raison humaine,
franchit les garanties et les appuis de sa faiblesse, s'élance
dans l'abîme et s'engloutit dans le chaos.

Et pour notre vie morale ici-bas, que de millions de
systèmes dans des milliers d'années. Prenez-les tous, ser-
rez-les de près : qu'y trouverez-vous ? Rien ; leur dernier
mot, c'est zéro. Heureusement que le monde, pour vivre,
n'a pas attendu que les philosophes trouvassent la pierre
philosophale, qu'ils cherchent depuis deux mille ans sans
la découvrir. Une voix supérieure lui a indiqué le chemin
du bien ; la nature religieuse de l'homme l'a entendue : il
a obéi, et cette obéissance l'a conduit et le conduira encore
à travers les siècles. Aussi, voyez : les temples sont rou-
verts, l'encens fume sur les autels, la voix sublime du serviteur de Dieu se fait entendre :

> Peuples de la terre, chantez.
> Jérusalem renaît plus charmante et plus belle.
>
> (ATHALIE, act. III, sc. VIII.)

Oui, chantons ! glorifions-la avec le pieux poète moderne :

> L'ère où tu naquis, toujours, toujours nouvelle,
> Luit au-dessus de nous comme une ère éternelle.
> Une moitié du temps pâlit à ce flambeau ;

L'autre moitié s'éclaire au jour de tes symboles.
Deux mille ans, épuisant leur sagesse frivole,
N'ont pas pu démentir une de tes paroles,
Et toute vérité date de ton berceau !

(LAMARTINE, Hymne au Christ.)

Cette même foi dans l'avenir du christianisme nous fait espérer en même temps le rapprochement et la fusion des différentes sectes qui en sont nées. C'est une espérance qui est partagée par une foule d'hommes éclairés appartenant au rite grec (1), que nous avons rencontrée dans un génie éminemment catholique et qui ne sera pas suspecté d'hérésie : « Les antipathies entre les diverses communions n'existent plus, dit M. de Châteaubriand ; les enfans du Christ, de quelque lignée qu'ils proviennent, se sont resserrés au pied du Calvaire, souche commune de la famille.... Avec quelques concessions de part et d'autre, l'accord sera bientôt fait. Je répéterai ce que j'ai déjà dit dans cet ouvrage : pour jeter un nouvel éclat, le christianisme n'attend qu'un génie supérieur, venu à son lieu et à sa place. La religion chrétienne entre dans une ère nouvelle ; comme les institutions et les mœurs, elle subit sa troisième transformation : *Elle cesse d'être politique, elle devient philosophique sans cesser d'être divine.* Son cercle flexible s'étend avec les lumières et la liberté, tandis que la croix marque à jamais son centre immobile. » (Études historiques.)

_____

(1) Nous craignons que les catholiques zélés ne voient dans ces paroles le ton leste d'un indifférent ou l'humilité d'un schismatique que la grace envoie dans le sein du catholicisme. Au soupçon d'indifférence, la courte discussion à laquelle nous nous livrons ici est, nous le croyons, une réponse suffisante ; quant aux avances, si nous en faisons ici, ce ne sont pas celles d'un pénitent. Sans avoir nulle envie de renouveler la querelle du patriarche Photius avec le pape, nous avertissons les fiers catholiques, que ceux qu'ils nomment des schismatiques s'appellent *orthodoxes*, d'après quoi la qualification de schismatiques revient de droit à ceux qui la leur envoient. Ce n'est pas d'ailleurs à la veille de la réapparition de la croix sur Sainte-Sophie, que les personnes de la communion à laquelle appartient la personne qui écrit ici, seraient tentées de faire pénitence ; notre déférence n'est que celle de la tolérance, et elle s'adresse à tous les cultes qui reconnaissent et suivent la parole du Christ.

Le génie supérieur dont parle M. de Châteaubriand sera peut-être l'esprit même du siècle dans lequel nous vivons : nous croyons que la tolérance civile amènera insensiblement la tolérance religieuse ; une fois là, il n'y aura plus à faire qu'un pas pour arriver à une entière conciliation , la plus insignifiante circonstance pourra contribuer à la réaliser ; mais pour parvenir là, il faut encore du temps , et en attendant, on ne saurait mieux faire que de prêcher sans cesse la simple tolérance : « Nous pouvons nous tromper dans nos idées , mais vous pouvez aussi vous tromper dans les vôtres. Pourquoi ne le pourriez-vous pas, étant hommes? Vous pouvez avoir autant de bonne foi que nous , mais vous n'en sauriez avoir davantage ; vous pouvez être plus éclairés , mais vous n'êtes pas infaillibles. Qui jugera donc entre les deux partis ? sera-ce vous ? Cela n'est pas juste. Bien moins sera-ce nous qui nous défions si fort de nous-mêmes. Laissons donc cette décision au juge commun qui nous attend , et puisque nous sommes d'accord sur la règle de nos devoirs réciproques, supportez-nous sur le reste comme nous vous supportons. Soyons hommes de paix, soyons frères, unissons-nous dans l'amour de notre commun Maître , dans la pratique des vertus qu'il nous prescrit. Voilà ce qui fait la vie du chrétien. » (Rousseau , IIIᵉ lettre de la Montagne.)

Pour finir, revenons à notre point de départ, concluons par où nous avons commencé. L'affaiblissement de la foi n'est pas un fait particulier à la France, pas plus que le reste de la révolution intellectuelle qui s'opère en Europe : il devait apparaître, et il est apparu en effet avec la liberté de la pensée et le progrès de la science. La philosophie voltairienne règne d'un bout de l'Europe à l'autre, et nous avons dit que Voltaire a représenté son siècle plus qu'il ne l'a formé. Toute la différence que l'on peut signaler à cet égard entre les autres pays et la France , c'est que l'incrédulité, si elle existe ailleurs, c'est dans les palais des grands et dans le cabinet des savans, où la culture des esprits et des cœurs en vient tempérer les terribles effets, et non pas suppléer à la foi comme on le prétend quelquefois, car l'homme ne pourra jamais suppléer à son insuffisance. Quant aux masses, partout, hors des limites de la France, elles sont fortement imbues de croyances religieuses. La Belgique, l'Allemagne, la Suisse, l'Italie, l'Espagne, l'Angleterre, tous ces pays renferment des peuples infiniment plus fermes dans la foi de leurs pères que le peuple français. La France présente un aspect différent, d'abord parce que la licence des mœurs y est ancienne; mais ceci est une circonstance accessoire, car la dissolution des mœurs s'accorde malheureusement très-souvent avec la génuflexion devant les autels, ce qui, à tout prendre, est préférable à la corruption raisonneuse. L'incrédulité est popularisée en France par la Révolution; elle l'a poussée dans les masses, comme bien d'autres idées, avant que les lumières l'y précédassent. C'est là la plaie la plus difficile à cicatriser en France. Quand l'immoralité atteint des enfans avant l'âge de raison, il est bien difficile de l'extirper. Les autres peuples seront envahis aussi un jour par le scepticisme; mais comme nous croyons à l'efficacité et à la force permanente du christianisme, comme nous voyons en lui la plus complète des doctrines humaines et sacrées, et la dernière des religions, nous pensons que cette révolution sera aussi calme et passagère qu'elle a été violente en France. Ce qui peut-être y contribuera puissamment, c'est l'aspect de la France, elle servira de leçon en cela comme en bien d'autres choses; elle aura fait les frais de l'expérience, on tirera une profonde instruction de l'exemple des angoisses et du tourment qui viennent remplacer inévitablement le vide affreux des croyances; on se sera convaincu combien leur besoin est inséparable de notre nature à la vue du travail pénible, laborieux, de la reconstruction de la foi religieuse dans ce pays. »

------►►►►►►¦░░¦◄◄◄◄◄------

CHAPITRE VII.

◇————◇

Révolution économique.

Dans cette appréciation de la plupart des questions que nous venons d'effleurer, et qui constituent le fond de la grande révolution sociale et morale qui s'accomplit en Europe, on trouvera peut-être que nos tendances ont été constamment optimistes, que nos vues reposent toujours sur les ailes consolantes de l'espérance, que notre imagination a coloré les fruits plus qu'elle ne les a éclairés. Ce serait possible ; mais il y a quelque chose qui nous rassure dans nos convictions, c'est qu'il y a d'autres questions qui s'agitent, d'autres faits qui se développent en Europe, sur lesquels nous ne pouvons jeter les yeux sans un frémissement intérieur, et dont l'avenir nous apparaît sous les couleurs les plus sinistres. Ces questions, ces faits sont tous ceux qui sont relatifs à la grande révolution matérielle et industrielle qui s'opère sur notre continent ; révolution si neuve dans le monde, si féconde dans ses conséquences diverses, bonnes et mauvaises à la fois, que les esprits les plus hardis, en voulant la sonder, s'arrêtent, trébuchent et se perdent dans leurs calculs et leurs conjectures.

Ses bons côtés, on en connaît déjà beaucoup : l'aisance, la commodité de la vie, le raffinement des plaisirs, la disparition des distances, le rapprochement des hommes et des peuples, la rapide circulation des idées, enfin l'homme devenant de plus en plus le maître de la nature ; il y en a

probablement d'autres que le temps développera et que
les progrès déjà faits activeront ; mais les mauvais côtés,
mais la contre-partie de cette vie nouvelle que le commerce
et l'industrie ont créée à l'humanité, qu'ils sont nombreux,
qu'ils sont hideux, qu'ils sont terribles ! Nous laissons de
côté tout ce qui a trait à la morale des peuples que cette
révolution matérielle tend constamment à transformer;
nous passons à côté de toutes les nombreuses et épineuses
questions qui se rattachent à cette donnée fondamentale,
et nous nous arrêtons un instant à une seule de ses fâ-
cheuses conséquences, à un fait social que cette révolution
tend chaque jour à aggraver là où il existe, à créer là où
il n'existe pas, je veux parler du prolétariat.

Il faut le dire hautement et le proclamer sans cesse, la
plaie sérieuse des temps modernes, ce n'est ni l'anarchie morale, ni les idées révolutionnaires : l'anarchie morale trouvera ses remèdes dans le christianisme qui sait appliquer
ses baumes salutaires en tout lieu, en tout temps; les
idées révolutionnaires ne sont que des exagérations d'un
siècle novice dans l'épreuve de conditions sociales nouvelles dans notre monde européen, mais qui n'en sont pas
moins inhérentes à notre nature. Notre plaie saignante,
notre avenir menaçant, c'est le prolétariat; le prolétariat en
guenilles couché sur le pavé, le prolétariat en frac rédigeant
des journaux, voilà le mal qui ronge la vieille Europe.

Le fléau du prolétariat n'est pas un de ces faits acciden-
tels, particuliers, passagers ; bien au contraire, il est la
conséquence nécessaire de la vie actuelle des nations, le
mauvais côté inséparable de la civilisation de nos jours.

Les bonnes institutions, le bien-être matériel, la vie
paisible, toutes choses après lesquelles nous soupirons et
qui constituent une grande partie de notre bonheur ici-
bas, amènent nécessairement l'augmentation de la population. Pour Rousseau, la pierre de touche d'une bonne orga-

nisation politique, d'une vie sociale heureuse, c'est l'accroissement de la population. La vie de l'homme, certes, c'est chose assez précieuse pour que tous les moyens possibles soient employés pour la préserver de tout danger, pour en assurer l'existence. Mais il ne suffit pas à l'homme de vivre, il faut encore qu'il ait de quoi vivre. L'organisation sociale de nos jours est-elle à même de fournir à tous les hommes de quoi vivre? Chaque individu qui vient au monde trouve-t-il sur la terre qui l'a vu naître ce qu'il lui faut pour prolonger cette existence qu'on a eu grand soin de lui procurer? Examinons.

Les richesses naturelles et territoriales, une fois partagées entre un certain nombre d'individus, ne peuvent, ne doivent plus subir une nouvelle répartition. C'est là une doctrine sociale qui, à l'heure qu'il est, est hors de toute contestation, et sur laquelle il est inutile d'insister. L'égalité a beau présider au partage postérieur de ces biens entre les descendans des possesseurs premiers, la terre et les richesses qu'elle donne ne seront jamais que le lot d'une quantité d'hommes qui ne comprendra jamais la totalité des habitans d'un pays quelconque.

Reste donc pour toute ressource aux individus ou aux classes déshéritées de la possession territoriale, les richesses créées par la main de l'homme, et dont la valeur dépend des besoins plus ou moins factices, plus ou moins réels de l'homme social. Il faut noter que cette valeur se réglant uniquement sur des besoins beaucoup plus fugitifs, beaucoup moins naturels que ceux qui sont satisfaits par les produits de la terre, cette classe d'individus se trouve, dans la jouissance de ce qu'ils appellent leur propriété, sujets à mille vicissitudes qui du jour au lendemain peuvent réduire leurs biens et leur existence au néant. Sans nous arrêter aux individus, nous voyons que des nations entières, dont la prospérité était fondée sur le commerce et

l'industrie, sont descendues d'un jour à l'autre de l'apogée
de la fortune à la plus profonde misère. Qu'est-ce de nos
jours, que la splendide et opulente Venise? Que sont devenues les richesses fabuleuses du Portugal? qui peut parler
aujourd'hui des opérations colossales de la Hollande? Tout
cela s'est évanoui comme de la fumée, pour prouver à tous
qu'il n'y a de richesses impérissables et de prospérité solide que celles qui naissent du sol et se trouvent à nos pieds.
La reine actuelle des mers, l'orgueilleuse Angleterre, ce
fournisseur général du monde, n'est-elle pas à la veille de
voir son empire s'écrouler avec fracas? La perte éventuelle
de l'Inde d'un côté, la concurrence de l'industrie européenne de l'autre, lui préparent cet avenir.

A côté de ces classes d'individus, toute société en compte
nécessairement une troisième qui, par des circonstances
différentes, n'ont rien hérité de leurs prédécesseurs, soit en
terres, soit en capital, et qui, soit faute de capacité, soit
par l'effet du malheur, parvenus jusqu'à un certain âge,
n'ont rien pu économiser par eux-mêmes : la société type
serait celle où chacun de ses membres, ou du moins l'immense majorité, en ouvrant les yeux au monde, trouverait
un fonds, formé par ses ancêtres, qui pût lui permettre
d'abord un certain développement intellectuel, une certaine
instruction ; l'environnât d'une certaine aisance, condition
indispensable de tout développement moral, et qui plus
tard, en mettant sa vie à l'abri des besoins urgens, laissât
une certaine latitude à sa liberté, lui procurât le moyen
d'offrir son travail à autrui, non sous l'empire du besoin
et de souffrances de toutes espèces, mais sous l'inspiration du calcul de son bien-être *futur* ou de *l'augmentation*
de celui qu'il posséderait déjà.

Mais enfin, si cet âge d'or des sociétés que les philanthro-
pes de tous les pays doivent s'efforcer de réaliser, est loin
de l'état actuel des choses, impossible à l'époque où nous

vivons, toujours est-il que toute société, sans exception, est tenue envers chacun de ses membres de lui fournir sa subsistance de tous les jours et celle de sa famille. Cette grande maxime, la plus grande peut-être des temps modernes, que la conscience de nous tous nous enseigne, a été proclamée à haute voix par un des plus grands ministres qu'ait produits l'Angleterre, ce pays des grands hommes d'État. « *Toute société doit du pain et du travail à ses enfans,* » a dit Pitt : grande vérité dont on s'occupe peu, dont on parle peu, et qui devrait être plus que toute autre à l'ordre du jour. Elle ne se fit point sentir aussi impérieusement jusqu'à présent, et voici pourquoi.

Tant que l'esclavage a été la base fondamentale des sociétés, que la plus grande partie de l'espèce humaine était à la merci du petit nombre, que l'homme exploitait l'homme de droit, une espèce de rapports semi-animaux, semi-moraux s'établissait entre l'homme exploitant et l'homme exploité. En effet, il y avait d'abord entre le maître et l'esclave la relation qui existe entre le laboureur et l'animal compagnon de son travail. De même que le cultivateur et l'industriel qui connaissent leurs intérêts ne peuvent négliger ni la vie, ni la santé des animaux qui font valoir à l'un son fonds, à l'autre son capital ; de même le maître avait intérêt à la vie et à la santé de ses esclaves. Toutefois il ne pouvait manquer de s'établir entre ces hommes une autre relation, une relation morale. Le régime de l'esclavage, quelque dégradant qu'il soit pour celui qui l'impose et celui qui le subit, ne peut jamais altérer leur nature, ne peut jamais atteindre dans le cœur de l'homme le sentiment d'affection et de bienveillance qui l'attache à son semblable. Quel que soit le motif premier qui rapproche l'homme de l'homme, quelque vile que soit la base sur laquelle reposent leurs relations entre eux, la nature inaltérable de son espèce finit par y mêler l'élément pur, généreux, que l'Auteur des choses a déposé dans son cœur. Aussi le régime de l'esclavage, tout humiliant qu'il soit pour l'humanité, n'en établit pas moins entre les hommes un certain ciment de relations philanthropiques ; il enfante une espèce de responsabilité morale pour le maître à l'égard de son esclave, et appuie la classe nombreuse de la société sur les secours et les soins de la classe fortunée.

Telles doivent avoir été les conséquences de l'esclavage dans l'antiquité, telles elles ont été surtout depuis l'apparition de la plus humaine des religions, depuis le christianisme.

Quand plus tard ce même christianisme commença par miner l'institution de l'esclavage en Europe; dans la transformation que celui-ci subit avant d'être remplacé par la liberté pleine et entière, une circonstance se présenta, qui contribua à resserrer les liens de sympathie et de bienfaisance de la part des classes riches à l'égard des classes pauvres. Les serfs, les vilains, qui vinrent après les esclaves, n'étaient pour la plupart que des habitans de campagnes, des cultivateurs de champs; ces champs ne leur appartenaient pas, la terre qu'ils habitaient n'était pas la leur ; mais ils en obtenaient quelques produits, ils étaient jusqu'à un certain point associés à la propriété, ou du moins à l'usufruit de la terre qu'ils cultivaient; mais cette culture continuée de père en fils constituait pour eux une espèce de quasi-propriété, si je puis me servir de cette expression. Ils avaient en outre un capital à eux, qui était leur attelage, leurs traits d'agriculture; la maison qu'ils habitaient leur appartenait en propre; s'ils travaillaient beaucoup, il leur en revenait toujours quelque chose. Quoique chargés d'une foule de redevances à l'égard de leurs seigneurs, quoique accablés d'extorsions par le pouvoir, quoique exposés à toute espèce de rapines, conséquences d'une détestable organisation politique, quoique livrés à toute espèce d'avanies et de vexations; quoiqu'ils formassent cette classe *taillable et corvéable à merci et miséricorde*, ils jouissaient d'un certain superflu ; leur condition n'était pas dépourvue d'avantages, leur existence était assurée. C'est cet état de choses que l'on voit encore en Hongrie et en Valachie, où se sont maintenus jusqu'à nos jours de grands vestiges de féodalité. Mais ce que nous voulons surtout signaler ici, c'est que des rapports s'établirent entre le serf et le maître de la terre : le seigneur le plus intraitable, dans des époques désastreuses, n'aurait pas refusé à l'habitant de ses domaines le moyen de satisfaire aux besoins de première nécessité, et sous ces rapports des époques qu'on appelle de barbarie, et qui l'étaient en effet, ne présentaient jamais le spectacle horrible qui s'offre sous nos yeux à une époque de lumières et de grande civilisation.

Quant aux habitans des bourgs et des villes, les ancêtres de nos bourgeois d'aujourd'hui, qui se livrèrent aux professions chanceuses du commerce et de l'industrie, ils inventèrent de bonne heure cette institution contre laquelle on a tant crié, tant écrit depuis, l'institution des corporations, qui leur servit pendant long-temps d'abri et d'appui et contre les exactions des seigneurs châtelains, et contre les persécutions encore plus fortes et plus terribles de la fortune. Elles étaient organisées d'une manière féodale, oui : car pour résister au pouvoir féodal des seigneurs, il fallait un pouvoir féodal des vilains, le fer coupe le fer ; mais elles renfermaient aussi un principe grand et fécond, autour duquel roulent aujourd'hui tous les systèmes excentriques de sociabilité moderne, les systèmes de Fourrier, de sir Robert Owen et de bien d'autres qui viendront probablement après eux ; je veux parler du principe de l'association qui assurait à chacun des co-associés le travail et l'avenir.

Ce principe n'est autre chose que le *resserrement* des liens existans de la société civile entre tous ses membres, ou quelques-uns d'entre eux, dans un but spécial et déterminé.

Quand une idée neuve, belle et utile se présente, on l'adopte, on la suit, on la pratique, on l'adore; long-temps elle prospère, car elle fait prospérer tout le monde: telle fut la première idée qui fonda les corporations. Ce furent le besoin et l'instinct qui la dictèrent; comme toutes les lois, comme toutes les institutions, elle naquit de la nécessité. Quand une institution a régné si long-temps, il faut lui supposer une force et une valeur intrinsèques réelles; mais tel est l'homme, il ne peut jamais se maintenir dans l'ex-cellence et la pureté de l'idée qu'il a d'abord conçue; à côté du bon le mauvais se glisse, s'accumule peu à peu, au point qu'à la longue la même idée, la même institution qui a brillé d'un vif éclat, se trouve obscurcie et tout-à-fait méconnaissable à cause des abus qui se sont amassés au-tour d'elle, et devient le fléau de la société pour le bonheur de laquelle elle avait été inventée; sa ruine, sa disparition devient l'objet des vœux universels. Elle tombe enfin, après de longs efforts, aux acclamations unanimes; mais dans sa ruine, elle entraîne aussi la destruction du principe qui l'a fait naître, qui a fait sa force primitive. Ce principe, peu sensible à travers l'entourage des abus qui l'escortent, n'est rappelé que lorsqu'il est déjà enseveli dans les dé-combres : c'est alors seulement qu'on revient à lui. On le regrette, on tâche de l'exhumer des ruines qui l'ont ense-veli, de lui donner une nouvelle vie, un nouveau lustre; mais avant d'arriver à ce résultat! que d'actions et de réac-tions! que de préjugés à vaincre! que d'obstacles à sur-monter! que d'intérêts à concilier! Telle est la triste his-toire de l'humanité.

Aujourd'hui, dans les pays surtout où la Révolution a passé comme en France, tous les liens qui attachaient les classes fortunées aux classes indigentes, tous ceux qui as-sociaient celles-ci entre elles sont rompus comme atten-toires à la dignité de l'homme, sans être remplacés par d'autres qui soient plus en harmonie avec cette dignité. La liberté est venue isoler l'homme de l'homme. En abandonnant chaque individu à ses propres forces, elle l'a rapproché de l'état sauvage, qui est l'état de liberté *nec plus ultrà*. La société n'est plus une organisation ayant pour but de réunir et d'appuyer les uns sur les autres les membres qui la composent ; non, c'est une juxtapposition d'individus absolument étrangers les uns aux autres ; ce n'est qu'un rendez-vous commun, un marché, où le fort, sous le rempart inexpugnable de sa liberté, vient exploiter le faible ; puis il le laisse là et s'en va. Le propriétaire de terre, sûr du monopole que lui confère sa propriété territoriale ; le capitaliste millionnaire, armé de la supériorité que lui assurent dans la concurrence ses immenses capitaux, font la loi, imposent leurs volontés en maîtres absolus à tous ceux qui, pour subsister, n'ont d'autres ressources que le travail de leurs mains. Rousseau a bien raison de dire : « Sous les mauvais gouvernemens, l'égalité civile n'est qu'apparente et illusoire ; elle ne sert qu'à maintenir le pauvre dans sa misère et le riche dans son usurpation. Dans le fait, les lois sont toujours utiles à ceux qui possèdent et nuisibles à ceux qui n'ont rien : d'où il suit que l'état social n'est avantageux aux hommes qu'autant qu'ils ont tous quelque chose et qu'aucun d'eux n'a rien de trop. » (Contr. soc., liv. Ier, ch. ix.) Rousseau parle très-bien, mais il devrait nous indiquer par quel moyen on pourrait arriver *à ce que tous aient quelque chose et qu'aucun n'ait rien de trop*, puisqu'il reconnaît lui-même implicitement que le Contrat social ne suffirait pas à cela.

Ces êtres infortunés, dont la vie est à la merci des heureux, dans quelle position se trouvent-ils relativement aux autres membres de la société ? La France, sur trente-trois millions d'habitans, compte douze millions de prolétaires. En Angleterre, sur une population de vingt-quatre

millions, on en compte vingt millions! Sans sa loi sur les
émigrés et son code civil, la France en aurait compté nécessairement davantage. L'Angleterre, où d'un côté la terre
est répartie dans un petit nombre de mains ; où d'un autre
côté, l'excitation fébrile du mouvement industriel et commercial a contribué à un rapide accroissement de la population ; où ce même mouvement a concentré en même temps
les richesses qu'il a produites en un nombre restreint d'individus, la classe des prolétaires devait être infiniment plus
nombreuse qu'ailleurs. Le nombre des indigens et des men-
dians est aussi proportionnel : en 1750, la taxe des pauvres
était de 730,115 livres sterling ; en 1808, elle s'élevait déjà
à la somme de 9,320,440 livres sterling, c'est-à-dire à
plus de 240,000,000 de francs. Elle s'accroît chaque année ;
le paupérisme étend chaque jour ses bras déguenillés et
lépreux, la gangrène gagne de plus en plus ce corps social
factice et éphémère. Dans le reste de l'Europe, où la population est relativement moins nombreuse, où l'industrie
manufacturière a moins de développement, où les anciennes
institutions féodales n'ont pas entièrement disparu, ce fait
n'a pas atteint cette gravité ; mais il existe partout, il est
réel, il est profond et tend à s'augmenter chaque jour.

A l'heure qu'il est, tous les pays de l'Europe, et notamment les deux que nous venons de citer, comptent dans
leur sein des millions d'êtres vivant au jour le jour, que la
plus légère fluctuation du commerce peut jeter sur le pavé
d'un instant à l'autre, formant une classe tout-à-fait à part
et comme étrangère à tout ce qui l'environne dans nos sociétés où l'on dit qu'il n'y a plus de caste. Parias de notre
Europe, entièrement dépourvus de toute culture morale, ils
passent des années sans entendre la voix consolante des prêtres ; plongés dans l'abrutissement le plus complet, entassés
comme des bêtes de somme dans des usines et des manufactures, dont les travaux constans accablent, énervent,

paralysent toutes leurs facultés; végétant au milieu de la dépravation des capitales, sans famille, sans appui, sans consolation aucune, ne tenant au pays qui les a vus naître par aucun sentiment d'intérêt ou d'affection, aussi sauvages que les sauvages des forêts, les sauvages de la civilisation, que dis-je? encore plus sauvages!

Si l'on peut invoquer son propre témoignage, nous dirons : Nous sommes nés dans un pays demi-barbare, dans ce pays où l'esclavage n'est pas inconnu; eh bien! nous affirmons que nous n'y avons jamais rien vu d'aussi crapuleux, d'aussi dépravé et en même temps de si hébété, de si sauvage que la plupart des ouvriers de Paris ; nous n'y avons jamais rien rencontré de plus tristement repoussant que l'aspect de ces figures vineuses et fangeuses, où l'absence de tout sentiment moral, de toute pensée tant soit peu élevée se trahit au dehors par cette horrible altération des traits comme par l'engourdissement du corps, l'étouffement de la voix; on a peine à reconnaître sur ces malheureux la noble face de l'homme.

C'est surtout sur le sexe féminin qu'on lit cette profonde dépravation : plus sensible, plus délicat de sa nature, il succombe plus vite, plus complètement à cette misère profonde, à cette saleté dégoûtante, à ces mœurs honteuses qui constituent le soulagement de leur triste position. « Les générations, dit M. Droze dans son ouvrage sur l'Éconmie politique, fécondes en prostitutions, en incestes, en vols, en délits de tout genre, périssent avant l'âge, exténuées par la misère et la débauche; on ne réfléchit pas que vivre à côté de cette masse hideuse, c'est vivre près d'un volcan. Aussi long-temps que le despotisme et l'anarchie auront dans les mains de tels matériaux, il sera facile, avec un peu d'or, dans les temps agités, de renouveler les ruines de la Saint-Barthélemy ou celles du 2 septembre. »

On frémit d'horreur en lisant les récits fidèles et détaillés de ceux qui ont visité en Angleterre les établissemens, où l'immensité de la population gémit enfermée jour et nuit pour travailler au profit de quelques heureux du siècle, ces rois de l'or qui font en un moment la loi à l'humanité. Écoutons un instant M. le baron d'Haussez : «..... On ne s'inquiète pas d'une autre féodalité qui asservit des milliers d'individus, les condamne à un travail exorbitant, s'empare des femmes et des enfans, les expose à tous les genres de démoralisation, en exige un service disproportionné avec leurs forces et le salaire mesquin qu'elle leur accorde, les prive de toute éducation, et, maîtresse absolue de cette population dont l'existence et la direction sont entre ses mains, la livre à des privations contre lesquelles aucune réforme n'a été préparée, ou l'entraîne contre les lois, contre le gouvernement, contre les propriétés!

« Dès l'âge de huit ans, les enfans sont aptes à certains travaux dans les manufactures, notamment dans celles où le coton est filé; on les soumet à un travail de huit à dix heures de suite (1), qui reprend après une interruption de deux ou trois heures et se continue ainsi pendant toute la semaine. L'insuffisance du temps accordé au repos fait du sommeil un besoin tellement impérieux, qu'il surprend ces malheureux enfans au milieu de leurs occupations. Pour les tenir éveillés, on les frappe avec des cordes, avec des fouets, souvent avec des bâtons, sur le dos, sur la tête même : plusieurs ont été amenés devant les commissaires de l'enquête avec des yeux crevés, des membres brisés par suite des mauvais traitemens qui leur avaient été infligés. D'autres se sont montrés mutilés par le jeu des machines près desquelles ils étaient employés (2).

---

(1) On sait qu'il a fallu l'intervention du parlement pour apporter dernièrement une amélioration à ce déplorable état de choses. (*Note de l'auteur.*)

(2) Pauvre enfant! voyez-le, dès que l'aurore est née,
    Debout, prêt, du matin commençant sa journée,

« Les commissaires ont en outre constaté que le régime des manufactures a, sur les individus qu'elles renferment, la plus pernicieuse influence; que la mort en moissonne un grand nombre avant qu'ils parviennent à l'adolescence, et que ceux qu'elle épargne dans cette première période de leur vie portent dans leurs traits livides et amaigris les symptômes d'une fin prématurée.

« ... Les sexes, confondus entre eux, sont entraînés à une corruption qui devance toujours l'âge où ordinairement elle se manifeste dans les autres conditions de la vie !

« ... L'éducation morale et religieuse se réduit à quelques instructions données le dimanche, pendant des heures enlevées au besoin de récréation et de repos qu'éprouvent de misérables créatures hébétées par un inconcevable excès de travail et réduites, à la sensation près de douleur qui leur révèle qu'elles existent, à l'état des machines dont elles ne sont que des accessoires obligés !

« ... Et ces hommes, si durs, si impitoyables pour leurs

Jusqu'au soir nul repos, à peine un peu de pain ;
L'œil toujours enchaîné sous ces ressorts d'airain,
Attentif, haletant, d'heure en heure il expire.
Il gémit, on le frappe... et cet affreux martyre
Dure jusqu'au moment où le poids du labeur
Brise son jeune corps vieilli par la douleur,
L'enfant assassiné ferme l'œil, il succombe ;
Et son premier repos est celui de la tombe.....

Ce tableau atroce se dresse horrible, se reproduit et se multiplie tous les jours dans nos cités manufacturières..... O philosophes qui vous êtes élevés contre l'esclavage des noirs avec tant d'éloquence, que dites-vous de cet autre esclavage? « Colbert avait raison de dire au peuple anglais : Vous croyez que le commerce fleurit, parce que de grands capitaux s'accumulent entre les mains d'une ou deux personnes. C'est une erreur. La propriété individuelle que vous admirez ne prouve absolument rien en faveur de la propriété universelle. Colbert disait vrai. »

Ne vous y trompez pas; il est impossible que cette foule nécessiteuse augmente sans que l'incendie de nos fermes, sans que de nouvelles et terribles insurrections (celles de la faim) n'exposent l'Angleterre à une guerre d'esclaves plus redoutable que celle qui absorba le pouvoir des Romains.

N'a-t-on pas vu, après la révolution de juillet, des émeutes d'ouvriers inscrivant sur le drapeau de la révolte ces mots sinistres : *« Du pain en travaillant, ou la mort en combattant. »*

semblables, pour des hommes nés sur la même terre, appartenant à la même race, réunis par une même langue, par une même religion, ils trouvent des larmes, des phrases éloquentes surtout, pour les nègres des Antilles... leurs oreilles, sourdes aux cris des malheureux que tient éveillés le bâton de leurs contre-maîtres, entendent le bruit du fouet des commandeurs de la Jamaïque!

« ... Ces classes sont libres, dira-t-on : non, leur sort ne diffère de celui des nègres que par le mode des ventes des individus. Les nègres sont payés une fois pour toutes. Les blancs reçoivent un faible intérêt du capital qu'ils sont censés valoir. Les uns se trouvent sous la dépendance de maîtres intéressés à leur conservation; les autres peuvent mourir sans qu'à défaut de l'humanité, l'intérêt élève la voix en leur faveur; tous sont également esclaves, également fixés sur le sol qui les porte. Les noirs travaillent en plein air, les blancs dans une atmosphère empestée : on achète les uns, on loue les autres. On ne saurait trouver de la différence entre eux! » (La Grande-Bretagne en 1833 par M. le baron d'Haussez, dernier ministre de la marine du roi Charles X.)

Cet affreux état des classes ouvrières travaillantes en Angleterre menace de se propager en Europe; d'où provient-il? « Malthus, dit M. de Villeneuve, attribue les maux dont on se plaint à la tendance de la population à s'accroître plus que les moyens de subsistance, et par conséquent à l'imprévoyance dans le mariage; M. Simonde de Sismondi aux vices des institutions; M. Morel de Vindé en accuse la concentration des propriétés; les économistes anglais, l'ignorance et la paresse du peuple et les institutions de charité. On n'est pas moins divisé sur les remèdes à apporter au paupérisme. Malthus recommande la *contrainte morale;* M. de Sismondi l'interdiction du mariage aux ouvriers pauvres; M. de Vindé la division des propriétés; l'écono-

mie politique anglaise, l'excitation des besoins et le développement infini de l'industrie manufacturière. » (Écon. polit. chrétienne.)

Quelle que soit la cause du mal, il existe, il est terrible, il est menaçant pour l'avenir de l'Europe ; il faut y
penser, y penser beaucoup, et faire tous les efforts possibles pour mettre une digue à son accroissement. On fait
sonner aujourd'hui bien haut l'existence des classes
moyennes. Les classes moyennes, dont Aristote disait tant
de bien, sont fort désirables sans doute, parce qu'elles représentent la variété graduelle des fortunes, parce qu'elles
impliquent de nombreux intermédiaires entre l'opulence
et la misère, et qu'elles supposent celles-ci reléguées aux
deux extrémités de l'échelle sociale, comme une exception
fâcheuse mais inévitable ; mais que signifie, je vous prie,
ce mot, lorsqu'on compte 20,000,000 de prolétaires sur
24,000,000 d'habitans comme en Angleterre ? Il y a plus
de classes moyennes en Espagne et en Italie qu'en France
et en Angleterre. Cela peut paraître un paradoxe, et cependant je crois que c'est la vérité. En effet il se peut que dans
ces pays le commerce, l'industrie n'aient pas pris assez de
développement pour créer à côté de grandes existences de
propriétaires fonciers, d'autres fortunes, d'autres renom-
mées, d'autres rivalités en ambition, ce en quoi je ne vois
pas ce qu'un pays peut gagner ; mais il est incontestable
qu'il y a là une foule d'individus nourris, vêtus, ayant plus
ou moins d'aisance, constituant l'immense majorité de la
nation et étant parfaitement aptes à exercer maintes fonctions locales et spéciales. « Le plus grand mal est déjà
fait, dit Rousseau, quand on a des pauvres à défendre et
des riches à soutenir ; c'est sur la médiocrité seule que
s'exerce toute la force des lois ; elles sont également impuissantes contre le trésor du riche et contre la misère du
pauvre, le premier les élude, le second leur échappe ; l'un

brise la toile, et l'autre passe à travers ! Les remèdes qu'on a
imaginé, jusqu'à présent sont la charité publique, les dépôts
de mendicité, les maisons de travail, tristes palliatifs, qui
servent à signaler le mal plutôt qu'à le guérir. » — « C'est
une des plus importantes affaires du gouvernement, dit encore Rousseau, de prévenir l'extrême inégalité de fortune,
non en enlevant les trésors à leurs possesseurs, mais en ôtant
à tous le moyen de les accumuler ; non en bâtissant des
hôpitaux pour les pauvres, mais en garantissant les citoyens de le devenir !! En Angleterre on a inventé la taxe
des pauvres, cette lèpre qui gagne de plus en plus les entrailles de ce pays et qui finira par la dévorer. » — « Si le
système actuel de l'Angleterre n'est pas changé, dit Walter-
Scott, avant qu'il soit peu tout le revenu des propriétaires
sera absorbé par la taxe des pauvres. Déjà même elle a dé-
passé ce revenu dans certaines paroisses : dans un grand
nombre elle en a absorbé les deux tiers, et elle continue de
s'accroître dans une proportion affligeante ; c'est un châtiment sensible pour ceux qui, par une avidité aussi coupable qu'imprévoyante, ont isolé le pays du sol qu'il cultive. Il arrivera une époque où toute rente de la terre sera
hypothéquée au pauvre ; une loi agraire sera établie de fait,
et, par la plus étrange, la plus inattendue des révolutions,
les prolétaires de campagne seront en possession de la totalité du revenu de cette terre dans laquelle on ne voulait
leur laisser aucune part. »

L'Europe veut-elle en venir là ? Elle doit s'apercevoir
qu'elle fait des pas énormes pour y arriver. En examinant
le mal dans sa source, il est facile de découvrir que ses
causes sont diverses ; mais qu'il y en a une qui les prime
toutes et qui est le principe de toutes les autres. Parmi les
causes secondaires, la première est le développement immense de l'industrie et du commerce. L'industrie s'adresse
en grande partie à des besoins factices et variables de

l'homme, est exposée, par suite des vicissitudes que peuvent éprouver ces besoins, à manquer de consommateurs, à languir ou à mourir dans quelques-unes de ses branches, et, par conséquent, à faire mourir avec elle les travailleurs qui s'appuient sur elle et en tirent leur existence. Le commerce cosmopolite de la nation, ne vivant en grande partie que par les bonnes graces de l'étranger, peut voir ses débouchés fermés d'un moment à l'autre; par suite de mille et mille événemens qui peuvent survenir à l'extérieur, et se trouver, lui et ceux qu'il alimentait, étouffés sous le poids de l'encombrement. La troisième cause secondaire que l'on peut signaler, c'est la concentration des capitaux dans les mains d'un petit nombre d'individus dout les richesses colossales ne reposent que sur l'indigence des masses écrasées par leur redoutable concurrence. La quatrième cause enfin de second ordre, c'est l'isolement absolu du faible et du pauvre, qu'aucun lien d'attache ne vient plus abriter sous l'aile du puissant; on lui crée une force artificielle au moyen de l'association. Nous ne pouvons qu'indiquer, nous sommes obligés de passer outre; car le développement sur la matière exigerait un traité complet pour arriver à la cause fondamentale qui engendre toutes les autres. Celle-là, c'est l'augmentation de la population en Europe. On connaît le fameux axiôme de Malthus, qui prouve ou tâche de prouver que la population s'accroît en raison géométrique, tandis que les subsistances ne peuvent augmenter qu'en raison arithmétique. La proposition de Malthus est trop mathématique pour être exactement vraie. Les faits moraux historiques ne répondent guère à ces formes rigoureuses. Les hommes ne sont ni des triangles, ni des carrés. Pour que Malthus pût être sûr de son assertion, il faudrait qu'il pût jeter son compas sur l'histoire, depuis Noé jusqu'à nos jours; qu'il eût devant les yeux la statistique claire et nette de tous les faits, sans en excepter un seul, qui constituent la vie de l'humanité depuis cette époque jusqu'à nos jours : autrement chacun peut douter de la vérité de cette partie de sa proposition, que les hommes se multiplient en proportion géométrique. Quant à l'autre partie de la proposition, il nous semble qu'il y a un point où les subsistances ne peuvent plus augmenter du tout, si vous supposez une partie de terrain entièrement soumise à la culture et ayant subi le dernier degré de l'art de l'exploitation ; comme de même il est certain que tel terrain qui donne aujourd'hui dix, peut subitement, par un progrès de la science agricole, produire demain quinze, et alors l'ordre de la progression arithmétique se trouve rompu. Ainsi, chacun des termes de l'équation de Malthus s'appuie sur des données problématiques ou inexactes, et sa proposition ne peut être prise au pied de la lettre. Mais si cette proposition n'est pas, je le pense du moins, rigoureusement vraie, il est incontestable que l'idée qui lui sert de principe l'est. Il est certain que l'augmentation de la population est plus rapide, est plus facile que celle des subsistances. Dès que l'équilibre est rompu, il est facile de prévoir le moment où vous aurez une portion de population pour laquelle la terre n'a plus rien à donner et aux besoins de laquelle il faut pourvoir d'une manière quelconque, si l'on n'aime mieux lui crier, avec Malthus : « Ne venez, ne venez pas, car vous n'avez pas de place au banquet de la nature. » En attendant que ce moment suprême arrive, on a une certaine latitude pour se mouvoir ; on passe, par exemple, par l'état de choses que nous a dépeint le baron d'Haussez, où il faut travailler vingt heures pour un morceau de pain.

Il ne faut pas omettre en outre une circonstance, l'invention des machines ; nous aurions pu l'ajouter comme cinquième cause secondaire aux quatre autres que nous avons indiquées, si nous n'y voyions une espèce d'augmentation de population. En effet, les machines ne sont que des ouvriers inanimés, qui viennent suppléer les ouvriers animés et amener par là les effets d'une véritable augmentation de population, la concurrence, et par conséquent la baisse de prix de la main-d'œuvre. En 1833, M. le baron Dupin a évalué le travail des machines en Angleterre à celui de 20,000,000 d'ouvriers; divers autres le portent à celui de 200,000,000 d'ouvriers. La Revue britannique certifie que les machines appliquées à l'industrie du coton seulement représentent le travail de 84,000,000 d'ouvriers. » (Écon. polit., et Villeneuve, tom. 1er, liv. II, ch. 1er.)

Il y a des économistes qui ne voient pas dans l'invention des machines une cause de privation de travail, par la raison, disent-ils, qu'en réduisant le prix des produits manufacturés, ces machines augmentent à un tel point le nombre des consommateurs de ces produits, que le nombre des personnes employées pour les faire fonctionner seulement, les construire et les réparer est de beaucoup supérieur à celui des ouvriers qui faisaient auparavant le travail des machines qui sont venues les remplacer : ainsi nous avons entendu donner comme exemple les personnes employées aujourd'hui au travail de l'imprimerie, dont le nombre certainement est infiniment plus grand que celui des copistes d'autrefois; les individus employés à faire fonctionner des machines à tisser des bas, dont le nombre est bien plus grand que celui des tricoteurs, à l'époque desquels la cherté des bas obligeait une foule de personnes de s'en passer. D'abord même ceux qui soutiennent cette opinion, sont obligés d'avouer qu'avant qu'il s'écoule le temps nécessaire pour que le grand nombre de consommateurs sur lequel on compte arrive, les machines remplacent les travailleurs sans compensation : cet intervalle peut être quelquefois de longues années. Ensuite, à côté des deux exemples cités, très-significatifs et très-favorables à l'opinion qui les met en avant, n'en peut-on pas trouver d'autres où les machines ont remplacé définitivement, sans espoir de compensation, le travail de l'homme ? Ainsi la machine à battre le blé n'a pas augmenté, je pense, les consommateurs de cette denrée. Pour prouver d'une manière claire et démonstrative que les machines, faisant baisser le prix des produits, en augmentent la consommation au point de créer de nouveaux et nombreux cas de travail, il faudrait avoir dressé une statistique exacte, composée d'un tableau comparatif du nombre des bras que chaque machine vient remplacer et du nombre des bras que la facture et la réparation de cette machine emploient après un certain délai. Ce n'est qu'après ce calcul que l'on pourrait affirmer d'une manière incontestable que les machines ne nuisent pas aux travailleurs : tant que l'on se contentera d'une évaluation hypothétique et approximative, on peut soutenir, au contraire, qu'en général les machines, loin d'augmenter la main-d'œuvre, ne font que la diminuer.

Mais, quelle que soit l'opinion que l'on se forme sur les conséquences de l'introduction des machines dans les champs industriels, ce qui est hors de doute pour tout le monde, c'est que ce n'est qu'à condition que la main-d'œuvre sera assez rare pour que l'entrepreneur soit forcé de traiter avec les travailleurs que les classes ouvrières peuvent espérer un meilleur avenir. Or, la main-d'œuvre, dans l'état actuel des choses, ne pourra être assez recherchée sans que le chiffre de la population d'une grande partie de l'Europe reste stationnaire ou même diminue. Ce n'est qu'alors, et alors seulement, que les quatre causes secondaires que nous avons indiquées, tout en restant de fait malheureusement plus ou moins susceptibles de guérison, ne seront plus la cause des souffrances, de la misère, de la mort d'une grande partie des membres d'une société ; car ces faits les trouveront munis d'un certain avoir qui

les mettra en état de lutter avec le malheur et les empêchera d'y succomber entièrement comme aujourd'hui.
C'est alors seulement que les machines, sans offrir une
terrible concurrence à l'homme, le délivreront seulement
des travaux lourds et abrutissans, en lui réservant les
travaux plus faciles, qui donneront plus de prise à son intelligence, laisseront plus de loisir à sa réflexion, réclameront l'exercice de ses nobles facultés : c'est alors enfin que
pourra se réaliser la belle et consolante idée de l'association
de l'ouvrier et du capitaliste, et la répartition proportionnelle du produit venant remplacer le triste et chétif
salaire.

Cela n'amènerait pas l'égalité, l'égalité absolue ne se
réalisera jamais. « Il ne faut pas entendre par ce mot, dit
Rousseau, que les degrés de puissance et de richesse
soient les mêmes; mais que, quant à la puissance, elle
soit au-dessus de toute violence et ne s'exerce jamais qu'en
vertu du rang et des lois, et que, quant à la richesse, nul
citoyen ne soit assez opulent pour en pouvoir acheter un
autre, et nul assez pauvre pour être contraint de se vendre.
Voulez-vous donc donner à l'État de la consistance? rap-
prochez les degrés extrêmes autant qu'il est possible; ne
souffrez ni des gens opulens, ni des gueux, ces deux états
naturellement inséparables : de l'un sortent les fauteurs de
la tyrannie, et de l'autre les tyrans. C'est toujours entre
eux que se fait le trafic de la liberté publique : l'un s'a-
chète, et l'autre se vend. » (Contr. soc., liv. II, ch. xi.)
—« Si nous réussissions à exclure la douleur de ce monde,
dit M. Simonde de Sismondi, nous en exclurions aussi la
vertu; de même que si nous réussissions à en chasser le
besoin, nous en chasserions aussi l'industrie. Ce n'est
donc pas l'égalité des conditions, mais le bonheur de
toutes les conditions que le législateur doit avoir en vue. »

Nous avons indiqué comme remède unique au fléau du

prolétariat et du paupérisme la non augmentation de la population ; mais comment en arrêter l'augmentation ? Malthus et ses adhérens n'hésitent pas à en indiquer le moyen, qu'ils appellent la *contrainte morale* dans le mariage. Le moyen peut être expéditif ; quant à nous, nous trouvons peu conforme aux vœux de la nature cette sentence qui dit : Tu ne viendras pas au monde, car tu m'enlèverais mon bien-être et ma subsistance. Cela équivaut à dire : Mon enfant, je te tue pour vivre. Nous croyons, nous, que la Providence n'a pas pu mettre l'homme dans la nécessité de tenir une conduite aussi cruellement en révolte contre ses intentions ; non, jamais l'humanité ne pourra s'accommoder d'une pareille maxime. L'homme appartient à toute la terre, et toute la terre appartient à l'homme. Arrière donc ces doctrines qui voudraient clouer l'homme à un point donné, enraciner des êtres vivans comme des arbres et des plantes dans une portion du globe ; qui voudraient tuer l'espèce au profit de l'individu, fonder la prospérité d'une nation sur la limitation, ou plutôt sur la destruction du genre humain. Tant qu'il restera un pouce de terrain inoccupé dans le monde, c'est une rébellion contre la loi du Très-Haut. C'est un crime de l'humanité de la part de tout gouvernement qui ne ferait pas tous ses efforts pour éviter l'horrible nécessité d'étouffer dans son germe sa progéniture, pour lui fournir, à lui, le moyen de la transporter dans les lieux où elle pourrait trouver sa nourriture et sa subsistance. « Tu viens, quand les lots sont faits, me dire je suis un homme comme vous ; j'ai deux mains et deux pieds, autant d'orgueil et plus que vous, un esprit aussi désordonné pour le moins, aussi inconséquent que le vôtre ; je suis citoyen de Saint-Marin, ou de Raguse, ou de Vaugirard ; donnez-moi ma part de la terre : il y a dans notre hémisphère commun environ cinquante milliards d'arpens à

cultiver tant passables que stériles ; nous ne sommes qu'environ un milliard d'animaux à deux pieds sans plumes sur
le continent : ce sont cinquante arpens pour chacun. Fai-
tes-moi justice, donnez-moi ces cinquante arpens. On lui
répond : Va-t'en les prendre chez les Caffres, chez les Hottentots ou les Samoïèdes, arrange-toi avec eux à l'amiable ;
ici toutes les parts sont faites ; si tu veux avoir parmi
nous le manger, le vêtir, le loger et le chauffage, travaille pour nous comme faisaient tes pères ; sinon tu seras
obligé de demander l'aumône, ce qui dégraderait trop la
sublimité de ta nature et l'empêcherait d'être égale aux
rois et même aux vicaires de village, selon les prétentions
de ta haute fierté. » (Dictionnaire philosophique.) Et s'il
ne trouve pas ce travail, alors, bon gré, mal gré, il faut qu'il
aille chez les Caffres ou chez les Hottentots. On voit que le
goguenard Voltaire, sous les formes sarcastiques qui consti-
tuaient sa manière de raisonner, nous donne la solution de
la question du prolétariat en nous indiquant pour remède
l'émigration.

Oui, il faut entendre un cri inconnu jusqu'ici en Europe, le cri de *colonisation!* C'est là un besoin qui se fait
sentir inévitablement à un certain âge de la vie des peuples, et l'Europe est à cet âge-là en ce moment. Tous les
États de l'antiquité, lorsqu'ils sont parvenus à un certain
degré de civilisation, c'est par le système des colonisations
qu'ils l'ont maintenue ; sans cela elle aurait péri bientôt.
C'est par ce système qu'ils l'ont répandue dans une
grande partie du globe, c'est ainsi que nous sommes ses
derniers enfans ; autrement nous nous trouverions encore
couverts peut-être par les ténèbres de la barbarie. Ce qui
a été fait pour nous, d'autres l'exigent aujourd'hui à leur
tour de nous. L'intérêt de l'humanité nous invite à haute
voix à l'accomplissement d'un devoir qui constitue simultanément notre intérêt le plus urgent, celui de notre pro-

pre conservation. Il y a de ces faits si précieux par leurs
effets, que l'auteur des choses pour en assurer l'accomplissement de la part de l'homme, y a mêlé le plaisir et l'intérêt en même temps que les devoirs. Ce besoin, vivement
senti aujourd'hui en Europe, a été déjà connu par une puissance qui a été en même temps plus à même que toute autre
de le satisfaire : cette puissance, c'est l'Angleterre. Ses belles et magnifiques colonies ont assuré sa prospérité jusqu'à
présent, et elles ont rendu aussi un immense service à la
cause de la civilisation, dont l'étendard, grace à elle, flotte
en ce moment sur une si grande partie du globe. L'Europe
entière est appelée à réaliser en grand ce que l'Angleterre
seule a fait jusqu'à présent.

DEUXIÈME PARTIE.

CHAPITRE 1ᵉʳ.

Seconde tendance de la civilisation européenne.

Les douleurs qui agitent l'Europe, ce sont les douleurs
de l'enfantement, elles n'auront de terme que lorsque son
trop plein de population et de civilisation sera versé sur le
reste du globe : le besoin vif, pressant, général, presque
unique de notre temps, c'est celui-là. Il y a bien en Europe
un mouvement concentrique, un mouvement de rotation,
pour ainsi dire, de la civilisation; mais il y a aussi un
mouvement excentrique, un mouvement de translation de
cette même civilisation, qui tend à s'accomplir sur le globe
entier. Plus latent, plus étendu, il échappe à nos yeux myo-
pes, constamment fixés à nos pieds. Il est temps, cependant,
que l'on s'habitue à porter ses regards au-delà du cercle où
l'on s'obstine à les renfermer; il est temps que la politique,
après avoir été long-temps européenne et avoir embrassé
tout un continent, devienne aujourd'hui cosmopolite et
en embrasse plusieurs. Tous les esprits pensans doivent
porter leur attention sérieuse et soutenue sur cette tendance expansive de notre monde, tendance naturelle, ame-

née par la force même des choses, par l'accroissement de
la population, les progrès de la civilisation activée par
la facilité des communications, la toute-puissance de la
publicité, la grande prépondérance du christianisme.

Invinciblement l'Europe déborde d'elle-même sur l'O-
rient, il faut lui frayer le chemin, si l'on veut que ce mouvement soit calme et régulier; sinon, il produira des
explosions qui mettront en ruine la plupart des édifices
sociaux qui couvrent notre continent. Les croisades ont été
les précurseurs de ce mouvement. Les deux révolutions,
religieuse et politique, qui sont survenues depuis pour concentrer toute l'action de l'Europe dans son intérieur, en ont
retardé jusqu'ici la sérieuse manifestation. L'expédition
de Napoléon en Égypte, cet épisode au premier abord si
insolite du grand drame joué par cet homme, atteste son
véritable génie : à travers une époque de torrens et de confusion, à travers une époque de convulsions politiques
dont le but paraissait autre chose qu'un rapprochement de
l'Orient avec l'Occident, il a su démêler le véritable besoin, le besoin profond de notre siècle, et a tenté ce hardi
coup de main, imprimé cette impulsion à laquelle l'Europe doit obéir aujourd'hui avec mesure et réflexion.

Ce mouvement expansif de notre continent, la Russie le
réalise en grande partie depuis des siècles, à son extrémité,
dans des conditions et par des moyens différens de ceux de
l'Angleterre, comme dans un esprit et par des besoins différens. Toutefois, quelque particulier et local que paraisse
être le caractère que revêt l'action de cette puissance, en
l'examinant tant soit peu de haut, il est facile de découvrir que cette action est tout entière sous l'empire d'une
impulsion européenne, et que la Russie n'est, en définitive, que l'instrument actif de cette impulsion puissante et
souveraine. Dès sa naissance et son apparition, elle a commencé à faire l'office de *garde-frontière* de la civilisation

européenne, elle l'a rempli pendant de longs siècles. Cette fonction terminée, elle devient *introductive* de cette civilisation dans les pays des ténèbres qui voient la lumière pour la première fois.

Le chapitre suivant est consacré à démontrer cette double assertion.

CHAPITRE II.

Aperçu sur l'histoire russe.

Placée aux confins de l'Europe, entre le continent et l'Asie, la Russie, pendant tout le temps qui s'est écoulé jusqu'à l'avénement de la dynastie de Romanow et même après, n'a été qu'une longue et sanglante arène entre l'esprit européen et l'esprit asiatique, entre le génie du bien et celui du mal. Cent fois la Russie envahit tout le nord de l'Asie, et cent fois l'Asie vint lui livrer bataille jusque sous les murs de Novogorod et de Moskou : après mille victoires éclatantes des Russes, à la fin même du seizième siècle, sous Godunof, on vit encore le Tartare camper aux portes mêmes de cette dernière ville. Mais après un si long et meurtrier combat, l'Europe l'emporta sur l'Asie au point qu'à la fin du dix-septième siècle les murailles de la Chine marquent les frontières qui doivent séparer les deux plus grands empires de la terre.

Une cause politique et une cause morale, l'unité du pouvoir et le christianisme, amenèrent ce grand et précieux résultat, grace à un travail d'unification naturelle chez une race homogène, la race slave; grace à l'esprit de prosélytisme,

14

à l'ardeur nationale que la nouvelle religion infiltra de bonne heure dans ses mœurs; grace enfin aux progrès rapides que durent faire chez un peuple nouveau deux civilisations toutes faites, l'une grecque, introduite de Byzance par le christianisme, l'autre européenne, amenée par le voisinage. On vit se former comme par enchantement, sur les débris de peuples barbares et sauvages, ce colossal empire qui préservera à jamais l'humanité de la réapparition d'un Genghis Khan ou d'un Tamerlan.

Ce qui a contribué puissamment aux progrès de cet empire, ce qui le mit en état de lutter fortement contre la barbarie orientale, c'est le peu de racines que les institutions féodales y poussèrent. Malgré l'invasion des Russes varègues, qui lui donnèrent leur nom, et leur superposition sur la race slave; malgré les grandes inégalités sociales que le régime de l'esclavage dut y fonder et y perpétuer, la féodalité russe a été constamment circonscrite entre le petit nombre des descendans directs de Rurick, la véritable féodalité ne s'y est jamais établie. Dans toutes les sanglantes querelles d'apanages, si terribles pendant les onzième et douzième siècles surtout, il n'est jamais question de nobles. La royauté, tenue constamment en échec par la révolte des princes apanagers, par les partages qui s'opéraient entre les fils du monarque après sa mort, toujours en butte aux coups successifs des invasions tartares, ne faiblit jamais devant les seigneurs. On sait avec quelle facilité Fœdor, frère aîné de Pierre-le-Grand, se donna un jour le plaisir de rassembler tous leurs titres et d'en faire la proie des flammes en leur présence, sans même que cette nuit du 4 août exécutée par la monarchie donnât la moindre secousse à l'édifice social : preuve que la noblesse y était extrêmement faible, c'est par la citation de plusieurs passages des écritures saintes que le czar motiva cet acte mémorable. C'est au nom de la religion seule que l'inégalité sociale peut être extirpée, la toute-puissance populaire ou monarchique seule en est incapable.

C'est une circonstance capitale que cette force primordiale de la royauté en Russie ; c'est un trait qui fait de l'histoire de la monarchie, dans ce pays, une histoire à part parmi les histoires des autres monarchies européennes. Cette prépondérance de la royauté peut provenir du tempérament semi-asiatique de cette contrée, de la faiblesse de résistance de la part d'hommes dont l'énergie, est jusqu'à un certain point, engourdie par un climat excessivement rigoureux, comme celle des Orientaux l'est par l'excès contraire. Si les royaumes de Suède et de Norwège, qui se trouvent sous la même latitude, n'offrent pas dans leurs habitans la même soumission absolue, on peut croire que cette différence résulte de ce qu'ils sont des pays de montagnes, et que la Russie n'est qu'un pays de plaines. Peut-être cette force de la royauté s'établit-elle par le contact de ce pays avec l'Asie, terre classique du despotisme ; peut-être s'y est-elle maintenue par la nécessité, qui se fait toujours sentir en temps de guerre, de chefs puissans ; et la Russie, comme nous l'avons dit, n'a été pendant des siècles qu'un champ de bataille ; peut-être enfin, on en peut trouver la cause dans une circonstance analogue à celle qui se présente en Espagne. La lutte que les provinces du nord dans la Péninsule eurent à soutenir contre les Maures pendant huit siècles étouffa la féodalité dans son germe, les trois mille six cents batailles rangées qu'on livra aux Arabes ne purent sans doute être livrées que par la force, le courage, la volonté de tout un peuple ; ceci empêcha la féodalité de s'établir et de se développer comme dans le reste de l'Europe : c'est ce qui fait que la grandesse espagnole est la plus accommodante des noblesses européennes, la plus facile envers la monarchie et envers le peuple ; en Europe aussi l'émancipation des communes est due en grande partie à l'expédition des seigneurs en Terre-Sainte. Ce sont les provinces du nord de l'Espagne, celles qui soutinrent le plus le poids de la lutte, qui jouirent de plus d'immunités politiques, immunités qu'ils défendent encore aujourd'hui les armes à la main. Après la cessation de la lutte, la royauté, ne trouvant pas devant elle la force féodale, eut bientôt raison des priviléges populaires et s'éleva à un degré de puissance où on ne l'avait vue jamais en Europe, dans la personne de Charles-Quint.

En Russie également, la lutte contre les Tartares empêcha peut-être l'affermissement de la féodalité : à la fin de cette lutte, la royauté, ne se trouvant entourée d'aucun obstacle, on voit Iwan III fonder immédiatement l'autocratie russe ; avant lui jamais la royauté n'avait été aussi forte. Ceci dut avoir lieu avec d'autant plus de facilité en Russie, que l'on n'avait point, comme en Espagne, affaire à un peuple méridional vif et exalté ; qu'il n'y avait point de trace d'une ancienne civilisation comme dans la Péninsule, où l'on voyait encore des vestiges des municipalités romaines ; que quelques républiques qui existaient fortes et prospères sur la terre slave, lors de l'invasion des Russes varègues, n'existaient plus, et que l'esclavage s'étendait d'un bout de l'empire à l'autre.

Quelle que soit la cause de la force de la royauté en Russie, toujours est-il qu'elle marcha ferme et vite dans la voie de son ascension. Sur une foule de peuplades divisées et éparses sur un sol couvert en quelques points de riches et fortes républiques, comme Novogorod-la-Grande, Pskof, Viatka et autres ; à travers les déchiremens intérieurs des princes apanagers, malgré les invasions meurtrières et prolongées des Tartares, la concentration du pouvoir s'établit, se fortifia de plus en plus en Russie, et avec elle, ce qui est plus important, la grande unité nationale, la cohésion compacte de la race slave.

Mais l'absence de la féodalité, l'habileté des chefs, car la Russie en eut toujours de fort adroits, les autres circonstances, n'auraient pas suffi à fonder cette unité, si l'on n'avait travaillé sur la base d'une autre unité, une unité morale qui fut préparée, secondée, là comme partout, par le christianisme, dont le langage sublime vint rallier autour d'un même symbole tous les cœurs et toutes les pensées; l'appui fort du pouvoir, la pierre angulaire de l'édifice social, là comme ailleurs, fut la religion. Son effet y fut double. Elle réunit en un tout homogène les membres épars et disloqués d'une même race, assura l'ordre dans l'intérieur, la puissance de l'autorité suprême; ensuite elle fonda la prépondérance morale du peuple russe sur les peuples ses voisins du sud-est. Adoptée par les Russes, rejetée par les Tartares qui lui préférèrent le mahométisme, elle établit, entre les sectateurs du Christ et les sectateurs de Mahomet, cette lutte qui ne finira point avant l'assujettissement des uns aux autres. Les résultats déjà obtenus nous avertissent suffisamment de quel côté restera la victoire.

« Au milieu de cette submersion totale, dit M. de Ségur, des différentes calamités que ce peuple eut à traverser, la religion est restée seule debout et invariable; dans les ennemis de la patrie elle a reconnu les siens; ses prêtres ne peuvent s'y méprendre : leur foi est entière, leur devoir évident, leur intérêt direct; au milieu de cette conflagration universelle, il semble que l'esprit religieux qui les anime soit comme une atmosphère, un élément à part, exclusif de tout mélange, dans lequel ils vivent, hors duquel ils sentent qu'ils ne peuvent exister; tout est corrompu, tout tombe autour de ce noyau qui seul reste à découvert, entier et incorruptible!» (Histoire de Russie et de Pierre-le-Grand, liv. VI, ch. IV.)

Ce qui est digne de remarque, c'est que les ministres de cette religion, malgré la grande influence qu'ils ont exercée de tout temps sur les destinées de ce peuple, influence qui est allée jusqu'à tuer la dynastie de Rurick pour lui en substituer une autre sortie de leur propre sein, dans la personne de Michaël Romanow, fils d'un métropolite, ils ne sont jamais parvenus à prendre une part directe et constante aux affaires publiques. «Quand on se représente, dit l'historien que nous venons de citer, que, depuis plus d'un siècle, il n'y avait eu, dans ce pays de ténèbres, qu'une science, la théologie, qu'un livre, l'Évangile ; qu'une seule corporation, le clergé; qu'une règle constante, une seule doctrine invariable, une seule discipline inflexible, celle de l'Église, on s'étonne que cette organisation au milieu du désordre, que cette création dans le chaos n'ait point tout dominé !

« Comment en effet ce clergé avec la grande et profonde philosophie de la religion, avec ses doctrines positives, absolues et menaçantes et ses formes imposantes, a-t-il toujours été soumis à l'autorité temporelle ? comment encore son autorité judiciaire, son influence superstitieuse, qui plusieurs fois éteignit dans les flammes et le sang les germes du schisme, et sa richesse si prodigieuse, qu'en 1750 il possédait les deux tiers des terres de l'empire, n'ont-elles point pu le rendre redoutable au chef même de cet empire?

« C'est que ce chef était aussi le sien : il réunissait les deux puissances, il présidait les conciles. Car tel fut de tout temps l'esprit de la religion grecque: Constantinople, métropole religieuse des Russes, a toujours vu dans ses princes les vicaires de Dieu sur la terre. Ceci date des empereurs païens. Le pontificat était un de leurs principaux attributs, il en resta quelque chose aux empereurs chrétiens du Bas-Empire, leurs successeurs dans leurs prétentions, et dans l'esprit de leurs peuples: sur quoi les grands princes russes et leur nation se modelèrent.

« En effet, les évêques de Constantinople, toujours en présence et sous la main du maître, ne purent, comme les évêques de Rome, se faire de souveraineté ; en sorte qu'ils restèrent sujets au spirituel comme au temporel. Leur ambition se borna à se faire patriarches, puis à se rendre indépendans du pape; mais ils n'y purent parvenir qu'en s'appuyant de leurs empereurs, en se plaçant derrière eux, et ils y restèrent. » (Hist. de Russie, liv. V, ch. III.)

Ainsi de trois causes qui ont retardé en Europe l'œuvre des unités nationales et la force du pouvoir monarchique, c'est-à-dire, le pouvoir féodal, le pouvoir communal, suite de l'affranchissement, s'établissant sur les traces du municipe romain, le pouvoir épiscopal enfin, les deux premières n'existent point en Russie, et la troisième y constitue une circonstance qui sert au contraire admirablement la cause de la monarchie. De là les différences prodigieuses qui distinguent cet empire, dans son organisation sociale et politique, des autres États européens. De là la force immense du pouvoir suprême dans l'intérieur, sa grande prépondérance au dehors, sans tenir compte de la position géographique du pays, de l'homogénéité de ses élémens intégrans dans la partie européenne de l'empire, tant sous le rapport de l'origine des habitans que sous le rapport de l'identité de leur idiôme, de l'unité de culte. Cette unité morale sociale et politique est si compacte, si étendue dans ses dimensions, que tous les élémens hétérogènes qui viennent s'y ajouter se perdent, se noient dans son immensité.

Ce qui caractérise les deux époques de l'histoire de cette société, époques dont le czar Pierre sert de point d'intersection, c'est que pendant la première période, les moyens employés pour le grand travail de cette unité étaient puisés dans le sein même de la nation, dans ses mœurs formées par la religion, qui posa la première assise de granit sur laquelle va s'élever l'édifice colossal du czar Pierre.

A partir de l'arrivée de cet heureux monarque, l'Europe entière, ses arts, ses sciences, son administration, sa discipline, son commerce, tout concourt 1° à unir par un seul et même ciment la multitude des peuplades réunies sous le même sceptre; 2° à accroître l'importance morale et politique de l'empire qui les réunit. Il faut remarquer que la figure imposante de ce grand homme apparaît dans le dix-huitième siècle, où tant de travaux séculaires recevaient en Europe leur dernier développement et se personnifiaient dans le gouvernement de quelques princes absolus, exécuteurs forcés des œuvres du temps. Le czar Pierre n'a pas tant créé, comme on l'a dit; il n'arrive à l'avant-dernière scène du grand drame européen, que pour formuler dans son pays el sua]dances séculaires, pour mettre en avant et pour satisfaire d'une manière révolutionnaire les besoins que le temps y avait créés; il ne fut que le symbole vivant des vœux latins que recélait dans son sein le vaste empire slave.

En lisant l'histoire du peuple russe, il est facile de s'apercevoir que l'œuvre de sa civilisation a commencé de bonne heure, d'aussi bonne heure que dans le reste de l'Europe: sans remonter à l'état très-prospère de ces contrées avant l'arrivé de Rurick, de ces républiques florissantes, de cette Novogorod dont on disait : *qui oserait s'en prendre à Dieu et à Novogorod-la-Grande?* il est certain qu'après l'apparition de Rurick à la tête des Russes varègues, le travail de la civilisation slave ou russe existait, et qu'il fut continué avec persévérance par les successeurs de ce conquérant. Dès le milieu du onzième siècle, la renommée de ces princes était telle que Jaroslaf, qui avait doté son pays d'un corps de lois qui lui valurent le titre de législateur, et qui avait déjà tenté l'émancipation de l'Église russe du patriarcat de Constantinople, avait contracté des alliances

avec les grandes maisons souveraines de l'Europe. Il avait
une sœur reine de Pologne; ses filles étaient, l'une reine de
Norwège, l'autre reine de Hongrie, une troisième reine de
France, épouse de Henri Ier. Le peuple, initié déjà au christianisme depuis 988 par Wladimir, accueillait une foule
d'artistes et de peintres grecs qui introduisaient en Russie les
trésors de leurs sciences et de leurs arts; de ces lumières auxquelles plus tard l'Europe dut la renaissance des lettres après
l'émigration byzantine. Les frontières de l'empire russe s'é-
tendaient déjà à la mer Caspienne à l'orient, à la Gallicie
vers le midi, à la Baltique à l'ouest; ses grands princes
avaient déjà perçu des tributs sur les empereurs de Byzance
Léon et Constantin.

A quel degré de civilisation la Russie ne se trouverait-
elle pas en ce moment si elle eût pu persévérer dans la voie
dans laquelle elle était entrée? Deux causes vinrent l'arrêter pendant plus de quatre siècles : la première, ce furent
les dissensions intestines entre les princes apanagers, résultat d'un mauvais système de successibilité au trône; mal
chronique auquel la Russie dut payer son tribut comme
tous les États européens fondés par les hommes du Nord;
la seconde, la plus cruelle, la plus funeste, ce furent les
nouvelles invasions des barbares les plus barbares, les
Tartares. Ce fléau, qui fut passager en Europe, se prolon-
gea pendant des siècles en Russie. Il durait encore à la fin
du seizième siècle! C'est à cette dernière cause, avant tout,
qu'il faut attribuer l'état arriéré de la Russie.

Quand le fléau eut passé, la Russie se trouvait dans un
état unique. Européenne par sa religion, par ses traditions
diverses, par une grande partie de ses mœurs et de ses institutions, par sa tendance, elle se trouvait encore asiatique
et barbare par la lutte qu'elle eut si long-temps à soutenir
contre les hordes barbares et asiatiques, par son contact
avec des pays sauvages. Elle se trouvait pressée entre deux

forces diamétralement opposées, la civilisation européenne et la barbarie orientale : pendant les guerres intestines et les invasions qu'elle a eues à subir, la première, qui avait fait des progrès immenses, l'écrasait de toute sa supériorité ; les Lithuaniens, les Polonais, les Suédois pouvaient à volonté lui faire la guerre avec avantage et la menacer jusque dans sa propre existence. Cette infériorité même dans laquelle elle se trouvait par rapport à l'Europe pouvait donner accès et prise aux nouvelles tentatives des barbares, qui pouvaient profiter toujours des attaques qui lui venaient de ce côté et qui jouissaient en outre de cette supériorité du barbare, de cette vigueur indisciplinée qui est très-puissante, quand elle ne rencontre devant elle qu'une demi-discipline.

La Russie, sous peine de périr, avait besoin de se procurer immédiatement assez de forces pour tenir tête à la première et pour assurer sa supériorité et sa domination sur la dernière.

C'est dans cette situation critique qu'arriva Pierre-le-Grand. D'un coup d'œil, ce Napoléon du Nord comprit l'état de son pays, et il découvrit le remède en même temps qu'il aperçut le mal.

La supériorité européenne l'opprime ; eh bien ! il deviendra son très-humble serviteur ; c'est le seul moyen quelquefois pour devenir l'égal d'un autre. Sans attendre l'œuvre lente du temps, le développement naturel de la civilisation russe, pendant lequel son existence même aurait été compromise, il se jette sur l'Europe ; il lui emprunte tant bien que mal langue, mœurs, lois, institutions, tactique, jusqu'aux hommes. Sous son impulsion puissante, le peuple russe s'empare, avec l'ardeur d'un peuple nouveau, d'une civilisation préparée par les siècles ; il se l'assimile comme il peut, beaucoup lui en échappe, beaucoup lui en reste. Au moyen d'une civilisation, qu'il faut en convenir, a été jusqu'à présent plutôt factice que réelle, il assure à sa nation cette position qui la met en état de braver les attaques du dehors et lui garantit en même temps une prépondérance suffisante sur les peuples du sud et de l'est infiniment plus arriérés qu'elle. C'était là le but des efforts de ce grand homme; il l'a atteint; le temps et ses successeurs feront le reste.

Cette introduction forcée, précipitée, d'une civilisation toute faite, très-avancée, chez un peuple très-arriéré encore, inoculée, pour ainsi dire, a tellement défiguré la physionomie slave, que grand nombre d'esprits sont tentés de refuser aux Russes un caractère national. On se trompe. Il est incontestable qu'un grand nombre d'institutions civiles et militaires sont imitées de l'Allemagne; que dans les formes de la vie ordinaire, dans les relations d'homme à homme, le Russe est le copiste le plus parfait, en Europe, des mœurs françaises. Mais observez bien, et vous verrez que ces institutions ont été dirigées, arrangées dans le plan d'idées, de projets, de tendances qui lui sont propres; que les innovations françaises, si admirées qu'elles soient en général, sont tout-à-fait abandonnées dans leur partie politique qui, introduite en Russie, aurait immédiatement bouleversé le travail de sa grande unité nationale, qui n'est pas encore mûre, et aurait été pour elle une entrave dans la carrière qu'il a à parcourir. Le Russe sait garder son caractère propre sous la superposition des impressions étrangères, des idées du dehors, dont il est le reflet combiné. Le caractère n'a pas eu encore le temps de se développer, de se montrer au dehors; c'est ce qui a fait dire que le Russe est incapable de rien produire par lui-même. C'est une erreur : il était pressé par les circonstances d'imiter; le temps amènera l'ère de la création. Il y a dans la race slave autant de germes de grandeur au moins que la race germaine en contenait. Un point sur lequel elle a dirigé le plus ses efforts, sur lequel elle a pu mieux se développer, le côté militant de sa civilisation, prouve nos assertions. Ses progrès sont immenses sous ce rapport, et l'on sait que la Russie a produit des hommes de guerre remarquables. C'est dans cette erreur commune que Rousseau est tombé en disant : « Les Russes ne seront jamais policés, parce qu'ils l'ont été trop tôt. Pierre avait le génie imitatif ; il n'avait pas le vrai génie, celui qui crée et fait tout de rien. Il a d'abord voulu faire des Allemands, des Anglais, quand il fallait commencer par faire des Russes ; il a empêché ses sujets de jamais devenir ce qu'ils pouvaient être, en leur persuadant qu'ils étaient ce qu'ils ne sont pas. L'empire de Russie voudra subjuguer l'Europe et sera subjugué lui-même. Les Tartares, ses sujets ou ses voisins, deviendront ses maîtres et les nôtres. Cette révolution me paraît infaillible. Tous les peuples de l'Europe travaillent de concert pour l'accélérer. » (Contr. soc., liv. II, ch. IX.)

Ce qui attira avant tout l'attention puissante du czar Pierre, ce qui fut l'objet constant de sa sollicitude, ce fut de hâter les progrès de sa nation dans l'art militaire, de former une belle et grande armée. Il vit clairement que pour activer la régénération du peuple russe, pour le mettre sur un pied respectable, à l'égard de l'Europe, pour fonder sa prééminence à l'égard des peuples qu'il avait conquis en Asie ; pour assurer enfin son influence à l'égard de la barbarie qu'il touchait au sud-est et qui se trouvait en dehors du cercle de sa domination, il lui fallait une civilisation armée et disciplinée, prête à livrer bataille, toujours et partout. « Je vous salue, disait-il à ses soldats, après la victoire de Pultava, je vous salue, enfans chéris de mon cœur. O vous que j'ai formés à la sueur de mon front ! enfans de la patrie à qui vous êtes aussi indispensables que l'ame au corps qu'elle anime ! » Cet effort permanent de la prospérité et de l'agrandisse-

ment de l'armée, continué depuis par ses successeurs,
épuise les ressources encore peu développées de l'empire,
contribue puissamment à retarder les progrès des autres
institutions ; mais cet effort est légitime, nécessaire. Il ne
pourra être ralenti avant que les baïonnettes cessent d'être
pour la Russie le seul instrument de civilisation au
moyen duquel elle puisse éclairer et diriger sa marche
dans les déserts immenses de la barbarie orientale ; avant
surtout que les dernières limites de cet empire soient
fixées, avant que son agrandissement cesse d'être une condition nécessaire de sa civilisation.

En effet, la Russie, pour être, pour exister, devait se
rendre maîtresse de l'Asie et y tarir dans sa source l'inondation barbare, étouffer dans sa naissance ce terrible fléau
qui couvrit pendant long-temps l'Europe de ses calamités.
Mais tout n'était pas fait pour assurer la civilisation russe ;
cette civilisation aurait été impossible sans la conquête de la
mer Baltique et de la mer Noire: de même que la civilisation
européenne lui fut nécessaire pour arriver promptement à
cette conquête ; de même cette conquête lui était absolument nécessaire pour la mettre en contact avec la civilisation du monde. Aussi, dès qu'elle parvint à dominer le
nord de l'Asie, dès qu'elle parvint à y déposer des germes
vivifians et féconds de civilisation, non seulement elle fit
tous ses efforts pour conquérir la Baltique ; mais comme
si elle avait peur de devenir asiatique par un long et
immédiat contact avec l'Asie, elle se tourna du côté d'où
les premières étincelles de lumière lui arrivèrent, et plaça
la capitale de son vaste empire à l'une de ses extrêmes frontières, celle qui la rapproche le plus de l'Europe, et au
point où, neuf cents ans auparavant, Rurick arriva pour
jeter ses premiers fondemens.

Le désir d'occupation des deux mers était naturel de la
part d'un peuple continental ; il l'était d'autant plus que

ses ancêtres en avaient joui autrefois. Ses besoins présens comme ses réminiscences historiques l'y auraient poussé invinciblement tôt ou tard ; mais cette tendance éclata avec force et énergie dès que sa marche ascendante reçut une impulsion puissante , révolutionnaire, par le génie du czar Pierre ; depuis que ce grand homme vint lui imprimer cette direction formidable à laquelle il a consacré sa vie toute entière et son génie, à laquelle il a sacrifié le sang de ses sujets, les trésors de ses peuples, et jusqu'à son propre fils. A partir de son avénement, la pensée première et le but fixe de toutes les institutions qui s'élèvent dans ce pays, de toutes les idées qui s'y installent, de tous les événemens qui s'y succèdent, sont dirigés sous l'empire d'une seule et unique pensée , l'agrandissement de l'empire et sa civilisation : pensée double, complexe, dont chaque élément ne paraît subsister que par sa cohésion avec l'autre ; dont le triomphe , jusqu'à présent, n'a pu être assuré que par une indissoluble union. Toutes les entreprises, toutes les innovations n'y sont bonnes qu'autant qu'elles peuvent concourir simultanément à ce double résultat. Plus on examine à fond l'histoire ancienne et contemporaine de ce peuple, plus on reste convaincu de cette vérité.

Ce qui nous frappe en même temps dans cette étude, c'est une circonstance qui nous paraît tout-à-fait particulière à ce peuple. Dans tous les temps, chez tous les peuples, la tendance, les vœux fondamentaux de la nation, qui forment la clé de sa politique intérieure et extérieure, sa suprême raison d'État, se transforment, pour ainsi dire, en une institution qui seule en devient l'expression vivante, le dépositaire absolu, exclusif, pendant plus ou moins long-temps : ici la théocratie , là l'aristocratie, ailleurs la monarchie. Rien de pareil en Russie. La pensée fondamentale qui anime ce gigantesque empire est partout et nulle part. Ceci peut paraître un paradoxe. En effet, on la croit en général enracinée dans la royauté. On se trompe. Il faut avouer qu'elle a été de tout temps, en Russie plus que partout ailleurs, le plus ferme appui des besoins nationaux : car seule elle a été et sera de long-temps la plus propre à les satisfaire ; mais elle n'en est pas la seule dépositaire. Les différens événemens dynastiques qui se sont succédé dans ce pays le prouvent suffisamment. Est-elle inféodée dans la noblesse ? Non plus. On sait que, nulle part plus que là, les grands ne sont plus soumis aux ordres du pouvoir suprême. Est-elle l'apanage du clergé ? Pas davantage. Les affaires de ce monde n'entrent point dans son domaine. Est-elle le patrimoine de la bourgeoisie ? Elle y est dans l'enfance. Réside-t-elle dans le peuple ? Il est esclave. Est-elle confiée à la garde de l'armée ? Les baïonnettes ne s'y sont jamais avisées de s'arroger le privilége de l'intelligence. Cependant cette raison d'État plane sur tout, meut tout, dicte tout, fait tout. Sa première, sa plus ferme direction vient du chef de l'empire ; mais elle est aussi sous l'action d'une grande influence de la part de la noblesse ; elle reçoit de puissans secours de la part des capacités étrangères qui la comprennent et s'y dévouent ; elle accorde une profonde déférence à l'ascendant du clergé ; elle perce enfin au travers de la double couche de l'esclavage et d'une forte hiérarchie militaire. Les tendances, les vœux du peuple entier, armé ou non armé, éclatent d'une manière évidente et forment un esprit public qu'on ne soupçonnerait pas, forment la base solide de cette suprême raison d'État qui est l'agrandissement de l'empire russe et sa civilisation. Exemple unique d'harmonie et de concours des différentes forces sociales vers un but supérieur qui ne résident que dans les mœurs seules de la nation, sans s'appuyer sur des lois ou des constitutions écrites.

Ou nous nous trompons fort, ou nous croyons apercevoir dans les deux sociétés russe et française des tendances étonnantes vers un même mode d'existence. L'époque ne nous paraît pas lointaine, où la vie politique de la France ressemblera merveilleusement à la forme politique actuelle de la Russie et où le gouvernement de ce pays s'approchera beaucoup de l'état de choses qui règne aujourd'hui en France. Nous allons faire crier, pour la centième fois peut-être, au paradoxe. Qu'y faire ? Ce n'est pas notre faute si les choses apparaissent à nos yeux sous des aspects particuliers. Examinez bien les élémens sociaux des deux pays dont nous venons de parler, et voyez si vous pouvez vous empêcher d'admettre de grandes chances de similitude dans un proche avenir, lorsque des deux côtés vous découvrez le principe monarchique comme devant servir de couronnement et de clé de voûte à l'édifice social ; lorsque des deux côtés vous trouverez l'aristocratie de l'intelligence destinée à lui servir de piédestal ; lorsque des deux côtés vous apercevrez les lumières et l'aisance créant une grande masse de peuple instruit et riche ; lorsque des deux côtés une foi plus ou moins ardente, mais largement tolérante, vient jeter son réseau unitaire sur tant de sectes pour en faire un seul peuple ; lorsque des deux côtés enfin, aux yeux de tous les esprits pensans, les mœurs se présentent comme les meilleurs nœuds entre les biens privés et sociaux, comme la meilleure garantie des bonnes relations entre hommes ici-bas, pères ou époux, citoyens ou rois, peu importe.

L'énigme de cette tendance uniforme des deux peuples, c'est que la France sort de l'état féodal, et que la Russie ne l'a presque jamais été ; la France philosophe et la Russie aussi. L'école historique, ce n'est pas dans ce pays qu'elle enseigne.

La Russie est puissante, qu'on le sache bien, non seulement par son étendue, par sa force matérielle, mais aussi par sa force morale. Elle renferme des élémens d'un grand avenir. Lesquels? Attendons qu'un Gibbon ou un Montesquieu vienne nous les faire connaître. Mais ces hommes n'arrivent que bien tard et lorsque les siècles ont passé sur ce qu'ils se mettent à apprécier. Pour le moment, voyons les résultats, sans vouloir remonter aux causes, et ne méprisons pas ce que nous ne pouvons pas comprendre. La plus ridicule des ignorances est l'ignorance dédaigneuse. Mais la Russie n'a pas de grands poètes, de grands historiens, des musiciens, des peintres, etc. Son industrie et son commerce ne sont pas encore prodigieux. C'est vrai; mais souvenons-nous que Rome n'en a pas eu besoin pour devenir maîtresse de la moitié du monde connu. Quand elle commença à briller de l'éclat des arts et des lettres, elle était déjà au faîte de sa grandeur, au dernier terme de son apogée.

Ce que nous voulons montrer ici, c'est que la position des pays qu'occupe la nation russe, sa forte homogénéité de race, sa prééminence morale sur les peuples qui l'entourent au sud-est, la grande quantité de ses baïonnettes, sa conformité de croyance avec plusieurs des peuples voisins, les traditions de sa politique, ses tendances séculaires, les dissensions de l'Europe, à partir de celles qui éclatèrent à l'occasion de la Réforme jusqu'à celles qui furent la suite des deux révolutions de France, tout a concouru et concourt encore à l'agrandissement de cet empire. La nature, les grands événemens historiques ont conspiré ensemble, pour qu'un jour une puissance qui s'appellera Russie s'étendît sur toutes les populations qui couvrent le globe depuis la Baltique jusqu'au détroit de Behring, depuis la mer Blanche jusqu'à la Méditerranée.

Mais c'est surtout dans les derniers temps que ses conquêtes vers des contrées civilisées ou naturellement meil-

15

leures se sont accrues avec une rapidité étonnante. On di-
rait qu'elles vont toujours en progression géométrique.
« Les acquisitions qu'elle a faites dans la Suède, dit l'auteur
anonyme des Progrès de la Russie en Orient, sont plus
grandes que ce qui reste de cet ancien continent; celles sur
la Pologne égalent en étendue tout l'empire d'Autriche.
Le territoire ravi à la Turquie en Europe équivaut à toutes
les possessions de la Prusse, moins les provinces rhénanes;
les conquêtes russes de la Turquie en Asie égalent en dimen-
sion les petits États de l'Allemagne, les provinces rhénanes
de la Prusse, la Belgique et la Hollande réunies; les pays arrachés à la Perse approchent de l'étendue de l'Angleterre; ceux
acquis en Tartarie renfermeraient la Turquie d'Europe, la
Grèce, l'Italie et l'Espagne. Enfin, tout ce qu'elle a acquis
dans le courant de soixante-quatre années, depuis 1772,
surpasse en étendue et en importance son empire en
Europe, avant cette époque. Dans cet espace de temps, elle
poussa ses frontières de *trois cents* lieues vers Vienne, Berlin,
Dresde, Munich et Paris; elle se rapprocha de *cent soixante-
six* lieues de Constantinople; elle s'empara de la capitale
de la Pologne, et se plaça à peu de lieues de celle de la
Suède, dont, à l'avénement de Pierre-le-Grand, elle se trouvait
encore à plus de *cent* lieues. Depuis ce temps-là elle s'avança
de plus de *quatre cents* lieues vers les Indes, ainsi que vers
la capitale de la Perse. Un régiment qui stationne aujour-
d'hui à l'extrémité de la frontière à l'ouest de la mer Caspienne, aurait à franchir la même distance pour retourner
à Moscou que pour aller à Altorck, sur l'Indus, et se trouve
plus éloigné de Saint-Pétersbourg que de Lahore, capitale
des Seikhs. Deux bataillons de la garde impériale, à la guerre
de Perse, s'apercevaient, à la fin des hostilités, qu'ils étaient
aussi près de Hérat que des rives du Don; qu'ils avaient déjà
accompli la moitié du chemin de leur capitale à Delhi, et
que par conséquent il y avait de leur camp la même dis-

tance à parcourir pour revenir à Saint-Pétersbourg que
pour s'avancer jusqu'à la capitale de l'Indoustan.

CHAPITRE III.

Question orientale.

L'on voit que nous sommes en plein dans ce que l'on
appelle la question d'Orient. La suite des idées nous y a
amené, de même que c'est la suite d'événemens historiques qui l'a préparée. Il s'agit de savoir si, après l'immense extension à laquelle l'empire russe est arrivé, extension commandée, comme nous l'avons vu, par la force
des choses, par les intérêts de l'humanité, par les besoins
de la civilisation de la nation russe, par ceux de l'Europe
même, si l'on doit, si l'on peut lui dire : *Tu n'iras pas plus
loin.* Pour que l'idée de s'opposer désormais à sa marche
apparût, il faut nécessairement supposer que les quelques pas qu'elle ferait encore soient d'une nature tout-à-
fait particulière; il faut croire que les intérêts qu'elle va
heurter soient bien autrement importans que ceux auxquels elle a touché jusqu'ici. Oui : la Russie jusqu'ici, à
quelques exceptions près, ne s'est mue que dans les limites
de ses anciennes possessions, n'a agi que dans un cercle
d'intérêts barbares ou demi-barbares. C'est pour la première fois que son mouvement conquérant la met en contact sérieux avec un monde qui constitue en ce moment le
foyer de la civilisation sur le globe; c'est pour la première
fois que ses relations avec l'extérieur prennent le caractère
d'une haute gravité, une couleur tout-à-fait particulière.

Jusqu'ici le sabre russe n'a coupé, pour ainsi dire, que dans les chairs mortes de l'humanité; il touche maintenant à ses chairs vives, et le cri de douleur se fait entendre. Dès-lors la question change d'aspect : elle n'est plus seulement russe, elle n'est plus seulement orientale, elle devient aussi européenne et doit être envisagée sous bien d'autres faces; elle renferme dans son sein mille autres questions, toutes celles qui se rattachent à l'avenir de l'Europe entière. Avouons que nos forces sont au-dessous d'une pareille investigation d'autant qu'elle repose entièrement sur le futur et a pour problème l'inconnu. Mais sans nous décourager par l'immense difficulté de la tâche, essayons ce qui est à notre portée, et sans perdre de vue les trois grandes faces de la question, voyons rapidement quels sont aujourd'hui les intérêts de la Russie en Orient, quels sont ceux des populations sur lesquelles s'étend ou veut s'étendre son action, quels sont enfin ceux de l'Europe.

SECTION Iʳᵉ.

QUESTION RUSSE.

Dès l'abord, voyons quel est l'intérêt de la Russie.

Son intérêt! en deux mots, c'est d'aller à Constantinople et d'y rester. Pourquoi? tout le monde le voit plus ou moins, nous allons le dire aussi; mais préalablement jetons un coup d'œil sur l'historique, pour ainsi dire, de la formation de cet intérêt.

D'après la chronique byzantine, dès l'année 851 une première expédition des Russes fut dirigée sur Constantinople et fut suivie d'une seconde en 854. Vient ensuite, en 904, la remarquable expédition d'Oleg, tuteur du fils de Rurick, qui alla clouer son bouclier sur une porte de la capitale du Bas-Empire, apparemment comme signe indestructi-

ble d'alliance et de fiançailles entre les deux peuples russe
et grec, comme souvenir impérissable, dont il léguait la
conquête à ses successeurs. Igor, qui régna après lui, di-
rigea deux fois ses armes sur Byzance et lui imposa un
tribut. Encore une expédition en 972. On négocie : « Nous
ne quitterons jamais un si beau pays, répondit le prince
russe Sviatoslaf, aux ouvertures qui lui furent faites, que
lorsque les Grecs auront racheté à deniers comptans les
villes et les prisonniers qui sont en notre pouvoir ; et s'ils
refusent de payer, *ils n'ont qu'à s'en aller de l'Europe,
où ils n'ont aucun droit, pour se retirer en Asie !* » La célèbre Olga va dans la ville impériale et y reçoit le baptême ;
après elle, Wladimir, depuis *le saint*, qui avait étendu les
limites de son empire jusqu'aux monts Ourals vers la Caspienne, dans la Tauride, sur la Gallicie, la Lithuanie, la
Livonie, veut être converti ; comme Olga, il le fait en 980,
en épousant une princesse grecque à Constantinople. Il
convertit ensuite tout son peuple. Chaque jour il poussait
des milliers d'hommes dans le fleuve : ils y entraient
païens et en sortaient chrétiens.

Dès cette époque, la première vue politique des souverains de ce peuple, la tendance constante de cette nation a été
de devenir grecque, de se rapprocher de Constantinople géographiquement et moralement, d'y étendre son influence.
Les querelles intestines et surtout les invasions des Tartares ne permirent pas pendant long-temps la réalisation
de ces vœux. Sans ces circonstances, le plan de la conquête
de Constantinople aurait reçu infailliblement son exécution
depuis long-temps et aurait prévenu celle des Turcs mahométans. La nation russe ne ressaisit sa force et sa puissance que sous l'habile Iwan III, le véritable fondateur de
l'autocratie russe. Déjà Constantinople, à cette époque, venait de tomber au pouvoir de Mahomet II. Tout ce qu'Iwan
put faire, c'est d'en faire venir une princesse, en 1482, il

s'unit avec Sophie, fille de Thomas Paléologue et petite-fille de l'empereur Manuel, qui lui apporte en dot les armes impériales : Oleg avait laissé un souvenir à Byzance ; Byzance à son tour vient en déposer un en Russie, la marque de l'empire. La puissance militaire contracte définitivement une union désormais indestructible avec le pouvoir impérial. Constantinople, appelée en russe *Czaregrade*, c'est-à-dire la ville des Czars ou des Césars, doit en être le gage. Dès ce jour l'aigle noir à deux têtes remplace en Russie Saint-Georges à cheval, qui figurait jusqu'ici sur les armoiries. Le titre de Czar, que l'on fait dériver de César, fut apporté, dit-on, encore à cette époque par cette princesse en Russie. Aussi Iwan IV dédaignait de traiter d'égal à égal avec d'autres souverains ses voisins, parce que, disait-il, *il était issu de l'empereur Auguste.*

Pierre Ier, qui, comme nous l'avons dit, n'était en grande partie que l'exécuteur des tendances de son peuple, dans la guerre qu'il déclara à la Porte en 1710, inscrivit sur ses bannières, d'un côté : *Au nom de Dieu et pour le christianisme ;* de l'autre, on voyait l'inscription du Labarum : *Tu seras vainqueur par ce signe ;* en même temps, une médaille était frappée à Amsterdam, avec l'inscription : *Petrus, primus Russo-Græcorum imperator.* Comme il y avait déjà des Turcs à Constantinople, on ne pouvait plus dire, comme Sviatoslaf, que l'on y vient pour chasser les Grecs en Asie, mais bien pour y expédier les Turcs, et cela non pas parce que le pays est très-beau, mais pour venir au secours du christianisme : les paroles changent, mais le but est toujours le même.

C'est pour relever l'empire grec, disait plus tard le maréchal Munich dans ses proclamations, que l'impératrice Anne Iwanowna veut anéantir le traité du Pruth conclu par Pierre Ier et appeler les Grecs à l'insurrection.

On connaît l'expédition des frères Orloff en Morée sous

Catherine II. « Parmi les nations chrétiennes, disait Alexis Orloff dans ses proclamations adressées aux Grecs, les Russes, plus fidèles, sont aussi ceux qui ont été le plus touchés des maux des Grecs. Pierre-le-Grand et l'impératrice Élisabeth avaient déjà médité la délivrance de la Grèce : des raisons connues de Dieu seul avaient arrêté l'exécution d'une si sainte entreprise; dans ses jugemens éternels, il a enfin suscité le génie de l'impératrice Catherine et béni les commencemens de cette guerre sacrée. Venez vous joindre à nous pour la foi, la patrie et la liberté! »

Par les raisons connues de Dieu et un peu devinées par les hommes, l'entreprise de Catherine n'eut point des résultats définitifs. Il n'entre point dans la politique russe de brusquer les choses, ses projets sont grands ; avant de les accomplir, elle veut y familiariser d'avance les esprits et gagner, par une espèce de lassitude morale chez les autres, ce que peut-être elle ne pourrait pas gagner par ses propres forces seulement. Chaque fois qu'elle se met en avant, elle ne fait qu'un seul pas; mais ce pas, c'est la patte de l'ours jetée sur sa proie, tout ce qu'elle saisit est définitivement englouti.

Le pas que fit Catherine à cette époque fut d'étaler l'uniforme russe sur la terre classique de Lycurgue et de Léonidas; de faire entrer sa flotte, sous les yeux de l'Europe stupéfaite, dans la Méditerranée, et de ne la retirer qu'après y avoir laissé le souvenir de la fameuse bataille navale de Tchesmé, ce premier coup terrible porté à la puissance maritime de la Turquie, ce prélude de la bataille de Navarin. Après cette bataille, Elphinstone, Anglais, un des commandans de la flotte, voulait aller achever la guerre à Constantinople. Alexis Orloff s'y opposa. Le premier pas fut encore le traité de Kaïnardgi, première revanche de celui du Pruth, et qui devait enfanter la longue série de ceux

qui l'ont suivi. Ce traité consacre pour la première fois le
droit de protection de la Russie à l'égard de ses co-religionnaires sujets de la Porte, lui rapporte en outre la possession
d'Azof, de Tangarok et de Kiburn; il consacre aussi l'indépendance du khan de Crimée, c'est-à-dire la prochaine
possession de ce pays par la Russie; car bientôt après on
vit cette proclamation de l'impératrice : « Pour prévenir
les discussions continuelles causées par les affaires de la
Crimée, nous réunissons à notre empire toute cette péninsule, l'île de Taman et le Kuban, comme une juste in-
demnité des dépenses que nous avons faites pour maintenir auprès de nous la paix et le bonheur. » Enfin, le premier pas consistait à ouvrir par des écriteaux la route de
Byzance, dans laquelle le petit-fils de Catherine marchera
et qu'il prolongera jusqu'à Andrinople; pas plus loin. C'é-
tait déjà bien assez, un dernier voyage achèvera le reste.
Même, pour arriver là, on a fait successivement plusieurs
pas. Le second, après celui de Catherine, fut le traité de
Jassy, qui donne à la Russie la place d'Oczakow et le territoire compris entre le Bog et le Dniester. Le troisième, c'est
le traité de Bucharest, qui lui livre la portion de territoire
située entre le Pruth et le Dniester. Le quatrième est celui
d'Andrinople, qui enlève une partie de l'Asie à la puissance
turque, lui livre les bouches du Danube, assure sa grande
influence dans les provinces moldo-valaques, lui en donne
une toute nouvelle au-delà du Danube, produit le plus
grand échec moral qu'ait éprouvé jusqu'ici l'empire des
Mahomet et des Soliman, qui doit désormais son existence
à la générosité de la Russie, qui veut bien consentir à ne
pas poursuivre sa marche sur Constantinople. Le principal
a été de tracer, d'indiquer le chemin à suivre et de se mettre
en marche. Le but du voyage est fixé, peu importe les étapes
que l'on fait pour y arriver. Les grands seigneurs voyagent
à petites journées. Cela ne fatigue, n'épuise pas, et l'on est

toujours sûr d'être bien venu quand on se fait long-temps attendre.

Maintenant, si l'on demande à la Russie pourquoi elle veut être grande, il faudrait demander pourquoi chaque propriétaire veut élargir l'enclos de son domaine ; il faudrait demander à l'Angleterre pourquoi elle a étendu ses conquêtes sur tous les points du globe ; pourquoi la France s'est emparée d'Alger et réclame le Rhin pour limite : elle voudrait encore davantage, si elle voyait la moindre chance de réaliser ses désirs ; il faudrait demander pourquoi la Prusse..... pourquoi l'Autriche..... etc., etc. Cependant, quand on veut comprendre les événemens, quand on veut pénétrer des tendances, des projets qui ont plus de mille ans d'existence, il faut avoir la vue bien courte pour s'arrêter uniquement à de pareilles considérations. Elles sont vraies, mais elles sont loin de montrer les choses dans leur véritable jour ; pour voir clair, il faut remonter plus haut.

Si dès les premiers momens de la formation de l'empire russe, on peut voir en lui une propension constante à se rapprocher de l'empire grec, à se pencher, pour ainsi dire, sur lui, à embrasser ses mœurs, ses croyances, à en désirer enfin la possession, cela provient de cette cause générale et commune aux peuples barbares du Nord, qui les poussait vers des contrées chaudes et riantes couvertes des populations les plus éclairées de la terre. Comment la civilisation, la vie attrayante, le climat heureux dont jouissaient ces populations n'auraient-ils pas surexcité dans les chefs de ces peuples le désir ardent de voir de près et d'emprunter la magnificence de ces nations fortunées dont l'éclat les éblouissait au loin. On sait combien Charlemagne ambitionnait la main de l'impératrice Irène, avec quel plaisir il reçut les insignes impériaux que cette princesse lui envoya en présent. On sait ensuite combien les chefs de race germanique ont brigué les titres et l'inves-

titure de l'empire d'Occident, à quelles luttes sanglantes
le nom et la couronne des Césars donnèrent lieu entre les
souverains de France et d'Allemagne.

Si le travail séculaire des races germaniques a été de se
faire romaines, les efforts permanens de la race slave ont été
de se faire grecque, et cette longue et lente transformation
s'est opérée et s'opère encore sous les auspices du christianisme. L'église d'Occident a scellé le pacte d'alliance
entre la barbarie germaine et la civilisation péninsulaire;
l'église d'Orient a scellé le pacte d'alliance entre la barbarie slave et la civilisation byzantine. Déjà les effets de
cette alliance se sont réalisés en grande partie (1) dans
l'Europe occidentale; ils sont loin d'être achevés dans l'Europe orientale. En Occident, le christianisme, toujours
fort, toujours triomphant, a assujetti vainqueurs et vaincus, confondu la mâle énergie du barbare du Nord avec la
vie douce et amollie des races méridionales; il a régénéré
les uns par les autres, et a préparé cette grandiose civilisation de nos jours, lumière éclatante dont les rayons bien-
faisans inondent la moitié du globe et qui, en sens inverse
de l'astre du jour, s'avance majestueusement d'Occident en
Orient pour éclairer l'autre moitié. Le même travail de régénération va donc s'accomplir dans la partie orientale de
l'Europe, travail qui reçoit son impulsion et sa force de la
civilisation orientale, comme celui qui s'est accompli dans
sa partie occidentale fut puissamment secondé par la civilisation orientale chassée de la ville impériale par les enfans d'Othman.

Écoutons le génie prophétique du czar Pierre parlant à
ses compatriotes courroucés contre ses hardies tentatives.
« Mes frères, leur disait-il, nous voyons dans l'histoire

_____

(1) Tout n'est pas encore fini, jusqu'à ce que le sort de l'Italie soit décidé.
Nous dirons plus loin quelque chose là-dessus.

que la Grèce fut autrefois l'asyle de toutes les sciences ; que, chassées de ces belles contrées par les révolutions du temps, elles se sont répandues dans l'Italie et dans toutes les contrées de l'Europe. C'est par la négligence de nos ancêtres qu'elles s'arrêtèrent en Pologne et ne purent parvenir jusqu'à nous. Enfin notre temps est venu, si vous me secondez dans mon entreprise, si vous joignez le travail à l'obéissance. Les transmigrations des connaissances peuvent être comparées à la circulation du sang. J'espère qu'abandonnant un jour la France, l'Allemagne et l'Angleterre, elles s'arrêteront quelque temps parmi nous, pour retourner dans la Grèce, leur ancienne patrie. »

La pensée du czar Pierre est vraie, mais elle est incomplète et inexacte. Incomplète parce que la civilisation est partie de l'Asie pour passer par la Grèce et arriver jusque chez nous ; et nous croyons qu'aujourd'hui encore elle repassera principalement par la Grèce, pour regagner ses anciens foyers. Elle est inexacte, parce que la civilisation n'est plus, comme dit Condillac, un soleil qui n'éclaire pas toute la terre à la fois. Cette image peut représenter l'ancien état de choses, pendant que la plus grande partie du globe était couverte si fortement par la barbarie, que dans la lutte inégale que la civilisation avait à soutenir contre elle, tout ce qu'elle pouvait faire, c'était de sauter d'un endroit à l'autre pour lui disputer le terrain. Aujourd'hui, au contraire, qu'elle est parvenue à envahir une si grande partie de la terre, que le monstre de la barbarie, poussé dans ses derniers retranchemens, va être anéanti, la civilisation enverra ses émissaires à sa poursuite, en continuant à occuper les lieux où elle se trouve : là où la civilisation chrétienne existe, la barbarie ne reviendra plus. La mousse que M. Victor Hugo prophétise à l'arc-de-triomphe de l'Étoile, sera la mousse de la vétusté, mais non pas celle du désert. La civilisation reluira sur les Pyramides et le Par-

thénon, sans qu'elle s'éclipse sur l'église de Saint-Etienne
à Vienne, ou sur l'église de Saint-Pierre à Rome.

Voilà des raisons historiques de la marche russe sur Constantinople, des raisons péremptoires; mais il y en a bien
d'autres qui sont tout-à-fait du domaine de l'actualité, qui
entrent dans les élémens de vie de cet empire, parmi les
quelles il y en a une surtout, géographico-commerciale
pour ainsi dire, qu'il ne faut jamais perdre de vue. De même
que la possession de la Russie asiatique et méridionale a
été indispensable à la sécurité de la Russie européenne,
comme nous l'avons vu dans l'aperçu de l'histoire de ce
pays; de même enfin que la possession de la mer Noire et
de son littoral est une condition *sine quâ non* de la civilisation et de la prospérité d'une grande partie de cet empire; de même aussi la possession du débouché de cette
mer forme une condition inévitable de la vie de tout le
continent qu'elle perce et qu'elle alimente. Les deux détroits qui conduisent dans cette espèce de lac sont l'unique
canal de respiration des contrées qui l'environnent. Voilà
un intérêt, je pense, saillant, incontestable. Cette nécessité
n'a jamais paru si évidente; car jamais les bords de cette
mer ne furent le lot de la civilisation. Aujourd'hui que
l'industrie et le commerce s'y sont installés, la force des
choses exige que la Russie, qui est la maîtresse de cette
mer, ait en même temps entre les mains les détroits qui
en font la porte d'entrée et de sortie.

D'ailleurs, la Russie, comme toutes les puissances de l'Europe aujourd'hui, veut se faire commerçante et riche:
c'est une de ses ambitions. Mais comment? Avec l'Asie entière pour champ d'exploitation, et le monde entier pour
consommateur, elle veut se faire riche; car elle sait que
dans cette époque d'adoration du veau d'or, pour être puissant, il faut être riche. Elle doit se souvenir du propos de
Philippe de Macédoine, qui disait qu'il n'existait point de

place forte là où un mulet chargé d'or pouvait entrer ; elle
doit savoir très-bien que ce sont les guinées anglaises qui
seules purent envoyer Napoléon à Sainte-Hélène. Mais
pour arriver à cette richesse, quel doit être son moyen ? Ce
moyen, Say le lui a indiqué. « Si la Russie, dit-il, avait
un souhait à faire, relativement à ses relations extérieures,
ce serait d'avoir, au sud et à l'est, des peuples qui ne fussent pas des barbares, et avec lesquels elle pût communiquer d'une manière à la fois commode, fréquente et
sûre. » Or, de quelle manière peut-elle avoir, au sud et à
l'est, des peuples non barbares, à moins qu'elle ne se charge
elle-même de les tirer de la barbarie ? Et quel plus sûr
moyen, pour cela, que de posséder Constantinople? Nouveau
motif donc, qui fait de la conquête une nécessité pour cet
empire. Sans Constantinople, les moyens commerciaux et
politiques de la Russie en Asie sont excessivement faibles
et difficiles.

Ainsi, les vœux de la nation, les traditions qui lui sont
chères, les exigences de son commerce, la liberté de la na-
vigation dans la mer Noire et hors de cette mer, tout
pousse invinciblement la Russie à la possession de la
Turquie.

Il est possible que dans les circonstances tout-à-fait actuelles, elle ne veuille pas presser le dénouement du grand
drame qu'elle joue depuis plus de mille ans; quand on a
attendu si long-temps, on peut attendre encore quelque
peu ; mais le plus ou moins de temps qu'elle croit devoir
mettre pour y arriver ne fait rien à la question. Elle reste
toute entière telle que nous l'avons montrée, et nous sommes loin de l'avoir montrée dans tout son jour.

Au reste, les choses sont si mûres en ce moment, qu'elles
iront d'elles-mêmes désormais. Un caprice de je ne sais
quel pacha rebelle, le poignard d'un eunuque de sérail,
que sais-je? le moindre événement qu'on puisse imaginer,

peut terminer la crise. L'étincelle d'un coup de pistolet tiré sur le Pont-Royal aurait pu, il y a quelque temps, allumer la mèche du canon tiré sur Constantinople et faire apparaître en Europe des ukases datés de la ville des Paléologues.

SECTION II.

QUESTION RELATIVE AUX POPULATIONS MAHOMÉTANES DE L'EMPIRE TURC.

Le sabre de Mahomet a fondé en Orient la croyance d'un seul Dieu sur les débris du polythéisme : c'était sa mission ; elle a fini. Celle du christianisme y commence : elle consiste à y introduire l'esprit de la civilisation chrétienne, de cette civilisation moderne, sœur aînée de la liberté qui s'étendit d'un bout de l'Europe à l'autre, sinon encore en fait, du moins dans les esprits, sous les auspices d'un autre homme providentiel, de Napoléon, et qui y suivra la civilisation comme celle-ci s'y établira sur les traces du christianisme.

La Russie est chargée principalement de l'exécution de ce décret suprême. Comment ne voit-on pas que la Russie est l'élément intermédiaire entre l'activité vivifiante de l'Europe et l'immobilité stagnante de l'Asie ? le fil conducteur de la civilisation européenne en Orient ? La Russie, c'est l'enfant de l'Europe ; nous avons tous, pour ainsi dire, assisté à sa naissance, nous avons mesuré de nos propres yeux les progrès rapides dus à la perfection des leçons de ses maîtres. La Russie, c'est Alexandre, esprit vierge de la Macédoine, formé par la civilisation grecque, appelant et groupant sous son étendard cette vieille civilisation, pour laver les affronts essuyés de la barbarie, pour marcher à la conquête et à l'exploitation des anciens foyers des lumières. Ce que l'élève d'Aristote, malgré ses victoires d'Ipsus et d'Arbelles, ce qu'Octave après la bataille d'Actium, n'ont pu réaliser, le projet enfin de Bonaparte échouant sous les murs de Saint-Jean-d'Acre, l'alliance de l'Orient et de l'Occident, va s'accomplir de nos jours ; son heure est arrivée.

Non seulement la Russie a le droit de s'étendre sur le sol inculte et barbare de l'Orient, mais encore c'est pour elle un devoir. La Russie serait indigne de la civilisation européenne qu'elle a adoptée, indigne de la foi qu'elle a embrassée, coupable devant Dieu et devant les hommes, si elle consentait à séquestrer dans son intérieur son action et son influence, pendant qu'à ses portes des millions d'êtres humains gémissent sous le joug le plus atroce, dans la barbarie la plus abjecte. Que ceux qui accusent son ambition veuillent bien s'informer quel était l'état des pays qui environnent la mer Noire avant l'apparition de la Russie dans ces contrées ; qu'ils s'informent de ce qu'était la riche et belle Crimée, cette presqu'île au grand avenir, avant que la Russie y mît le pied, de ce qu'elle est en ce ce moment, et de ce qu'elle promet de devenir. Qu'ils se souviennent de cet Odessa, aujourd'hui un des premiers ports de l'Europe, et qui, il y a cinquante ans, n'était qu'une plage déserte et stérile; et qu'ils répondent ensuite, la main sur la conscience, par un oui ou par un non, s'ils auraient préféré y voir encore l'étendard desséchant du croissant, à la place du signe fécondant de la croix ?

Nous avons pris Odessa et la Crimée pour exemple, nous pourrions en dire autant de tant d'autres pays si prospères aujourd'hui sous la domination russe, et naguère si misérables. De grace, que l'on renonce donc à des déclamations aveugles et égoïstes, que l'on regarde la question sous son véritable point de vue, celui qui domine tous les autres; qu'on ne se fasse pas Turc, Tartare, Persan, Mongol, de peur de devenir Russe. Les grands politiques, qui voient avec dépit l'agrandissement russe, ne s'aperçoivent pas que c'est à l'humanité toute entière qu'ils en veulent. Il ne suffit pas de décréter l'émancipation du genre humain en votant des calamités, comme la liberté des nègres de Saint-Domingue, ou des impossibilités, comme la nationalité polonaise, pour se croire quitte envers l'humanité. Il ne suffit pas de s'empresser de mettre une nouvelle factorerie partout où l'on aperçoit un nouveau coin de terrain inoccupé, pour réclamer l'admiration du genre humain. Les grands principes de liberté et d'émancipation jurent avec la continuation de la politique de François Ier à l'égard des sultans, et les comptoirs anglais n'apportent pas, pour la plupart, un grain de bonheur dans les pays où ils s'établissent. L'ambition moscovite ne se contente pas de si peu : si elle s'est frayé magnifiquement un passage sur une grande portion du globe, c'est l'épée dans une main, le code du législateur et le soc du laboureur dans l'autre. Chacune de ses conquêtes jusqu'ici a été une conquête de la sociabilité et de l'ordre sur l'anarchie, du despotisme progressif et éclairé sur une tyrannie ignare et féroce, de l'industrie et du commerce sur la paresse et l'isolement. Voilà ce qui a fait sa grandeur et sa supériorité, indépendamment de sa position géographique, de l'unité et de la persévérance de ses vues, de son organisation politique admirablement appropriée à la marche qu'elle s'est faite.

Qu'on ne se préoccupe point de l'ambition russe; que l'on voie que l'ambition, en pareil cas, n'est que l'agent immédiat qui la pousse en avant, et que l'on reconnaisse qu'il y a une cause plus noble, plus élevée, sous l'empire de laquelle elle agit. Peut-être qu'elle-même ne la voit pas complètement. « L'homme avance, dit M. Guizot, dans l'exécution d'un plan qu'il n'a point conçu et qu'il ne connaît même pas ; il est l'ouvrier intelligent et libre d'une œuvre qui n'est pas la sienne ; il ne la connaît ou la comprend que plus tard , lorsqu'elle se manifeste au dehors et dans les réalités ; et même il ne la comprend que très-incomplètement. C'est par lui cependant, c'est par le développement de son intelligence et de sa liberté qu'elle s'accomplit. Concevez une grande machine dont la pensée réside dans un seul esprit et dont les différentes pièces sont confiées à des ouvriers différens, épars, étrangers l'un à l'autre : aucun d'eux ne connaît l'ensemble de l'ouvrage, le résultat définitif et général auquel il concourt ; chacun cependant exécute avec intelligence et par des actes rationnels et volontaires ce dont il a été chargé. Ainsi s'exécutent, par les mains de l'homme, les plans de la Providence dans le monde ; ainsi co-existent les deux faits qui éclatent dans l'histoire de la civilisation : d'une part, ce qu'elle a de fatal, ce qui échappe à la science et à la volonté humaine ; de l'autre, le rôle que jouent l'intelligence et la liberté de l'homme , ce qu'il y met du sien , parce qu'il pense et veut le bien. » (Histoire de la civilisation.)

L'homme est égoïste en tout ; le mieux qu'il peut faire, c'est de savoir associer son intérêt avec celui d'autrui. N'y a-t-il pas une foule de moralistes célèbres qui définissent le devoir l'*intérêt bien entendu*. Il est possible que le cabinet russe, sans se rendre un compte exact de la grande moralité du but qu'il veut atteindre, soit préoccupé avant tout de son intérêt propre et immédiat : mais sommes-nous des confesseurs appelés à scruter les consciences ? Ne devons-nous pas nous contenter de l'utilité du résultat ? Que les moyens employés pour y arriver soient conformes aux préceptes de la morale vulgaire, n'est-ce pas tout ce qu'il nous faut ? Nous ne demandons que cela aux individus , pourquoi demanderions-nous davantage aux nations ?

Il y a quelques années, en donnant quelques éclaircisse-

16

mens sur les deux provinces de Valachie et de Moldavie (1),
nous avons touché légèrement les deux points les plus essentiels qui forment le fond de l'immense question orientale,
et qui nous ont paru devoir fixer avant tout l'attention.
L'un, c'est l'irrésistible et légitime ascendant que la Russie
s'est acquis sur toutes les contrées qui forment le sujet de
cette question, non seulement par la force des armes, mais
aussi par des voies morales, par une marche providentielle
et nécessaire ; l'autre point, c'est l'illusion funeste que l'on
se fait en Europe sur la régénération de la race musulmane
et sur les innovations tentées depuis quelque temps , soit à
Constantinople, soit à Alexandrie, pour restaurer l'empire
mahométan et arrêter ainsi le débordement de la Russie.
Si nous ne nous trompons, nous sommes un des premiers
qui aient émis en France, après 1830, particulièrement sur
le second de ces sujets , des idées tout-à-fait différentes de
celles qui étaient et qui sont encore malheureusement accréditées.

Depuis, l'ouvrage d'un homme grave , impartial, obser-
vateur, dont les récits respirent d'un bout à l'autre la vérité, est venu, je veux parler du Voyage du duc de Raguse :
il a confirmé en détail ce que nous avions dit brièvement.
La vérité est une. Qu'on lise la partie de son Voyage en
Crimée , pour se convaincre des merveilleux effets de l'administration russe dans ce pays et des admirables ressources qu'elle a su créer à des peuples barbares et malheureux. Elle les a tirés de l'indolence, de la misère, d'une dégradation complète, les a élevés sur l'échelle de la dignité
humaine, et les a lancés dans la route du bonheur et de la
prospérité. Cette lecture démontrera en outre combien les
peuples professant le culte de Mahomet sont plus difficiles
à émouvoir, à pousser en avant ; combien, malgré l'impul-

---

(1) Dans la Revue des deux mondes, numéro du 15 janvier 1837.

sion uniforme qu'ils reçoivent, ils sont plus arriérés que les autres peuplades empreintes du sceau du christianisme. Cette vérité ressort de ce que l'auteur dit en passant de la peuplade des Mennonites, qui professent le christianisme, et celle des Tartares Nogaïs, mahométans.

On a essayé cependant dernièrement de relever la religion de Mahomet de l'infériorité dont elle a été de tout temps convaincue, on a voulu y découvrir je ne sais quels germes d'avenir et de grandeur nouvelle. Nous n'entrerons point dans des dissertations sur la nature du mahométisme, inutile d'entreprendre des controverses sur ce point. Une religion, comme toute doctrine en général, ne peut démontrer son excellence que par les effets qu'elle a produits. Sauf les lumières passagères qui jaillirent parmi les Arabes de Grenade et de Cordoue, malgré leur religion, selon nous, et non pas à cause de cette religion, le culte de Mahomet n'a jamais pu s'accommoder avec la civilisation. Le Coran renferme, je l'avoue, des idées très-élevées et très-pures; mais elles sont si exclusives et si bornées, que les lumières qu'il répand ne sont que des lueurs qui se perdent dans des ténèbres. Ce serait un grand et très-instructif travail que celui qui aurait pour objet de démontrer systématiquement quelles ont été les conséquences morales, sociales et politiques de la religion mahométane. Il servirait à mettre plus en évidence toute la divine perfection et toute la supériorité du christianisme. Il démontrerait, quant aux conséquences morales, par exemple, comment du dogme de la fatalité est née cette stupidité, cette absence complète d'énergie intellectuelle qui caractérisent le musulman, et qui sont pour lui un éternel obstacle à tout progrès(1); il démon-

---

(1) « Autant les nations européennes sont possédées du désir de s'améliorer sans cesse sous tous les rapports, de conquérir chaque jour des libertés nouvelles, autant les nations islémiques se montrent respectueuses pour les traditions, amoureuses du repos, insouciantes de l'avenir. Tandis que nous som-

trerait comment de l'absence du dogme de la fraternité humaine est résultée cette indifférence pour la vie de son semblable, cette férocité de caractère que l'on trouve chez tous
les peuples anciens, même les plus civilisés, et que chez
nous encore le christianisme n'a adoucie qu'après de longs
efforts ; il démontrerait comment la perspective des plaisirs, offerte comme la récompense des bonnes actions, entretient chez le musulman ce sensualisme grossier qui ravale
l'homme au niveau de la bête et étouffe en lui tout germe
de véritable vertu. Quant aux conséquences sociales et politiques, il démontrerait, par exemple, comment le mépris
extrême de cette religion pour toutes les autres rend à jamais impossible l'inoculation de la civilisation étrangère
chez le mahométan, sa fusion spontanée et volontaire dans
une société imbue d'autres principes, d'autres croyances
que les siennes ; il démontrerait comment la polygamie et
l'esclavage serviront toujours de barrière pour l'islamisme
à toute vraie civilisation ; il démontrerait enfin comment,
à côté du triple despotisme, de celui de la famille, de celui
du maître sur l'esclave et du despotisme politique, l'absence inouïe de toute prévision a produit cette inconcevable
égalité, qui fait du dernier des esclaves un grand-visir, et
qui bannit toute organisation sociale fondée sur la raison
et l'expérience.

Au reste, si l'on pense que la religion de Mahomet peut
se concilier avec la civilisation européenne, nous ne demandons pas mieux que l'on fasse cet essai dans un pays
composé, sinon en totalité, du moins en grande partie, de
musulmans. Les amis de l'humanité ne s'effaroucheront
point de cette tentative ; au contraire, ils l'accompagneront

---

mes tourmentés par le besoin de connaître et de deviner l'avenir, elles, la face
tournée vers le passé, oublient, en se souvenant, les maux du présent. A l'exemple de l'Africain, c'est vers le couchant qu'elles cherchent la première lueur
du soleil levant, et Dieu les mène à reculons vers l'avenir. » (Journal des Débats du 19 décembre 1837, article signé *Urbain*.)

de leurs vœux ; si elle réussit, son triomphe, quoiqu'après tant d'expériences il ne soit plus à espérer, sera salué de leurs acclamations.

Mais comment et où veut-on faire cet essai ? Dans la Turquie européenne, ou, pour mieux dire, à Constantinople, avec une poignée de Turcs (1) superposés sur une foule de peuples à l'égard desquels ils sont et seront éternellement étrangers sous tous les rapports, sans exception, qui constituent la vie de l'homme en société, et lorsque les uns sont les maîtres, et que les autres sont les esclaves ! sur un sol tout chrétien dont les secousses intérieures se répètent de plus en plus, pour repousser la couche hétérogène qui le couvre ? En présence d'une invasion chrétienne imminente, prête à faire irruption d'un moment à l'autre ! Entre ces deux mouvemens, l'un intérieur, l'autre extérieur, qui concourent à presser l'anéantissement de cet élément isolé, sans forces, sans racines, sans prestige dans le pays, espérer une organisation sociale et politique en Turquie, une restauration de l'empire turc par ce fantôme de pouvoir qui existe aujourd'hui, quel aveuglement !

Dernière horde barbare de toutes celles qui ont infesté l'Europe, les Turcs mahométans trouvèrent jadis leur force dans un fanatisme redoutable, associé à cette énergie tartare qui les poussait vers des contrées meilleures. Les chrétiens efféminés des bords de la Méditerranée furent impuissans à élever une barrière contre leurs invasions meurtrières. Les chrétiens plus ou moins barbares de l'Europe continentale furent seuls en état de leur tenir tête. Ils remportèrent sur eux, sous les murs de Vienne, par l'épée

---

(1) « En faisant la part de l'erreur que j'ai pu commettre, je ne pense pas qu'en réalité, la totalité de la population turque s'élève maintenant au-delà de deux ou trois millions d'ames; je suis même loin de penser qu'elle monte si haut. » (Voyage de M. de Lamartine, en Orient, tome 4, page 325.)

de Sobieski, la même victoire que Charles-Martel dans la plaine de Poitiers auparavant, et que les Espagnols ensuite, remportèrent sur leurs confrères en religion les Arabes; la même victoire enfin qui rendit les souverains de Russie maîtres de l'ancien foyer de leurs invasions. La barbarie du Nord, sous les auspices du christianisme, fut seule à même d'opposer une vive résistance à la barbarie mahométane.

Mais la barbarie européenne, grace au culte qu'elle avait embrassé, devait se transformer peu à peu en une brillante civilisation, amenée en grande partie par cette civilisation grecque que les disciples de l'islamisme chassèrent à coups de sabre de la ville impériale.

Depuis ce moment, les sectateurs de Mahomet s'immobilisèrent, tandis que l'Europe a fait des pas qui l'approchent de l'apogée de sa grandeur. Les Turcs humiliés et bafoués du dix-neuvième siècle sont exactement les mêmes que les Turcs de Mahomet II, dont le nom seul faisait trembler l'Europe. Ils n'ont point descendu, eux, pour espérer qu'on puisse les relever; non, leur religion les a pétrifiés, ils seront éternellement les mêmes. C'est l'Europe qui s'est élevée, ce sont les populations chrétiennes asservies à leur joug qui ont changé; ces populations que l'épreuve du malheur a purifiées, que le contact de l'Europe civilisée a réveillées, que leur religion a rappelées à leur dignité, et qui, presque seules jusqu'à présent, ont servi de soutien au vaste empire des sultans.

En effet, ce que l'on décore du nom d'empire Ottoman n'ayant jamais été qu'une espèce de despotisme du sabre unique dans l'histoire, que le campement d'une horde prolongé pendant des siècles par différentes circonstances, quoiqu'il n'ait jamais eu aucun des soutiens qui forment des bases aux États, dut cependant s'appuyer sur quelques étais. Ces étais, indépendamment de la convention prise par l'Europe, depuis cent ans, de ne pas souffler sur ce château de cartes, furent l'institution à la fois militaire et religieuse des janissaires, formée du sang des chrétiens, la marine insulaire grecque, et enfin la diplomatie phanariote. Ce n'étaient pas là, certes, des soutiens fermes et rationnels d'un empire dont les maîtres se trouvaient dans la nécessité de recourir aux qualités morales de leurs sujets, tandis qu'ils leur refusaient, non seulement les droits du citoyen, mais même ceux de l'homme. Cependant ces soutiens servirent pendant long-temps à donner à cet empire une apparence de vie. L'institution des janissaires était funeste en elle-même; mais, telle qu'elle était, elle servait de bras droit à cet empire, elle formait le dépôt de ce fanatisme militaire et religieux qui avait fait toute la première force d'envahissement de cette race; elle était la tradition vivante de son ancienne grandeur et produisait cette fantasmagorie morale qui survit quelquefois à des grandeurs déchues. Elle ne sera jamais remplacée, car jamais on ne parviendra à faire des Turcs une troupe disciplinée et savante. Ils ne veulent rien apprendre ni rien comprendre; il y a entre l'esprit du mahométan et l'intelligence savante qui commande et qui obéit, des élémens d'incompatibilité et de répulsion que rien ne fera disparaître. Quant aux ressources immenses que la Porte tirait de l'esprit fin et intrigant des Phanariotes et de l'admirable adresse sur mer de ces êtres aquatiques qu'on appelle les Grecs des îles, on sait qu'elle les a perdues complètement depuis 1821. Les quelques élémens de force morale et matérielle que cet empire puisait soit dans ses antiques traditions et ses souvenirs, soit dans l'intelligence de ses sujets chrétiens, ont disparu sans que rien fût mis à la place, et leur disparition a accéléré son agonie déjà bien ancienne et a amené une mort due à tant d'autres causes. L'empire turc n'existe plus, ce à quoi, par souvenir, on donne encore ce nom, c'est quelque chose de fictif, de provisoire, un terrain inoccupé parce qu'il est en litige, enfin, comme dit M. de Lamartine, *un turban sur la carte;* mille hatti-sheriffs de Gulhané ne lui rendront plus la vie. C'est bien dommage pour le beau style de la diplomatie.

Quels sont les hommes qui se présentent en Turquie comme les instrumens de la régénération de l'empire? Où sont les institutions qui garantissent l'exécution de ces réformes dont on parle tant? Quel est le mot d'ordre de la révolution qu'on nous annonce? qui en est l'auteur et le représentant? Y a-t-on découvert quelque nouveau czar Pierre qui ait conçu le grand plan de la restauration de la puissance des sultans? ou bien l'Europe a-t-elle envoyé quelque nouveau Lefort? A-t-on vu la jeunesse turque figurer dans les universités de l'Europe, se pénétrer de ses idées civilisatrices? A-t-on vu l'industrie, le commerce, l'agriculture, venir prendre pied en Turquie? S'y fait-on une meilleure idée de la justice? Quelles sont les lois sur lesquelles elle se fonde? L'avidité, la rapacité des pachas et des Musclimes est-elle moindre? Le désordre, le pillage, la désorganisation perpétuelle font-ils place à une police, à une administration régulière (1)?

_____

(1) « ..... Puissance immobile qui ne produit rien et qui paralyse tout, tyrannie sourde, destinée à éteindre le peuple qu'elle domine et à s'éteindre elle-même fatalement en présence de l'Europe, qui pèse sur elle de tout le poids de son intelligence et de sa liberté, pour connaître la cause de sa chute, il suffit de lui demander où elle voit notre supériorité : ses actes vous prouvent qu'elle ne la voit que dans nos progrès militaires. Et en effet, voilà ce qu'elle nous emprunte, croyant se régénérer par la force brutale, lorsqu'elle meurt pour n'en être pas sortie. Elle a vu notre industrie sans devenir industrieuse, nos sciences sans devenir savante, notre agriculture sans essayer de cultiver les terres, sans fonder la propriété ; elle a vu notre morale, notre philosophie, notre politique, tous ces nobles développemens de l'ame, sans y aspirer et sans les comprendre ; et il en résulte que ce qu'elle nous emprunte laisse subsister les trois principes de mort que Mahomet lui a mis au cœur, la polygamie, l'esclavage et la fatalité, trois principes qui facilitèrent ses triomphes et qui sont aujourd'hui la cause de sa chute. Peuple barbare, peuple infortuné, dont la mission est finie et qui va mourir avec sa loi et pour sa foi, puisque sa foi ne lui permet ni la pensée, ni la liberté, ni l'humanité, et

Pendant que les réformes des sultans sont encore à se faire connaître, qu'on jette les yeux sur un point imperceptible de cet empire, que l'on observe cette poignée de Grecs pauvres et misérables, accourant des quatre parties du monde pour élever un État, fonder une société sur un tas de ruines. Sans doute ils n'ont pas pu réaliser, dans un si court espace de temps, tout ce que les imaginations classiques de l'Europe attendaient d'eux ; mais que l'on remarque ce qu'ils ont fait déjà, malgré les tiraillemens qu'ils éprouvent par les intrigues des puissances contendantes, malgré l'exiguité de leurs moyens, et qu'on le compare avec les prétendues réformes des sultans disposant de toutes les forces d'un vaste empire, et l'on restera plus que jamais convaincu de l'impuissance radicale de ceux-ci.

A cette occasion, nous dirons deux mots sur Méhémet-Ali, il n'en mérite pas davantage.

Il y a déjà trois ans que nous écrivions ces lignes : « Toutes les réformes de ce rusé satrape, que l'on prône tant en Europe, et particulièrement en France, se réduisent à un raffinement de despotisme qu'il a su emprunter aux gouvernemens de l'Europe, et qu'il a eu le moyen d'introduire chez lui, grace à la position semi-indépendante qu'il possède vis-à-vis du sultan. Maître absolu du plus riche pays de l'univers, il a déployé une habileté infinie pour sucer tous les principes de vie et toutes les ressources des malheureux habitans qui s'y trouvent parsemés. C'est à quoi se réduit toute la civilisation arabe due au génie de ce rival de Mahomet dont on nous étourdit. »

Avons-nous vu juste ? Eh bien ! qu'en pensent-ils aujourd'hui, ces écrivains qui avaient pris pour mission de rem-

cette mort, gardons-nous de la déplorer, c'est le doigt de Dieu dans le gouvernement des empires : elle lègue à l'Europe la civilisation de l'Asie. Nous allons rendre à l'Orient ce que l'Orient nous a donné, la vie intellectuelle, la vie de l'ame, et sa mort sera une résurrection.» (Journal des Débats, 23 octobre 1836, article signé *Aimé Martin*.)

plir des volumes rien que des magnifiques projets, des admirables tentatives, des réformes sans pareilles de celui
qu'ils appelaient l'homme extraordinaire! Oui, il était extraordinaire en face d'un réformateur de la même trempe
que lui, de Mahmoud; mais quand le moment sérieux est
arrivé, quand il devait manifester au monde émerveillé
sur son compte le résultat de cette abominable politique,
dont les moyens atroces avaient au moins pour excuse, aux
yeux des politiques optimistes, la grandeur, disaient-ils, de
ses vues? Eh bien! n'a-t-il pas suffi du plus léger choc de
l'Europe civilisée pour mettre au néant, au bout de quelques jours, sa formidable puissance et détruire à jamais
son prestige? Qu'on continue maintenant à lui prêter main-
forte, qu'on s'associe à la politique arménienne de Boghos-
Bey, qu'on lui assure les monopoles, qu'on le laisse encore sucer le sang de ses malheureux sujets, et surtout que
les écrivains voyageurs à Alexandrie viennent nous édi-
fier sur la résurrection de la puissance de Sésostris et de
la politique de Bonaparte. Avec tout cela, au jour du danger, on aura un excellent auxiliaire contre les envahis-
semens de la Russie, on peut en être certain.

Il est vraiment étonnant de voir combien des faits si simples, si évidens, sont obscurcis aux yeux de quelques-uns par
l'animosité des passions politiques. C'est la crainte de la
Russie qui a fait découvrir depuis quelque temps, chez les
musulmans d'Alexandrie comme chez ceux de Constantinople, des élémens de régénération dont personne ne s'était
douté jusqu'ici. Ali, pacha de Jannina, valait au moins, pour
la capacité et les larges conceptions, autant que Méhémet-
Ali; et cependant personne ne s'était avisé d'en faire un
homme prédestiné. Est-ce le premier exemple de satrapes
devenus aussi grands et même plus forts que les reclus de
sérail qui siégent à Constantinople? On oublie les Paswan-
Oglou, les Mustapha Baïnactar, et tant d'autres qui figu-

rent rien que dans l'histoire toute moderne de la Turquie.
C'est là l'état normal des barbares, que nous voyons aussi
en Perse, dans les Indes, dans tout l'Orient. Le mouvement
éternellement anarchique et féroce, lâche et despotique à
la fois qui les anime, fait souvent refouler la puissance du
centre aux extrémités, d'un point sur un autre, d'un homme
sur un autre ; et l'on tourne toujours ainsi dans une roue
infernale. C'est un déplacement perpétuel de la tyrannie ;
mais rien de plus. Aussi, que voyons-nous dans les soi-disant révolutions ? *blanc bonnet* ou *bonnet blanc*, un tyran qui
en poursuit un autre, un tyran plus habile ou plus heureux
qu'un autre ; mais la civilisation, au nom de Dieu ! qu'a-
t-elle affaire à ces brigands-là ?

Oui, c'est la peur de la Russie qui a fourvoyé la politique des puissances au point d'élever à la proportion d'une
question de politique européenne la misérable affaire d'un
satrape révolté, de faire du plus que septuagénaire tyran
d'Alexandrie, comme de l'adulte efféminé de Constantinople,
les régénérateurs de l'empire des Osmanlis ; c'est la peur de
la Russie qui a fait que tant d'hommes éclairés ont fermé
absolument les yeux à tout ce que le peuple mahométan
oppose de barrières insurmontables à la régénération de ce
soi-disant empire, à tout ce qu'il offre d'incompatible
avec la véritable civilisation. Mais, quoi qu'on fasse et dise,
la réalité est là, les faits amèneront leurs conséquences.
L'Europe entière, y compris la Russie, ne veut plus de l'esclavage, et l'esclavage est inséparable de l'existence mahométane ; la polygamie est à jamais proscrite de nos mœurs,
et les musulmans seront éternellement polygames ; notre
religion comme notre philosophie repoussent le dogme funeste de la fatalité, et ce dogme est le fondement de l'islamisme. L'Europe est éminemment sociale, et les mahométans n'ont jamais su ce que c'est qu'une société ; l'Europe
est essentiellement organisatrice, et les disciples de l'isla-

misme ne sont jamais parvenus à réaliser une institution
quelconque ; l'Europe se centralise de plus en plus et tend
à une grandiose unité, et l'empire des Osmanlis tombe en
lambeaux ; les peuples de l'Europe s'assimilent de plus en
plus les uns aux autres, et le mahométan, fier et orgueil-
leux de son excentricité, se drape dans son hétérogénéité et
préfère y mourir plutôt que d'en sortir (1).

---

(1) « Livré à son isolement funeste, l'empire des sultans a marché vite dans sa
décadence ; on croyait encore en sa puissance, que depuis long-temps déjà il
n'était plus que l'ombre de lui-même. Son déclin a commencé le jour où ont
cessé ses victoires : la guerre alimenta son fanatisme, son fanatisme seul faisant sa force..... On prend trop au sérieux cette parodie de civilisation européenne transportée sur les rives du Bosphore et du Nil. On pense que la race
turque pourrait suffire par elle-même à sa génération. Nous n'hésitons à déclarer que cela nous paraît impossible. Les réformes ne peuvent pénétrer chez
un peuple ignorant et barbare qu'après avoir été comprises et acceptées par ceux
que leur position sociale place à la tête de la nation. Or, en Turquie, les classes les
plus élevées sont précisément les plus corrompues et celles qui se montreront
toujours les plus rebelles à se soumettre aux innovations propres à les régénérer.
Que sont, en effet, tous ces hauts personnages qui entourent le sultan, commandent les armées, gouvernent les provinces et tiennent entre leurs mains les destinées de l'empire ? des esclaves affranchis, de misérables intrigans, sans mœurs,
sans dignité, égoïstes, rapaces, ne devant qu'à leurs complaisances serviles, et
souvent infâmes, la haute faveur dont les a comblés le maître. Combien n'en est-
il pas parmi eux dont on peut dire comme de ce garçon de café devenu ministre
de Mahmoud : « La honte du maître est écrite sur le front du favori... » Les ha-
rems mâles des sultans et des pachas ne sont pas la pépinière la moins féconde
des officiers civils et militaires... C'est notre organisation militaire que le sultan
a cherché à introduire avant tout dans ses États ; pendant vingt années, il a mis
tout en œuvre pour y réussir. Après ses derniers revers contre les Russes, on disait qu'il ne manquait à la Turquie que de bons généraux ; la guerre avec Méhémet-Ali nous a prouvé qu'elle n'a plus de soldats et qu'elle a perdu tout sentiment de nationalité et de confiance dans sa force et dans son avenir. Comprend-on
en effet, que 180,000 hommes, levés et équipés à grands frais, pourvus de l'ar-
tillerie et du matériel nécessaires, commandés par les généraux les plus renom-
més, aient pu, dans quatre batailles différentes, abandonner terrain, bagages et
canons à un ennemi toujours inférieur en nombre et bien peu supérieur en mérite, sans opposer une résistance même assez vive pour lui tuer plus de sept ou
huit cents hommes ? C'est là cependant ce qui est arrivé : Oms a coûté aux Égyptiens 102 hommes, Beglan, 20, Koniah, 162, et enfin à Nézib, cette grande bataille
où près de 100,000 hommes allaient décider du sort de deux empires, Ibra-
him n'a perdu que 3 ou 400 des siens. En vérité, peut-on honorer du titre de
batailles de pareilles cohues ?... Pour retrouver des exemples de semblables
déroutes, il faut remonter jusqu'aux expéditions aventureuses des Espagnols en
Amérique, et aux bandes d'Indiens armés de flèches qui fuyaient épouvantés au
seul bruit des canons de Pizarre et de Fernand-Cortez. Une nation descendue si
bas ne se relève plus, la conquête étrangère seule peut mettre fin à la misère qui
désole les contrées qu'elle opprime... Quant à Méhémet-Ali, nous croyons qu'il

Il faut se pénétrer bien de ceci', la Russie n'eût-elle pas existé, qu'une puissance européenne quelconque aurait été appelée tôt ou tard, bon gré ou mal gré, à recueillir l'héritage de cet empire : si la Russie s'est avancée chaque jour sur lui, c'est qu'elle a trouvé une place vide devant elle, qui demandait à être occupée ; son existence ne pouvait pas durer, la civilisation européenne devait nécessairement déborder sur lui. C'est ainsi que la France s'est trouvée, un beau jour, comme à son insu, maîtresse d'une partie de l'Afrique : la conquête fut si aisée, si inattendue, si prompte, qu'elle s'en est trouvée presque embarrassée ensuite. Aucune puissance de l'Europe n'aurait-elle jamais songé à s'emparer de cet empire, que les populations chrétiennes qui le couvrent auraient fini, avec le temps, par s'en rendre maîtresses entières et absolues.

Mais la Russie s'est trouvée là. Enviant cette proie depuis des siècles, on a beau déclamer aujourd'hui contre sa marche envahissante, les besoins de l'empire russe l'exigent, la voix retentissante de l'humanité la réclame, des criailleries intéressées et égoïstes ne l'arrêteront pas.

SECTION III.

QUESTION RELATIVE AUX POPULATIONS CHRÉTIENNES DE LA TURQUIE.

Cependant, en Turquie, tout n'est pas Turc ; loin de là, la masse de la population est chrétienne, les mahométans n'y sont que clair-semés, la grande majorité leur est étrangère autant que les Allemands et les Français le sont à l'égard

---

serait temps de mettre un terme aux éloges grossiers de charlatans et de compères qui viennent le représenter en Europe comme un nouveau Pharaon..... Ce sont ces hommes surtout qui ont le plus contribué à fausser l'opinion politique sur le véritable mérite de Méhémet-Ali et sur le caractère de ses réformes... Nous avons vu nous-même l'administration et le gouvernement intérieur du pacha. » (National du 17 janvier 1837, article signé *Maubert*.)

des Indous et des Chinois. Admettons que la réforme du gouvernement turc puisse arriver à son but, ceux qui ont la foi la plus robuste dans cette réforme, qui croient le plus fermement à ses heureux résultats, seront forcés d'avouer qu'elle ne pourra jamais s'opérer sans une transformation totale, non seulement de la politique turque, ce qui implique déjà un assez long travail, mais du caractère même et de l'individualité turque. Je demande donc quel est le terme qu'on assigne à cette œuvre miraculeuse, à la renaissance de ce phénix? Il faut nécessairement compter des siècles pour arriver à initier les sectateurs de Mahomet aux idées de la civilisation européenne, qu'ils repoussent avec indignation, et pour faire abdiquer au chef de l'islamisme son titre contre celui de roi des giaours. Et pendant ce temps, les chrétiens, que feront-ils? Ils se croiseront les bras pour attendre avec résignation le terme du purgatoire par lequel on leur fait entendre qu'on fera passer les musulmans, et après quoi on leur promet en eux de magnifiques maîtres. Et de quel droit, s'il vous plaît, des millions d'hommes, deux fois au moins plus nombreux que les mahométans, cent fois plus civilisés, mille fois plus civilisables qu'eux, seront-ils obligés d'attendre cette longue minorité des Turcs, dont messieurs les ministres de telle ou telle cour se donnent pour tuteurs officieux? quelle est la loi, je vous prie, qui fait du peuple turc un peuple roi? y pense-t-on sérieusement?

Mais il y a des populations qui ne sont plus soumises du tout à la Porte, les Grecs indépendans; il y en a d'autres qui ne le sont que de nom, les Valaques, après lesquels viennent les Serviens. C'est vrai. Mais quelle position leur a-t-on faite? Oh! c'est merveilleux.

Lorsque la Russie se présentait comme l'ange sauveur des populations chrétiennes écrasées par une oppression sanguinaire, personne ne s'avisait de marchander sur cette protection, tous l'acceptaient comme un bienfait du Ciel. Ah! il faut avoir habité ces contrées, pour comprendre ce sentiment là, il est impossible de le décrire! Jamais personne n'aurait hésité à échanger sa qualité de *giaour* contre celle de sujet de la Russie; car sujets et maîtres étaient charmés de se rencontrer, ils se regardaient comme d'anciens amis et co-religionnaires. Plus tard, je le sais, la différence d'élémens plus ou moins hétérogènes, de mœurs, d'antécédens, de langue, aurait éclaté; un parfait accord entre peuples d'origines diverses, surtout quand l'un est le maître et l'autre le sujet, est chose difficile; mais enfin le temps, le grand médecin de tous les maux, et différentes combinaisons politiques auraient pu le réaliser.

Mais voici que la politique tracassière et sans portée de l'Europe, sans démêler qu'au fond des tendances de la Russie, il y avait un élément pur et noble, la protection de la chrétienté, sans savoir le reconnaître et se l'approprier ou bien y participer, continue à susciter des obstacles, des embarras aux vues de la Russie, obstacles timides, dépourvus d'idées fermes et vivifiantes, mais qui étaient cependant de nature à forcer la Russie de dissimuler son but réel et sa marche, sans pouvoir nullement l'empêcher d'atteindre son but. La voix de l'humanité souffrante était trop forte, pour qu'elle ne se fît pas entendre et obéir, quand des baïonnettes se présentaient à son service. Les baïonnettes, c'est la Russie qui les lui prête, un empire formidable se met tout entier à son service : comment n'aurait-elle pas triomphé! la raison est toujours puissante; quand elle est armée, elle est écrasante. Les exigences étaient si équitables, si élevées, que tout ce qu'il pouvait y avoir d'égoïste dans les vues de la Russie disparaît. La guerre n'aura pas pour but la conquête, elle ne sera qu'un moyen de protection pour le christianisme persécuté. Cette protection devient la cause de presque toutes les hostilités de la Russie,

la base de ses principales stipulations avec la Porte. A côté
d'elles venaient se placer, comme en sous-ordre, d'autres
clauses qui se rapportaient à l'intérêt exclusif et immédiat
de la Russie ; mais elles passaient presque inaperçues, et ne
se formulaient que lorsque la victoire venait apposer sa
sanction souveraine. Puis chaque traité était conclu d'après
l'art merveilleux de pouvoir amener une rupture , il contenait un trésor qu'une nouvelle guerre venait exploiter.
C'est ainsi que la Russie est allée en tapinois du traité de
Kaïnardgi au traité de Jassy , du traité de Jassy au traité de
Bucharest , du traité de Bucharest au traité d'Ackerman,
enfin de celui-ci aux traités d'Andrinople, de Saint-Pétersbourg et d'Unkiar-Skélessy, sans parler d'autres conventions accessoires, stipulations supplémentaires, actes addi-
tionnels, appendices nécessaires de chacun de ces traités,
qui venaient s'y ajouter quelquefois après de longs intervalles , et qui étaient quelquefois aussi importans et plus
importans que les traités mêmes : on connaît le fameux article séparé et secret du traité d'Unkiar-Skélessy.

Remarquez le chemin immense qu'a fait la Russie dans
l'espace de soixante ans, depuis les premiers de ces traités
jusqu'au dernier, et cela toujours en protestant de son
désintéressement, toujours à contre-cœur, parce qu'elle
était forcée d'aller au secours de ses frères chrétiens , de
venger son honneur attaqué , de réparer des insultes es-
suyées, toujours en protestant de son amour pour la paix,
toujours en étalant sa magnanimité. A-t-elle mal fait?
non , mille fois non ! Mais remarquez enfin cette profonde
habileté de profiter des circonstances , cette prodigieuse
adresse de confondre ses intérêts avec les sentimens les
plus nobles qui puissent faire battre le cœur de l'homme ,
cet admirable savoir-faire , cette unité de vues , cette persévérance unique dans l'histoire. « Rien ne varie , dit l'historien russe, Karamsin , dans le caractère et les vues de

de notre politique étrangère. Nous tâchons d'être partout en paix et de faire nos acquisitions sans guerre, en nous tenant sur la défensive. Nous ne nous fions pas à l'amitié de ceux dont les *intérêts* (1) ne sont pas d'accord avec les nôtres, et nous ne perdons pas l'occasion de leur nuire sans violer ostensiblement les traités ! »

C'est en vertu des principes de cette politique que nous avons vu ce blocus de traités, cette conquête pacifique de nouvelle espèce, pour laquelle un des principaux faits d'armes fut la soustraction des différens peuples chrétiens au joug ottoman, au nom d'une décevante nationalité qui n'a d'autre assiette que le bon vouloir de la Russie. Qu'ils s'avisent d'afficher la moindre prétention d'indépendance et d'autonomie, et aussitôt ils entendent gronder à leur oreille ce superbe langage que Corneille met dans la bouche d'Auguste :

> Ma faveur est ta vie, et ton pouvoir en vient.
> Elle seule t'élève, et seule te soutient.
> C'est elle qu'on respecte, et non pas ta personne,
> Tu n'as crédit ni rang, qu'autant qu'elle t'en donne.

Est-ce clair ? c'est ce plan opposé avec une habileté exemplaire à la politique bornée des autres cabinets qui a contribué puissamment à amener la prépondérance de la Russie, mais qui amènera, je le crains fort, des désastres pour ces malheureux peuples, éternels polichinelles dans cette tragi-comédie. Ils ont pris à la lettre tout ce qui leur a été dit : dupes comme les autres d'une mystification, ils se sont crus sérieusement Grecs, Valaques, Serbes, titres rians dont ils se bercent, qui servent à piper les niais de la diplomatie, sont jetés en pâture à la crédulité de tous les sots, et qui ne seront pour ces populations que la parure provisoire dont ils seront ornés au jour du sacrifice, pour la plus

---

(1) Il ne dit pas les *principes*, avis à la politique sentimentale.

17

grande gloire de la Russie, *de cent peuples divers et le maître et l'arbitre.*

On a cru faire merveille quand on est venu disputer une petite part de l'influence de la Russie sur un point imperceptible de l'empire turc, dans les affaires d'une poignée de Grecs, dont les frères qui s'élèvent à des millions continuent à gémir sous le joug mahométan et sont décidés plus que jamais à en finir. Il ne faut pas être profond politique pour prévoir que la Grèce indépendante ne vivra plus, politiquement parlant, pendant vingt-quatre heures, quand la Russie ira à Constantinople, et cela sans qu'elle ait besoin d'y envoyer un seul soldat. Dès l'apparition du drapeau russe sur l'église de Sainte-Sophie, « la Grèce indépendante retournera immédiatement, comme dit M. de Maurer, ex-membre de la régence bavaroise en Grèce, dans le sein d'Abraham et sous l'empire du kn.... » Nous n'achevons pas, car la seconde idée n'est pas vraie.

L'érection d'un royaume grec n'a été qu'une réparation apparente et provisoire d'une des brèches nombreuses faites par le temps à l'empire ottoman, un palliatif qui ne pouvait pas le sauver, car son principe de mort est dans la tête même. Le premier coup de canon tiré sur Constantinople entraînera l'écroulement général de tout ce qui faisait naguère et qui fait encore partie de cet empire vermoulu.

Ainsi le but de la Russie, tôt ou tard, d'une manière ou d'une autre, aura été atteint, parce qu'aucune des puissances n'a jamais sérieusement songé au sort de ces malheureuses populations. On en parle maintenant; mais nous demandons à ceux qui crient à l'influence russe en Grèce, s'il existait une Grèce sur la carte de l'Europe, avant qu'Ypsilanti eût paru, l'étendard de l'insurrection à la main; ceux qui s'apitoient sur le sort des Caucasiens, en conscience, savaient-ils ce que c'était que les Caucasiens avant que la Russie en eût fait mention dans ses traités avec la Porte;

ceux qui désireraient écarter la prédominance russe des affaires de Moldo-Valachie, que voudraient-ils mettre à la place? Celle des Turcs, n'est-ce pas? merci de la générosité. On veut bien penser à ces hommes maintenant; mais pourquoi? pour en faire l'instrument machiavélique de la plus détestable des politiques, la politique du *statu quo* en Orient; ce malheureux *statu quo* dans lequel les cabinets croient trouver leur compte, mais dont le cours naturel des choses a fait depuis long-temps son jouet; les chétives barrières qu'on a cru lui opposer ont déjà sauté en l'air; le torrent des événemens coule à pleins bords.

Il y a en Turquie *toute une race*, la race grecque, qui ne veut ni ne peut plus être esclave; on a beau dépenser son huile et son style à rédiger des hatti-sheriffs; on a beau faire endosser à Abdul-Megid l'investiture d'un roi de par la grace de Dieu, octroyant à ses fidèles sujets des lois écloses dans les bureaux de la diplomatie, et où ni lui, ni les siens, ni tout ce qui s'appelle Turc n'entend goutte; tout cela, si ce n'était triste, serait du dernier des ridicules. Vraiment le sens commun paraît avoir déserté depuis quelque temps les cabinets; pour tout ce qui regarde les affaires de l'Orient, c'est à qui mieux mieux à lui tourner le dos. A-t-on sérieusement pu espérer de gouverner et de discipliner l'élément grec et chrétien par l'élément turc et mahométan qui règne depuis plus de trois cents ans, sans avoir pu introduire chez lui l'ombre d'une institution quelconque? Mais c'est précisément eux qu'on prétend qu'il pourra gouverner, et ce qui est le comble du ridicule, civiliser, qui lui tendront la main, le relèveront et le mettront dans la voie du bonheur et du progrès, s'il en est capable. Nous reconnaissons, si l'on veut, que les Grecs eux-mêmes, malgré leurs brillantes qualités natives, malgré leurs nombreuses affinités avec les mœurs et les institutions de la civilisation européenne, sont atteints de bien des vices, tant acquis que naturels, qui rendent bien difficile l'œuvre de leur régénération. Parmi les premiers, les uns datent d'avant la conquête, les autres viennent d'un long et terrible esclavage.

En effet, quand la nation grecque est tombée sous le joug ottoman, elle n'était qu'une nation dégénérée. On s'abrite aujourd'hui sous les ombres de Thémistocle, de Périclès, d'Aristide, etc.; mais il faut se rappeler que ces noms étaient bien recouverts par la poussière des siècles à l'époque de la conquête. Ce sont ceux des Comnène et des Paléologue qui occupaient alors le monde civilisé; ce sont eux qui étaient les représentans du génie et de la nation grecque; c'est la civilisation byzantine qui couvrait toutes les contrées de l'ancienne Hellade lorsque le croissant fut planté sur les murs de Constantinople. Or, on sait ce que c'était que la civilisation byzantine. Y a-t-il dans l'histoire période plus triste et plus décourageante que cette civilisation barbare du Bas-Empire, où la bassesse le disputait à la perfidie, la corruption de l'esprit à la lâcheté du cœur? La tyrannie turque a été pour le peuple grec le creuset où s'est épurée sa moralité : l'école de l'adversité est la meilleure des écoles. Mais si cette tyrannie a contribué à fortifier leur ame amollie, à retremper leur caractère énervé, à purifier en eux la foi de leurs pères, elle n'a pas moins laissé chez eux de fortes traces de barbarie et de dégradation, résultat d'un gouvernement ignare et féroce, d'autant plus saillantes aujourd'hui, que les peuples environnans ont fait des pas immenses dans la carrière de la civilisation, dont un joug de fer leur interdisait l'accès.

Avant et à côté de la domination turque, il y eut une autre domination en Grèce, qui, j'ose le dire, lui a été encore plus funeste. C'est la domination corruptrice des Vénitiens. On connaît les mœurs de l'Italie du moyen âge, on connaît surtout celles de la république de Venise. Une grande dose de ces mœurs fut déposée en Grèce. La plupart des vices que l'on reproche aux Grecs sont des vices italiens. Les peuple grec et italien, sympathisant d'humeur, se communiquèrent facilement leurs habitudes morales ; mais c'est le peuple dominateur qui devait plutôt imposer les siennes au peuple soumis. Pour preuve de ce que j'avance ici, c'est qu'après les Phanariotes, espèce de jésuites dont le nid impur fut noyé dans le sang par le massacre affreux de 1821 à Constantinople, ce sont les pays qui se trouvèrent les derniers sous la domination vénitienne, la Morée et les Sept-Iles, où l'on trouve le plus des défauts que l'on reproche aux Grecs. Les vices nouveaux, fruits de la conquête, s'acclimatèrent chez eux d'autant plus facilement, qu'il y en avait bien d'autres anciens, qui faisaient dire à Virgile : *Timeo Danaos et dona ferentes.*

Quant à leurs vices naturels, ils sont encore plus profonds, et il faut les attribuer aux circonstances dans lesquelles ils vivent, à leur climat, à leur terrain accidenté. Le principal de ces vices, c'est une excessive suffisance, un indomptable orgueil. C'est un vice capital, qui a sapé l'éblouissante et courte existence de leurs ancêtres, qui a amené la prompte ruine de l'ancienne Grèce, en isolant l'homme de l'homme, le citoyen du citoyen, les cités des cités, les peuplades des peuplades, et l'a maintenue dans une perpétuelle anarchie. C'est ce même vice qui, pendant leurs luttes d'indépendance, tant anciennes que modernes, a été une vertu en faisant de chaque individualité un héros sur le champ de bataille ; mais c'est ce même vice qui, en temps de paix, quand le temps de se constituer et de vivre en frères arrive pour eux, s'oppose à l'édification de l'ordre social.

Les vices doivent être combattus par des moyens moraux et politiques à la fois. Il faudrait un gouvernement fortement unitaire placé à Constantinople, d'où il dominerait tout le territoire que la Méditerranée découpe de mille manières, pour former mille peuples appartenant à la même nation ; un pouvoir qui, en jetant un vaste réseau d'institutions uniformes sur toute cette contrée, enlacerait toutes ces petites peuplades, tous ces différens centres de vie, dans les liens d'une même vie nationale ; qui, en déposant dans leur sein les germes d'une même sociabilité, leur inculquerait les mêmes doctrines politiques et dompterait leur excentricité naturelle.

Un second moyen, le plus efficace, consisterait dans l'installation d'un gouvernement introduit qui puisât sa force en lui-même plutôt que dans les bonnes graces de ce peuple, qui se trouvât tout-à-fait au dessus des passions, des préjugés qui l'animent et le divisent ; un gouvernement qui renfermât les élémens d'une supériorité morale, évidente, incontestable. Un pareil gouvernement, quelque ménagement qu'il doive avoir pour le caractère altier de ce peuple, doit lui être imposé plutôt qu'il n'en doit être accepté ; ce serait un gouvernement européen non seulement dans ses idées, mais aussi dans son personnel. Ce n'est qu'un pareil événement qui pourra conduire ce beau pays aux belles destinées qui l'attendent.

Un gouvernement grec ne saurait trouver en lui-même les élémens d'une force suffisante pour opérer cette régénération morale et politique de tout un peuple ; quelque éclairé qu'il fût, il se trouverait en présence d'obstacles insurmontables, en voulant amener cette grande transition. D'abord il ne pourrait jamais agir assez puissamment sur l'esprit de ces peuples, son ascendant moral ne serait jamais suffisant, pour leur faire abandonner leur vie ancienne et leur faire adopter une vie nouvelle. En second lieu, né lui-même dans les mêmes idées, nourri à peu près des mêmes sentimens, ses lumières ne suffiraient pas pour le mettre à l'abri des préventions nationales, des défauts qui s'opposent à une vigoureuse régénération dans ce pays.

La Grèce, encore soumise ou indépendante, peut posséder beaucoup d'hommes d'esprit et de talent, beaucoup de zélés patriotes ; mais elle est encore loin de compter dans son sein un nombre suffisant d'hommes véritablement éclairés. Le vénérable Coraï, le patriarche de la Grèce savante, était un de ceux qui avaient repoussé l'insurrection dans le principe, prévoyant que si le peuple parvenait à s'émanciper, il ne trouverait pas chez lui assez d'hommes capables pour travailler à sa régénération. Πρέπει πρῶτον να παιδευθῇ τὸ ἔθνος, *il faut d'abord que la nation s'éclaire*, disait-il toujours. Toutefois il faut l'avouer, les lumières qu'attendait Coraï auraient été bien lentes à se produire. Tous les jeunes gens qui arrivaient alors en Europe pour s'instruire n'ayant point de position sociale chez eux, incertains de leur avenir, s'adonnaient aux études qui pouvaient avoir pour eux un résultat sûr ou immédiat ; ils se livraient pour la plupart aux études médicales, dont ils pouvaient tirer partie en Turquie. Un petit nombre s'adonnaient aux études littéraires, ce qui les mettait à même d'expliquer chez eux les auteurs grecs anciens, et d'enseigner quelques élémens de philosophie. De pareilles études contribuaient certes beaucoup à exercer et à développer des intelligences d'ailleurs si heureusement douées ; mais elles n'étaient point de nature à former des hommes publics. Aussi le petit nombre d'hommes lettrés qui se sont réunis de toutes parts en ce moment dans la Grèce indépendante ne sont en grande partie que des écrivailleurs qui, dans tous les pays où ils se mêlent des affaires, ont le privilége de les embrouiller. L'aptitude aux affaires que l'on ne peut refuser aux Grecs ne peut nullement remplacer l'expérience qui leur manque tout-à-fait. Il y a un certain nombre de jeunes gens qui se sont occupés dernièrement de l'étude des lois ; mais il faut le reconnaître, ce ne sont pas quelques jeunes gens, après trois ou quatre ans d'études, qui peuvent

apporter dans leur pays les idées élevées et supérieures de
l'homme d'État, et en même temps les idées spéciales et
pratiques de l'homme d'affaires. La science et l'art de gouverner sont devenus aujourd'hui bien vastes, bien compliqués ; il faut s'y préparer long-temps et de longue main.
Il faut bien des études préliminaires avant d'entrer dans les
universités de l'Europe, bien des études spéciales, ensuite
bien de l'expérience dans la conduite des affaires, que l'on ne
peut acquérir que sous des chefs habiles, rompus, exercés,
que malheureusement on ne rencontre point chez soi, pour
avoir la prétention de contribuer à la formation d'un État
nouveau, que dis-je? d'une société nouvelle ; à la direction
politique d'un pays en communication directe et constante
avec l'Europe si avancée en toutes choses.

En lisant les mémoires du temps, on voit que le czar
Pierre, qui espérait beaucoup de l'envoi de jeunes gens en
Europe, fut à la fin cruellement désappointé, et finit par
faire venir en Russie des hommes de l'étranger pour en
faire les instrumens de sa politique. Ils le secondèrent parfaitement dans ses desseins. A moins d'être sous la préoccupation d'une sotte fierté nationale, chacun peut comprendre qu'il est infiniment plus court et plus facile
d'emprunter immédiatement ce que l'on n'a pas et que des
siècles ont créé ailleurs, que de recommencer soi-même
sur nouveaux frais. Cela ne veut pas dire qu'il faut négliger la culture des esprits indigènes. Tout au contraire,
il faut y travailler beaucoup, et l'exemple vivant des capacités étrangères dans un pays inculte contribuerait plus
que toute autre chose à cet effet. Tous ces pays nouveaux,
qu'aujourd'hui on veut bien honorer, grand merci, du
nom de pays turcs, mais qui ne l'ont point été et ne le
seront jamais, parviendront certainement, avec le temps et
avec les dons qu'ils tiennent en surabondance de la nature,
à produire des hommes, bien entendu, non pas maho-

métans, qui émerveilleront un jour l'Europe; mais pour
cela il faut attendre. La Russie a beaucoup attendu pour
produire des hommes éminens; mais aujourd'hui on peut
citer chez elle des personnes du plus haut mérite, qui n'ont
pas fait leurs études ailleurs qu'en Russie. Nous sommes à
une époque où tout marche vite et où chacun, par conséquent, doit marcher vite, surtout quand on est si arriéré,
sous peine d'être écrasé.

Les Grecs avaient un homme, un seul homme, qui eût
pu servir d'intermédiaire entre eux et l'étranger, entre l'esprit grec et l'esprit européen. C'était Capo d'Istria. Ils l'ont
assassiné!...

On se récrie beaucoup en Grèce contre l'administration
bavaroise; je ne me charge point de faire son apologie, je
me chargerais encore moins de rendre compte de l'argent
qu'elle a dépensé, par la raison toute simple qu'il n'y a
rien de plus facile, et en même temps de plus difficile, que
d'approuver ou de condamner une dépense; il faut voir un
compte de bien près pour pouvoir le contrôler. Mais à part
l'argent qu'elle a dépensé bien ou mal à propos, nous n'en
savons rien, il nous serait facile de prouver que toutes les
institutions fondamentales dont jouit la Grèce sont l'œuvre
des Bavarois. Leur organisation ecclésiastique, judiciaire,
militaire, administrative, émane d'eux. Leur code pénal,
leur code d'instruction criminelle, leur code de procédure
civile sont l'ouvrage de M. de Maurer. Leur belle loi muni-
cipale, ils la doivent à M. Abel. On a expulsé les Bavarois.
La ξενοκρατία qui leur pesait tant n'existe plus. Maintenant
on se récrie contre la camarilla du roi Othon : c'est bien
dommage qu'on leur ait appris ce mot espagnol qu'ils
écorchent horriblement, car, sans le mot, ils ne se seraient
pas doutés de la chose. Mais avec qui voulez-vous qu'il
cause, ce pauvre jeune homme expatrié, dans ses momens
perdus? La camarilla a-t-elle mis obstacle à une bonne or-

ganisation financière, qui désormais sera bien difficile; car il n'y a plus de ξενοκρατία· est-ce la camarilla qui empêche l'arrivée d'un code civil, le seul dont M. de Maurer n'ait pas doté la Grèce, et qui est encore à se faire attendre? Il ne suffit pas de pérorer tant bien que mal sur l'existence de Dieu et l'immortalité de l'ame; il faut savoir aussi fonder une banque ou un système d'amortissement; il faut pouvoir concevoir d'une manière parfaite l'ensemble d'une branche quelconque de législation, en jeter les bases, en formuler les principes, en arranger la contexture. Il ne suffit pas de se pavaner sous sa nationalité, de se poser comme nation indépendante, de montrer sa fustanella et sa calotte rouge : ça a été bon pendant que le bruit du canon de Missolonghi arrivait jusqu'en Europe, et que les faits de Miaouli et de Bobolina étaient peints sur tous les murs; maintenant qu'il ne s'agit plus de raconter des exploits, mais de rendre des comptes, il faut savoir se mettre autour du tapis vert et parler affaires; et la Grèce a fort peu de personnes en état de le faire.

Nous prions les Grecs de ne pas prendre en mauvaise part ce qui est dit ici; c'est un ami qui leur parle, un ami dès sa plus tendre enfance sincère et dévoué, qui fait des vœux ardens pour leur bonheur et leur avenir autant qu'il en fait pour le pays où il a vu le jour. Nous avons supporté les mêmes chaînes, nous en portons encore également les traces, nous sommes sous l'empire des mêmes besoins, nous tendons vers le même but. Si nous n'avions pour notre compte personnel d'autres grands motifs particuliers d'affection, ceux-ci suffiraient pour nous faire prendre un vif intérêt à tout ce qui les concerne, et pour que nous nous croyions dans le devoir de leur exprimer en toute franchise des avis qui partent d'une vive et profonde sympathie comme d'une stricte et entière impartialité.

Nous avons vu dernièrement la Grèce. Nous avons été frappé des pas qu'elle a faits dans la carrière de la civilisation, nous avons admiré ses belles écoles, ses excellens tribunaux, nous avons applaudi du fond de notre cœur la vie simple et modeste de ses enfans, l'intégrité exemplaire de ses magistrats; nous nous sommes émerveillés de la supériorité brillante de leur intelligence, quoique nous la connussions d'avance, et en même temps nous y avons constaté un je ne sais quoi de décousu, de languissant, un chancellement funeste, l'absence d'une impulsion forte, le manque d'une direction ferme et vivifiante.

Au milieu de ces deux phénomènes contradictoires, nous avons voulu trouver le mot de l'énigme, et nous avons reconnu que tout ce qui a été fait en Grèce de bon, d'honorable, provenait des instincts admirables de ce peuple, et que tout ce qui lui manque, c'est cet esprit de sociabilité, cette souplesse de caractère qui s'assujettit à l'ascendant de supériorités légitimes, fussent-elles même étrangères; c'est enfin des hommes capables au timon des affaires, qui soient à la hauteur des circonstances. L'amour de l'instruction est chose innée chez les Grecs, aucun peuple au monde ne possède ce sentiment au même degré qu'eux. De là, la création merveilleuse de leurs écoles et de leurs tribunaux. Cela s'est fait comme de soi-même, car cela tient plus ou moins du spéculatif, de l'instruction, des livres; mais tout ce qui tient au génie pratique et organisateur, tout ce qui ressort de la science profonde et complexe du gouvernement, police, finance, agriculture, administration, tout cela est encore dans la première enfance, et je crains fort que cela n'y soit encore long-temps, vu la tournure particulière de leur esprit. Pour cela ils auront besoin encore long-temps de guides spéciaux et éclairés, et je ne sais pas où ils les prendront, avec leur esprit jaloux et exclusif, leur grande antipathic pour tous ceux qui s'avisent de se montrer supérieurs à eux et de leur tracer des règles.

Enfin il ne faut pas omettre ce manque absolu des capitaux dans les villes en Grèce, cette population disséminée dans les campagnes, sur un terrain pierreux et ingrat, totalement dénuée et de moyens pécuniaires et de connaissances agricoles, cette misère générale qui ne pourrait disparaître à la longue que par un seul moyen, l'unique, qui se prête le mieux à la configuration du territoire grec, et à l'esprit de ses habitans, le commerce de transit. Mais ce commerce, vu la concurrence qu'il rencontre en ce moment dans le commerce florissant des puissances européennes, ne pourrait prospérer avec une certaine célérité qu'en cas d'une guerre maritime entre ces puissances, comme cela est arrivé durant les guerres de la révolution. Le métier de corsaire s'appropriant parfaitement aux bâtimens et à l'aptitude grecs, il leur valut pendant cette époque de grandes richesses. On profita avec empressement de cet état de prospérité inconnu jusqu'alors en Grèce pour envoyer des jeunes gens en Europe, à l'effet d'y faire des études; et c'est ce petit nombre de personnes initiées aux mœurs et aux idées de l'Europe qui fonda chez eux des écoles, ces foyers où s'enflammait leur amour de l'indépendance, et ourdit la fameuse hétairie qui devait aboutir à de si pauvres résultats.

Un gouvernement placé à Constantinople, dans les conditions que nous avons énoncées, indépendamment des institutions de la civilisation moderne qu'il réaliserait, indépendamment de l'esprit de sociabilité et de politique européenne qu'il introduirait, indépendamment des sources de prospérité qu'il ferait naître, indépendamment de la force de cohésion qu'il donnerait à des populations éparses et divisées, aurait en outre un autre résultat immense. C'est de donner une direction organisatrice à la vie désordonnée qui plaît tant aux mœurs grecques par une circonstance d'un ordre plus élevé, par le mélange de deux caractères nationaux qui se trouveraient en présence l'un de l'autre, le caractère des peuples du Nord et le caractère des peuples du Midi.

Selon nous, si la France offre aujourd'hui l'heureuse réunion de la plupart des qualités qui distinguent les deux principaux peuples ses voisins, les Allemands et les Italiens, le bon sens, la réflexion, les habitudes pratiques des uns, la vivacité, la sensibilité, l'exaltation des autres; c'est que la France n'est que l'amalgame d'institutions, de mœurs, de races tout-à-fait différentes. Son midi a été long-temps romain par sa législation, par ses institutions, par sa civilisation ; il est encore italien par sa position géographique et par sa nature morale. Ses provinces du Nord ont été également long-temps germaines, et elles sont encore, sous plus d'un rapport, allemandes. C'est à cette combinaison, à cette conciliation, à cette fusion de deux vies, de deux tempéramens, de deux caractères diamétralement opposés, sous laquelle l'ancien élément gaulois s'est trouvé presque enfoui, que nous attribuons en grande partie l'ascendant moral de la France, tant sur l'Allemagne que sur l'Italie.

C'est cet heureux mélange des mœurs réfléchies du Nord et des mœurs passionnées du Midi que nous souhaitons aujourd'hui dans les provinces grecques. C'est là une circonstance capitale, qui contribuera selon nous plus que toute autre à faire tirer parti à leurs habitans de leurs belles qualités natives, en convertissant leur stérile agitation en une activité féconde, et en imprimant l'esprit d'ordre et d'unité à leurs mouvemens brillans mais désordonnés.

SECTION IV.

QUESTION EUROPÉENNE.

Arrive enfin la dernière face de la formidable question

d'Orient, arrive son côté européen qui constitue son véritable nœud gordien, dont la solution, quelle qu'elle soit, renferme dans son sein une des crises les plus périlleuses que l'humanité ait jamais eues à traverser.

S'il n'y avait que la Russie et l'Orient dans le monde, s'il n'y avait que la barbarie orientale et la civilisation russe en présence l'une de l'autre, la question ne souffrirait aucune difficulté. Mais il n'en est pas ainsi. A côté de ces deux contrées, dont la réunion, tant morale que matérielle, s'opère de jour en jour; dont les membres épars, égarés, se réunissent et se fondent de plus en plus au foyer d'une même civilisation, il y a une Europe proprement dite, supérieure à toutes deux sous le rapport moral, menacée dans un avenir assez proche d'une grande infériorité sous le rapport matériel.

Des événemens historiques ont favorisé en Europe le développement partiel de plusieurs races distinctes, ou pour mieux dire de plusieurs nationalités exclusives, subdivisées en une foule de centres politiques dont le nombre ne pourra de long-temps se réduire à deux ou trois, quoique cela paraisse devoir arriver un jour. Le morcellement national et politique constitue pour l'Europe un état de faiblesse relative en présence de la forte cohésion qui s'élabore devant elle en Russie et en Orient et la menace dans sa propre existence, c'est-à-dire dans son indépendance.

Constantinople ne tomberait pas entre les mains de la Russie, l'empire turc serait bien fort, resterait long-temps debout, que cette différence de force qui s'établit entre la Russie et l'Europe irait toujours en augmentant. Il n'a pas fallu Constantinople à la Russie pour que l'arrière-petit-fils d'Alexis Michaelowitz dont les ambassadeurs se présentaient si humblement à la cour de Louis XIV, vînt placer sur le trône de ses pères le petit-fils du grand roi, et que Paris vît camper dans ses murs l'armée d'une nation qui lui était à peine connue avant le dix-huitième siècle. Elle n'a pas eu besoin de la possession de Constantinople pour que l'esquif lancé sur la Newa par la main de Pierre-le-Grand ait enfanté depuis cette flotte qui dans quelque temps d'ici sera une des premières, et bientôt la première flotte de l'Europe, et qui à un signe de sourcil de l'empereur, peut voler à la fois de Cronstadt et de Sevastopol et enserrer l'Europe.

Que sera-ce donc le jour où Constantinople, la ville prophétique, cette capitale de l'univers qui promet à son possesseur l'empire du monde, tombera entre les mains de l'autocratie! Figurez-vous un pouvoir devenant de suite maître de plus de soixante-dix millions d'hommes (1), possesseur d'une armée colossale, d'une flotte dont les immenses ressources qu'elle a en ce moment dans le matériel s'uniraient à celles plus grandes encore qu'elle puiserait dans le personnel, un pouvoir concentré en un seul homme faisant voler ses volontés d'un bout de son incommensurable empire à l'autre sur les ailes du télégraphe et du dragon-vapeur, un pouvoir d'une complexion semi-asiatique, semi-européenne, occupant le point de jonction de deux continens, tournant à volonté sa tête de Janus tantôt d'un côté, tantôt d'un autre, associant ou opposant, selon les circonstances, l'Asie à l'Europe ou l'Europe à l'Asie, que sera ce pouvoir dans cinquante, dans cent ans d'ici!

On a prétendu qu'une nouvelle extension des limites de ce vaste empire contribuerait à le faire craquer et s'affais-

---

(1) La Russie d'Europe et d'Asie, selon les calculs les plus modérés, compte aujourd'hui de cinquante à soixante millions d'hommes. Quelques uns donnent ce chiffre à la Russie d'Europe seule. D'après les calculs des meilleurs économistes elle en aura cent à la fin de ce siècle. Qu'elle ne craigne pas, elle, l'augmentation de sa population; il n'y a pas là de Malthus pour crier: « Ne venez, ne venez pas, car vous n'avez pas de place au banquet de la nature. » Tandis que l'Europe a besoin de se dépeupler ou du moins de rester stationnaire sous le rapport de l'accroissement de la population, tout l'exige et tout la favorise au contraire en Russie. Et le jour où elle absorberait l'empire turc, elle compterait de suite quinze ou vingt millions d'individus de plus.

ser sous son propre poids. C'est la plus grande erreur qu'on ait avancée. L'empire russe, sans obtenir un nouvel agrandissement, ne pourrait pas subsister éternellement tel qu'il est. car rien n'est immuable ici-bas. Mais d'ici long-temps il n'a point à craindre le morcellement. Depuis Pierre-le-Grand il comprend plus de sept cent mille lieues carrées, par quelle raison un accroissement de vingt mille lieues ou à peu près acquises sur l'empire turc le mettrait-il en dissolution? Cet empire n'est pas l'œuvre subite de la conquête, ni le rapprochement fortuit de différens lambeaux englobés sous un même gouvernement. Il est la formation lente du temps, l'incorporation successive et insensible de plusieurs parcelles à un tout homogène et déjà fort par lui-même, la nationalité slave, qui est si étendue que tout ce qui lui est adjoint se perd dans son immensité. Cet empire est en outre soumis à une organisation politique qui lui offre les conditions d'une forte cohésion. Les disparités locales, partielles, primitives s'effacent chaque jour sous sa puissante action. Tout revêt une seule forme, tout s'empreint d'une même couleur.

Un pouvoir étendu a de grands inconvéniens, il peut être despotique, mais s'il est bien organisé, il peut très-bien ne pas être faible en lui-même. Le gouvernement de la Chine embrasse plus de trois cents millions d'individus et un territoire plus grand que l'Europe, et ce pays, d'après de nouvelles relations, se trouve dans un état de civilisation fort avancée. Chez nous, où la science administrative a fait tant de progrès, où la vapeur fera disparaître les distances, on conçoit parfaitement un empire fort étendu, surtout quand cet empire n'est pas l'œuvre d'un jour, mais l'ouvrage progressif des siècles. Rome, pendant des siècles, c'est-à-dire pendant plus de cinq cents ans, a été la maîtresse du monde, étendant son pouvoir sur des peuples qu'aucun lien de similitude ne rattachait les uns aux autres; l'empire romain

ne s'appuyait que sur une seule cité, et cependant il aurait
duré long-temps sans l'invasion des barbares. Rome était
parvenue à cette grandeur colossale à une époque où les
mâles vertus de ses ancêtres n'étaient plus pour elle qu'un
souvenir, à une époque où elle se trouvait sans foi ni loi.
Rien de pareil ici. La Russie est une, elle est une contrée
immense, et non pas une ville, soumise au même dogme et
aux mêmes mœurs; elle renferme un peuple encore vierge,
les mœurs dissolues de l'Europe n'en ont altéré que la surface. On a remarqué toujours et partout que quand un
peuple barbare ou arriéré a commencé à adopter la civilisation d'un autre, c'est d'abord par le côté matériel de cette
civilisation qu'il a commencé, par les raffinemens de la
vie matérielle, par le luxe, par ce qui frappe les sens enfin,
parce que, dans le barbare, l'intelligence étant peu dévelop-
pée, ce sont ses sens qui parlent avant tout. C'est avec de
petits ornemens éclatans à l'œil, avec des objets luisans et
des spiritueux que l'on obtient des sauvages tout ce que l'on
veut. On remarque que, chez les peuples ou chez les individus
dont le goût n'est pas formé, le clinquant prédomine. Les
paysans aiment les couleurs claires. En Valachie et en Moldavie, quand on se trouve dans une voiture de Vienne, vêtu
de colifichets de Paris, on se croit au fait de la civilisation.
Le sultan Mahmoud a cru aborder de plein saut l'Europe
civilisée en faisant la guerre aux turbans et en s'appropriant le frac. Les sultans n'auront d'autre résultat que
celui de sabler le champagne et de manger avec une four-
chette. La Russie ne s'est pas arrêtée là. Elle ira loin. La
séve y est jeune et puissante.

Enfin, souvenons-nous que nous vivons à une époque où
une grandiose unité se forme par elle-même de plus en
plus, où l'humanité entière paraît vouloir se grouper autour
de quelques centres politiques. La moitié de l'Amérique vit
sous un gouvernement identique. Nous avons la Chine. Il y

18

a la Russie d'aujourd'hui. En Europe les petites nationalités disparaissent, les couronnes se raréfient, et ce mouvement ira constamment en progression. La Russie contribuera peut-être à l'accélérer encore davantage et à achever ce que Napoléon avait commencé. La Belgique et la Grèce n'auront vécu qu'un jour. Ce n'est donc pas dans de pareilles conditions et à une pareille époque que la Russie aura à craindre un démembrement. Il arrivera un jour, et il sera terrible; mais quand? qui peut le dire? Il n'y a pas de consolation à se donner sous ce rapport. Les suites de la prise de Constantinople restent tout entières telles qu'elles apparaissent à tout le monde, et l'esprit se perd dans les mille et mille événemens imprévus, extraordinaires, qui découleront de cette immense phase historique. Tous les élémens comme tous les rapports qui constituent la vie actuelle des nations seront bouleversés par cette terrible avalanche qui s'écroulera de tout son poids sur cette Méditerranée, centre de l'univers; point de rencontre et de communication de toutes les mers qui ceignent le globe, canal de vie et de respiration de toutes les contrées. Les vagues de cette mer, refoulées dans leur sein par ce terrible choc, iront annoncer aux quatre points cardinaux l'événement le plus colossal dont jamais le monde ait été témoin.

Ce ne sont pas là des exagérations fantastiques, notre faible imagination, loin de dépasser la réalité, ne l'a pas embrassée tout entière.

Que faire?

Une idée a été souvent mise en avant comme solution du problème, le partage. Si Constantinople n'existait pas, cette idée se serait déjà réalisée; mais la pomme de discorde est Constantinople, car elle ne se divise pas. Dans l'espèce d'entrevue d'Erfurth, qui eut lieu entre Joseph II et Catherine II, après tous les arrangemens, la conférence se terminait toujours par cette question : « Mais que ferons-nous de Constantinople? » Voilà le dissolvant de toutes les combinaisons imaginées jusqu'ici pour mettre fin à la déplorable situation de la Turquie.

« J'ai pu partager l'empire turc avec la Russie, dit Napoléon, il en a été plus d'une fois question entre nous. Constantinople l'a toujours sauvé. Cette capitale était le grand embarras, la vraie pierre d'achoppement. La Russie la voulait; je ne devais pas l'accorder : c'est une clé trop précieuse; elle vaut à elle seule un empire. Celui qui la possédera peut gouverner le monde (1). »

Le sort de cette ville une fois décidé, la combinaison du partage pourra parfaitement être prise en sous-chef; et il est même probable que quel que soit le sort de l'empire ottoman, le pouvoir des sultans une fois écroulé, et la métropole une fois acquise à un nouveau pouvoir, plusieurs des parties de cet empire deviendront le lot des différentes puissances européennes, toutes les provinces qui le composent ne pourront pas être concentrées entre les mêmes mains; mais nous le répétons, avant d'en venir là, il faut décider à qui appartiendra Constantinople; le nœud gordien est là, et pas ailleurs.

Admettons qu'on veuille, pour trancher la question, élever différens gouvernemens sur le sol de l'empire des Osmanlis. C'est une idée qui a été partagée et qui l'est encore peut-être, par quelques hommes politiques; l'érection d'un royaume grec, la grande protection de la France à l'égard de Méhémet-Ali proviennent, je crois, de cette idée. Des deux côtés, l'expérience a été décisive. Un petit coin de terre couvert de moins d'un million d'hommes qui se sont dit : Formons un État, un arnaute aventurier parvenu par une suite de crimes affreux et d'abominations, à exercer sans frein ni limites un despotisme cupide sur une contrée

---

(1) Mémorial de Sainte-Hélène.

pressurée, épuisée, qu'il a couverte de la famine, de la mort, de la dévastation, n'est-ce pas là les grands moyens employés jusqu'ici pour le maintien de l'équilibre? Se serait-on ravisé maintenant? voudrait-on créer solidement différens gouvernemens indigènes? mais les États ne se forment pas du jour au lendemain; et d'ailleurs, pour qu'ils devinssent une barrière contre la Russie, il faudrait qu'un même ciment vînt les réunir en un tout compact et fort. Où trouverait-on cet élément de force et de cohésion? Peut-être cette mesure aurait-elle pu avoir quelques chances de résultats partiels; mais pour être réalisée, elle exigerait de la part de l'Europe un tel ensemble de conceptions, une telle unanimité de vues, une telle vigueur de travail, qu'il est tout-à-fait impossible d'y compter, en face des dissidences d'intérêts et d'idées qui la minent. Voudrait-on y substituer un seul empire grec, par exemple? c'est impraticable. Les habitans de tous ces pays n'ont été jusqu'ici que des esclaves : comment trouver en eux les matériaux d'un État nouveau, les élémens d'un empire? Placerait-on à sa tête de nombreux guides venus d'Europe? Quelle est la puissance qui les enverrait? une seule? personne n'y consentirait. Plusieurs? Comment des Allemands s'entendraient-ils avec des Français, et des Anglais avec des Russes, pour gouverner des Asiatiques et des Macédoniens? On voit que de quelque côté que l'on se tourne, on se heurte contre des montagnes.

D'ailleurs, il est tout-à-fait inutile de passer en revue les combinaisons que l'on pourrait imaginer dans le but de créer un contrepoids à la Russie, une digue à sa marche envahissante. Constantinople appartient de droit à celui qui possède le littoral de la mer Noire. S'il connaît ses intérêts, il ne l'abandonnera pas, coûte que coûte.

Ce sont autant de raisons, pourrait-on dire, pour y laisser les sultans. Pour la millième fois, répétons-le, ils n'y resteront pas. Il y a plus d'un demi-siècle qu'on travaille à les y étager, qu'a-t-on fait ? Pas un seul jour ne s'est passé sans qu'ils fissent un pas de plus dans l'abîme où les emporte la marche inflexible et fatale des choses.

Mais encore une fois , que faire ?

L'unique moyen de donner aux affaires de l'Orient une issue qui puisse s'allier aux intérêts de l'Europe et qui, en même temps, soit honorable pour la cause de la civilisation, est la création d'un nouvel équilibre, un nouveau traité de Westphalie étendant ses ramifications en Orient.

Les puissances européennes ne peuvent rester, en présence de l'agrandissement journalier, et ajoutons-le, inévitable de la puissance russe , agrandissement autant moral que matériel , qui s'opère autant en Europe qu'en Asie, sans prendre leurs positions respectives de prévoyance et de précaution. Depuis Charles-Quint, l'idée de l'équilibre européen est l'idée suprême qui domine notre continent en maître souverain et absolu. Cette idée, comme toutes les grandes idées pratiques, ne fut pas d'avance systématisée à priori. Elle fut dictée par un besoin universel. Ce n'était pas d'ailleurs autre chose que l'application entre peuples d'un principe qui régit les individus en société. De même que les membres d'une communauté ont droit à une protection égale de leur existence et de leurs intérêts ; de même les peuples, qui ne sont que les membres de la grande famille humaine, ont le droit d'être protégés les uns contre les autres. Dans l'intérieur des sociétés, le soin de veiller à cette protection est confié à des magistrats ; entre peuples, les membres mêmes de cette communauté, qui sont autant de nations , veillent à la conservation de leurs droits. C'est la souveraineté populaire qui paraît régner ici ; cependant il n'est pas difficile de s'apercevoir qu'ici encore l'égalité absolue est devenue impossible, et que ce sont quelques-uns d'entre les États européens qui décident depuis quelque temps sans appel sur le droit commun de tous.

Cette idée capitale du droit public européen a été inconnue des anciens, du moins elle ne fut pas formellement reconnue. En Grèce elle produisit quelques effets peu durables. Elle est le fruit de la civilisation européenne, la conséquence de sa grande étendue sur plusieurs peuples liés entre eux par différens rapports, et avant tout, par ceux du christianisme. Elle a présidé à tous les principaux événemens dont l'Europe a été le théâtre depuis quelques siècles, depuis que les rapports qui unissent ses différens membres, se sont multipliés et resserrés.

Il faut remarquer que cette idée de l'équilibre international n'a rien de commun avec l'idée de nationalité. Le nombre actuel des peuples de l'Europe peut diminuer par la fusion ou l'incorporation de l'un dans l'autre ; il peut être réduit à quatre, à trois, à deux, que leurs rapports entre eux seront fondés également sur ce principe ; ceux qui resteront debout devront se contrebalancer, de manière à ce qu'ils n'aient rien à craindre l'un de l'autre, à ce qu'il n'y ait pas entre eux d'infériorité relative. C'est en vertu de cette idée que trois puissances eurent à la fois leur lot dans le partage de la Pologne, dont elles étaient limitrophes. Dans les circonstances actuelles plus que jamais, cette idée ne saurait être perdue de vue, elle a présidé jusqu'ici aux relations des peuples habitant le même continent ; elle servira de fondement aux rapports qui vont s'établir entre les différens continens mêmes ; elle doit passer de l'Europe en Orient avec la civilisation dont elle émane.

Comment s'opérera ce passage ? voilà toute la question.

Sans fixer avec précision l'étendue et le nombre des conditions de l'arrangement que nous proposons, et qui est infaillible, elles nous paraissent se réduire aux suivantes : l'extension des limites de la France vers le Rhin ; l'élargissement et l'affermissement de sa puissance en Afrique, y compris peut-être l'Égypte; l'extension et la consolidation de l'Autriche en Italie et quelques autres acquisitions en Orient, l'agrandissement de la Prusse en Allemagne; certaines nouvelles acquisitions à l'Angleterre en Orient.

Voilà les conditions principales qui serviront de base aux délimitations des grands centres politiques en Europe, et qui, tout en satisfaisant et en conciliant toutes les prétentions, sont de nature à s'harmoniser avec les intérêts des nations européennes, à ouvrir la porte aux colonisations, à rendre d'immenses services à la cause de la civilisation.

Mais la part de la Russie, quelle sera-t-elle? Mon Dieu! son lot est fixé depuis bien long-temps par celui qui décide du sort des empires : elle aura une grande partie de la Turquie d'Europe et d'Asie, y compris Constantinople.

Avant d'aller plus loin, comme le remaniement de la carte européenne que nous proposons implique le sort de l'Italie, de la Pologne, de la Belgique, etc., et comme il y a encore beaucoup de préjugés en Europe relativement à l'avenir de ces pays, nous croyons devoir dire quelques mots sur chacun d'eux. Commençons par l'Italie.

C'est quelque chose de remarquable, que la tendance invariable et uniforme vers un certain but que l'on observe chez certains peuples, à travers le mouvement des siècles et la marche désordonnée des événemens. La compétition constante et les prétentions rivales de la France et de l'Allemagne sur l'Italie, voilà un de ces faits; il se présente dans l'histoire de l'Europe dès la formation des nouveaux États, et nous le trouvons encore devant nous, après mille ans d'intervalle.

Dès la mort de Charlemagne et le partage de son empire entre ses enfans, un fait important surgit immédiatement, qui sera fertile dans ses conséquences et ensanglantera l'Eu-

.rope pendant des siècles. Ce fait, c'est la lutte tantôt vive, tantôt ralentie, entre les souverains de France et d'Allemagne, à l'effet de s'attribuer exclusivement le bénéfice des provinces qui ont été le berceau de l'empire romain, et de recueillir sans partage les titres, les insignes, les formes des Césars. Les principales guerres de l'Empire, les guerres les plus ruineuses de la France, sont les expéditions de leurs souverains en Italie, qui fut perpétuellement le théâtre sanglant de leurs querelles armées. Cette lutte incessante, portée à son *maximum* de rage et d'obstination par Charles-Quint et François Ier, continuée de nos jours par Bonaparte et les empereurs, n'a pas encore touché à son terme. Quel que soit l'ascendant que l'Autriche est parvenue à s'approprier en Italie, la rivalité séculaire entre la France et les Allemands, par rapport à ce pays, n'est pas éteinte dans les cœurs, et du jour au lendemain, au moindre branle européen, elle peut éclater en nouvelles hostilités.

Après une lutte si longue, qui pour la France a été complètement stérile, et qui pour l'Empire n'a pas encore déterminé un résultat définitif, les deux nations devraient être, je pense, convaincues de la nécessité d'y mettre un terme, dans un siècle destiné à clore bien d'autres luttes, à résoudre bien d'autres questions.

Par cela même qu'un fait se prolonge pendant longtemps, on peut supposer qu'il n'est pas l'effet du hasard ou du caprice humain, mais d'une cause permanente et agissante, et par cela même qu'il y a du succès dans une entreprise, il faut souvent croire à sa légitimité. La cause perpétuelle qui a poussé l'Allemagne en Italie, c'est qu'elle avait besoin d'une mer et d'un midi, et comme la mer et le midi étaient occupés par un peuple faible, fractionné, mou, sans consistance, le peuple italien, la force relative de l'Allemagne a encore infiniment contribué à pousser le mouvement de ses peuples dans cette direction. La vanité de ses chefs voulant s'approprier l'éclat et la dignité impériale, a été pour quelque chose dans ce mouvement, du moins dans le commencement; mais certes cela n'en a pas constitué la véritable cause; celle-ci reposait sur une nécessité, et par conséquent, sur un vœu national. Maintenant, par cela même que ce mouvement a été suivi d'un succès auquel la France n'a pu aboutir, je dis qu'il a été légitime. En effet, ce que l'Allemagne cherchait, la France l'avait déjà, elle avait un midi et touchait à deux mers : sa légère similitude avec le peuple italien, la prétention de ses chefs d'être les descendans directs de Charlemagne, le désir d'une belle possession, qui s'offrait presque d'elle-même aux voisins qui se trouvaient les plus puissans, comme la France, d'autres causes secondaires et passagères motivaient ses prétentions sur l'Italie ; mais évidemment elles étaient bien loin d'être aussi fondées que celles de l'Allemagne. Aussi celle-ci l'emporta.

Aujourd'hui, indépendamment de la prépondérance déjà acquise par l'Autriche en Italie, la légitimité de ses besoins, qui lui font une nécessité de cette conquête doit faire, décider la France à renoncer aux obstacles qu'elle suscite depuis des siècles à sa rivale. Nous nous bornons à examiner ici la question d'une manière absolue, car, politiquement, pour que la France renonçât à tout jamais à ses prétentions sur l'Italie, elle exigerait une certaine compensation. Mais tout cela présuppose un remaniement de l'Europe. Il est imminent, indispensable, inévitable (1).

Disons maintenant quelque chose sur cette question con-

---

(1) Il nous semble qu'une ample extension de la puissance autrichienne en Italie devrait se faire au prix de quelques cessions en Transylvanie, province toute valaque, qui serait réunie aux deux provinces de Valachie et de Moldavie. Les deux pays gagneraient immensément à cette réunion. Celui qui est en ce moment autrichien, sec et pauvre naturellement, apporterait ses ressources industrielles, l'autre fournirait ses magnifiques richesses naturelles. Si l'avantage serait de quelque côté dans cette combinaison, c'est plutôt du côté du premier, car l'industrie s'acquiert avec le temps; mais rien ne peut créer la fécondité de la terre.

sidérée uniquement sous le point de vue italique, à savoir, quelle serait la combinaison politique qui conviendrait le plus à la péninsule et qui serait la plus propice à son avenir.

L'Italie est un pays doublement dégénéré, socialement et moralement; sous ce double rapport, pour être restauré, il doit passer par le purgatoire de la conquête. Il paraîtra, j'en suis sûr, fort étrange que nous fassions de la conquête un moyen de régénération pour les peuples. Nous nous empressons donc, avant d'aller plus loin, d'invoquer à notre secours une autorité qui ne sera pas récusée. Notre opinion était déjà formée sur ce sujet, lorsqu'en lisant pour la première fois l'Esprit des lois, nous y avons rencontré avec une satisfaction infinie le passage suivant : « Au lieu de tirer du droit de conquête des conséquences si fatales, dit Montesquieu, les politiques auraient mieux fait de parler des avantages que ce droit peut quelquefois apporter au peuple vaincu ; ils les auraient mieux sentis, si notre droit des gens était exactement suivi et s'il était établi dans toute la terre.

« Les États que l'on acquiert ne sont pas ordinairement dans la force de leurs institutions : la corruption y est introduite, les lois ont cessé d'y être exécutées, le gouvernement est devenu oppresseur. Qui peut douter qu'un État pareil ne gagnât et ne tirât quelques avantages de la conquête même, si elle n'était pas destructive ? Un gouvernement parvenu au point où il ne peut plus se réformer lui-même, que perdrait-il à être refondu ? Un conquérant qui entre chez un peuple où, par mille ruses et mille artifices, le riche s'est insensiblement pratiqué une infinité de moyens d'usurper ; où le malheureux qui gémit, voyant ce qu'il croyait des abus devenir des lois, est dans l'oppression et croit avoir tort de le sentir ; un conquérant, dis-je, peut dérouter tout, et la tyrannie sourde est la première chose qui souffre la violence. » (Esprit des lois, liv. X, ch. ix.)

Dussé-je me brouiller avec les patriotes des deux mondes, j'affirme et je soutiens qu'il y a des cas où une nation trouve de l'avantage à être dominée par une autre. Ces cas sont nombreux; inutile de les énumérer ici ; mais nous reconnaissons que l'Italie se trouve dans un de ces cas , et qu'elle est précisément un de ces pays dont parle Montesquieu. Elle constitue la plus belle partie de l'Europe; et cependant la race qui la couvre se trouve dans une infériorité morale et sociale évidente par rapport au reste de l'Europe. Nous disons morale et sociale, et, en effet, il y a là deux idées qu'il ne faut pas confondre : « Deux faits sont compris, dit M. Guizot, dans ce fait (la civilisation) ; il subsiste à deux conditions et se révèle par deux symptômes : le développement de l'activité sociale et celui de l'activité individuelle, le progrès de la société et celui de l'humanité. Partout où la condition extérieure de l'homme s'étend, se vivifie, s'améliore; partout où la nature intime de l'homme se montre avec éclat, avec grandeur ; à ces signes, et souvent malgré la profonde imperfection de l'état social, le genre humain applaudit et proclame la civilisation. » (Histoire de la civilisation en Europe.)

Nous reconnaissons en Italie jusqu'à un certain point l'un de ces deux élémens, nous lui refusons complètement l'autre. Nous disons jusqu'à un certain point, car ce qu'elle possède sous ce rapport, c'est moins un fait essentiel à sa vie actuelle qu'un reste décrépit d'une gloire ancienne.

Pour parvenir à une régénération, l'Italie ne doit pas compter sur elle-même, en dehors de l'assistance d'une des grandes puissances limitrophes. Elle est dans un état d'atonie et de marasme évident. Cette assistance lui serait plus agréable si elle lui venait de la France, vu les analogies de langue et de caractère des deux peuples; elle lui est mille fois plus utile et plus efficace en lui venant d'une

puissance germanique qui lui apporterait et lui inculquerait des habitudes de justice, de moralité, d'ordre, d'organisation, de bien-être, toutes choses qui lui manquent en
ce moment et qu'elle ne saurait emprunter pour la plupart
à la France, car la France travaille avec de grands efforts
aujourd'hui à se les donner. Toutes ces inappréciables habitudes, l'Italie ne pourra les puiser qu'à l'école autrichienne,
qui est excellente, une des premières de l'Europe sous ce
rapport. Elle y fera son éducation politique, administrative, économique, comme la Hongrie y fait la sienne en ce
moment. Si la Hongrie eût été abandonnée à elle-même,
elle serait bien loin du point de civilisation où elle se
trouve aujourd'hui. Les habitans du royaume lombardo-
vénitien pourront être pris à témoin à cet égard. Que l'on
compare quelques lieues de ce pays et du reste de l'Italie,
et l'on verra la différence de leur état respectif saillante,
évidente, incontestable. Nous avons vu de fiers républicains
de l'Amérique du sud, qui avaient versé leur sang pour
l'indépendance de leur patrie, verser des larmes à l'idée
que leur pays n'atteindrait jamais à l'état florissant des
provinces italiques que l'on dit opprimées par le joug autrichien.

Mais nous croyons entendre des exclamations ! C'est la
civilisation matérielle que vous voulez ériger en divinité;
c'est le culte de la matière que vous prêchez ! Quoi, le fin,
le spirituel Italien être maîtrisé par le lourd, l'apathique,
l'écrasant Autrichien; mais il est moralement, si ce n'est
matériellement, cent fois plus civilisé que lui ! Encore une
fois, entendons-nous bien sur le mot civilisation. Si l'on
parle de l'Italien civilisé, comme peintre, comme musicien,
comme artiste en général, nous sommes d'accord ; si l'on
parle de l'Italien civilisé comme père, comme époux, comme
homme enfin, je commence à ne plus comprendre; si l'on
parle de l'Italien civilisé comme libéral; je distingue : libé-

ral en tant que patriote vis-à-vis de l'étranger, en tant que
jaloux de son indépendance, je n'en doute point ; mais libéral comme citoyen, je le conteste. C'est profaner ce beau
titre que de l'accorder à tort et à travers à tout matamore
qui s'avise de parler de ses droits. Tel individu, ardent ennemi de l'étranger peut être un aristocrate enragé ; tel
homme qui fait parade de ses sentimens libéraux peut être un
très-mauvais citoyen. La soif de l'indépendance n'est pas le
signe infaillible de l'amour du bien public. Le véritable citoyen est celui qui est animé de vertus sociales qui consistent
dans l'art de commander, la soumission aux lois, l'habitude
de l'ordre et de la justice, dans l'amour du travail et le zèle
sincère pour la chose publique. Je ne crois pas que ce soient
là les qualités prédominantes dans les masses qui habitent
la péninsule italique.

Il y a plus, avec quelques vertus de moins et quelques
vices en surcroît, l'Italie est aujourd'hui minée plus profondément que jamais du vice radical que nous avons montré en Grèce, et qui a rendu si courtes et si éphémères ses
brillantes républiques du moyen âge. Elles ont déployé,
au milieu de l'Europe ensevelie dans les langes de la féodalité, un esprit de conduite, une énergie, une persévérance
dignes des plus belles époques de l'antiquité ; elles ont
montré un goût exquis dans les arts, une tendance admirable vers toute sorte de progrès. Et cependant, elles n'ont
fait que passer. Pourquoi ? C'est qu'au milieu de ces magnifiques dispositions individuelles, il manquait le besoin
vivement senti de la hiérarchie et du rapprochement. Les
individus, classés en partis, se séparaient, s'isolaient les uns
des autres ; bien plus, ils se persécutaient, ils se ruaient
les uns sur les autres, ils s'entr'égorgeaient comme des
bêtes féroces. Les rues des villes étaient des champs de bataille. Les cités, réunies dans un moment de danger, se séparaient ensuite, se disloquaient, se livraient une guerre

perpétuelle. Le défaut d'ordre a tué chacune de ces républiques, le défaut d'union les a tuées toutes.

Le même défaut, avec beaucoup de qualités de moins, se retrouve aujourd'hui en Italie. Et d'ailleurs, son grand fractionnement a déjà produit ses effets, il a créé une foule de peuples qui n'ont aujourd'hui presque de commun que le nom. Si l'Italie du moyen âge a péri faute d'unité, que faut-il dire aujourd'hui de l'Italie dégénérée qui se trouve en face des grandes monarchies européennes? Et cependant ce n'est que dans une grande et forte unité que l'Italie peut placer son avenir. Napoléon avait rêvé pour elle cette unité : peut-être cette volonté de fer, secondée par le temps, aurait-elle pu poser la première pierre de l'édifice; mais, le temps lui a manqué, et ce projet, comme tant d'autres, a disparu avec lui. Toutefois, comme les grands hommes presque toujours ne font, comme les révolutions, que devancer les siècles et prévoir les exigences de l'avenir, en même temps qu'ils résument et réalisent les exigences du passé, nous croyons que tous les projets de Napoléon recevront leur exécution du cours naturel et du développement spontané des événemens.

L'Autriche nous paraît destinée par la Providence à réaliser l'unité italique, comme la Prusse paraît destinée à réaliser l'unité allemande, avec cette différence, selon nous, que cette dernière, en avançant, en s'élargissant, agira comme chez elle, pour ainsi dire; elle s'étendra sur la même race, l'unité artificielle de la politique ne fera que compléter une unité morale déjà existante. L'élément autrichien, au contraire, une fois l'unité italique réalisée sous sa force matérielle et son influence morale, ou sera submergé dans la nationalité vaste et puissante qu'il aura créée, ou sera englobé dans la grande unité allemande. Il ne sera en Italie qu'un instrument de rénovation sociale et politique. Son hétérogénéité l'empêchera de survivre à cette œuvre. La restauration italique accomplie, il disparaîtra entièrement (1).

Et la nationalité polonaise, que faut-il en faire dans ce nouveau plan de partage?

Remarquez un peu la finesse du mot : la *nationalité*, car la nation il y a déjà long-temps qu'elle n'existe plus. On l'a échancrée d'un côté, on l'a entamée de l'autre ; un lambeau porte les couleurs prussiennes, un autre est noyé dans le vaste amas de populations qui forme l'empire autrichien ; et on laisse de côté les deux tiers de la défunte nation polonaise, on s'empare du morceau accolé au grand empire slave, et l'on croit avoir ressuscité le squelette, en lui appliquant le mot incolore de nationalité.

A Dieu ne plaise que nous voulions irriter des plaies encore saignantes ; loin de nous la pensée d'insulter à des malheurs respectables! Nous ne parlons pas des Polonais, mais de la Pologne ; et où voit-on la Pologne depuis ce jour où Voltaire écrivait à Frédéric II : « Sire, on vous attribue l'idée du partage de la Pologne, je n'en doute point, car il y a là du génie. »

Inutile d'examiner, d'apprécier la justice ou la raison politique de cette mesure. A quoi cela avancerait-il? Il faut prendre les faits tels qu'ils sont. Pour tout homme de sens, le lendemain du premier partage, la Pologne n'existait plus et ne pouvait plus revivre. Parmi les quatre grandes puissances continentales, trois étaient solidaires du fait. Comment a-t-on pu croire que l'on pourrait faire relâcher à l'une d'elles son lot. Ce n'est pas, d'ailleurs, à une époque de concentration universelle en Europe, que des dislocations pourront avoir lieu. Nous l'avons dit, la Belgique et la Grèce ne vivront qu'un jour.

Et la constitution polonaise garantie par les traités!

_____

(1) Ce que l'élément germain sera pour l'Italie, l'élément slave le sera, selon nous, pour la Grèce.

Qu'on ne sonne pas le grand mot de traités ; qu'on regarde au fond des choses, et qu'on dise en conscience s'il y avait possibilité de dépendance nationale et d'indépendance constitutionnelle. Le pays est soumis, et sa forme politique ne l'est pas ! Comprend-on de pareilles idées ? Nous savons parfaitement qu'il y a des peuples qui, assujettis à d'autres, jouissent cependant d'une quasi-indépendance plus ou moins large ; mais ces formes bizarres et anormales d'existence ne sont, dans le principe, que le résultat de longues luttes entre les deux peuples, dominant et dominé, une détermination prise, pour la plupart, sous les auspices de deux sabres également brisés, une espèce de transaction à laquelle, las de guerre, on est obligé mutuellement de se résigner.

Était-elle pareille, la situation respective de la Pologne et de la Russie ? Nullement. La Russie était maîtresse de faire ce qu'elle voulait en Pologne. Qui est-ce qui aurait pu s'y opposer ? La Prusse et l'Autriche certainement ne pouvaient y penser le moins du monde. La France venait d'échapper à un partage. Elle le devait au bon sens de tout le monde, ravisé sur les immenses périls d'une pareille mesure, mais en même temps aux sentimens généreux d'Alexandre. Ce n'est pas elle qui pouvait élever la voix en faveur de la Pologne, c'est-à-dire d'une portion de la Pologne ; à peine si l'éloquence épistolaire de M. de Talleyrand parvint à sauver une partie du royaume de Saxe des griffes de la Prusse. Reste l'Angleterre : elle devait trop à la Russie pour pouvoir lui susciter de pareilles querelles ; et d'ailleurs qu'aurait-elle pu faire, à elle seule ?

Il est vrai qu'à l'occasion d'un traité solennel et fameux, on profita des dispositions bienveillantes d'Alexandre à l'égard de la Pologne pour le faire consentir à quelques dispositions en sa faveur : chef-d'œuvre diplomatique qui a amené tous les malheurs de ce pays. L'état des choses en

Pologne était trop anormal pour qu'il pût durer; il ne pouvait finir que comme il a fini. Les quasi-indépendances ne sont qu'un état passager des choses, un état transitoire, qui finit toujours ou par une indépendance entière ou par un assujettissement complet. Il n'y a qu'un État en Europe qui offre l'exemple d'un trône placé sur plusieurs nationalités, l'Autriche; mais je ne crois pas que l'empire autrichien puisse prétendre à une grande force d'unité. Ses formes à l'égard des peuples qui lui sont soumis sont douces, pleines d'aménité, et sous ce rapport, peut-être que la Russie aurait quelque chose à lui emprunter; mais je ne crois pas qu'elles constituent de forts liens de cohésion.

La Pologne cependant aurait pu jouir encore long-temps de ses priviléges locaux, si, pour son malheur, elle n'eût oublié que ces priviléges n'étaient qu'une pure libéralité d'Alexandre. Par sa docilité, elle s'en serait montrée digne. La preuve que sa constitution n'était qu'une faveur, c'est que Guillaume de Prusse et François d'Autriche n'en ont pas fait autant qu'Alexandre. C'était une de ces donations que, dans le droit civil français, on appelle *des donations révocables pour cause d'ingratitude*, ou, si l'on aime mieux, pour *cause d'inexécution des conditions*, car les deux cas se rencontrent ici à la fois. Et pour ne pas nous livrer à de longues dissertations, d'ailleurs inutiles, sur ce point, nous rappellerons un fait analogue, arrivé il y a quelque temps, et nous nous appuierons sur les paroles d'un personnage qui fait autorité. Au reproche fait au ministère anglais, dans le parlement, d'avoir suspendu la constitution du Canada, que répond le plus libéral des seigneurs du Royaume-Uni? « La constitution du Canada, dit lord Durham, est suspendue de fait, non en vertu d'une loi du parlement britannique, mais par la révolte des Canadiens. » La Russie n'a pas dit autre chose à l'égard de la Pologne. Seulement au Canada, au-delà de l'Atlantique,

19

on peut se contenter d'une suspension provisoire ; tandis que lorsqu'on a affaire à une révolte qui éclate à ses portes, et qui, grace aux excitations du dehors, peut revenir d'un jour à l'autre et barrer le seul chemin que l'on a en Europe, on peut bien vouloir quelque chose de plus que du provisoire.

Nous n'avons qu'un mot à dire sur la Belgique, et ce mot n'est pas le nôtre, mais celui d'un publiciste distingué Belge. Comme il exprime notre opinion, nous préférons parler par sa bouche. « La nationalité belge, a dit M. de Nothumb, n'est pas une de ces idées larges qui rentrent dans ces vastes projets de commotions universelles ; c'est une idée étroite, *factice* peut-être, qui se rattache au *vieux* système de l'équilibre européen. » (Congrès Belge, 31 octobre 1831.) Comme le vieux système de l'équilibre européen touche à son terme et qu'un autre est appelé à le remplacer, il nous est permis de croire que le royaume de Belgique n'aura été qu'une de ces îles qu'une révolution intérieure du globe fait paraître un jour à la surface de la mer, et qu'une seconde révolution engloutit et fait disparaître le lendemain.

Voilà ce que nous avions à dire sur les objections que l'on croirait faire contre un nouvel arrangement de la carte européenne, qui, par les tendances et les intérêts des différens peuples, est inévitable et que la question d'Orient commande d'une manière encore plus impérieuse.

Maintenant on peut se demander : le dérangement de frontières en Europe, sa reconstitution et la cession d'une partie de l'empire ottoman aux puissances européennes, sont-ils suffisans pour créer un nouvel équilibre stable, et contrebalancer la grande prépondérance que Constantinople apporterait à la puissance russe ? A cela il y a à répondre, que peuples et individus ici-bas ont beau faire des prévisions de l'avenir, en définitive, ils ne vivent

qu'au jour le jour : vouloir tout prévoir, c'est vouloir
être Dieu. On fait ce qui est faisable, et on laisse le reste
aux chances de l'inconnu. D'où savons-nous si une menace
sérieuse d'invasion et de conquête russe en Europe n'y
réduirait pas à deux ou trois les centres politiques, ou si
elle n'y créerait une ligue, une confédération puissante et
permanente? Toujours et partout le mal a le remède à côté
de lui. Ce qui paraît impossible aujourd'hui, les circonstances le rendraient très-praticable alors; ce qu'une raison droite et sage commande aux gouvernemens, comme
aux individus, c'est de ne jamais rien négliger pour réaliser ce qui paraît immédiatement juste, utile et possible :
pour le reste, on s'abandonne aux décrets suprêmes de celui
qui fait et défait les empires.

Toutefois, si nous regardions fixement la nouvelle situation dans le monde que la possession de Constantinople
créerait à la Russie, si nous pouvions interroger l'avenir,
nous pourrions prévoir qu'une grande mesure, qui ne serait pas exécutable bientôt, qui ne pourrait même l'être, je
crois, par la voie des transactions diplomatiques, une grande
mesure, dis-je, émanant de la Russie elle-même, viendrait
un jour tranquilliser l'Europe et offrir des gages séculaires
à la paix et à la civilisation du monde. Cette mesure, disons-
le, ce serait : LA DIVISION *de l'empire Russe !* et la formation
de deux États, dont l'un aurait Constantinople pour capitale, et l'autre Saint-Pétersbourg.

Nous ne nous dissimulons point tout ce qu'une pareille
idée pourrait avoir d'étrange au premier aspect : tous les
développemens que nous lui donnerions en ce moment, tous
les argumens dont nous voudrions la corroborer seraient
absolument inutiles. C'est une de ces idées qui ne peuvent
entrer dans le domaine de la discussion qu'après avoir
germé long-temps dans les esprits. Nous serons donc ici fort
sobre sur ce point.

Nous disons en deux mots : La Russie, une fois maîtresse de Constantinople et des provinces environnantes, atteint le but de ses vœux séculaires, acquiert le plus beau pays de l'univers, le centre du monde; incorpore à son empire dix ou quinze millions d'individus. C'est la plus grande gloire à laquelle la puissance humaine ait pu atteindre. Cela fait, je ne sais pas après combien de temps, l'ancienne Russie n'a qu'à disparaître, pour faire place à deux enfans, dont chacun sera aussi fort, aussi vigoureux, aussi redoutable, qu'elle l'est en ce moment. En effet l'empire russo-grec, renfermant immédiatement au moins trente millions d'individus, étendant ses ramifications bien avant en Asie, maître du commerce de la Méditerranée, dans un temps fort court deviendra un des premiers États de l'Europe, et on peut prévoir le moment où il les dépasserait tous en force et en grandeur, si avant cette époque, de grands centres politiques ne se forment en Europe. De son côté, l'empire russe proprement dit, pour arriver au point où il en est, n'a pas eu besoin de la mer Noire et de Constantinople, et il est certain qu'il peut devenir par lui-même, par le développement de sa civilisation infiniment plus imposant qu'il ne l'est en ce moment, et cela sans avoir besoin de la mer Noire et de Constantinople. Les Dardanelles sont la clé de ma maison, disait l'empereur Alexandre. C'est vrai; mais c'est de sa maison de plaisance qu'il voulait parler, car la Russie a encore une autre grande et belle maison, qui qui a deux portes magnifiques, l'une sur la Baltique, qui la fait communiquer avec le monde, l'autre qui lui donne accès sur le continent européen, par la Pologne : vouloir posséder ces deux maisons à la fois, cela pourrait être d'une grande utilité pendant quelque temps pour toutes deux; mais à la fin cela ne serait que caprice de richard et affaire de fantaisie. Les habitans de chacune de ces propriétés ne sont pas plus heureux en se trouvant sous la puissance du même maître. Tout au contraire.

En effet, il est incontestable que dès que la Russie s'emparera de Constantinople, le siége du pouvoir devra y être transporté, sinon de suite, du moins bientôt après. Une autre conduite ne serait pas bien calculée. Cela posé, il est encore évident que la Russie septentrionale recevra des atteintes mortelles de ce transfert de résidence. Quelle que soit l'activité de l'administration russe, quelles que soient les ressources qu'elle puisse trouver dans les découvertes et les progrès de nos jours, la sollicitude du gouvernement ne pourra jamais s'étendre sur les peuples du nord avec la même efficacité qu'aujourd'hui. Les provinces septentrionales de l'empire souffreteuses, même aujourd'hui, par leur situation ingrate, verront leur état s'aggraver et leur prospérité actuelle décroître par l'absence de l'influence active et immédiate du pouvoir. Déjà en ce moment une des plaies de cet empire, c'est l'éloignement du centre du pouvoir. Quels que soient les efforts du gouvernement, il lui est impossible d'étendre sur les points lointains de l'empire les soins nécessaires pour leur bonheur et leur bien-être. Ce dont souffrent aujourd'hui ses provinces du midi et de l'est sera ressenti alors par les provinces du nord et de l'ouest, d'autant plus que la nature ne les favoriserait point dans la lutte qu'elles auraient à soutenir contre ce grave inconvénient, et que l'empire acquerrait une plus grande étendue.

Nous ne sommes point partisan des idées de Rousseau qui n'aimait que les États grands comme la main; mais ce que nous allons citer de lui nous paraît d'une vérité incontestable, et nous croyons qu'on le peut parfaitement appliquer à l'empire russe: « Comme la nature a donné des termes à la stature d'un homme bien conformé, passé lesquels elle ne fait plus que des géans ou des nains, il y a de même, eu égard à la meilleure constitution d'un État,

des bornes à l'étendue qu'il peut avoir, afin qu'il ne soit
ni trop grand pour pouvoir être bien gouverné, ni trop
petit pour pouvoir se maintenir lui-même. Il y a dans tout
corps politique un *maximum* de force qu'il ne saurait passer, et duquel souvent il s'éloigne à force de s'agrandir.
Plus le lien social s'étend, plus il se relâche.....

« Mille raisons démontrent cette maxime. Premièrement
l'administration devient plus pénible dans les grandes distances, comme un poids devient plus lourd au bout d'un
plus grand levier. Elle devient aussi plus onéreuse à mesure que les degrés se multiplient; car chaque ville a d'a-
bord la sienne, que le peuple paie, chaque district la sienne,
encore payée par le peuple; ensuite chaque province, puis
les grands gouvernemens, les satrapies, les vice-royautés,
qu'il faut toujours payer plus à mesure qu'on monte, et
toujours aux dépens du malheureux peuple. Enfin, vient
l'administration suprême qui écrase tout. Tant de sur-
charges épuisent continuellement les sujets : loin d'être
mieux gouvernés par tous ces différens ordres, ils le sont
moins bien que s'il n'y avait qu'un seul au-dessus d'eux....
Le gouvernement a moins de vigueur et de célérité pour
faire observer les lois, empêcher les vexations (1), corriger
les abus, prévenir les entreprises séditieuses, qui peuvent
se faire dans des lieux éloignés.... Les chefs, accablés d'affaires, ne voient rien par eux-mêmes : des commis gouvernent l'État ....

« D'un autre côté, l'État doit se donner une certaine base
pour avoir de la solidité, pour résister aux secousses qu'il
ne manquera pas d'éprouver et aux efforts qu'il sera contraint de faire pour se soutenir : car tous les peuples ont
une espèce de force centrifuge, par laquelle ils agissent

---

(1) La Russie doit contenir en ce moment plus de *Verrès* et de *lords Has-
tings* qu'il n'en ait jamais existé dans un pays de civilisation. Il ne manque que
des Cicérons et des Sheridans pour nous les faire connaître. Le linge s'y blanchit
apparemment en famille.

continuellement les uns contre les autres et tendent à s'agrandir aux dépens de leurs voisins, comme les tourbillons de Descartes. Ainsi les faibles risquent bientôt d'être engloutis, et nul ne peut guère se conserver qu'en se mettant avec tous dans une espèce d'équilibre qui rende la compression partout à peu près égale.

« On voit par là qu'il y a des raisons de s'étendre et des raisons de se resserrer ; et ce n'est pas le moindre talent du politique que de trouver, entre les unes et les autres, la proportion la plus avantageuse à sa conservation. » (Cont. social, liv. II, ch. IX.)

La grande et légitime ambition de la Russie consistait à se faire puissance européenne et puissance maritime : ce double but a été parfaitement atteint par la conquête de la Finlande, le placement de sa capitale sur la Baltique et par l'incorporation d'une partie du royaume de Pologne. Tout ce qu'elle a souhaité au-delà a été très-profitable à l'humanité d'abord, indispensable pour la vie et la prospérité de ses provinces de l'est ensuite ; mais ne sera plus, dans un certain temps, avantageux pour l'humanité en général, si elle tend à exercer une domination universelle, ni pour la partie nord-est de cet empire.

D'ailleurs, la Russie doit être, je pense, convaincue de ceci, que les nouvelles populations que la chute de l'empire ottoman pourra lui livrer ne sauraient être nullement assimilées, sous le rapport du régime politique, à ses sujets actuels. L'esclavage ne s'y trouve point, premier fait social, essentiel, qui entraîne nécessairement à sa suite un grand nombre de conséquences politiques. Presque point d'aristocratie dans les pays qui se trouvaient soumis immédiatement à la puissance des sultans ; il n'y a que les deux principautés de Valachie et de Moldavie, où les Turcs n'ayant jamais résidé pour tout niveler comme ailleurs, qui, jouissant le plus de leur autonomie, ont conservé quelques élémens aristocratiques : seconde différence fondamentale qui aura les effets les plus salutaires sur la régénération de ces nouveaux peuples, et particulièrement chez les Grecs. Ce qui a rendu l'œuvre de la civilisation lente et laborieuse toujours et partout, jusqu'ici dans le monde, c'est l'esprit de l'inégalité ; c'est le régime des castes dans l'antiquité, c'est le régime féodal dans l'Europe moderne. L'intelligence n'a jamais primé jusqu'ici dans les sociétés. Tout y a été soumis au hasard de la naissance. Le christianisme a refait totalement cet état des sociétés, et la révolution française, qui a complété son œuvre, a rendu les plus grands services à l'Europe et au monde ; en portant les derniers coups au régime féodal et en remettant le sceptre des sociétés entre les mains de l'intelligence, elle l'a élevée sur un piédestal désormais indestructible. Si la Russie a fait des pas immenses, dans un temps si court, dans la carrière de la civilisation, c'est qu'elle n'a point eu à souffrir du régime féodal autant que l'Europe ; l'aristocratie ne pouvant pas imposer ses lois absolument à la société, la royauté s'associa l'intelligence, qu'elle attira même des pays étrangers ; elle en fit la garde d'élite de la monarchie, l'instrument le plus actif de la civilisation de ce pays. Voyez les États-Unis de l'Amérique, qu'est-ce qui y a fondé sur des bases si larges leur organisation sociale, sinon cette égalité primitive des fortunes, transformée ensuite en égalité sociale, ne reconnaissant d'autre maître jusqu'ici que le mérite ? C'est l'absence jalouse et exclusive d'une aristocratie qui a favorisé chez eux, d'accord il est vrai avec les sentimens religieux et la moralité exemplaire de ces hommes, le développement grandiose de cette civilisation populaire et industrielle sans pareille dans le monde. La Grèce se trouve à peu près au même état aujourd'hui que les colons de l'Amérique du Nord : le cimeterre turc y a tout nivelé, et le fanatisme persécuteur y a fait naître une foi ardente. Tout le monde y a les mêmes droits politiques et sociaux, la prééminence y appartient au talent seul. A lui les honneurs, à lui le pouvoir. Avec un pareil élément, soyons sûrs que les Grecs iront vite et loin ; mais pour cela il leur faut une organisation particulière. Leur grand nombre, leur proximité de la partie de l'Europe la plus civilisée, leur position insulaire, montagnarde, découpée, leur grand esprit d'indépendance, tout exige pour eux une forme de gouvernement à part.

En laissant de côté leurs souvenirs historiques, qui n'ont pas toute l'importance politique qu'on leur a accordée, mais dont cependant il faut tenir compte, il ne faut pas perdre de vue cette longue, suave et harmonieuse fille de la plus belle des langues anciennes, la langue hellénique, prête à devenir à son tour, par des secours qu'elle peut tirer de sa mère, une des plus belles de l'Europe. Aucune des langues modernes dérivées, aucun des dialectes de l'Europe méridionale n'approchent de leur mère, la langue latine, autant que le grec moderne du grec ancien. La langue actuelle des Grecs est loin sans doute de celle de Démosthènes et de Thucydide, encore plus loin de celle de Sophocle et d'Euripide ; mais elle ressemble infiniment à celle de Lucien et de Plutarque. C'est là un avantage qu'elle a sur toutes les langues dérivées. C'est une circonstance qu'il faut noter encore, car elle influe puissamment sur la formation d'une nation grecque. Aucune langue étrangère ne pourra leur être imposée, ils n'oublieront jamais la leur. Ce serait un crime que de tâcher de la leur faire oublier, comme ce serait un acte beau et grand que de la leur faire cultiver et développer.

J'ajouterai que toutes ces populations en général, sur lesquelles va s'étendre le pouvoir de la Russie, sont d'une nature si intelligente, d'un esprit si délié, que la Russie elle-même ne voudrait pas leur appliquer les institutions

qui la régissent en ce moment. Celles dont elle a doté dernièrement les deux principautés nous font présumer qu'elle
sent parfaitement cette vérité. Notre observation s'applique
plus spécialement aux Grecs. La race grecque jouit avec
tant de plénitude des facultés dont le Créateur a doué notre
espèce, elle a tellement la conscience de cette organisation
privilégiée que sa perfection physique trahit au dehors,
et de sa supériorité, que l'on peut dire que la nationalité
grecque n'est pas l'œuvre du temps et de l'histoire, mais de
la nature. L'on peut assurer que les siècles passeront et que
le type grec ne s'effacera pas; la superficie pourra être atteinte, mais le fond ne pourra jamais être détruit. Ses
couleurs sont telles que tout ce qui tentera de les enlever
s'en imbibera et s'y trouvera noyé. Si jamais l'heure de la
dislocation de l'empire russe arrive, c'est par là nécessairement qu'il commencera à craquer.

Maintenant on peut concevoir que le déplacement général des frontières de presque tous les États européens, que
la suppression de l'empire ottoman, amènerait la modification universelle des intérêts de toutes les nations qui en
naîtraient; les immenses difficultés et les nombreuses complications que cette modification à son tour produirait,
peuvent faire reculer toute décision spontanée qui aurait
pour but la disparition immédiate de cet empire. Cependant
il est facile de voir que c'est précisément cette timidité et
ce manque de résolution sous l'influence desquels se trouvent tous les cabinets, qui augmentent leurs embarras de
jour en jour. On fait des efforts inouïs pour prolonger l'é-
poque inévitable où il faudra entamer cette question sous
peine de périr; mais le germe de destruction de cet empire
subsistant, la cause du mal étant permanente, aucun événement ne survient sans lui porter un nouveau coup et
sans créer un embarras nouveau pour les cabinets qui
travaillent à son maintien. Pour qui chancelle, tout mou-

vement, le plus léger, est un orage. Bien plus, et chose digne de remarque, tellement la chute de cet empire paraît une exigence du siècle, tellement la question d'Orient, qui n'est autre chose que la question de sa mort, est depuis quelque temps prédominante dans le monde, qu'elle forme le pivot autour duquel roulent, sans qu'on s'en aperçoive, tous les événemens du continent.

Pour démontrer notre double assertion, nous ne remontons pas avant 1814, quoique bien des faits, avant et pendant la Révolution, pourraient venir à notre appui. En effet, la guerre de la Russie contre la Turquie, qui commença en 1806 et se termina par le traité de Bucharest en 1812; l'expédition de Napoléon en Égypte, deux coups portés à la puissance des Osmanlis, proviennent de la Révolution, l'un indirectement, l'autre directement; d'un autre côté, si les victoires d'Austerlitz, de Wagram et d'Iéna se sont transformées en défaites de la Moskowa et de Waterloo, c'est que la Révolution a voulu mettre obstacle à la chute de l'empire ottoman. Mais nous prendrons, pour notre examen, 1814 comme point de départ, époque qui a créé la nouvelle assiette de la politique européenne, et nous nous arrêterons à la révolution de 1830, à la suite de laquelle une situation toute nouvelle se produit en Europe, qui doit être appréciée séparément.

CHAPITRE IV.

Coup d'œil rétrospectif sur l'esprit de la politique européenne depuis 1814 jusqu'en 1830.

Après la chute de Napoléon, après l'immense part que les guinées anglaises et les frimats russes y ont prise, la Grande-

Bretagne et la Russie apparaissaient sur la scène européenne, comme les deux nations chargées du rôle décisif dans les affaires du continent. L'Europe est ainsi faite : on l'a dit, elle n'est qu'une grande famille qui a ses chefs, ses aînés ; ce sont les plus forts, matériellement et moralement. Après l'abaissement de la France, la Russie et l'Angleterre ayant été les deux puissances que les foudres napoléoniennes avaient le moins atteintes, et qui purent contribuer plus que toutes les autres à l'expulsion de l'empereur, elles le remplaçaient naturellement, jusqu'à un certain point, dans la puissante influence qu'il avait exercée sur l'Europe.

Mais une influence est, pour toute puissance, un moyen de sa politique particulière, un instrument de ses propres intérêts, et les intérêts de l'Angleterre étant diamétralement contraires à ceux de la Russie, on devait voir recommencer entre elles cette guerre sourde qui a pris naissance avant 89, qui s'est continuée à travers tous les événemens qui ont suivi ce grand fait, même dans le moment où elles paraissaient le plus intimement alliées, qui s'est ravivée dans le calme qui a suivi 1814, et qui depuis lors jusqu'en ce moment, a pris mille formes, a changé mille fois de tactique.

Nous avons vu plus haut quel est l'intérêt de la Russie ; c'est son agrandissement en Orient. On connaît en général quel est celui de l'Angleterre ; mais il n'est pas inutile de le rappeler ici en quelques mots.

L'Angleterre, une des plus anciennes puissances de l'Europe, en possession depuis long-temps d'une grande civilisation, ne pouvait se trouver que fort à l'étroit dans l'espace limité d'un sol ingrat et devait nécessairement diriger tous ses efforts vers l'industrie et le commerce. Pour soutenir son commerce et son industrie, elle devait aussi tâcher de se créer une grande force navale, qui, en la mettant en con-

tact avec les plages asiatiques et africaines, contrées bénies
du Ciel, déshéritées par les hommes, lui procurait les ma-
tières premières à vil prix, et en même temps assurait des
débouchés à ses produits sur tous les points du globe. Ainsi,
elle a remplacé la richesse territoriale qui lui manquait
par la richesse manufacturière, en même temps que l'influence continentale que sa position géographique lui re-
fusait, se trouvait remplacée par sa prépondérance maritime, d'autant plus grande qu'elle était unique. Les autres
puissances de l'Europe, en possession d'autres avantages
dont l'Angleterre était privée, entravées aussi par des luttes
perpétuelles d'ambitions et d'intérêts, auxquelles leur position serrée les unes contre les autres donnait constamment lieu, négligèrent pendant long-temps le développement de ces deux moyens de puissance sur lesquels l'Angleterre s'est trouvée obligée de bonne heure de se rabattre, et
si quelques-unes le tentèrent, l'Angleterre, soit par la supériorité de sa civilisation, soit par la force qu'elle puise dans
son organisation politique, fut en état de lutter contre toutes et de les exclure successivement des marchés où elles
voulaient prendre pied contre elle. Elle est devenue, de gré
ou de force, l'acheteur à la fois et le producteur de tous les
pays, y compris l'Europe; enfin, le facteur des quatre parties du monde. Des établissemens coloniaux qui ont mis
sous sa domination une étendue de 132,904 lieues carrées
et une masse de 93,185,000 hommes; des traités de
commerce imposés partout par la menace et la ruse, d'innombrables comptoirs, qui occupent tous les points culmi-
nans de la mappemonde; des ports fortifiés, des stations de
relâche admirablement choisies et répandues sur toutes les
mers; une flotte qui se compose aujourd'hui de six cents
bâtimens de guerre, ont assuré jusqu'ici à l'Angleterre un
monopole industriel et commercial unique dans le monde.
    Voilà les élémens de sa formidable puissance, nous ne

les avons pas dissimulés. Mais regardons au fond des
choses, et nous reconnaîtrons de suite que cette puissance
n'est que précaire et qu'elle repose sur une situation exceptionnelle qui ne saurait plus durer. Nous ne parlerons pas
de la constitution si anormale que cette situation a produite en Angleterre, de cette effrayante inégalité sociale
qu'elle y a favorisée, de cette masse menaçante de prolétaires qu'elle a créée ; nous ne parlerons pas de cette terrible
taxe des pauvres, qui dévore la Grande-Bretagne ; de sa
dette écrasante, qui en 1837 avait atteint le chiffre de vingt
milliards de francs à peu près, dont les intérêts, s'élevant à
sept cents millions, absorbent presque la moitié de ses revenus, qui sont de seize cents millions ; nous ne parlerons
pas de la fragilité du crédit de ses banques qui ont en ce
moment pour plus de sept cents millions de francs de papier-
monnaie en circulation. Nous passons à côté de ces inextri-
cables questions que l'Angleterre a à résoudre, et qui d'un
moment à l'autre peuvent recevoir une direction effrayante
par la moindre complication des événemens du dehors, et
menacent la Grande-Bretagne d'une chute inévitable et
prochaine de la position prééminente qu'elle occupe en
ce moment dans le monde, et nous dirons en deux mots :
La suprématie de la Grande-Bretagne n'a reposé jusqu'ici
que sur l'infériorité industrielle, commerciale et maritime
de l'Europe et sur la barbarie des autres parties du monde ;
aujourd'hui que l'Europe, et la France à sa tête, a donné
le signal de cette révolution matérielle qui marche à grands
pas ; aujourd'hui que la Russie s'avise de civiliser des
peuples en Asie, sur lesquels elle a établi peu à peu sa domination et son influence d'une manière bien autrement
solide que l'Angleterre et en fait ses consommateurs ;
maintenant que, par son mouvement conquérant, elle va
toucher la plus importante de ses colonies, qui pourra lui
être enlevée avec un coup de baguette, l'Angleterre ne pourra

que marcher rapidement vers sa décadence. « Tout peuple, dit Rousseau, qui n'a par sa position que l'alternative entre le commerce ou la guerre, est faible en lui-même; il dépend de ses voisins, il dépend des événemens; il n'a jamais qu'une existence incertaine et courte, il subjugue et change de situation, ou il est subjugué et n'est rien. » (Contr. soc., liv. II, ch. x.)

Sans parler des dangers qui menacent l'Angleterre dans l'Inde et que l'on pourrait croire chimériques, à force d'en reculer la possibilité, les progrès industriels de l'Europe doivent porter chaque jour un coup à l'Angleterre, chaque jour ses débouchés se rétréciront ou disparaîtront : là où elle trouvait autrefois des consommateurs empressés, elle commence à trouver des producteurs qui non seulement commencent à se passer de ses marchandises, mais qui ont entrepris déjà de lui faire concurrence sur les marchés qui lui restent ouverts. Ce mal ne peut que s'aggraver pour elle à mesure que le champ des spéculations et de l'industrie s'élargit pour les autres. Après l'Espagne et le Portugal, l'Orient, seul tenu à l'écart de la civilisation, contient cependant assez de besoins pour offrir encore pendant long-temps accès à ses produits. Elle est une de ces puissances qui mettaient l'empire turc à contribution encore du temps de Montesquieu, et dont le grand publiciste dit, « que leur félicité consiste à ce que Dieu ait permis qu'il y ait dans le monde des nations propres à posséder inutilement un grand empire. » (Grandeur et décadence des Romains, ch. xxiii.) Mais l'Orient échappe à l'Angleterre : de là ses efforts inouïs pour empêcher ce fatal événement; elle tâche de toutes ses forces de maintenir ce déplorable état de choses qui existe aujourd'hui en Turquie et qui fait son bonheur à elle. « Je ne veux point discuter, disait Pitt, avec l'homme qui ne comprend pas l'importance de l'intégrité du territoire ottoman pour *la prospérité* de l'Angleterre. » Voilà en deux mots

toute la politique anglaise en Orient , politique toute
mercantile , dont les principes sont de nature à n'y admettre aucune solution honorable pour l'humanité et la
civilisation.

La Russie, l'adversaire éternel de l'intégrité de l'empire
ottoman dont la politique anglaise fait sa condition d'existence et de prospérité, se trouvait donc, après la disparition
de Napoléon, l'ennemi le plus redoutable de l'Angleterre. A
peine elle venait d'échapper au blocus continental, qu'elle
se trouvait en présence d'un blocus encore plus terrible, le
blocus oriental, qui se préparait devant elle par les mains de
la Russie, qui pouvait désormais y travailler avec d'autant
plus de facilité que la chute de Bonaparte et tous les événemens de 1814 venaient de lui créer une prépondérance
immense en Europe , à laquelle l'Angleterre avait eu sa
part, mais qui allait tomber exclusivement en partage à sa
rivale.

En effet, la coalition européenne s'était formée au nom
de l'indépendance des États et de la liberté des trônes ; c'est
au nom de la sûreté future des États et des trônes, et en vue
d'une garantie mutuelle, en cas de danger, que la nouvelle
alliance devait se former. Cette fraternité, continuée après
un premier péril, ne pouvait s'appeler que *sainte :* son fau-
teur et son chef devait être celui qui a été le conducteur
de la coalition qui l'enfantait. La nature des choses plaçait
la Russie et son empereur à la tête de cette alliance. Les
dangers futurs pouvaient être divers ; mais certainement
ceux que l'on devait avoir le plus en perspective , c'était
celui de l'anarchie des idées, qui ne pouvait ne pas survivre
au grand ébranlement du monde européen. La Russie, puissance continentale, forte, ultra-monarchique, à l'abri plus
que toute autre de toute secousse révolutionnaire, était mille
fois plus à même que l'Angleterre de prêter main forte et
d'accorder une efficace protection , en cas de besoin , aux

trônes menacés. Dès-lors, l'Angleterre devait se retirer et lui céder le pas. Elle se retire en effet immédiatement. Son roi, sous prétexte des empêchemens qu'il rencontrait dans la forme politique du gouvernement, refuse de prendre part au plan de la *Sainte-Alliance* dans laquelle il aurait été inévitablement dominé par la Russie. La Grande-Bretagne préfère rester isolée, indépendante, ayant l'air de faire ses réserves, se préparant de protester en cas de besoin.

Dès-lors commence pour la Grande-Bretagne cette position de plus en plus grave, dès-lors apparaissent ces premiers symptômes de sa décadence qui ira chaque jour en progression proportionnelle de l'agrandissement de la puissance russe, et qui finira infailliblement par l'anéantissement total de la Grande-Bretagne, comme puissance de premier ordre en Europe, de même que la politique tory, qui a travaillé depuis 1814 à la tirer du péril, s'est suicidée, par désespoir du succès, dans la personne de lord Castlereagh. La politique wigh qui lui succéda depuis avec Georges Canning, et qui a été continuée jusqu'à ces jours, prétend peut-être la sauver. Nous croyons qu'elle se berce d'illusions. Mais revenons à l'historique des faits.

Pour abattre Napoléon, les rois avaient eu besoin de recourir aux peuples : dans toutes les circonstances graves, dans les luttes périlleuses avec le dehors, on est obligé de recourir aux masses; mais les masses, par leur nature, sont inertes; les forces vitales de la société agissent toujours au-dessus d'elles; pour les ébranler, les exciter, les mettre en avant, il faut une idée grande, populaire. C'était d'autant plus nécessaire, dans le cas dont il s'agit, que la force de Napoléon ne consistait pas seulement dans les baïonnettes : les aigles impériales, en dehors de la France, étaient entourées de l'auréole de la liberté : c'est ce qui a fait longtemps leur triomphe. Pour lutter efficacement contre lui, on avait besoin d'une force également morale. On la trouva dans l'idée de l'indépendance, dans le mot magique de nationalité. Les peuples, réunis en faisceau, jurèrent, au nom de leur indépendance commune, une lutte à mort contre Napoléon : les rois versèrent des larmes de joie. Dès-lors naît, dès-lors seulement commence la réaction contre-napoléonienne, réaction qui finit par l'expulsion de Bonaparte du sol européen.

Cependant le grand homme une fois chassé, aucune des idées que sa présence avait suscitées ne disparut par la raison toute simple que les événemens qui avaient apparu sur la scène européenne ne les avaient pas créées, ils n'avaient fait que les tirer des profondeurs morales du monde européen. Nationalité, unité allemande, régénération italique, rénovation espagnole, c'étaient là des idées, des besoins, qui gisaient dans les entrailles de ces pays et qui n'auraient pas manqué de manifester leurs exigences tôt ou tard, d'une manière ou d'une autre.

L'histoire de Napoléon peut se traduire en deux mots : *révolution européenne*, et cette révolution peut aussi s'exprimer en deux mots : *libertés publiques, unités nationales.* Ces idées constituent la grande révolution qui se continue depuis des siècles, sous différentes phases, sur notre continent ; mais c'est Napoléon qui leur a imprimé une impulsion désormais irrésistible. Cet homme a été à l'Europe ce que 89 a été à la France : il a remué dans son sein d'une manière révolutionnaire ce qui s'y trouvait déjà. Mais tout ce qui est révolutionnaire n'est pas mûr : c'est un tissu d'événemens hâtifs et d'idées précoces représentés par des mots obscurs pour le grand nombre, car ils désignent des faits et des idées auxquels il n'est pas suffisamment préparé.

De tout cela, il résulte que l'état de l'Europe, après le départ de l'homme qui l'avait si fortement remuée, se trouva encore dans une longue fermentation. Révolte sourde

des princes en Allemagne, invoquant la nouvelle déesse
Nationalité, dont chacun d'eux se proclamait le grand-prê-
tre ; révolte ostensible des peuples au nom de la Liberté,
mot qu'ils ne comprenaient et qu'ils ne comprennent pas
encore, mais qui, depuis quelque temps, exprime tous les
besoins dont ils sont animés ; voilà les deux fermens d'agitation en Europe après 1815.

Il était du devoir de ceux qui se trouvaient à la tête
des nations d'apaiser ces fermens ; ils y travaillèrent assi-
dument, et ils réussirent à cet égard suffisamment dans
la partie centrale de l'Europe, en Allemagne. Les prétentions des princes furent enfermées dans le cercle de la diète
germanique, ce prélude de la grande unité allemande ; les
exigences des peuples furent absorbées dans des satisfac-
tions abondantes de bien-être matériel et dans les jouissances d'un développement moral évident. Les souverains
s'entendirent entre eux, les peuples s'entendirent avec
leurs souverains en Allemagne, parce que c'est un pays
éminemment moral.

Il en fut autrement dans les deux péninsules, pays dégénérés, gangrenés par toute espèce de corruption. Peuples et rois en vinrent aux mains. En examinant leurs querelles attentivement, il est impossible de ne pas reconnaître
des fautes, des inepties, des crimes des deux côtés ; il fallait les laisser vider leurs querelles entre eux, ils en auraient fini. On ne l'entendit pas ainsi, on intervint, et
cette intervention eut lieu, comme de rigueur, d'après la
maxime de Joseph II, *mon métier est d'être royaliste*. Elle se
fit au profit du *statu quo* ancien, qui plaisait tant aux rois
indolens plutôt que méchans de ces pays, sans prendre en
considération que ce *statu quo* n'était qu'un horrible anachronisme, un tissu d'abus crians, de vexations, d'iniquités séculaires. Par cela même que leur disparition était réclamée au nom de la liberté, la réclamation devait être

repoussée sans merci ni miséricorde. Ce fut là l'objet principal des réunions et des décisions de Troppau, de Leybach et de Vérone.

Le principe de la Sainte-Alliance triomphait, il recevait une éclatante application; ceux qui l'avaient provoquée devaient voir leur influence se maintenir et croître. La Russie brillait dans une région lumineuse, comme l'ange tutélaire des trônes. Les expéditions de Naples et d'Espagne sont décidées : autant d'événemens venus à point pour servir de cache-draperies au grand travail et aux immenses préparatifs de la fameuse hétairie, ourdie depuis long-temps et qui, grace à toutes ces complications, avait tranquillement pris son cours (1).

L'insurrection grecque éclate; nous croyons que ce ne fut qu'un avortement du grand plan qui devait se manifester au dehors un peu plus tard, et qui devait avoir des effets bien autrement importans.

Quoi qu'il en soit, si la Russie prenait sous sa protection cet événement, il aurait eu des effets incalculables. Le prince de Metternich, à force d'invoquer les pieux souvenirs de la Sainte-Alliance, et d'effrayer l'empereur Alexandre avec l'hydre révolutionnaire qui, disait le prince, foulée en Europe, relevait la tête en Grèce, parvint à le faire renoncer à toute démonstration en faveur de l'insurrection ; comme si la première des piétés n'était pas d'aller au secours de l'humanité torturée depuis des siècles par des tigres sanguinaires. Mais, que voulez-vous? la déclaration des puissances réunies à Leybach portait : « Les change-

___

(1) « Non seulement le congrès de Vérone n'a pas poussé la France à la guerre (d'Espagne), mais la Russie et surtout l'Autriche y étaient très-opposées; la Russie seule l'approuvait et promettait son appui moral et matériel. » (Congrès de Vérone par M. de Châteaubriand, tome 1er, page 112.) L'Autriche *surtout*, cela se conçoit, car elle aussi, comme l'Angleterre, voyait que les événemens du continent et les complications qui en naissaient étaient des chances de réussite de la politique russe en Orient.

mens utiles ou nécessaires dans la législation et l'administration des États ne doivent émaner que de la volonté libre, de l'impulsion réfléchie et éclairée de ceux que Dieu a rendus responsables du pouvoir. » Ceci avait trait aux deux péninsules, alors en insurrection ; mais cela allait frapper aussi par contre-coup les malheureux Grecs ; et pour qu'on ne s'y trompe pas, on nous le fait savoir par la circulaire de Leybach, du 12 mai 1821, où on lit ces paroles tristement mémorables : « Des événemens qui, sous des circonstances différentes, mais par des combinaisons *également criminelles,* viennent de livrer la partie orientale de l'Europe à des convulsions incalculables, etc. » On voit que les cabinets, comme les philosophes, ont aussi leur manière de généraliser ; mais, du moins, les spéculations de ceux-ci ne vont pas droit au fait, ils n'ont pas des milliers de baïonnettes pour faire exécuter leurs sentences. Cette belle abstraction de soumission au pouvoir existant et à l'ordre, qui impliquait, d'après les cabinets réunis à Leybach, celui qui régnait... en Turquie ; cette espèce de droit divin consacré par des puissances très-chrétiennes, apostoliques, etc., au profit du vicaire de Mahomet ; cette aberration, en un mot, enchaîna l'empereur Alexandre. Alexandre était Russe ; comme tel, les affaires de l'Europe le touchaient médiocrement, sa politique était avant tout orientale. Pour ceux qui ne voient pas que toute la politique russe en Europe n'est qu'un simple moyen de l'autre, qui font de la Russie le restaurateur de l'ordre européen, le Don Quichotte mis au service de tous les événemens dynastiques qui se passent en Europe, il est bon de rapporter ici quelques lignes tirées de l'Histoire de la France sous Napoléon, par M. Bignon : « Faites quelque chose, disait M. de Romantzof à M. de Caulaincourt, faites quelque chose pour l'empereur (Alexandre), et tout le monde sera Français ; vous voyez le peu d'importance que nous attachons à ce qui se passe en Italie, en Portugal et sur les frontières de l'Espagne..... Vous avez tant de pays entre les mains, cherchez-en d'autres si vous le voulez. » Cela signifiait : laissez-nous nous emparer de Constantinople, nous ne voulons que cela, et faites du reste tout ce qu'il vous plaira, nous vous donnons carte blanche. M. de Romantzof se consola du refus qu'il éprouvait, en disant : « Ce que vous nous refusez en ce moment, la géographie nous le donnera un jour. » Alexandre donc aurait pu ne pas prêter l'oreille à tous les propos qu'on lui tenait et aller droit à ses intérêts ; mais Alexandre, en Grec du Bas-Empire, Napoléon l'a dit, savait que pour atteindre un but, il faut des moyens, et le meilleur moyen de la Russie pour réaliser ses projets, c'est sa prépondérance en Europe. Or, cette prépondérance alors consistait à se présenter comme le restaurateur de l'ordre et des légitimistes. C'est la révolution, depuis quelque temps, qui s'est chargée de faire admirablement les affaires de la Russie. Le petit-fils de Catherine, quoiqu'il eût les yeux tendrement fixés sur l'arc-de-triomphe élevé par sa glorieuse ancêtre, où l'on lisait : *Ici est le chemin de Byzance,* dut les en détourner et subir la sentence de Leybach. Patience, on prendra sa revanche.

Le cabinet autrichien s'empare de cette puissante neutralité et en abuse d'une manière atroce. L'histoire lui en tiendra compte. Il accable les malheureux insurgés de son influence morale, des secours matériels qu'il fournit à la Porte. Mais la Grèce, isolée, abandonnée, persécutée, se relève miraculeusement de ses ruines. Elle allait inévitablement échapper aux griffes du sultan.

L'Angleterre, qui au commencement s'était associée à la politique autrichienne, modifia ensuite sa conduite, et malgré son éternelle politique turque, vit plus clair que l'Autriche dans l'affaire ; elle fournit indirectement quelques secours aux Grecs, et à la fin elle se prononça ouvertement en leur faveur. Elle qui savait d'avance où allaient aboutir les différens événemens survenus depuis 1814, c'est-à-dire au triomphe de la politique russe en Orient, patiente jusqu'alors, éclate enfin. Un grand ministre, qui n'était pas le continuateur de lord Castlereagh et qui ne tremblait pas, comme M. de Metternich, au seul nom de la liberté, est mis en avant. Le système par lequel il croit devoir remplacer celui de son prédécesseur consiste à parodier en paroles le rôle de Napoléon, à menacer l'Europe étroitement liée avec la Russie de la tempête révolutionnaire; il intervient en Grèce, déjà semi-indépendante, non par tendresse pour la révolution, mais pour raffermir le *statu quo* ébranlé en Orient. On ne connaît pas en Angleterre de politique sentimentale de principes. Canning conçut à sa manière le moyen de maintenir intacte la prépondérance de son pays, son but était toujours celui de ses prédécesseurs. Lord Palmerston, qui est de la même école, suit les mêmes erremens. A la différence des torys, les wighs savent s'affubler du bonnet phrygien au besoin; mais au fond de la politique des uns et des autres, il y a toujours du calicot à vendre. Canning sonda donc la question, et vit qu'une simple négation, le maintien du *statu quo* pur et simple, était désormais impossible, et qu'au point où en était le cours des événemens, ne rien faire, c'était travailler au profit de la Russie; que la Grèce, ne pouvant plus rentrer dans le giron turc, deviendrait nécessairement russe, si on n'allait à son secours, et qu'une intervention dans les affaires de l'Orient était imminente.

Mais pour agir, à moins d'une guerre générale, on avait besoin de s'entendre avec la Russie. L'exil de Napoléon avait vidé les coffres de la Grande-Bretagne : on pouvait désormais, comme Éole, déchaîner les vents révolutionnaires; mais des armées, des flottes, cela était onéreux, difficile;

il fallut traiter amicalement avec le successeur des prétentions de Napoléon.

Strafford Canning fait à cet effet deux fois le voyage de
Saint-Pétersbourg; le vainqueur de Waterloo crut aussi
devoir faire un pèlerinage au nord par un hiver très-ri-
goureux. On battit des mains, on alluma des feux de joie
quand on parvint à signer le protocole de Saint-Pétersbourg,
qui amena le traité de Londres en juillet 1837. Ce traité
ou ce protocole a pour premier résultat de laisser la Russie
parfaitement libre d'arranger comme elle l'entendait ce
qu'elle appelait ses démêlés particuliers avec la Porte. Cet
arrangement paraît avoir lieu par le traité d'Akerman ;
mais ce traité amena en droite ligne le traité d'Andrinople,
dont une des conditions *sine quâ non* fut la reconnaissance
par la Porte de l'indépendance de la Grèce. A quoi avait
servi le fameux traité de juillet, puisque les efforts des
puissances contractantes n'étaient pas parvenus encore à
réaliser cette indépendance? On a cru écarter la Russie
des affaires de la Grèce par le traité de juillet, elle y revient
par le traité d'Andrinople; éconduite par la porte, elle revient par la fenêtre? Pourquoi? parce que les autres puissances n'ont agi dans les affaires de l'Orient qu'accidentel-
lement, à contre-cœur, sans plan nettement arrêté, quand
les actes de la Russie les ont réveillées de leur apathie;
tandis que celle-ci agit avec zèle, avec ardeur, d'après un
plan toujours fixe et déterminé.

Ce qui est digne de remarque, c'est que la Russie avait
si bien manœuvré pour persuader l'Europe de la prétendue
différence des affaires de la Grèce d'avec les siennes propres, que lorsque le traité d'Akerman fut rompu et que
la guerre fut déclarée, personne ne parut douter que les
efforts que l'on avait faits pour limiter les prétentions de la
Russie en Orient allaient devenir tout-à-fait infructueux.
Intervenir en Morée et laisser le champ libre à la Rus-

sie à Constantinople, cela dénotait une absence totale de
vues politiques. L'Europe entière assista donc, les bras
croisés, à la campagne russe qui dura deux ans, et qui
devait porter un coup si terrible à l'empire ottoman. C'est
cette campagne qui mit complètement à nu la profonde décadence de ce soi-disant empire qui n'avait plus un soldat
à opposer aux armées russes. Coniah et Nézib montrèrent
encore ensuite, s'il le fallait, ce que valaient les réformes
militaires de Mahmoud. Le duc de Wellington voit dans
l'expédition russe une occasion d'instruction militaire, à
en juger par les rapports que ses envoyés lui adressaient du
champ de bataille. Charles X, une partie un peu hétérogène du traité de juillet, et qui n'y figurait, surtout au
commencement, que pour la forme, se fait représenter par
ses aides-de-camp sur le théâtre de la guerre et y envoie
de sincères félicitations pour les exploits accomplis. Le cabinet autrichien est plus inquiet; mais pressé qu'il est depuis 1815, il le croit au moins, entre l'aigle russe et le
bonnet phrygien, comment se mouvoir? Il essaie cependant de former une coalition de l'Europe contre la Russie,
toujours pour maintenir l'*ordre* en Turquie apparemment:
mais il n'y a plus de congrès de Leybach, et il fait une
chute à plat. Charles X le menace formellement de sa colère, s'il bouge; il se décide donc à se tenir coi, et la Russie poursuit tranquillement ses triomphes scellés par une
éclatante victoire non seulement sur la Turquie, mais sur
toute l'Europe diplomatique. Le traité d'Andrinople est signé : on le connaît. Les choses en étaient là, lorsqu'une
nouvelle complication survint immédiatement après ; un
nouvel orage éclate soudainement de l'Égypte contre cette
pauvre Porte qui ne sait plus où elle en est, contre ce sultan à réformes souffleté de tous côtés. Les tentatives du satrape révolté deviennent l'occasion du plus beau triomphe
diplomatique que la Russie ait jamais remporté. Elle fait

signer le traité d'Unkiar-Skelessy. Nous nous arrêtons ici :
nous n'allons pas jusqu'aux dernières affaires turco-égyp-
tiennes et au nouveau traité de juillet ; mais ou nous nous
trompons fort, ou nous allons en voir résulter une nouvelle
situation qui, loin de replâtrer le *statu quo*, lui portera
de nouveaux coups.

Il ne faut pas beaucoup d'esprit pour comprendre que
la marche que l'on a suivie jusqu'ici, relativement aux affaires de l'Orient, n'a été qu'une suite de déceptions de
plus en plus graves, qui ont acculé tous les cabinets de
l'Europe dans une impasse d'où il faudra des prodiges
de génie et de persévérance pour les faire sortir. Un système qui a produit de pareils résultats dans le passé, de
quelle valeur peut-il être pour l'avenir? Cependant on paraît moins disposé que jamais à l'abandonner ; on s'y cram-
ponne comme le malheureux naufragé qui se sert du ser-
pent vénéneux comme d'une planche de salut. On s'épuise
en cariatides essoufflées à soutenir ce qu'on appelle d'une
manière pompeuse l'intégrité de l'empire ottoman : amas
de lambeaux juxta-posés, que le vent du siècle emporte un
à un. Il est temps cependant de sortir de cette fatale ornière.

Nous reconnaissons, si l'on veut, que cette rapide succession des faits qui ont précipité la fin de cet empire, sont
. l'œuvre de la politique russe ; nous reconnaissons aussi que
ce qui a fait et ce qui fait la prédominance de cette politique sur celle des autres États européens, c'est qu'à travers les mille projets qui animent ceux-ci, à travers les
mille centres d'action où ces projets s'élaborent pour se
combattre souvent, rarement pour tendre au même but, la
Russie n'en a qu'un, qui est cependant aussi grand que
ceux de tous les autres réunis, et qu'elle est une pour l'accomplir. Nous ne nions point encore toute l'habileté qu'a
su déployer en toutes circonstances le jeune cabinet de Saint-
Pétersbourg ; mais quand nous voyons tant de fautes, tant

d'inepties accumulées, dans un si court espace de temps,
de la part des vieux cabinets de l'Europe, nous ne pouvons
pas les attribuer entièrement à ces causes-là. Elles proviennent de cette vieille et rouillée politique, de ce déplorable aveuglement, de cette fatale utopie de vouloir à tout
prix maintenir le *statu quo* en Orient, que chaque jour dé-
montre de plus en plus impossible; de cette absence de vues
générales qui devaient embrasser l'état réel de l'empire ottoman et en fixer le sort une fois pour toutes.

Ces vues ne sont pas des romans politiques, comme on
le prétend : vous verrez, hommes positifs et de politique
casanière, comment la Russie en saura faire des réalités ef-
frayantes. Vous le reconnaîtrez vous-mêmes ; mais un peu
tard, comme cela vous arrive depuis quelque temps.

Pour en venir à notre point de départ, de quelque manière qu'on envisage les affaires d'Orient, soit sous le point
de vue tout-à-fait oriental, soit sous le point de vue européen, on voit que l'empire ottoman, depuis cinquante ans,
est allé rapidement en avant vers sa décadence. Dans son
intérieur, cette décadence est manifeste, les injures du temps
sont évidentes ; ses plaies, loin de se fermer, s'agrandissent ;
et en dehors de lui, les événemens les plus grands connus
dans l'histoire, des événemens qui ont changé la face de
l'Europe, se sont rapetissés auprès des affaires qui le concernent au point que celles-ci ont dicté quelquefois ces
événemens, souvent les ont modifiés, presque toujours elles
ont exercé sur eux une immense influence. Tellement cette
question est grave entre les plus graves, tellement elle entraîne tout, hommes et choses.

C'est là, je pense, une leçon historique d'un demi-siècle
bien claire, bien significative. Elle ressortira encore de l'historique des événemens européens depuis 1830 jusqu'aujour-
d'hui. Nous en faisons un morceau à part, parce que tous
ces événemens se groupent autour d'un événement français

riche en résultats, où la France avant tout doit puiser les plus profondes, les plus salutaires instructions, autant dans son intérêt propre que dans celui de la civilisation dont elle tient le sceptre en Europe.

CHAPITRE V.

Révolution de 1830.

Avant 1830, tous les actes de l'Europe dénotent une étrange perturbation d'idées; les nombreux congrès, les différentes conséquences qui en découlèrent, démontrent qu'elle se trouvait sous l'influence de la peur : ce qui rendait toutes ses déterminations excessivement fausses. Elle se trouvait sous la menace des foudres révolutionnaires qui étaient près d'éclater d'un moment à l'autre du sein de la France. La France se trouvait sur un volcan : sa révolution n'était pas terminée. Deux grands partis, d'autant plus puissans qu'ils avaient absorbé tous les autres, se trouvaient en présence : l'un qui s'était sauvé de la France au premier signal de sa révolution, pour y revenir après quinze ans d'émigration; l'autre qui avait traversé toute sa révolution; l'un qui n'avait rien oublié ni rien appris, l'autre qui avait, au contraire, beaucoup appris, immensément profité de l'expérience. L'un avait le pouvoir, l'autre en était exclu; l'un disposait des baïonnettes, l'autre de la nation tout entière; et pour se retrancher dans le domaine de la spéculation, l'un avait pris pour mot d'ordre *la légitimité,* et ses partisans s'y rallièrent; l'autre arbora les principes révolutionnaires. La réaction royale avait excité la réaction

démocratique, et l'exagération démocratique fomentait la
ligue des haines formées par quinze ans de malheurs et dé-
signée sous le nom de parti royaliste. Les passions s'en-
flammèrent de deux côtés au point que les modérés des deux
partis disparurent ; les intermédiaires s'effacèrent. Les
mauvaises queues des deux côtés y travaillaient depuis long-
temps dans des arrière-pensées qui leur étaient propres, et
poussaient à la guerre et dans des piéges auxquels les hon-
nêtes gens succombent presque toujours, à des époques d'a-
gitation excellentes pour les intrigans.

Le combat a eu lieu. De quelque manière qu'on l'appré-
cie, pour nous il est non seulement le complément indispensable de 89 (1), mais il est quelque chose de plus ; il
constitue la chute de l'esprit de parti qui trônait en Europe,
suscité par celui qui régnait en France : sans cet événement
on n'en aurait jamais fini. Il a ôté le masque de guerre en
France aux deux contendans et les a désarmés. Dans le calme
qui a suivi, il a mis au grand jour les mutuelles exagérations, les prétentions également outrées. Ce qui a été fait
en France a eu son contre-coup en Europe : le parti abso-
lutiste, et que j'appelle, moi, féodal et aristocratique, et le
parti démagogue, avaient leurs champions en France ; les
blessures que leurs représentans y reçurent furent ressenties
par eux-mêmes. Un sillon d'éclair est parti du sein de la
France et a illuminé l'Europe entière. Peuples et rois en
ont été éclairés : ils ont pu voir à quelles catastrophes mènent
les leçons de leurs officieux conseillers. Les rois ont pu concevoir que les peuples peuvent réclamer des changemens

_____

(1) « Général La Fayette, disait Bonaparte, alors premier consul, vous avez renversé la plus forte monarchie qu'il y avait eu. Voyez toutes celles de l'Europe :
la nôtre, malgré ses défauts, était la mieux constituée ; c'est une belle et grande
entreprise ; mais vous fîtes une grande faute de vouloir conserver dans une telle
révolution l'ancienne dynastie ; car, en lui refusant tout pouvoir, le gouvernement n'allait pas, et en lui en donnant, elle s'en servait contre vous : le problème
était insoluble » (Mémoires du général La Fayette.)

qui ne sont nullement subversifs de l'ordre social, et ceux-ci ont pu comprendre que dans les prétentions qu'ils ont élevées jusqu'ici, il y a des élémens impurs qu'ils doivent rejeter dans leurs propres intérêts.

Mais la révolution de 1830 a produit un autre bien plus grand résultat, qui est la conséquence de celui que nous venons de montrer, qui a refait à neuf toute la politique européenne, et que nous devons signaler.

Lorsque la révolution de juillet éclata, sous le coup de la première stupéfaction qu'elle produisait en Europe, tout le monde vit en elle une réapparition de 89, une seconde et longue suite de calamités. Personne ne prévoyait ce coup de main brusque et soudain. Un frémissement général s'empara de l'Europe. La Russie se préparait plus que jamais à exercer son rôle de chef de la Sainte-Alliance. L'Angleterre, au contraire, de s'empresser de reconnaître la nouvelle dynastie en France, pour des motifs que nous verrons bientôt. Mais la France, puissance continentale et puissance révolutionnée, était désormais plus à même que l'Angleterre de parler au nom de la révolution : elle pouvait s'approprier pour son propre compte la politique wigh de l'Angleterre. On sait quel usage elle en fit ; c'est-à-dire qu'elle eut le bon esprit de ne pas s'en servir. L'Angleterre cependant aurait désiré trouver en elle, non pas un co-associé sérieux, car elle n'aurait jamais voulu la pousser en Europe, cela ne lui convenait point, mais un complice de sa tactique révolutionnaire, un instrument en un mot de sa politique. Elle se trompa. Elle augurait mal de l'intelligence de la France. La France aurait été ou franchement révolutionnaire, et non pas d'une façon machiavélique, et aurait marché drapeau déployé ; ou elle aurait fait, avec infiniment plus de sagesse, ce qu'elle a fait. Ainsi, elle enleva à l'Angleterre l'instrument de sa politique et le mit sous clé. En attendant que la France exécutât sa manœuvre, la Sainte-Alliance s'était

élevée plus menaçante que jamais et prête à se jeter sur la
France, pour y écraser la tête de l'hydre révolutionnaire,
dont la peur l'avait entretenue jusqu'alors. En présence
d'une révolution aussi débonnaire, elle recula peu à peu et
disparut entièrement. La France se trouva ainsi, par la
grande habileté, il faut le dire ici sans circonlocution, de
son roi, avoir emprisonné les Éoles de Canning et avoir
pulvérisé en même temps la Sainte-Alliance. Elle a détruit
les deux grands instrumens européens des deux contendans en Orient. Les querelles de principes s'évanouirent
et mirent à nu la politique territoriale à laquelle ils avaient
servi jusqu'ici d'abri et de prétexte. C'est là le grand rôle
que l'on peut assigner à la révolution de juillet en Europe
à laquelle, sous ce rapport, elle a rendu d'immenses
services.

On n'a qu'à se rappeler les faits pour comprendre cette
politique de la France. A Anvers, à Ancône, elle est allée,
non pas pour exercer une intervention, mais pour empêcher une intervention, non pas pour donner cours à une
politique révolutionnaire, mais pour mettre fin au règne
de la Sainte-Alliance. Enfin, la tactique de la France ressort d'une manière saillante avant tout de sa conduite dans
les affaires de l'Espagne.

On dit que le cabinet des Tuileries n'a pas hésité pendant deux heures à reconnaître la reine Isabelle. Nous n'en
doutons point. La promptitude de cette reconnaissance venait non pas de ce qu'elle consacrait un événement dynastique analogue à celui qui venait de se passer en France,
mais parce que cet événement éloignait du trône espagnol
un homme qui était l'ennemi déclaré du nouvel ordre des
choses qui s'était établi en-deçà des Pyrénées.

Il ne faut point oublier dans quelle situation se trouvait
alors la France par rapport à l'extérieur. Elle venait de passer par une révolution qui avait soulevé contre elle une

animosité générale en Europe, soit parce que l'on craignait
le renouvellement d'une longue époque de calamités, qui
à peine venait d'être close, soit parce qu'elle mettait la
France sur un pied qui n'était plus celui où on l'avait laissée
après 1815. On avait désormais à compter avec cette puissance plus qu'on ne l'avait fait depuis cette époque. Quel
que pût être le sentiment national dont étaient animés les
membres de la dynastie déchue, leur position était évidemment mauvaise. Toute la force morale de leur caractère
était impuissante pour les laver de leur tache originelle, la
concomitance de leur installation au pouvoir avec l'invasion de la France par des armées qu'elle avait battues pendant quinze ans. La dignité de la France à l'égard de l'é-
tranger devait nécessairement en souffrir. Après 1830, la
position morale de la France change complètement. Si elle
ne déchirait pas les traités de 1815, elle pouvait au moins
dire hautement, à la face du monde : que c'est parce qu'elle
le voulait bien : ce qui signifiait que d'un moment à l'autre, si elle entendait autrement ses intérêts, elle n'hésite-
rait pas à le faire. Sa position était évidemment différente.
L'Europe comme la France n'étaient rien moins que sûres
du maintien de la paix. En pareille circonstance, celle-ci
devait accepter comme bien venu tout fait nouveau qui
aurait augmenté le nombre de ses alliés, diminué celui de
ses adversaires.

L'événement survenu en Espagne était de cette nature.
Le nouveau gouvernement espagnol se plaçait spontanément sous les auspices de la France. Les Pyrénées s'abais-
saient d'elles-mêmes, et les deux puissances qu'elles séparaient se touchaient la main. Un allié comme l'Espagne
dans les rangs de la France était une bonne fortune que
celle-ci ne pouvait évidemment laisser échapper. Il y avait
là aussi une question de sympathie pour la France ; mais
avant tout il y avait une question d'intérêt, et elle ne de-

vait pas négliger de profiter de cette circonstance qui se présentait d'elle-même à son service à une époque aussi critique. Le nouveau gouvernement espagnol était d'autant plus dévoué à l'alliance de la France que, de son côté, il n'était nullement sûr des bons sentimens de la France à son égard, non pas que l'Europe attachât une grande importance au testament de Ferdinand et à la modification de l'ordre de succession à la couronne d'Espagne ; ce sont là des chicanes de la part de l'Europe, auxquelles on a eu recours pour couvrir d'autres griefs plus importans, les griefs que l'on a contre la révolution même qui est survenue après un dérangement dynastique. Si le ministère Zéa, ou du moins son système, eût pu se maintenir en Espagne, la reine Isabelle eût été reconnue bientôt par toutes les puissances. Si une puissance avait quelque chose à craindre dans cette modification dynastique, c'était la France seule : car cette modification renversait tout l'ouvrage de Louis XIV ; mais la France, en balançant les avantages avec les inconvéniens, vit qu'au moins pour le moment, il y avait profit à s'attacher à ce changement et à le reconnaître comme légitime. Cette reconnaissance devait aliéner encore plus à l'Espagne le reste de l'Europe, et en pareille circonstance, l'Espagne devenait un des plus fidèles alliés de la France.

Comme cette reconnaissance, de même que celle de l'Angleterre, ne paraissait pas suffire à la stabilité de la jeune reine, un traité est intervenu. Il faut faire observer de suite que le traité de la Quadruple-Alliance ne fut pas provoqué par la France ; l'initiative ne vint pas d'elle, il fut conseillé probablement à l'Espagne par l'Angleterre. Quand le projet était déjà arrêté, la France fut invitée à y adhérer, et elle y a adhéré. Que disait ce traité ? Il disait tout, et il ne disait rien. Vers la fin on l'a rendu tout-à-fait nul, mais il y eut une époque où il signifiait quelque chose. Ce quelque chose n'était rien moins qu'une intervention, et nous savons qu'il y eut une époque où la France l'a offerte.

Après la reconnaissance d'Isabelle, après les encouragemens ostensibles que la France avait donnés aux libéraux espagnols qui se trouvaient sur le sol français lors de la mort de Ferdinand VII ; après la conclusion du traité de la Quadruple-Alliance, si pompeusement prôné comme devant changer la face de l'Europe, après les félicitations que les ministres de France s'adressaient à la tribune pour avoir doté leur pays d'une *ceinture* de gouvernemens constitutionnels, il y avait pour la France, non pas une nécessité d'intérêt, mais une nécessité d'honneur, d'offrir ses secours, coûte que coûte, à la cause de la reine. L'Angleterre, invitée par la France à fournir sa quote-part, s'y refusa, et pour cause : c'est que cette double intervention aurait pu faire les affaires de la France, augmenter son ascendant en Europe, et comme on le pense bien, elle se garda de commettre un pareil méfait. Elle voulait bien se servir du nom de la France, cela se comprend ; mais la servir tant soit peu, jamais.

Mais que faire ? Les dangers de la reine étaient pressans. Eh bien, elle tire de son sein un soi-disant Espagnol par conversion, une de ces personnes de la famille des Law ; elle l'affuble d'un bonnet phrygien, et l'expédie en Espagne pour faire ses affaires, à elle (la Grande-Bretagne) ; comment ? en attisant, d'après les maximes de Canning, le feu sacré de la liberté, c'est-à-dire le feu impur des assassinats et de la banqueroute. Cependant tous ces moyens honorables étaient déjà épuisés sans qu'ils eussent amené, comme il était naturel, aucun résultat satisfaisant. Le pouvoir de don Carlos devenait, au contraire, de plus en plus menaçant, grace à la force que lui ont prêtée ces horreurs et ces infamies ; alors on se tourne du côté de la France, et on lui mande avec une bonhomie infinie que le *casus fœderis*

était arrivé.... Et on a pu reprocher en France au cabinet
des Tuileries de ne s'être pas mis à l'instant aux ordres
du cabinet de Saint-James ; mais c'était devenir la risée de
l'Europe entière, c'était se déclarer à la face du monde la
dupe et le servile instrument de l'Angleterre.

Une intervention française en Espagne ne pouvait être
qu'une coopération ; on a cru en atténuer l'importance en
lui donnant cette qualification. Cependant le mot répond
parfaitement au caractère qu'elle aurait revêtu, mais une
coopération, dans les circonstances dont il s'agit, eût été plus
grave encore qu'une intervention. Une intervention véritable ne peut venir que d'une puissance neutre, qui s'in-
terpose entre deux partis, le sabre à la main, et leur dit :
Vous n'irez pas plus loin. C'est une médiation armée. C'est
ainsi que l'on est intervenu en Grèce, en Belgique, c'est
ainsi à peu près que l'on est intervenu, sous la restauration,
en Espagne. Il ne s'agissait pas ici d'une guerre d'indépendance, mais d'une guerre civile ; il ne s'agissait pas de
tracer des limites, mais d'imposer des principes, et nous nous
empressons de le dire, une intervention de principes est d'a-
bord absurde, et puis et surtout inique ; absurde parce qu'on
n'a pas vu jusqu'ici que ces sortes d'interventions eussent
amené quelque résultat pour ceux qui les ont entreprises,
sauf quelquefois une certaine gloriole que le ton de supériorité rapporte ; inique surtout, parce qu'au lieu de guérir les maux auxquels on veut porter des secours, on ne
fait que les aggraver. Il nous semble que c'est là une vérité que des expériences répétées et mémorables auraient dû
mettre en évidence. L'on se souviendra long-temps de ce qu'a
valu à l'Europe son intervention dans les affaires de la
France. Elle a apporté à ce pays et à l'Europe, et quinze ans
de calamités, par-dessus tout le terrible Napoléon ; après
tant d'interventions en Espagne, on se trouve à son égard au
même point où se trouvait l'Empire. Craint-on la contagion

révolutionnaire d'un pays? qu'on le bloque, si l'on veut, comme un pays pestiféré ; mais qu'on n'aille pas remuer dans les plaies, sous prétexte de les guérir. Qu'on laisse le mal s'éteindre de lui-même. Cela ne peut manquer d'arriver. Quand on n'a pas de remèdes, il faut laisser agir la nature. D'ailleurs, quand deux grandes opinions divisent tout un pays, on peut être sûr qu'il y a dans chacune d'elles de certains élémens de justice et de raison qui ne peuvent se dégager et se combiner que par leur frottement mutuel. La politique d'un pays n'est pas la politique d'un parti. C'est la fusion des différentes opinions, c'est leur conciliation, qui constitue le véritable thermomètre de leurs besoins.

L'intervention de la France en Espagne n'aurait pu être qu'une intervention de principes, une coopération avec le parti de la reine. Ces principes, eussent-ils été conformes à ceux qui paraissent devoir prévaloir en Espagne, par cela même qu'ils venaient de l'étranger, auraient trouvé un faible appui dans le pays, ils auraient même été presque unanimement repoussés. Deux grands partis au moins se seraient déclarés leurs ennemis acharnés ; ils auraient consumé contre eux et contre ceux qui les avaient imposés toute la rage et toute la fureur qu'ils ont dépensée entre eux-mêmes. La France se serait vue dans la nécessité de sévir contre l'un ou contre l'autre. A-t-on jamais pensé un instant aux conséquences d'une pareille mesure? D'ailleurs, le juste-milieu, à peine il s'élevait au-dessus des orages en France, à peine il jetait ses premiers fondemens ; était-il en état d'aller guerroyer en Espagne pour établir des gouvernemens à son instar? Eût-il été excessivement fort en France, comment peut-on croire qu'il aurait pu aller planter des idées avec le sabre en Espagne? Si les idées, comme on l'a dit, ne se fusillent pas, encore moins peuvent-elles vivre et croître à l'ombre des baïonnettes étrangères. Détruisez l'autonomie d'une nation, agissez en conquérant ; alors la

question change complètement ; la nature des choses exige,
en pareille circonstance, que les idées marchent de pair
avec les armes. Cela entre souvent dans les besoins d'un
peuple, comme nous l'avons montré pour l'Italie ; mais indépendance nationale et tutelle armée, ce sont des choses qui
hurlent ensemble. Aurait-on voulu diriger les forces de la
France sur les provinces basques pour y étouffer l'insurrection ? Ç'aurait été belle chose de voir les poignards libéraux
fonctionner derrière les uniformes français, à l'abri de l'é-
tendard de la France ; ç'aurait été admirable de voir le soldat
français trinquer avec des assassins dans un café, sur la table où gisaient les membres mutilés du général Quesada !
Enfin, supposez un peu que le parti de don Carlos, soit
par crainte, soit par calcul, se fût soumis aux volontés de
la France, et que le parti de la reine fût tombé, comme cela
est arrivé ensuite, sous l'influence des *exaltados*. La France
aurait-elle pu prêter main-forte au premier et tourner ses
armes contre l'autre ? Évidemment non. Par la raison toute
simple que la France se présentait comme l'alliée de celui-ci,
et comme l'ennemie de l'autre. Mille autres complications
auraient pu surgir à la suite d'une coopération française
en Espagne ; le peu que nous venons de dire suffit pour
faire voir dans quelle situation inextricable cette coopération aurait engagé la France, en considérant la chose uniquement sous le point de vue espagnol.

Et, sous le point de vue français et européen, nous
demandons si, après l'affaire de la Granza, c'est-à-dire le
20 juin de France, l'honneur autant que les intérêts de cette
puissance ne s'accordaient pas pour lui interdire la plus
légère immixtion dans les sanglantes querelles de la Péninsule. La constitutionnelle Angleterre se crut autorisée par
les actes de la révolution française à prendre part à la
coalition européenne entre la France. Ce n'était pas trop
pour la France, à peine remise des secousses d'une révo-

lution, qu'elle se renfermât dans un rôle de neutralité à
l'égard d'une révolution enflammée à ses portes.

A ceux qui croient faire une objection , en disant qu'une
révolution doit se mettre au service de toutes les révolutions présentes et futures, à moins qu'ils n'avouent sans
réticence que la révolution est la vie rationnelle des peuples , que les y exciter ou les seconder est licite toujours et
partout , nous répondrons que parce qu'un peuple a subi
une révolution , il ne s'ensuit pas qu'il doit la souhaiter ou
la protéger chez les autres. Parce que la France a été obligée de passer par une révolution , ce serait un fatal aveuglement de penser qu'elle doit vivre éternellement parmi
les révolutions; qu'elle doit, l'épée à la main , se proclamer le redresseur des torts du genre humain. Du moment
qu'une pareille politique prévaudrait en France, dès ce
jour-là, il faut qu'elle dise adieu à sa grandeur passée et
aux belles destinées qui lui sont encore réservées. La France
doit sentir qu'outre les dangers qui résulteraient pour
elle d'un pareil système, il serait de la plus haute immoralité de lever l'étendard de la révolte en Europe et de le
pousser, par des voies ternies de sang, vers le progrès vers
lequel elle marche évidemment, et d'une manière bien autrement sûre, entraînée qu'elle est par le cours naturel des
choses, par l'effet irrésistible de l'époque de lumières à laquelle nous vivons. La France avait les Éoles de Canning
dans sa robe après 1830, honneur à elle et à son intelligence de ne les avoir pas déchaînés. Pendant tout le temps
qu'elle aura affaire à de vieux préjugés, et toutes les fois
qu'elle voudra faire prévaloir ses intérêts, l'habileté exi-
gera sans doute qu'elle tire parti de sa position et qu'elle
fasse entrevoir de temps à autre le Croque-mitaine propagande sous les plis de sa tunique; Canning lui-même ,
cet homme supérieur et noble, n'entendait pas autrement,
je crois , sa maxime ; mais de là à un système de propa-

gande prête à se jeter à toute occasion sur l'Europe, la distance est immense.

La France ne doit jamais oublier que sa politique doit être subordonnée à la politique de l'Europe; si la France fût intervenue, tous les fruits de la sage et habile manœuvre qu'elle exécute depuis 1830 à l'égard de l'Europe étaient perdus, non pas que l'Europe eût été assez osée pour venir lui déclarer la guerre; mais ses mauvaises dispositions à son égard, ses préventions hostiles, ses défiances, d'ailleurs naturelles, se seraient réveillées plus vivaces que jamais. Et qu'est-ce que cela fait à la France? Cela fait beaucoup. La France, puissance de premier ordre en Europe, par sa force matérielle, et surtout par son influence morale, ne devait pas consentir à engager ses ressources, à embourber son avenir dans les révolutions hideuses de la Péninsule. Elle doit les tenir prêtes pour des affaires plus importantes, pour des affaires plus critiques, comme celle qui vient de se présenter. Du moment qu'elle eût voulu se charger seule du sort de la Péninsule, elle n'aurait plus eu le même droit qu'à présent de s'immiscer dans aucune question solennelle qui peut surgir à chaque instant en Europe; elle serait repoussée à son tour par les autres puissances qui voudraient en faire leurs affaires propres.

La France, en sortant des barricades, a pu croire un instant les monarchies européennes coalisées entre elles et a dû s'empresser d'accepter l'amitié de l'Angleterre, de signer le traité de la Quadruple-Alliance, de mettre sous son étendard tous les dévouemens, sincères ou non, tous les secours, de quelque nature qu'ils fussent. Aujourd'hui que les inquiétudes générales se sont apaisées, que l'état normal des choses reprend son cours, que les relations internationales sont remises sous la direction des intérêts, les seuls permanens; que les vaines querelles de principes disparaissent peu à peu, la France, sans tourner le dos,

sans se déclarer hostile au travail de rénovation qui se
poursuit en Espagne, doit moins songer à en faire un
instrument de sa politique continentale; elle doit briguer
l'amitié de l'Espagne, y disputer l'influence à l'Angleterre;
mais elle doit rester sur un pied de neutralité, de bienveillance même à l'égard du gouvernement de ce pays,
quel qu'il soit, pourvu que ce ne soit ni celui de don Carlos,
ni celui des ultrà-libéraux.

Comment ne voit-on pas que la France, depuis 1830, a
dû garder un juste milieu diplomatique, comme elle a gardé
un juste milieu constitutionnel. L'un sans l'autre était
impossible, tous les deux assureront la gloire de la France
et rendront d'immenses services à l'Europe. C'est la
France qui est destinée à nouer les fils qui doivent attacher la monarchie à la liberté en Europe; c'est la France
qui est destinée à lier le passé de l'Europe avec son avenir.

Voilà quelle est notre opinion sur la politique que la
France a tenue en Europe, après le dérangement dynastique qui est venu dans ce pays pour y compléter la révolution des esprits, achever la révolution des faits. Maintenant,
arrêtons-nous, pour prévenir que, si nous avons applaudi
sans réserve à cette politique, c'est parce que nous l'avons
considérée comme une politique *expectative*, comme une
politique transitoire, comme le préliminaire enfin d'une
politique et plus nationale et plus européenne à la fois,
en un mot, d'une politique *active*, destinée à apporter un
terme aux débats des grandes questions dont la solution est
imminente, une satisfaction aux différens intérêts existant en France, en Europe et en Orient.

Malheureusement, depuis quelque temps, nous commençons à croire que ce que nous prenons comme une politique d'attente n'est qu'une politique définitive et négative, et pour nous servir du mot propre, une politique de
statu quo universel. Eh bien! s'il en est ainsi, avouons

franchement qu'une pareille politique pourra avoir, pendant quelque temps, des résultats satisfaisans pour ceux
qui y travaillent, vu la division actuelle des intérêts en
Europe; mais que si l'on croit que c'est une politique
vraie, répondant aux besoins de l'Europe et du monde,
on se trompe; et nous nous hasardons de prédire que les
embarras qu'elle pourrait se flatter de tourner en ce moment, ne feront que s'accroître et s'accumuler, au point
d'amener, au jour donné, une terrible explosion en France,
une conflagration générale en Europe.

Un nouveau traité de Westphalie est nécessaire au repos
futur, au repos stable de l'Europe. On a cru en voir un
dans le traité de Vienne, on s'est trompé gravement. La
France, point de départ du mouvement européen, n'y
était pas entendue; Constantinople, point de mire du
mouvement humanitaire, n'y était pas comprise. Les deux
idées-puissances qui animent le monde ne siégeaient point
dans ce concile des puissances de la terre, tout ce qui a été
fait en leur absence ne pouvait être que provisoire. Quand
la France, qui a des prétentions légitimes à la civilisation
de l'Europe, allait se relever de ses défaites et réclamer ses
droits territoriaux pour le grand exercice de son rôle;
quand la Russie, qui a des prétentions légitimes à la civilisation du monde, allait réclamer les moyens de les faire
valoir, l'œuvre de Vienne devait s'écrouler. Si elle paraît
encore debout, c'est, comme l'empire ottoman et l'Être
suprême de Robespierre, de par la force des décrets.

L'agrandissement des empires a presque toujours été
considéré comme caprice de monarque, comme affaire
d'ambition; on n'y a jamais voulu découvrir des besoins
nationaux, des exigences de la civilisation. Aussi est-on
toujours convenu de les déguiser sous différens noms, et
depuis l'apparition des lumières en Europe, sous la pompe
éblouissante des principes.

Les idées de la Réforme ont servi pendant long-temps à cet effet. Depuis 89, ce sont les idées de la Révolution qui remplissent cet office. Avant le traité de Westphalie, l'Europe entière était divisée en deux zônes bien tranchées : d'un côté il y avait la ligue catholique ; de l'autre, on voyait la ligue protestante. Voilà le double moteur qui dictait les alliances, la paix et la guerre, en un mot, toutes les combinaisons politiques. A partir du traité de Westphalie, la lutte religieuse cesse comme d'elle-même, les parties déposent les armes, la politique européenne échappe aux controverses. Les questions d'intérêts commencent à prédominer en Europe, de nouvelles considérations président aux déterminations des cabinets.

Si la Révolution, en tuant les passions politiques, a été une excellente préparation des esprits en Europe pour une conciliation universelle, ou du moins pour un grand aplanissement des difficultés existantes, il ne faut jamais espérer que l'Europe puisse être remise dans une assiette normale, sans la rectification des frontières des différens États qui la composent ; rectification réclamée par les besoins de l'Europe même, par ceux de la France surtout, impérieusement exigée par la marche fatale, inévitable des affaires de l'Orient. Avant la fixation définitive du sort de l'empire ottoman, hommes et choses se trouveront dans une situation fausse et précaire en Europe. La question des principes est une grande question, certes, pour l'Europe ; mais c'est là une question qui, pour les trois quarts, appartient au domaine du passé, qui commence à devenir historique. Cependant c'est par là qu'on la secouera constamment d'une manière factice, afin de pouvoir agir à volonté dans les affaires de l'Orient. La bataille politique des principes ne cessera pas ; on se menacera mutuellement des foudres révolutionnaires et contre-révolutionnaires ; on s'anathématisera, on fulminera ; ils serviront toujours de prétexte à cette guerre de représailles diplomatiques, qui est de force à durer encore long-temps, si on ne l'arrête à sa source. Avant cela, toutes les questions, tant intérieures qu'internationales, qui troublent l'Europe, sommeilleront ou s'agiteront stérilement, sans avancer d'un seul pas; et de cette agitation sourde mais continue, on verra s'élever de temps à autre des nuages qui obscurciront l'horizon, et des malentendus qui pourront amener des collisions d'autant plus déplorables qu'elles seront sans résultat aucun pour le bien général.

Dans une pareille situation des affaires de l'Europe, quel est le rôle que la position et les intérêts de la France dictent à cette puissance? Libre de la fantasmagorie des principes, ayant ôté et à elle-même et aux autres le masque de la politique sentimentale, elle devrait faire volte-face vers le Nord : par là, elle remettrait chacune des autres puissances définitivement à sa place, reprendrait la sienne, nette et claire, dans la sphère des intérêts européens, et briserait pour toujours les coalitions. Elle recommencerait la politique nationale à laquelle tendait la restauration, mais que sa position équivoque à l'intérieur, fausse à l'extérieur, ne lui permettait pas de suivre. En allant au-devant de la Russie avec une solution, ou plutôt avec un plan quelconque de la question orientale, elle recommence la question des territoires telle à peu près qu'elle se trouvait avant 89, telle que l'avait laissée Napoléon, et devient l'arbitre de l'Europe.

Au lieu de cela, qu'a-t-elle fait jusqu'ici? Elle s'interdit tout plan de politique nouvelle, elle s'endort dans une situation qui se transforme de jour en jour; tantôt elle fait dire par un journal(1) que la question orientale est une question trop compliquée pour qu'il ne faille pas y jeter les yeux le plus tard possible; tantôt elle fait dire par un

_____

(1) Le journal des Débats en 183i, si notre mémoire nous sert.

ministre très-habile (1), toujours à l'occasion des affaires
du Levant , que sa politique à elle consiste, non pas à
s'immiscer dans telle ou telle question étrangère, mais à
empêcher les autres d'y intervenir ; non pas à se créer
ailleurs des influences , mais à susciter des obstacles à ceux
qui veulent s'en créer. Voilà, il faut en convenir, de sin-
guliers aveux ; voilà des prétentions à la succession de la
politique immuable de l'Autriche qui ne pourront ne
pas manquer de produire des résultats funestes pour la
France, si elle y persiste : ne pas agir soi-même et empêcher les autres d'agir, c'est là , qu'on nous permette la
comparaison, le rôle des eunuques du harem. Elle oublie
donc qu'elle n'est pas la république Suisse ni celle de Saint-
Marin ; mais qu'elle est une monarchie , la monarchie de
Louis XIV et de Napoléon, au milieu de cette Europe couverte de monarchies guerrières , actives , à grandes ambitions , à intérêts ardens ; et que si elle a la prétention d'y
jouir de la juste considération qui lui est due, elle doit
employer sa puissance, non pas à être une pierre d'achoppement pour tout le monde, mais un excellent auxiliaire,
qui fait payer cher ses services.

Nous voyons que la France, par sa position territoriale,
est, parmi les cinq grandes puissances, celle qui est la plus
désintéressée dans la question d'Orient ; nous voyons aussi,
qu'occupée plus que toute autre à affermir chez elle sa
nouvelle organisation sociale et politique, elle est moins pressée que toute autre de déranger l'équilibre européen, actuellement existant. Mais la France, si par sa révolution elle
s'est placée sur un pied exceptionnel en Europe, ne doit pas
espérer pour cela pouvoir fermer la marche de la politique
européenne, qui est en définitive une politique d'agrandissement territorial. La France, si elle est véritablement habile,
loin de souffrir de la position nouvelle que la Révolution lui

_____

(1) M. Molé, à la chambre des pairs, en 1837, si nous ne nous trompons.

a faite, peut en tirer toute sa force; la France peut demander
et obtenir des acquisitions qui, combinées avec l'influence
des principes qu'elle représente seule sur le continent, peuvent la rendre la puissance prépondérante en Europe.

Ce qui est singulier, c'est que c'est au moyen de l'alliance anglaise qu'elle prétend pouvoir jouer le rôle de cette
politique d'abnégation. Mais l'Angleterre ne s'est associée
à la France qu'en vue de la satisfaction de ses intérêts.
Aussitôt qu'elle s'est aperçue que la France n'entrait pas
complètement dans ses vues, elle lui a tourné le dos et s'en
est allée chercher des alliés plus utiles ailleurs. L'alliance
anglo-française ne pouvait être qu'une combinaison acci-
dentelle, née de la nouvelle situation que la révolution de
juillet avait amenée en Europe, elle devait avoir son terme,
et il fallait le prévoir. Les faits que nous allons citer montreront que cela n'était pas difficile.

Tous ceux qui veulent établir la légitimité et la vérité de
cette alliance ne cessent de répéter : Voyez comme notre
révolution de 1830 a été accueillie en Angleterre, avec
quelle promptitude elle a reconnu le nouvel ordre de choses
survenu en France! On met sur le compte de la sympathie
ce qui n'était que l'effet du calcul. Ce n'est pas la politique
anglaise qui en peut jamais manquer. Pour un homme
d'État anglais, comme pour Pythagore, toutes les affaires
de ce monde sont chiffrées et réduites en nombres.

On n'accusera pas, je pense, lord Wellington, qui était
alors au pouvoir, d'une grande tendresse pour les journées.
des barricades; mais qu'aurait-il pu y faire? On aurait signé une nouvelle convention de Pilnitz, on aurait organisé
une nouvelle croisade européenne contre l'hérésie française;
on aurait renouvelé la longue lutte qui a valu à la Prusse et
à l'Autriche leur agrandissement, à la Russie son immense
influence en Europe, à l'Angleterre de nouvelles possessions, il est vrai; mais aussi le gouffre de sa dette. Les

sept coalitions qui se sont succédé contre la France, de
1793 à 1815, ont coûté onze milliards et demi à la Grande-
Bretagne; ce sont ses livres sterling qui ont acheté pour
l'Autriche le royaume lombardo-vénitien, pour la Prusse
ses possessions rhénanes. Cette expérience était trop récente
pour que l'Angleterre pût la renouveler : si dernièrement
elle paraît l'avoir oubliée, c'est que, il faut l'avouer, la politique d'inaction affichée à différentes reprises par la
France de 1830 ne lui a guère donné une idée trop avantageuse de son caractère martial. Aussitôt qu'elle a remarqué
que quelques-uns voulaient tirer la France de sa politique
quiétiste, la peur l'a prise tellement, qu'elle ne s'est plus
sentie de colère, et qu'elle a débordé en invectives et en injures tellement grossières contre ceux qui l'appelaient naguère leur *magnanime alliée,* et contre la France en général,
que vraiment l'homme le plus indifférent se sent monter le
sang à la figure, en lisant ces dégoûtantes diatribes auxquelles ne s'abaissa jamais un peuple qui est dans son bon
droit (1). C'est qu'elle sait que le premier coup de canon
tiré par la France peut compromettre à jamais son existence
commerciale en Europe et en Asie.

L'événement de 1830, loin de nuire à la Grande-Breta-

_____

(1) « Hier encore, dit tout consterné un journal grave de France, qui se met en
quatre pour renouer l'alliance anglo-française, hier encore nous lisions dans
un de ces journaux hebdomadaires qui agissent en Angleterre sur certaines classes, dont ils sont l'unique nourriture intellectuelle, nous lisions ces mots sauvages : « Plus de guerre de mots ; il faut en venir aux coups. On dit que la partie
saine et raisonnable de la nation française veut la paix ; malheureusement, la partie saine et raisonnable n'est qu'une fraction misérablement insignifiante. En somme, tout le fond de la société française est corrompu jusqu'à la moelle, et rien ne
peut l'empêcher de tomber en pièces, qu'une intervention inattendue... Si les
armées alliées sont encore forcées d'occuper Paris comme en 1814 et en 1815, le
parti révolutionnaire et propagandiste doit s'attendre à ne recevoir aucune merci.
Il faut qu'il reçoive un châtiment assez sévère pour qu'il ne l'oublie pas. Paris
rasé au niveau du sol, son occupation par une armée étrangère, pour une série
d'années, ne seraient qu'une punition méritée par la faction de la guerre. De plus,
il resterait à savoir si la France ne devrait pas être partagée, comme la Pologne,
par les alliés. Si le parti de la guerre, en France, persiste à appeler ce fléau sur
l'Europe, l'entière suppression de la France de la carte de l'Europe ne sera qu'un
châtiment juste pour un pareil crime. » (Journal des Débats du 25 décembre 1840.)

gne, lui a été d'un immense avantage. Qu'importe à l'Angleterre que l'arbre généalogique du roi de France le fasse descendre de la branche aînée ou de la branche cadette des Bourbons? Ce qui lui importe, depuis 1815, c'est d'abattre, s'il se peut, la hauteur de la puissance du Nord dont elle attend d'un moment à l'autre des coups mortels. Sous ce rapport, la révolution de juillet était un événement précieux pour l'Angleterre. La France relevait la tête, elle déclarait à la face de l'Europe qu'elle entendait désormais n'obéir qu'à ses propres inspirations; le redressement de cette puissance en Europe offrait à l'Angleterre un contre-poids aux prépondérances en vogue. De là sa prompte reconnaissance, non seulement de Louis-Philippe, mais aussi d'Isabelle, de dona Maria, du royaume de Belgique, autant de réactions contre les événemens d'une nature opposée déterminés en Europe, avant 1830, sous les auspices de la Russie. La prétendue division de deux zônes, qu'établissaient dernièrement en Europe les politiques à courte vue, l'une libérale et l'autre despotique, ce n'étaient que deux zônes, l'une anglaise et non pas française, comme on l'a dit, et l'autre russe; deux politiques, l'une qui, toute révolutionnaire qu'elle paraissait, n'avait en vue que le maintien du *statu quo* et de l'intégrité de l'empire ottoman, quoique cela ne fût jamais dit; l'autre qui, excessivement amoureuse de l'ordre européen, serait enchantée de la réalisation de quelque chose qui ne cadre guère avec la politique de l'intégrité. Double et étonnant contraste entre les buts et les moyens. Les deux systèmes diffèrent encore pourtant par un autre point capital. La Russie, en poussant au désordre en Orient, si désordre il y a, et en prêchant l'ordre en Europe, fait une action doublement morale; tandis que l'Angleterre, en suivant le procédé inverse, commet une action doublement immorale. On peut donc juger de l'avenir des deux systèmes.

Le redressement moral de la France sur le continent, excessivement avantageux à l'Angleterre, ne pouvait, d'un
autre côté, lui porter aucun ombrage : elle savait parfaitement que la France, quoi qu'on dise, seule, isolée, n'aurait
pu rien entreprendre de sérieux en Europe sans le secours
de l'Angleterre, et celle-ci n'aurait pas été assez mal avisée
pour le lui prêter. Elle lui accorde bien sa bonne amitié,
mais en tant que protection éventuelle en cas de menace de
la part de l'Europe : de cette manière elle augmente son influence, à elle, en Europe, en lui montrant la grande puissance française devenue, par la force soi-disant des principes, l'amie de l'Angleterre son éternelle ennemie, et la
possibilité de changer avec elle, à son gré, l'assiette de la
politique européenne. Par cette prestesse d'amitié, elle
amène chez un peuple, le plus mobile des peuples de la terre,
un revirement d'opinion inouï dans ses annales, à l'égard
de *la perfide Albion*; au point qu'après dix ans de mystifica-
tions, il y avait de bonnes gens en France qui juraient par
le nom de l'Angleterre et de l'alliance anglaise.

L'Angleterre est venue vers la France uniquement pour
faire un pas hors de la redoutable position dans laquelle
elle se trouvait depuis 1815; mais jamais, à aucun prix, pour
devenir l'auxiliaire de la politique de la France sur le continent. Nous allons rappeler les faits, et on va en juger.

Après la révolution de juillet, la révolution belge surgit
immédiatement. L'Angleterre savait très-bien que la France
tenait à la séparation de la Belgique d'avec la Hollande
autant qu'à sa propre existence ; car c'est comme une menace perpétuelle contre son existence même que l'union de
ces deux territoires fut décidée et accomplie : elle n'ose donc
s'opposer aux prétentions que la France élève à cette occasion, ç'aurait été déchirer immédiatement le masque de
l'amitié. Mais lorsqu'il fut question de mettre un fils de
Louis-Philippe sur le trône du nouveau royaume, quelle fut

la contenance de l'Angleterre. Ceux qui assistent aux scènes intimes peuvent le dire; et qu'eût-ce été donc, s'il se
fût agi de l'incorporation de ce pays à la France? Puis
quel ombrage la création de ce royaume peut-elle donner à
l'Angleterre? Elle a affaibli la Hollande, cette ancienne rivale de l'Angleterre, voilà tout. Quant à la France, vous
verrez si, à la moindre prétention de conquête affichée par
elle sur ce pays, son roi anglais ne tournera pas ses armes
contre elle.

L'insurrection polonaise éclata bientôt après; elle trouva
une grande sympathie en France, d'abord parce que la
France avait été de tout temps bienveillante envers la Pologne, surtout depuis sa confraternité d'armes avec Napoléon, ensuite parce que l'idée du partage de la Pologne a
toujours impliqué, pour le public européen, l'idée de spo-
liations et de malheurs, et tout malheur est sûr de trouver sympathie en France plus que partout ailleurs; enfin
parce que c'était une révolution qui était fille de celle de
1830, et que la mère devait naturellement se sentir de l'affection pour son enfant. Un mouvement de la France en
faveur de la Pologne, même avec l'appui de l'Angleterre,
eût été bien irréfléchi, bien imprudent; il aurait amené
une conflagration universelle et ne garantissait le moins du
monde un résultat avantageux quelconque ni à elle-même,
ni à la Pologne; tout au contraire. Toutefois, un pareil
mouvement, comme aventureux, comme devant soulever
mille événemens imprévus, pouvait être considéré comme
pouvant avoir quelques bonnes chances pour la France, à
une époque où l'Europe se trouvait sous le coup de la com-
motion que 1830 avait produite. Que fait l'Angleterre? Elle
ferme absolument l'oreille à toutes les clameurs de la France,
elle ne souffle pas un mot sur les affaires de la Pologne,
pendant tout le temps que dure la guerre de l'insurrection;
ce n'est que lorsqu'elle eut entièrement cessé, que lorsque

22

les troupes russes campaient déjà depuis long-temps dans
Varsovie que son libéralisme généreux s'émeut et commence à trouver des accens pathétiques en faveur de la
cause polonaise.

L'affaire espagnole arrive à son tour. Il y eut une époque, comme on sait, où la France était décidée d'intervenir
dans la Péninsule. Lord Brougham, alors membre du cabinet de Saint-James, vient déclarer en plein parlement,
« qu'il considérait comme un des plus grands malheurs
que les Français missent le pied sur le sol espagnol. »

Enfin, après la reconnaissance de dona Maria, on par-
lait d'un projet de mariage entre elle et le duc de Nemours.
Nous ne savons pas si on y a sérieusement pensé ; mais nous
présumons que cela aurait été assez agréable à la maison
d'Orléans. Mais l'Angleterre, qui a organisé l'expédition
de don Pédro, n'est pas si dépourvue de sens que de se permettre une pareille bévue. On place sur le trône de Portugal d'abord un membre de la famille Bonaparte, cette famille a des prétentions au trône de Louis-Philippe, puis un
rejeton de la féconde tige Cobourg, destinée à peupler tous
les trônes anglais ou semi-anglais.

En Europe, en Amérique, partout, la France a trouvé
dans l'Angleterre une rivale jalouse, tracassière, infatigable,
qui lui a disputé l'influence et qui ne s'associait à elle que
pour pouvoir mieux porter la perturbation dans ses intérêts.

Quant à la possession d'Alger, même aux plus beaux temps
de l'alliance anglo-française, la Grande-Bretagne n'a jamais
manqué de donner à comprendre à sa bonne amie que d'un
moment à l'autre, quand elle trouverait l'occasion, elle ne
manquerait pas de faire tous ses efforts pour la faire cesser.
Cette possession lui a toujours tant pesé, que feuilles semi-
officielles, ministres anciens, ministres en expectative,
tous en général, jusqu'au discret M. Peel, ne pouvaient
contenir leur animosité à la vue de cette occupation de la

France et n'ont jamais manqué de l'avertir, en termes qui ne sentaient guère la courtoisie, du sentiment de l'Angleterre sur ce point.

Arrive enfin la question turco-égyptienne, et l'Angleterre, voyant que la France, non seulement ne se laisse pas traîner à sa remorque, mais qu'elle se laisse tant soit peu soupçonner des vues particulières dans les affaires de l'Orient, s'empresse de rompre avec fracas une alliance depuis long-temps défaillante, et à laquelle personne ne croyait plus en Europe, excepté la France.

Quel'on vienne après cela nous parler d'alliances de principes ! Mais, pourrait-on dire, l'étendue de toutes les alliances sans exception, et quelque nom qu'elles prennent se mesure sur l'intérêt mutuel des parties ; l'Angleterre, quoique alliée de la France, ne pouvait pousser son amitié jusqu'à oublier ses propres intérêts. Nous répondons d'abord qu'à l'occasion des faits que nous avons cités, personne ne peut ne pas avouer que l'Angleterre aurait pu user de procédés plus chevaleresques à l'égard de la France, une puissance rivale et la plus ombrageuse n'aurait pu agir, dans toutes ces circonstances, autrement que la Grande-Bretagne. Ses actes, ses paroles, sa contenance, tout a trahi constamment en elle un dépit et une défiance mal déguisés à l'égard de la France. Ensuite, ce que nous voulons montrer, c'est que cette alliance était et serait contre la nature des choses, si on parvenait à la replâtrer. Cela a été de tout temps notre conviction intime, et nous voyons que les événemens ne l'ont point démentie.

L'alliance anglaise n'a pu être que l'expédient d'un moment pour la politique de la France, elle ne peut lui servir de base de système durable. On dit que cette alliance a été la pensée de toute la vie de l'ex-évêque d'Autun ; un diplomate de l'esprit de M. de Talleyrand ne peut pas avoir été dominé par une seule pensée. Rien n'est si variable que la combinaison des différens intérêts qui s'agitent en Europe. La diplomatie n'est qu'un jeu de dés; il faut recommencer toujours un nouveau calcul et s'arranger en raison des circonstances. Mais comme les hommes les plus éminens ont quelque faiblesse de pensée ou de cœur, si M. de Talleyrand, après 1814, après l'apparition de l'étoile polaire, a pu nourrir et caresser la vieille idée du cardinal Dubois, comme un principe fondamental et fixe du système international de la France, il faut convenir qu'il a mis une habileté infinie au service d'une bien pauvre idée.

Cependant, après tant d'années et tant de faits qui venaient successivement avertir la France que l'alliance anglaise s'évanouissait de jour en jour; qu'elle devait, ou s'associer entièrement à la politique de cette puissance et devenir son satellite en Europe; ou bien changer de plan, et pour cela songer à de nouvelles alliances, la France restait constamment accrochée à *sa magnanime alliée*, et il n'a fallu rien moins qu'un grand traité, un traité solennel, conclu entre quatre grandes puissances et qui lui rappelait ces nombreuses conventions conclues sans elle et contre elle, et dont la Grande-Bretagne, *la plus sûre, la meilleure amie* de la France, avait été toujours l'ame, pour venir la tirer de son engourdissement et lui apprendre, avec un éclat humiliant, en présence de l'Europe qui riait, ce à quoi elle devait s'attendre depuis bien long-temps.

Un peuple spirituel, un gouvernement éclairé devenir à ce point le jouet de l'Angleterre; l'idée d'une alliance impossible peser pendant si long-temps comme une ombre sanglante sur l'esprit de la plupart des hommes de France, au point d'acculer leur grand pays dans une des situations les plus critiques où il se soit jamais trouvé, et cela quand le plus petit apprenti en politique aurait pu prévoir ce dénouement, cela doit avoir son explication quelque part.

C'est à la révolution de juillet qu'il faut remonter pour

trouver le mot de l'énigme. Cette révolution avait été accueillie excessivement mal en Europe : celle-ci avait appris,
par quinze ans de leçons, de quel danger peut être pour
tout le monde une révolution en France. En outre, par ses
attaques imprudentes et impolitiques contre la France, elle
était devenue l'objet de la haine de la France. Après 1830,
la France, pendant long-temps, a paru prête à faire irruption sur l'Europe, celle-ci à envahir la France. L'Angleterre, par les raisons que nous avons expliquées, a cru devoir agir autrement à l'égard de l'événement de 1830. Cela
a suffi pour que la plupart des hommes d'État nouveaux de
la France que la Révolution a mis en avant, et dont les connaissances en politique ont pour fond les idées libérales de
la Grande-Bretagne, fussent portés à croire à l'alliance des
vues politiques des deux puissances ; alliance indissoluble,
parce qu'elle reposait sur la base inexpugnable de la conformité des principes gouvernementaux; alliance éternelle,
parce qu'elle s'appuyait sur la différence harmonique des
intérêts des deux peuples. Tellement cette idée paraîtrait
constituer à elle seule la base de la politique de ces messieurs, que l'un d'eux, qui, il faut l'avouer, si par principes il est Anglais, par instinct il sait devenir Français, la
veille de la conclusion du traité de juillet avait créé tout un
système de politique affiché devant la chambre des députés
pour initier cette assemblée à la théorie de la politique nouvelle et éternelle de la France, et où la Grande-Bretagne
était décorée du titre de *magnanime alliée;* l'autre, homme
vraiment savant, faisant de la politique constamment ap-
puyé sur l'histoire, profondément préoccupé des tendances
de la société française, et regardant l'Angleterre comme le
modèle auquel doit se conformer la politique intérieure de la
France, a déclaré pompeusement l'Angleterre, même après
la conclusion du traité de juillet, la plus *sûre, la meilleure
amie* de la France; et puis la presse anglaise vient dire que

« la politique de la France est essentiellement déshonnête
et frauduleuse; qu'il n'y a chez les hommes d'État de ce
pays aucune idée de la différence qui existe entre la probité et la fraude, » et d'autres complimens pareils. Mais
vraiment c'est leur trop de bonhomie et d'honnêteté qu'il
faut reprocher à ces hommes.

Quant au chef du gouvernement, en qui se personnifie
la politique extérieure de la France, imbu peut-être des
principes anglais de son grand-père le *régent*, trop éprouvé
dans une vie assez avancée et lasse d'événemens, pénétré
du besoin de consolider avant tout la nouvelle dynastie qui
préside aux destinées de la France, il a cru peut-être que
l'alliance anglaise est, sinon ce qu'il y a de mieux, du
moins ce qui se prête le mieux au système pacifique dans
lequel il a engagé la France. Grand amateur des beaux-arts,
ayant à cœur le développement de la prospérité de la France,
il a voulu inaugurer cette politique de paix qu'il croit la
plus conforme aux intérêts nouveaux de la France, et qui
le serait en effet s'il n'y avait un Waterloo à réparer, un
Constantinople à rendre à la civilisation européenne.

Enfin la bourgeoisie omnipotente, composée essentiellement d'hommes qui, par leur position sociale, ont besoin
avant tout d'une politique tranquille et casanière, aristocratie d'argent qui remplace l'aristocratie territoriale et qui
craint à tout mouvement l'apparition d'une nouvelle Jacquerie, ayant pris depuis 1830 pour devise le *chacun chez
soi* des peuples démocratiques, a cru sur parole son gouvernement et a adopté comme principe, que le plus sûr des
moyens, pour maintenir la France dans une voie d'ordre,
dans une voie pacifique à la fois et libérale, c'est la persistance dans une alliance avec un peuple constitutionnel et
commerçant, avec un peuple dont elle imite autant le mécanisme politique que les procédés de sa civilisation matérielle.

Sous les auspices de cette politique toute de paix, *de paix toujours et partout,* que pouvait-on faire à l'égard de l'Orient? Maintenir le *statu quo* par tous les moyens possibles; et en cela, la France s'accordait parfaitement avec l'Angleterre. Nous croyons qu'à travers cette politique de résistance, il y avait une arrière-pensée dans la politique française, pensée faible, timide, mais qui lui a aliéné l'Angleterre. Si nous ne nous trompons, cette pensée aurait eu pour base l'idée émise une fois dans un discours éloquent par M. de Broglie. Cette idée consisterait à restaurer l'empire turc au moyen des différentes nationalités qui le couvrent. Voilà ce qui explique la politique répressive à la fois et encourageante que la France a exercée à l'égard de Méhémet-Ali; voilà comment le pacha est devenu pour elle le pivot de la politique orientale depuis la bataille de Coniah.

Et s'il reste le moindre doute sur cette politique à double but de la conduite de la France, elle ressortira claire et nette du rapprochement que nous allons faire de deux documens officiels que chacun connaît. On trouve dans le fameux *memorandum* de M. Thiers, adressé à lord Palmerston à la date du 5 octobre 1840, le passage suivant : « L'existence de l'empire turc est en péril, l'Angleterre s'en préoccupe, et elle a raison; toutes les puissances amies de la paix doivent s'en préoccuper aussi. Mais comment faut-il s'y prendre pour restaurer cet empire? Lorsque les sultans de Constantinople, n'ayant plus la force de régir les vastes provinces qui dépendaient d'eux, ont vu la Moldavie et la Valachie, et plus récemment la Grèce, échapper invinciblement de leurs mains, comment s'y est-on pris? A-t-on, par une décision européenne appuyée sur des troupes russes et des flottes anglaises, cherché à restituer aux sultans des sujets qui leur échappaient? Assurément non. On n'a pas essayé l'impossible, on ne leur a laissé qu'une suzeraineté presque nominale de la Valachie et de la Moldavie, on les a tout-à-fait dépossédés de la Grèce. Est-ce par esprit d'injustice? Non certainement. Mais l'empire des faits, plus fort que la résolution des cabinets, a empêché de restituer à la Porte, soit la souveraineté directe de la Moldavie et de la Valachie, soit l'administration même indirecte de la Grèce, et la Porte n'a eu de repos que depuis que ce sacrifice a été franchement opéré. Quelle vue a dirigé les cabinets dans ces sacrifices? *C'est de rendre indépendantes, c'est de soustraire à l'ambition* (1) *de tous les États voisins les portions de l'empire turc qui s'en séparaient. Ne pouvant refaire un grand tout, on a voulu que les parties détachées restassent des États indépendans des empires environnans.*

« Un fait semblable vient de se produire depuis quelques années, relativement à l'Égypte et à la Syrie, que jamais les sultans n'avaient pu gouverner. L'Égypte a-t-elle jamais été véritablement sous l'empire des sultans? Personne ne le pense, et personne ne croirait aujourd'hui pouvoir la faire gouverner directement de Constantinople..... *Le vice-roi d'Égypte a fondé un État vassal avec génie et avec suite :* il a su gouverner l'Égypte, et même la Syrie, que jamais les sultans n'avaient pu gouverner. Les musulmans, depuis long-temps humiliés dans leur *juste* fierté, voient en lui un prince glorieux qui leur rend le sentiment de leur force. Pourquoi affaiblir un vassal utile qui, une fois séparé par une frontière bien choisie des États de son maître, deviendra pour lui le plus précieux des auxiliaires? Il a aidé le sultan dans sa lutte contre la Grèce, pourquoi *ne l'aiderait-il pas dans sa lutte contre des voisins d'une religion hostile à la sienne?* son intérêt répond de lui, à défaut de sa fidélité. Quand Constantinople sera menacée, Alexandrie

---

(1) La Moldavie et la Valachie ont été soustraites au pouvoir des sultans par la Russie pour son propre compte, et non pas pour faire des États indépendans, comme dit M. Thiers; et quant à la Grèce, nous avons montré plus haut tous les pauvres résultats que l'on a obtenus par la formation d'un royaume grec.

sera en péril : Méhémet-Ali le sait bien, il prouve tous les
jours qu'il le comprend parfaitement. »

Maintenant nous allons citer un autre document qui fera
un curieux contraste avec le précédent. Dans la communication faite au cabinet de Vienne d'un plan d'arrangement
relativement aux affaires de l'Orient, à la date du 21 septembre 1839, le cabinet présidé par le maréchal Soult,
appelé le cabinet du 12 mai, disait : « Aucune prédilection
particulière ne nous anime en faveur de la puissance égyptienne. Nous ne verrions pas certainement renverser, sans
quelque regret, l'œuvre extraordinaire de Méhémet-Ali, qui,
au milieu de nombreuses imperfections, contient incontestablement des germes d'améliorations nombreuses. *Mais notre foi dans la durée de cette œuvre n'est pas assez entière,
pour que nous pensions à en faire la base d'un système politique.*
Nous croyons bien plutôt qu'à une époque plus ou moins
rapprochée, les vastes provinces maintenant soumises à la
domination du vice-roi sont destinées à rentrer sous l'autorité directe du sultan, et que l'empire ottoman, quelle que
soit sa profonde décadence, est encore appelé à survivre à
l'établissement de Méhémet-Ali, à l'absorber même un jour,
parce que, au sein de cette décadence même, il puise dans
son antiquité, dans le caractère religieux attaché à la dynastie d'Othman, dans l'ensemble des idées et des institutions orientales, une force morale qui n'appartient qu'à lui.

« Dans cette prévision d'un fait que nous ne redoutons
ni ne désirons, mais sur lequel il nous paraît sage de régler
notre politique parce qu'il est vraisemblable, nous pensons certainement qu'il faut prendre en considération très-
sérieuse *les moyens de donner autant de force que possible à
un empire destiné, suivant toute apparence, à rester long-
temps encore un des élémens principaux de l'équilibre européen.* »

Comprendra qui voudra cette politique à deux vues,

cette politique fine, si l'on veut, mais essentiellement mahométane et qui, à cause du principe doublement faux sur lequel elle s'appuyait, devait énoncer de pareilles conditions. Ainsi la France est très-préoccupée *des moyens de donner autant de force que possible à un empire destiné à rester long-temps encore un des élémens principaux de l'équilibre européen;* mais quels sont ces moyens, puisque toutes les puissances de l'Europe en cherchent depuis si long-temps sans pouvoir en trouver; et elle en a trouvé un dans l'appui que l'Europe prêterait à ce Méhémet-Ali en qui *les musulmans voient un prince glorieux qui leur rend le sentiment de leur force.* Cela ne veut pas dire *qu'elle ait une foi assez entière dans la durée de l'œuvre de cet homme pour en faire la base d'un système politique.* Cependant on peut croire *qu'il pourrait devenir un des plus précieux auxiliaires du sultan, qu'il pourrait l'aider contre des voisins d'une religion hostile à la sienne.*

Et qu'on ne dise pas que nous rappelons ici le langage de deux ministères à système différent. Non. La politique extérieure de la France, depuis 1830, a été une. Il est notoire que la France a toujours été le constant protecteur de Méhémet-Ali, et qu'en même temps elle a toujours travaillé pour le *statu quo* oriental. Le ministère Thiers a pensé et parlé comme le ministère Soult : si l'un diffère en quelque chose de l'autre, c'est qu'il a insisté plus que son prédécesseur dans sa protection à l'égard du vice-roi, qu'il s'est plus préoccupé de cette arrière-pensée propre à la politique française que nous avons montrée plus haut, arrière-pensée subordonnée au système du *statu quo,* et sur laquelle d'autres n'avaient pas insisté, jusqu'à rompre le *statu quo,* c'est qu'ayant eu le malheur de voir arriver sous lui le triste dénouement d'une politique à laquelle il a travaillé comme tous les autres, il a eu la franchise d'avouer, au moins, que la France a été grossièrement dupée, un peu tard et brusquement, il est vrai, mais selon le proverbe, *mieux vaut tard que jamais,* et de la rappeler à sa dignité et à son honneur compromis. Et quand on accuse M. Thiers d'avoir rompu l'alliance anglaise, on oublie que les pourparlers du traité Brunow avaient commencé bien avant que ce ministre entrât dans les affaires.

En deux mots, la politique de la France, toute de *statu quo* en Europe, veut l'être aussi en Orient; elle s'est jetée à travers la marche de Méhémet-Ali après Coniah et Nézib; elle a appelé l'Europe à un congrès; elle a négocié en tous sens, en tous lieux, pour s'opposer à la politique russe. C'était sa politique patente, à la durée et à la légitimité de laquelle elle croyait elle-même peut-être plus qu'à toute autre, et en cela elle a été fort agréable à l'Angleterre; mais d'un autre côté elle a persisté à maintenir les monopoles du pacha, et a travaillé à lui gagner l'hérédité, à lui maintenir la Syrie, et en cela elle a voulu suivre une politique à elle, au moyen de laquelle elle se flattait, je crois, de faire quelque chose de plus que du négatif en Orient. Ce qui ne l'a pas empêchée, au moment décisif, de reculer devant ses œuvres, de déserter ses vues et d'abandonner Méhémet-Ali à son mauvais sort, parce que cette politique était pour elle tout-à-fait subordonnée au système de la paix, au *statu quo.* Si elle a persisté assez long-temps dans cette politique qui lui était particulière, c'est qu'elle croyait peut-être que l'Angleterre, quoique opposée en cela à ses vues, craindrait de se séparer d'elle, d'abandonner son alliance, et ferait de nécessité vertu. L'Angleterre, de son côté, pénétrée de l'idée que la France ne sortirait pour rien au monde du *statu quo,* qu'elle ferait même au besoin le sacrifice du pacha, s'est coalisée avec la Russie, non pour la laisser venir en Orient, jamais; mais pour en faire l'instrument de sa politique, ainsi qu'elle a fait de la France après 1830. Ainsi, l'Angleterre a compris et trompé la France; la

France n'a pas compris l'Angleterre et s'est laissé duper par
elle. Enfin, quelques volées de canons autrichiens et anglais ont mis au néant la puissance du *prince glorieux*
qui allait rajeunir l'empire turc; l'amitié de la magnanime *alliée* a disparu comme une ombre ; l'empire ottoman, dont la France veut faire encore long-temps *l'élément principal de l'équilibre européen,* a été remis en question;
et la France, c'est-à-dire son gouvernement, de jeter les
hauts cris de douleur : « Qu'on a dévié de la politique de
la paix en Orient; qu'on a oublié que d'ici à long-temps
il n'y aura point en Europe de question particulière; qu'il
n'y a pas de question qui vaille qu'on lui fasse le sacrifice
de la paix générale. On s'en est souvenu pour l'Occident,
on l'a pratiqué en Occident depuis 1830; on l'a oublié en
Orient (1). »

Nous ne nous occupons pas de ce que d'autres ont ré-
pondu à cela; mais quant à nous, nous disons : Oui, on a
oublié la politique de la paix en Orient, et on l'oubliera encore bien des fois, M. Guizot peut en être sûr, parce qu'elle
doit être oubliée en Orient, parce que l'Orient n'est pas
l'Occident. *La paix, la longue durée de l'ordre, un état de
choses surtout tranquille* peut être excellent pour la France;
mais il est détestable en Orient : le maintien de l'ordre en
Orient, c'est le maintien *du règne de la passion et de la force,*
comme dit M. Guizot; et certes, alors il n'y a *ni grandeur
ni moralité dans la politique de la paix,* et il est induit en
erreur, s'il pense que cette politique *a poussé de profondes
racines dans l'esprit des peuples,* excepté chez quelques-uns,
à Vienne et à Paris.

Le traité de juillet est un bon événement; il a grande-
ment éclairé la situation fausse dans laquelle la France s'é-
tait placée après 1830 à l'égard des affaires de l'Orient; il

---

(1) Discours de M. Guizot à la chambre des pairs, le 19 novembre 1840.

a renversé l'echafaudage élevé par la prétendue puissance
de Méhémet-Ali (1); il a mis en évidence tout ce qu'il y a
de non-sens dans ce qu'on appelle les alliances de principes; il a dissous ce que M. Jouffroy a nommé avec beaucoup
de raison un mariage de raison, et il a démontré encore
une fois, s'il le fallait, le vide de tout système qui a pour
base le maintien du *statu quo* en Orient.

La France peut aujourd'hui reprendre le rôle qui lui
convient, faire toutes les conditions qu'elle croirait nécessaires pour garantir sa sécurité et l'avenir de ses principes;
mais aussi elle doit ouvrir la voie de la civilisation et du
bonheur en Orient en abandonnant cette politique mesquine, qui a pour aliment la république et la légitimité,
et pour horizon la propagande ou l'invasion étrangère, et
en entamant une politique grande et bienfaisante, qui
aurait pour but la liberté et la sécurité de l'Europe, aussi
bien que la civilisation du monde. Si elle ne le fait pas, elle
méconnaît sa situation, elle méconnaît ce qu'elle peut et
ce qui lui est dû, elle se condamne elle-même à un abaissement dont Dieu sait si elle pourra se relever.

De leur côté, les puissances de l'Europe qui seraient
appelées à s'associer à la France, doivent s'apercevoir qu'à

---

(1) Nous nous souvenons qu'à l'époque où le général Allard, employé au service
du roi de Lahore, Rundjet-Sing alors vivant, était venu en France, la presse semi-
officielle de ce pays se promettait monts et merveilles, à l'apparition inattendue
de ces nouveaux restaurateurs de l'Orient. A cette occasion, il nous est impossible de nous défendre d'une impression qui a déjà été ressentie par bien des
gens, c'est que depuis 1830 la politique de la France, soit calcul, soit effet du ha-
hard, paraît ne faire autre chose que s'amuser de l'opinion. Un jour elle chante la
Marseillaise et boit à l'indépendance de la Pologne, quand elle savait que la Pologne allait succomber infailliblement. Un autre jour elle sonne avec des fanfa-
res le traité de la Quadruple-Alliance, destiné, selon elle, à changer la face de l'Europe, et ce traité se meurt enfoui dans les cartons. Enfin elle fait sourire
tous ceux qui connaissent l'Orient, en proclamant Méhémet-Ali, Rundjet-Sing,
comme régénérateurs de l'Orient et propagateurs de l'influence française dans
ces contrées; tandis qu'après quelque résistance de parade, elle abandonne le
premier à l'Angleterre, et qu'elle n'a jamais songé à faire entrer dans ses
combinaisons le royaume barbare et lointain de Lahore, où Rundjet-Sing et général Allard ont disparu comme une ombre, et qui est livré en ce moment à la
merci de la Grande-Bretagne.

partir des deux votes significatifs des chambres, sur la question de l'intervention en Espagne, en 1838, et dans les affaires de l'Orient, en 1840, le gouvernement français est entré dans les voies normales dont la fougue d'une révolution l'avait fait sortir momentanément. Dès ce jour, la diplomatie française a pris possession d'elle-même. Pendant les années écoulées depuis 1830, elle donnait des espérances de sa prochaine émancipation ; aujourd'hui, cette espérance s'est convertie en réalité. Dès ce jour, les questions des mots disparaissent, les questions des choses reparaissent, et la controverse des principes fait place à la discussion des intérêts ; dès ce jour, la France peut parler au nom de la liberté, sans parler au nom de la révolution. Dès ce jour, l'Europe peut lui tendre la main, sûre qu'elle est d'avoir affaire à une puissance dont le mécanisme intérieur n'est pas le sien, mais dont la structure extérieure peut s'harmoniser avec la sienne. Dès ce jour enfin, les différentes questions européennes peuvent être sérieusement entamées, efficacement résolues. Il est temps d'y penser, une plus longue attente serait funeste.

A l'heure qu'il est, le sort de l'Europe et du monde dépend de l'accord des cabinets des Tuileries et de Saint-Pétersbourg. Ce n'est pas en vain que la Providence aura créé ces deux nations si *unes*, si je puis m'exprimer ainsi, si compactes, si fortes. Ce n'est pas en vain que, premières puissances de l'Europe, elles en occupent les deux extrémités et commandent chacune à deux mers. Ce n'est pas en vain qu'elles sont animées de cet admirable esprit de cosmopolitisme qui tend à s'approprier tout ce qu'il y a de bon chez les autres, et en même temps, de cet esprit de prosélytisme qui tend constamment à initier les autres à ses principes et à ses mœurs. Ce n'est pas en vain que le plus grand homme qu'ait produit l'Europe moderne, l'Europe de Charlemagne, de Charles-Quint et de Louis XIV, a travaillé, pendant vingt ans de sa vie prodigieuse et quinze ans de règne sur l'Europe, pour arriver dans les régions arctiques, y découvrir le chef d'un peuple demi-barbare, modèle des mœurs polies du dix-huitième siècle, le saluer par un *Soyons amis*, et lui déclarer, à la face de l'univers bouleversé devant tant de faits inouïs, extraordinaires, que le sort de l'humanité est entre les mains des deux peuples qu'ils commandent. Ce n'est pas en vain que les souverains actuels des deux nations, par des qualités si différentes, et cependant si admirablement appropriées aux pays sur lesquels chacun règne, fixent sur eux les regards du monde, qui attend, avec une anxiété visible, manifeste, le résultat des deux politiques merveilleuses d'art et de savoir-faire dans leur lutte sourde qui dure depuis dix ans, mais qui seraient plus belles et plus glorieuses dans leur accord et leur harmonie.

Quant à l'Angleterre, les puissances continentales, et notamment la France et la Russie, loin de nourrir à son égard la moindre espérance dans les grandes éventualités qui se préparent en Orient, doivent employer tous leurs efforts pour l'exclure, autant que possible, des affaires de l'Orient : ce n'est qu'alors, elles doivent le savoir bien, qu'elles pourront parvenir à y trouver une solution. Tant que l'Angleterre pèsera fortement dans la politique européenne, elle emploiera mille artifices différens pour empêcher cette solution honorable et salutaire pour l'Europe et pour l'humanité. Elle caressera tantôt une puissance, tantôt une autre, pour les maintenir en équilibre et en inaction ; elle entretiendra chacune dans les espérances qui lui plaisent ; mais quand le moment sérieux arrivera, elle les laissera là, en se frottant les mains et en éclatant de rire, pour recommencer les mêmes manœuvres et la même tactique. Sans les machinations de l'Angleterre, Napoléon et Alexandre se seraient entendus, et toutes les questions

vitales qui secouent depuis un demi-siècle l'Europe et l'O-
rient, auraient été vidées; et les querelles utopiques et by-
zantines des principes auraient pris fin, et cette plaie de
l'Europe, la Turquie européenne, aurait été déjà livrée à la
civilisation européenne, et de longues années de calamités
auraient été épargnées à l'Europe. Elle a soudoyé la coalition,
et ainsi elle a été l'auteur de tous les malheurs de la France
et de l'Europe; elle a toujours poursuivi la Russie de ses
intrigues criminelles, et ainsi elle a barré la civilisation
du monde. L'or de l'Angleterre et son grand art de tromper ont gouverné jusqu'ici le monde. Il est temps que cela
ait fin, et que ceux qu'elle a trahis tour à tour s'entendent
pour l'enfermer dans son île brumeuse. Napoléon seul, ce
grand génie, avait bien compris l'Angleterre; c'est pour
cela que le seul homme qui l'ait compris lui-même, Pitt,
ce véritable représentant de l'égoïsme britannique, disait
toujours : « Il ne faut jamais traiter avec cet homme. »

Napoléon, s'il eût vécu, serait venu à bout de l'Angleterre. Aujourd'hui l'Europe doit s'entendre pour recommencer sa politique. Si elle ne le fait pas, peuples et rois
seront tour à tour sacrifiés aux intérêts sordides de l'aristocratie britannique.

Et maintenant, qu'on ne vienne pas, en prophètes du
malheur, nous répéter le mot de Napoléon, que l'Europe
sera république ou cosaque. Oui, l'Europe et le monde sont
dominés, en ce moment, de deux grandes idées, de deux
grands besoins. La transformation de l'Europe, son passage à un état nouveau qu'elle ne connaissait pas avant 89,
auquel elle se prépare bien avant 89, et auquel elle serait arrivée, même sans cet événement, la civilisation
d'une grande partie du monde, y compris l'empire ottoman, sous les auspices du christianisme et par les mains
de la Russie : ce sont là deux nécessités que toutes les
puissances de la terre réunies ne sauraient éviter, pas

plus qu'on ne saurait empêcher la terre de tourner, le
fleuve de couler, l'herbe de croître.

De ce que ces deux événemens sont nécessaires et inévitables, on peut prédire qu'il est de toute impossibilité
qu'elles restent dans une attitude hostile en face l'une de
l'autre. Et, pour parler d'une manière plus explicite et
plus formelle, sortons des abstractions et nommons les
choses par leur nom ; car les idées ort leur côté tangible
et visible. Supposons que l'Europe entière ne veuille nullement entendre parler d'une nouvelle extension de la puissance russe ; supposons, qu'à la moindre tentative que
celle-ci ferait pour s'avancer vers l'Orient, une coalition
universelle se forme spontanément, qu'on se jette sur elle,
que ses vaisseaux, jusqu'aux derniers, soient brûlés dans
les ports de Cronstadt et de Sevastopol ; que ses armées
soient exterminées, son commerce pour long-temps anéanti,
ses villes saccagées, etc., etc., enfin, sa ruine complète, sup-
posons-la. Je le demande, qu'est-ce que l'on fera ensuite de
la Turquie européenne et asiatique ? Dans cinquante ans
d'ici, elle ne sera pas plus avancée d'un seul pas, et la
Russie, que probablement on ne partagera pas, se trouverait, à son égard, dans cet intervalle, dans la même position où elle se trouve en ce moment. Mais laissons de côté
ces hypothèses impossibles. La marche de la civilisation
en Orient ne peut s'accomplir que par l'intermédiaire de
la Russie. Il faut admettre l'événement tel quel ; l'Europe,
ne peut le dominer ; tout ce qu'elle peut faire, c'est de
pactiser avec lui.

Prenons maintenant le cas inverse ; celui où la Russie,
maîtresse d'une grande partie du monde, voudrait dominer
l'Europe et lui imposer ses volontés. C'est plonger trop
dans l'avenir que de hasarder de pareilles questions ; cependant, lorsqu'on voit l'Europe couverte en grande partie
d'une race germaine si jeune encore en civilisation, et

23

pourtant si forte de vertus et de sciences, on ne peut jamais admettre l'assujettissement du continent par la puissance russe. L'Europe, indépendamment de la Russie, nourrit plus deux cents millions d'hommes ralliés à peu près par les mêmes mœurs et les mêmes croyances; tous se réuniraient en faisceau, si jamais quelqu'un venait à menacer leur indépendance et leurs lois. Si jamais la Russie s'avisait de se mettre en lutte, pour son agrandissement, contre l'Europe, l'Europe entière combattrait la Russie au nom de la liberté. C'est ce qu'a voulu dire Napoléon, dans sa longue et pénétrante prévision de l'avenir.

On peut supposer que ce serait plutôt une domination morale que la Russie voudrait exercer en Europe, que ce seraient ses idées qu'elle voudrait lui imposer. D'abord la Russie n'a pas d'autres idées que celles de l'Europe; si elle diffère d'elle, c'est qu'elle est plus arriérée qu'elle. Elle a l'esclavage, il disparaîtra. Christianisme et servitude, ce sont deux choses qui s'excluent. Elle est aussi puissance soldatesque, elle ne le sera plus, ou elle le sera beaucoup moins quand elle aura atteint des possessions légitimes. Ensuite, quelles sont ces idées qu'elle voudrait anéantir? Nous avons eu grand soin de les définir et de les éclairer au commencement de cet écrit. Eh bien! croit-on qu'il y a une puissance au monde qui puisse exterminer des idées fruit de deux mille ans de civilisation et du christianisme? Mais la Russie est déjà maîtrisée par elles; si elle s'approche davantage de l'Europe, elle en sera subjuguée : voilà la vérité (1).

Ces idées, non, rien ne les fera plus disparaître du monde; elles ont franchi déjà l'Atlantique, et avec une

---

(1) Un écrivain spirituel, Jean-Paul Rither, écrivait en 1809 ces paroles frappantes de vérité : « La Russie depuis un siècle a monté d'un pas ferme l'échelle de la civilisation; cette marche ascendante suivra la progression géométrique; à l'avenir, ses victoires ne peuvent engloutir la civilisation, elles l'absorberont et serviront à la propager. »

rapidité inouïe, elles sont devenues maîtresses absolues de tout un continent. La Russie, que l'on combat, ne fait autre chose que les transporter de l'Europe dans les vastes déserts de l'Asie. L'arrivée de la Russie à Constantinople, loin de les refouler en Europe, ne fera que les y vivifier ; car si l'Allemagne s'est unie jusqu'ici avec la Russie contre la France, c'est que jusqu'à présent elle n'avait pas bien compris sa révolution ; c'est que cette révolution, irritée par la coalition, avait poussé les peuples contre leurs gouvernemens; c'est qu'elle était devenue redoutable, surtout lorsqu'elle a visé à la domination universelle. Une fois que la Russie sera à Constantinople, les craintes de l'Allemagne se déplaceront; et si jusqu'ici elle s'est alliée avec la Russie, puissance plus arriérée qu'elle et conquérante pour combattre la France, on doit être certain qu'alors elle sera heureuse de se placer sous les idées libérales de la France bourgeoise et pacifique, pour s'opposer, au besoin, à la marche envahissante de la Russie. Cette Prusse, qui est aujourd'hui la plus naturelle alliée de la Russie, parce qu'elle trouve devant elle des puissances qui s'opposent à ses vues légitimes d'agrandissement, aussitôt qu'elle l'obtiendrait, ses désirs deviendraient la plus sûre avantgarde de l'Europe contre la Russie. La France enfin, en qui se personnifient plus spécialement les systèmes de sociabilité moderne, pourquoi se croit-elle plus directement en butte aux attaques de l'autocratie? Oublie-t-elle que la Russie a tendu à plusieurs reprises la main à sa révolution attaquée par tout le monde, et surtout par cette libérale Angleterre qui a ravivé toutes les coalitions ? La Russie est la France du Nord; personne, en Europe, n'est plus sincèrement adorateur de la France que la Russie. La Russie, puissance la plus nouvelle dans la carrière de la civilisation, est dominée plus que toute autre des idées de la France, en qui elle voit le modèle de la civilisation

moderne. Souvenez-vous de l'enthousiasme libéral de Paul
et d'Alexandre. Oublie-t-on qu'Alexandre a doté la Pologne
d'une constitution ? Et l'empereur Nicolas, qu'on représente comme l'ennemi né de toute liberté, n'a-t-il pas
gratifié encore dernièrement d'une constitution les deux
provinces moldovalaques. La Russie entière est française
comme l'Amérique du Nord est anglaise. Et ici répétons
les paroles d'une voix éloquente et honnête : « La puissance
toujours croissante a déjà régularisé chez tant de peuples
de ces idées généreuses, régénératrices de la dignité de
l'homme, de la liberté et de la moralité humaine, écloses
en 89 sur le monde, écloses en France, portées partout,
acceptées, honorées, consacrées dans presque tout l'univers,
et que nous appelons, nous, la Révolution française ! La Révolution, hormis ses crimes, ses tyrannies et ses conquêtes,
personne ne l'attaque, personne ne l'insulte... Il y a bientôt la moitié d'un siècle que cette révolution a jailli de la
France sur le monde, comme un astre lumineux et pacifique d'abord, comme un volcan plus tard, quand la coalition de Pilnitz voulut imprudemment mettre le pied du'soldat sur la lave toute-puissante de nos idées et de nos droits.
Nos pères sont morts presque tous, les uns en la combattant
dans ses excès, les autres en la confessant sur les échafauds;
ceux-là en lui faisant un rempart de leurs baïonnettes pour
défendre son sol sacré ! ceux-ci en allant lui conquérir le
monde avec son drapeau ! Elle a soulevé presque toutes les
capitales de l'Europe, secoué tous les trônes, emporté toutes les couronnes, modifié, libéralisé presque toutes les
constitutions vieillies des peuples ! Elle s'est répandue
comme l'air et la lumière pendant cinquante longues années, avec nos idées, notre nom, nos armes ! Elle a éclaté
avec la force d'explosion d'un évangile armé des temps modernes. Le monde entier est plein d'elle, de ses souvenirs,
de ses vertus, de ses crimes, de ses exploits, de ses œuvres,

de ses codes ! Aujourd'hui elle a un peuple de trente-quatre
millions d'hommes unis, armés, invincibles pour elle, et
la sympathie de la moitié du monde... La révolution honnête, la révolution morale, la révolution réformatrice, libérale, celle-là a vaincu. Le monde en est plein; le monde
nous vaincrait aujourd'hui, qu'il nous la rapporterait encore. » (Discours de M. de Lamartine à la chambre des députés, séance du 22 janvier 1841.)

Au reste, je l'ai déjà dit, la France ne doit rien négliger
pour se fortifier en Europe, matériellement, au point de pouvoir tenir tête à toute coalition, si on était assez imprudent
pour tourner ses armes contre elle, et de pouvoir porter
haut le sceptre de la liberté, de se mettre, au besoin, à la
tête des puissances européennes contre toute attaque du dehors.

Les plus grandes précautions que l'Europe, et particulièrement la France a à prendre, ce n'est pas contre les
barbares du dehors qui n'existent plus, mais contre les
barbares du dedans, contre cette foule immense de prolétaires qui les menacent d'une nouvelle guerre d'esclaves :
voilà leurs grands et redoutables ennemis; ce sont eux
qui peuvent les miner au point de les rendre la proie des
peuples nouveaux. Si elles veulent conserver leur civilisation et leur puissance pures et intactes, elles doivent se
prémunir avant tout de la peste du paupérisme en s'assu-
rant dans les autres parties du monde des territoires vastes,
où elles puissent déverser leur trop plein de population, et
où en même temps elles puissent prendre pied contre la
toute-puissance qui incomberait à la Russie, en Orient,
si elle y restait maîtresse unique.

Le grand arrangement une fois pris, cette politique
prévoyante à la fois et bienfaisante mise en pratique, la
paix du monde est pour de très-longues années assurée,
comme son sort est pour long-temps fixé.

En effet, toutes les guerres qui ont ensanglanté jusqu'à présent le monde, peuvent être classées en deux grandes catégories : guerres entre nations civilisées; guerres d'invasions de peuples barbares sur des peuples civilisés, ou de peuples civilisés sur des peuples barbares. Quelles qu'aient été la moralité et l'issue de la première espèce de guerres, leurs résultats ont été bornés. Elles ont déplacé des limites, agrandi ou resserré des centres de pouvoir, voilà tout. Ce sont les autres qui ont le plus influé sur le sort de l'humanité et de la civilisation; mais aujourd'hui que le monstre de la barbarie paraît devoir être bientôt pourchassé du globe entier, que les conquêtes bienfaisantes du christianisme et de la civilisation s'étendent chaque jour à vue d'œil, au point d'espérer voir, dans un bref délai, leur étendard flotter de Tanger à Archangel, comme il flotte déjà du Kamtshatka à l'île d'Islande, sur des populations ralliées autour du même symbole, animées du même esprit de progrès, la source de cette espèce de guerres sera infailliblement tarie. Le seul motif des hostilités entre hommes, ce sera l'éternelle rivalité des ambitions et des intérêts. Mais ces guerres-là aussi ne vivront pas à une époque où elles commencent à devenir de plus en plus difficiles. Une uniformité de mœurs, d'institutions, de tendances n'enlace-t-elle pas chaque jour davantage les peuples dans un réseau étroit, où il ne reste plus de place aux mouvemens désordonnés qui les ont entre détruits? Une espèce de cosmopolitisme, fruit du christianisme, qui affligeait tant Rousseau, ne paraît-il pas s'établir à la place de l'égoïsme des nationalités? Ne voyons-nous pas se former entre les nations toujours de nouvelles relations, une plus grande réciprocité d'intérêts, qui tend de plus en plus à leur interdire toute espèce d'hostilité ? Le bonheur de tous ne paraît-il pas désormais s'appuyer sur une base unique, la bonne intelligence entre tous ? Les prétendus rêves de

Henri IV et de l'abbé de Saint-Pierre, esprits avancés qui ne faisaient que souhaiter un peu plus tôt ce que la marche naturelle et inflexible des choses allait accomplir un peu plus tard, ne se transforment-ils en réalités palpables de nos jours? Si l'état de l'Europe prend cette nouvelle assiette, pourquoi les autres parties du monde ne prendraient-elles la même tournure? Ce qui a demandé des siècles pour s'accomplir en Europe, au moyen de l'expérience et de l'invention, ne pourra-t-il s'adopter dans quelques années ailleurs, au moyen de l'imitation? Ne voyons-nous pas dans l'Amérique un exemple vivant de cette subite transformation?

Aujourd'hui le tour des autres continens est arrivé. Cet Orient, source mystérieuse des hommes, des religions, des institutions, des langues qui ont inondé le monde; cet Orient, père primitif de toutes choses, et cependant si différent de ses enfans; cet Orient sur lequel pèsent ces grandes et perpétuelles énigmes de l'existence des castes, de la variété des races, de la multiplicité des langues, va se montrer dans tout son jour. L'Europe, armée des admirables instrumens de sa civilisation de deux mille ans, va disséquer le colosse et montrer à l'humanité entière l'origine de son existence, offrir à la science la solution des plus hautes questions qu'elle ait agitées.

En présence de cet avenir qui nous attend et qui est aussi certain que le jour que nous voyons; en présence de ce superbe spectacle de la victoire de l'homme sur la nature, de la civilisation sur la brutalité primitive de notre espèce; en présence de cet empire de l'intelligence dont nous pouvons nous proclamer les citoyens, dont nous apercevons d'un coup d'œil les limites prochaines et inévitables qui s'étendent d'un pôle à l'autre; en présence de ce mouvement grandiose, résultat de tant d'autres qui l'ont précédé depuis les temps les plus reculés jusqu'à nos jours;

en présence de ce flux gigantesque qui poursuit son cours depuis tant de milliers d'années, à travers tant de vicissitudes diverses, et qui tend, en définitive, uniquement à ce double but, l'ascension de l'humanité vers de meilleures destinées, l'élargissement du cercle de la civilisation sur des contrées nouvelles, quelle vaste carrière pour ceux que la Providence a placés à la tête des nations européennes ! quel champ immense pour l'application des forces de toute nature que notre vieille Europe renferme dans son sein ! Oui, c'est le jour plus que jamais pour que les hommes de bien et d'intelligence se concertent pour amener cette grandiose transition de l'humanité, imminente, nécessaire, par des moyens qui soient dignes de l'époque à laquelle nous vivons.

Mais pour cela il faudrait une décision vigoureuse, énergique; il faudrait entrer dans les voies d'une politique large, élevée, et abandonner les sentiers obscurs et tortueux d'une politique de coulisses, mesquine, tracassière dont le principe est l'incertitude et l'indécision, dont les moyens sont les tergiversations. Le scepticisme du dix-huitième siècle, c'est autour des tapis verts qu'il paraît s'être abattu pendant le dix-neuvième. Ce sont les gouvernemens qu'il se plaît en ce moment à enlacer dans ses liens énervans et léthargiques. Cette Europe, si renommée en tout temps par la bravoure et la fermeté de ses enfans est livrée en toutes choses à la plus déplorable incertitude; les oscillations paraissent constituer en ce moment toute l'habileté des cabinets; c'est à qui mieux mieux à ne rien dire, à ne rien faire, ils paraissent vivre au jour le jour sans plans arrêtés, sans idées fixes ; si par hasard ils s'avisent d'en avoir, le cœur leur manque et pour les proclamer et pour les exécuter. On a souvent dit que tel cabinet impose à tel autre; on a dit par exemple que les puissances du Nord réunies en faisceau imposent à l'association du Midi. Il

n'en est rien ; l'un n'est que fictif, l'autre n'a jamais
existé. Personne n'impose à personne ; mais chacun peut
dire : j'ai peur, tu as peur, il a peur. Tout le monde
craint tout le monde. La défiance mutuelle a toujours été
la base plus ou moins patente des relations internationales;
mais jamais elle n'a été l'ame d'une politique systématique
et de longue durée, tandis qu'aujourd'hui c'est l'esprit
malfaisant qui voltige sur toutes les têtes, paralyse tous
les esprits, dessèche tous les cœurs et semble condamner
tous les gouvernemens à une inaction funeste, à une som-
nolence apathique, dont quelqu'un de ces événemens
éclatans, préparés dans l'ombre, par la marche fatale de ce
monde, viendra les tirer à l'improviste et les réveiller en
sursaut.

Nous avons besoin de prévenir que ce que nous ré-
clamons hautement, ce n'est pas une adhésion à nos
idées, mais l'attention des hommes plus compétens que
nous sur cette question grandiose dont nous avons touché
les sommités : ce que nous appelons à grands cris, c'est
une décision qui ne soit pas une simple négation; ce que
nous désirons vivement, c'est que l'on se mette à l'œuvre,
que l'on revienne d'une sécurité menteuse, que l'on abandonne un *statu quo* impossible, qui se terminera infailliblement par une explosion subite, instantanée ; ef-
froyable.

Pour nous, quelque parti que l'on prenne, nous l'accueil-
lerons avec transport; car il nous délivrera du lourd et
triste fardeau de l'incertitude qui pèse sur nous depuis si
long-temps. C'est nous, habitans de la Turquie, qui
sommes les plus victimes de cette funeste indécision; c'est
nous, qui en proie à des souffrances séculaires, avons le
plus pressant besoin de voir luire le jour qui annoncera le
terme de nos douleurs.

Nous le répétons, quel que soit le moyen que l'on

adopte, pour en finir avec cette plaie honteuse de l'Europe, cette source éternelle de collision que l'on appelle l'empire ottoman, nous en féliciterons du fond de notre cœur celui qui saura l'indiquer. Quant à nous, après avoir réfléchi pendant des années, après avoir lu attentivement, écouté sérieusement tout ce qui a été écrit et dit jusqu'ici sur la matière, nous persistons à croire à la justice et à l'efficacité de ce que nous proposons. Cela nous paraît de nature à amener la conclusion de l'œuvre la plus monumentale des temps modernes, œuvre dont les conséquences se feront long-temps sentir dans les siècles à venir, œuvre qui garantit à l'univers la jouissance progressive et paisible de la civilisation, l'indépendance et la liberté à l'Europe, d'où jailliront les éclairs qui doivent illuminer le monde asiatique et africain. Ce serait la consécration la plus mémorable de la supériorité de l'intelligence sur la force brutale, le triomphe immortel de la science diplomatique. Le nom de ceux qui l'auront préparée, parmi lesquels les descendans de Louis XIV et du czar Pierre brilleront au premier rang, se détachera dans l'histoire plus pur, plus glorieux que tous ceux qui ont illustré ce demi-siècle, qui, ouvert par la proclamation d'idées sociales, neuves, brillantes, signalé dans son cours par les scènes hideuses des révolutions et les désastres sanglans de la guerre, se trouverait clos, d'un côté, par l'inauguration de tout ce que le frottement de cinquante ans d'événemens aurait constaté de pur, de solide dans ces admirables systèmes de sociabilité moderne, et par la proscription sans retour des orgies criminelles, des moyens funestes qui les ont accompagnés; de l'autre, par l'intervention commune de l'Europe liée par le triple réseau de la religion, des mœurs et du commerce, en faveur de peuples qui réclament l'élargissement du cercle de la civilisation actuelle, qui veulent entrer dans la grande famille européenne. Jamais plus noble but ne fut offert aux

gouvernemens de l'Europe, jamais résultat n'entra plus
impérieusement dans les exigences de son avenir.

CHAPITRE VI.

Récapitulation générale.

Pour bien connaître un peuple, il faut étudier son histoire. Toute l'Europe a une même histoire ; pour comprendre ses tendances actuelles, remontez à la source de son
existence, parcourez la chaîne de ses transformations, et
alors tout devient clair et net ; car le présent n'est qu'une
métamorphose du passé.

Le passé de l'Europe, le point primordial de sa vie actuelle, est la féodalité et le christianisme. La première est
le fondement de son existence sociale, l'autre le principe
de sa vie morale.

L'institution féodale se résume en un mot, *propriété* du
petit nombre sur les hommes et sur les choses en vertu du
droit du sabre. L'esclavage, le servage, les autres inégalités
sociales, l'hérédité politique, le morcellement des hommes
en une foule de petits groupes placés chacun sous la dépendance absolue d'une multitude de chefs, qui, dans l'intérêt de la conservation de leurs possessions respectives, se
subordonnèrent hiérarchiquement les uns aux autres :
ce sont là des conséquences immédiates ou éloignées du
principe fondamental de la féodalité et de la propriété.

Par christianisme nous entendons ici, abstraction faite de
sa source céleste et de son caractère divin, un ensemble de
préceptes, un corps des doctrines les plus conformes à la

nature morale et sociale de l'homme, le complément indispensable et le *nec plus ultrà* de la raison humaine.

Le principe du christianisme est diamétralement opposé à celui de la féodalité. Ils vécurent cependant long-temps ensemble; comment cela? C'est que le christianisme, par sa nature ineffable, miséricordieuse, est appelé à fouiller dans toutes les profondeurs des misères impures comme dans toutes les iniquités criantes de l'homme, pour guérir les unes et faire disparaître les autres, mais peu à peu, et d'une manière douce et calme. Par son universalité, il s'adapta à la féodalité; mais s'il s'y attacha, ce n'était pas pour la soutenir, mais pour la transformer petit à petit, et pour l'extirper totalement. C'est ce qui a eu lieu.

La propriété de l'homme par l'homme, contraire à toute idée de morale, devait s'éteindre sous les lumières de la raison humaine toujours en progrès et s'appuyant, depuis l'avénement du Christ, sur la grande et puissante doctrine destinée à changer la face du monde, et qui est la seule en harmonie avec notre nature spirituelle. Cette doctrine, c'est l'égalité de l'homme avec son semblable, en tant que créature du même auteur; c'est sa dignité, en tant qu'image de la divinité. De là la longue et insensible révolution sociale qui s'est opérée en Europe, qui a nivelé peu à peu toutes les inégalités, en réformant chaque jour et insensiblement le régime féodal. La Révolution française n'est que le Dieu *Terme* de cette révolution de siècles, et l'article premier de la Charte : « Tous les Français sont égaux devant la loi, » constitue le passage de l'Europe à une vie qui lui a été jusqu'ici inconnue, de même qu'il sert de point de transition de la civilisation ancienne à la civilisation moderne, fille avouée de l'Évangile, qui est la loi de la liberté (1). Il est le couronnement de la rénovation morale de l'humanité, qui s'opère depuis deux mille ans.

_____

(1) Épître de saint Jacques.

La dignité de l'homme, reconnue par la conscience de nous tous, sanctifiée par la religion chrétienne, exige que dans les associations humaines le libre arbitre de chacun ne soit pas distrait (1), mais au contraire fécondé, développé et en même temps limité par le libre arbitre d'autrui; que les libertés de tous doivent s'harmoniser pour concourir au perfectionnement de l'humanité, à l'accomplissement de l'ordre universel. De là le principe de la liberté civile, variable, selon les temps et les lieux, dans son étendue et son application, indispensable, dans une certaine limite, à toute existence sociale. L'idée de la subordination de l'homme à une société, c'est-à-dire à un intérêt commun et non pas à celui d'un autre, vient remplacer celle de la dépendance absolue d'un homme à un autre homme. Second coup porté au despotisme féodal et à tout despotisme en général.

Le principe de la dignité humaine n'admet la soumission de l'homme à l'homme qu'autant que la matière doit être subordonnée à l'esprit, qu'autant qu'un esprit inférieur doit obéir à un esprit supérieur. De là la légitimité de la souveraineté de la raison, représentée par telle ou telle forme politique, mais remplaçant définitivement la souveraineté du nombre et la souveraineté héréditaire et aristocratique; la première produit de la force, l'autre n'ayant pour fondement que l'idée de la propriété de l'homme sur l'homme. L'hérédité politique, la transmissibilité du pouvoir du père au fils est confinée dans l'institution monarchique qui, par sa situation élevée, se trouve si au-dessus des passions vulgaires que l'amour du bien public, le sentiment du devoir est censé présider éternellement à son existence, aux déter-

---

(1) « Dieu voulut que l'homme concourût librement à ses desseins, se rendît en quelque sorte volontairement son image, en réglant l'usage des facultés dont il l'avait enrichi, sur les rapports immuables ou les lois éternelles qui mettent, si j'ose le dire, l'ordre en Dieu même.» (Abbé de la Mennais, Essai sur l'indifférence en matière de religion, tom. Ier, chap. xii.)

minations de l'homme roi. C'est l'intérêt social que l'on y voit en personne et non pas la succession de telle ou telle individualité. Voilà la base véritable de l'ordre social, le principe de toute liberté politique.

La quatrième conséquence générale de l'anéantissement de l'institution féodale sous les auspices du christianisme, est la disparition progressive des petits cercles politiques qui n'étaient que des enclos de propriétaires, et la fusion de l'humanité qui se rapproche et s'amoncelle, en vertu du principe de la fraternité des hommes, en quelques centres politiques qui s'élargiront avec le temps aussi loin que la nature et les circonstances le permettront, autant que cela pourra se concilier avec le bien et le bonheur de tous. De là une idée de patrie et de nationalité, nouvelle dans le monde. Un Athénien et un Lacédémonien jetaient bien à la tête d'une autre nation le mot superbe : *tout ce qui n'est pas Grec est barbare.* Mais ils ne disaient pas : tout ce qui s'appelle grec appartient à la même patrie; tandis qu'un descendant de race germaine prononcera avec fierté avec palpitation de cœur, le mot sonore : *la patrie allemande.*

Voilà en substance la révolution sociale et politique qui s'accomplit en Europe. Elle peut éprouver des perturbations dans sa marche, rien ne l'arrêtera dans son ascension. Cette révolution, nous l'avons appelée *le passage de l'Europe de l'état féodal à un état rationnel.*

A l'extrémité de l'Europe s'est trouvée une race nombreuse, la race slave. Par différentes circonstances, la féodalité s'y développa dans la partie politique. Le morcellement seigneurial ne vint point disloquer cette race en une foule de centres politiques. L'esclavage, le côté social de la féodalité, fait d'ailleurs commun à toutes les civilisations anciennes, et qui se renouvela même de nos jours après la découverte du nouveau monde et des îles de l'Archipel, at-

taché par les traditions universelles au fait de la conquête, reconnu légitime, pour ainsi dire, par la législation romaine, mère de toutes les législations européennes,
l'esclavage seul s'est développé et s'est prolongé jusqu'à
nos jours en Russie.

En absence d'institutions féodales, l'unité de race favorisa
en Russie l'unité politique, et celle-ci, à son tour, contribua puissamment à la formation et à la consolidation d'une
grande unité nationale préparée de bonne heure et fécondée
par la toute-puissance du christianisme, qui créa en même
temps la prépondérance morale de cette nation sur toutes
les contrées environnantes du sud-est.

Cette puissance de race politique, nationale, ainsi formée, se trouvait entraînée, d'après une loi historique commune à tous les peuples septentrionaux, vers le midi, vers
des contrées que caresse la mer, et pour lesquelles le soleil a
ses prédilections. L'image de ces contrées riantes, les exigences de la civilisation, le besoin de se mettre en communication avec un monde plus avancé qu'elle en lumières,
celui de son commerce, l'ambition d'occuper des points
qui ont été le foyer d'une ancienne et brillante grandeur,
dont l'éclat perce encore jusqu'à nous à travers des ruines
et des dévastations, tout cela constituait pour la Russie,
une impulsion vigoureuse qui la poussait impérieusement
sur Constantinople.

Le mouvement depuis long-temps imprimé par la nature
des choses à la puissance russe prend une couleur tout-à-
fait particulière depuis que la ville privilégiée tombe sous
une puissance barbare et non chrétienne. Dès-lors la tendance russe revêt un caractère de moralité qui eut la force,
quelque temps auparavant, de mettre en avant les masses
innombrables des croisés de l'Europe. La religion vient
sanctifier ses projets politiques. Pendant long-temps, elle
assure doublement la réalisation de ses projets. Elle en fait le

ralliement électrique de tous les cœurs chrétiens soumis au
joug des Osmanlis, garantit à la Russie l'adhésion sympa-
thique de tout le monde chrétien, qui s'incline et fait place
à la marche de l'étendard de la croix. L'Europe entière est
long-temps animée de ce sentiment, lorsque soudain l'idée
de sa propre conservation la réveille et fait refouler dans
son cœur tous les sentimens philanthropiques et chrétiens.

Pendant que cette réaction s'opérait en Europe, un peuple, éternel précurseur du cours naturel des siècles, exécuteur prématuré des œuvres du temps, la nation française,
se jette dans une tentative intempestive, brusque, hâte le
dénouement du mouvement révolutionnaire qui travaillait
notre continent. Toute grande et rapide mutation froisse
des intérêts, irrite des passions, excite des hostilités. La
Révolution française soulève contre elle l'Europe entière. La
lutte s'engage entre une nation et un continent.

Un génie puissant, extraordinaire, don miraculeux du
Ciel, surgit au sein de cette nation; il met son bras formidable et sa tête colossale au service des idées au nom desquelles tout un peuple combattait; il en devient le symbole
vivant, la personnification, il jette dans l'intérieur de cette
nation les premiers fondemens de l'ordre nouveau qui devait la régir désormais, la groupe autour de lui, de sa
puissante unité, et la fait marcher comme un seul homme
contre l'Europe conjurée.

La lutte des idées se transforme petit à petit en lutte
d'ambition : le maître de la France devient avec elle le maître de l'Europe, il veut étendre sa domination jusqu'aux
glaces polaires. Il y trouve une puissance formidable, dont
les forces avaient été dérobées jusqu'alors aux yeux de
l'Europe par les nuages brumeux de ses querelles intestines. La puissance du génie se brise contre les écueils qu'il
y rencontre.

Cette puissance, la moins féodale de l'Europe, presque

point travaillée par la révolution sociale, politique, religieuse, économique, qui travaille ce continent; en position, au contraire, d'acquérir chaque jour de nouvelles forces, en progrès de toute espèce évident, journalier, se trouva, en partie par des circonstances fortuites, en partie par sa position reléguée, en partie enfin, par sa force intrinsèque, se trouva, dis-je, seule, parmi les autres puissances, en état de les sauver toutes du terrible conquérant, du représentant de la révolution française.

La puissance qui a pu briser le sabre ambitieux de Napoléon, l'exiler du territoire européen, porter des coups aux idées qui ornaient, comme une guirlande de fleurs, la poignée de son épée long-temps victorieuse, était naturellement seule en état, désormais, d'effacer en Europe jusqu'à la dernière trace de ces idées intempestives dont elle avait provoqué l'irruption par son agression contre la France.

Pendant quinze ans, l'Europe se trouve sous son protectorat. Quelques puissances voient que cette tutelle aboutit à une politique qui les menace jusque dans leur propre existence, qu'à l'ambition napoléonienne se trouve succéder une ambition nouvelle qui, au moyen des idées contre-révolutionnaires, arrive au même but que la première poursuivait au moyen des idées révolutionnaires. Mais la crainte qu'elles avaient de la réapparition de ces dernières était trop forte, les blessures qu'elles en avaient reçues encore trop saignantes, pour qu'elles puissent se résoudre sérieusement à briser la main qui paraissait empêcher la réouverture de leurs plaies. Le passé et le présent agissent plus puissamment sur nous que l'avenir. On oubliait les dangers futurs en se souvenant des dangers passés.

Cependant une d'entre ces puissances, l'Angleterre, la plus directement, la plus prochainement, la plus terriblement menacée par cette nouvelle marche de la politique eu-

24

ropéenne, la plus en état, d'ailleurs, d'affronter les idées révolutionnaires, lève l'étendard de l'opposition. Mais l'Angleterre, par sa position exceptionnelle, est condamnée à ne pouvoir travailler que pour son propre compte, à suivre éternellement une politique qui n'est guère en accord ni avec les intérêts de l'Europe, ni avec ceux de l'humanité. Le monde est animé de deux tendances, l'Angleterre est obligée d'en combattre une; dès-lors son action devient exclusive, et par conséquent nulle et insignifiante.

A l'heure qu'il est, la destinée de l'Europe et le sort du monde dépendent de l'accord des cabinets des Tuileries et de Saint-Pétersbourg.

La France, après 1830, à la tête de l'Europe, et d'accord avec elle, est en état de faire la part légitime de ces deux tendances; elle seule est capable d'en opérer le rapprochement, elle seule peut servir entre elles de point de jonction. Que la politique rationnelle vienne remplacer la politique sentimentale; que les serviteurs et les directeurs du sort du peuple se mettent à la hauteur des événemens, que la Russie et la France se tendent la main; et les siècles à venir couvriront de leurs acclamations l'œuvre exécutée par les représentans du dix-neuvième siècle.

FIN.

TABLE DES MATIÈRES.

—————o o◦⚙◦❀◦◦⚙◦◦ o—— —

PREMIÈRE PARTIE.

FIN DE LA TABLE.

www.ingramcontent.com/pod-product-compliance
Lightning Source LLC
Chambersburg PA
CBHW071621270326
41928CB00010B/1721